Preußisches Gesetz

über die

Freiwillige Gerichtsbarkeit.

Preußisches Gesetz

über die

Freiwillige Gerichtsbarkeit.

Vom 21. September 1899.

Mit Erläuterungen

von

Georg Wellstein,
Oberlandesgerichtsrath.

Berlin, 1900.
Verlag von H. W. Müller.

Vorwort.

Unter den Preußischen Gesetzen, die aus Anlaß der mit dem 1. Januar 1900 in Kraft tretenden Privatrechtsordnung erlassen worden sind, ist das vorliegende das einzige, welches sich nicht als Ausführungsgesetz bezeichnet. Mit Recht; denn neben Ergänzungen des Reichsgesetzes über die Angelegenheiten der freiwilligen Gerichtsbarkeit, die mit zu seinen Aufgaben gehören, bringt es die selbständige Regelung desjenigen Theils dieser Gerichtsbarkeit, für welchen die Landesgesetzgebung unabhängig von der Reichsgesetzgebung zuständig geblieben ist. Einerseits ist nun dieser letztere Gesetzgebungsstoff ein sehr bedeutender, der gegen jene Ergänzungen vorherrscht, andererseits lassen die letzteren wichtige Materien des Reichsgesetzes unberührt. Diese Umstände allein müssen es schon nahe legen, bei einer Kommentirung dem Preußischen Gesetze eine selbständige Behandlung zu Theil werden zu lassen. Es kommt aber noch hinzu, daß das Geltungsgebiet des Reichsgesetzes über die Grenzen Preußens hinausreicht, außerhalb Preußens jedoch eine zusammenfassende Bearbeitung beider Gesetze keinem Bedürfnisse begegnen dürfte.

Diesen Erwägungen folgend, habe ich meinen Kommentar zu dem Reichsgesetze, der auch außerhalb Preußens in Aufnahme gekommen ist, für sich bestehen lassen und biete neben ihm in den nachfolgenden Erläuterungen eine selbständige Bearbeitung des vorliegenden Gesetzes. Wo es sich in diesem um Ergänzungen des Reichsgesetzes handelt, sind die Vorschriften des letzteren herangezogen, soweit es zum Verständnisse der neuen Bestimmungen wünschenswerth erschien.

Auch auf den geschichtlichen Zusammenhang mit dem seitherigen Rechte ist hingewiesen und die Abweichungen des letzteren von den neuen Bestimmungen sind hervorgehoben. Wo die gleichen Sätze für neues und altes Recht sich ergaben, konnte auch die Litteratur des letzteren herangezogen werden.

Frankfurt a. M. im Oktober 1899.

Der Verfasser.

Inhalts-Uebersicht.

Abkürzungen.

A. d. fr. Ger. = Angelegenheit(en) der freiwilligen Gerichtsbarkeit.
AGO. = Allgemeine Gerichtsordnung für die Preußischen Staaten.
Allg. Verf. = Allgemeine Verfügung.
ALR. = Allgemeines Landrecht für die Preußischen Staaten.
Ausf.Ges. = Ausführungsgesetz.
BGB. = Bürgerliches Gesetzbuch vom 18. August 1896.
Begr. = Begründung zu dem Entwurf eines Preußischen Gesetzes über die freiwillige Gerichtsbarkeit. Drucksachen des Hauses der Abgeordneten, 19. Legislaturperiode, I. Session 1899, zu Nr. 35.
CPO. = Civilprozeßordnung in der Fassung vom 20. Mai 1898.
Dorner = Dorner, das Reichsgesetz über die A. d. fr. Ger. vom 17. Mai 1898. Karlsruhe 1899.
Dronke = Dronke, das Reichsgesetz über die A. d. fr. Ger. vom 17. Mai 1898. Düsseldorf 1898.
Einf.Ges. = Einführungsgesetz.
GBO. = Grundbuchordnung vom 24. März 1897.
Geb.O. f. N. = Gebührenordnung für Notare vom 25. Juni 1895.
GVG. = Gerichtsverfassungsgesetz in der Fassung vom 20. Mai 1898.
HGB. = Handelsgesetzbuch vom 10. Mai 1897.
Hann. Not.O. = Hannoversche Notariatsordnung vom 18. September 1853.
Jastrow = Jastrow, das Reichsges. über die A. d. fr. Ger. Berlin 1898.
Just.Min.Bl. = Justiz-Ministerial-Blatt.
Kom.Ber. = Bericht der XV. Kommission des Abgeordnetenhauses, betreffend den Entwurf eines Preußischen Gesetzes über die freiwillige Gerichtsbarkeit; Drucksachen des Hauses der Abgeordneten, 19. Legislaturperiode, I. Session 1899, Nr. 273.
Kom. d. Abg. = Kommission des Abgeordnetenhauses.
Kom. d. Verf. z. R.Ges. = (Kommentar des Verfassers zum Reichsgesetze) Wellstein, das Reichsgesetz über die A. d. fr. Ger. vom 17. Mai 1898.
Müller = Müller, die Preußische Justizverwaltung. 4. Auflage, Berlin 1892.
Pr. GKG. = Preußisches Gerichtskostengesetz vom 25. Juni 1895.
Preuß. Not.O. = Gesetz über das Verfahren bei Aufnahme von Notariats-Instrumenten. Vom 11. Juli 1845.
RGes. = Reichsgesetz über die A. d. fr. Ger. vom 17. Mai 1898 in der Fassung vom 20. Mai 1898.
Rhein. Not.O. = Verordnung und Taxordnung für die Notarien in den Niederrheinischen Provinzen vom 25. April 1822.
Schneider = Schneider, Reichsgesetz über die A. d. fr. Ger. München 1898.
Siméon = Siméon, die Gesetze über das Notariat und die Gebühren der Notare für die preußische Monarchie. Berlin 1891.
St.GB. = Strafgesetzbuch für das Deutsche Reich.
St.PO. = Strafprozeßordnung für das Deutsche Reich.
Sydow und Hellweg = Sydow, R. und Hellweg, A., die Preußischen Gesetze betreffend das Notariat. Berlin 1895.
Turnau = Turnau, die Justizverfassung in Preußen nach Reichs- und Landesrecht. Berlin 1880—1882.
Weißler = Weißler, das Notariat der Preußischen Monarchie. Leipzig 1896.
WO. = Wechselordnung.
Zw.VG. = Gesetz über die Zwangsversteigerung und die Zwangsverwaltung vom 24. März 1897 in der Fassung vom 20. Mai 1898.

Einleitung.

Bis zum Erlasse der Reichsjustizgesetze am Ende der siebziger Jahre war nur in wenigen Bundesstaaten des Deutschen Reiches — in Baden, Sachsen, Württemberg — eine zusammenfassende Ordnung der freiwilligen Gerichtsbarkeit geschaffen worden. Preußen besaß zwar auch eine solche in dem II. Theile der Allgemeinen Gerichtsordnung: „Von dem gerichtlichen Verfahren in nicht streitigen Angelegenheiten“; für die dort nicht geregelten, in sich abgeschlossenen Rechtsgebiete des Vormundschafts-, Hypotheken- und Hinterlegungswesens bestanden besondere Ordnungen, die im Laufe der Zeit durch die Vormundschaftsordnung v. 5. Juli 1875, die Grundbuchordnung v. 5. Mai 1872 und die Hinterlegungsordnung v. 14. März 1879 ersetzt wurden. Indessen galt hiervon nur die Vormundschaftsordnung im ganzen Staatsgebiete; die Hinterlegungsordnung erlangte Geltung erst mit den Eingangs erwähnten Gesetzen; die GBO. dagegen war auf einen Theil des Staatsgebiets beschränkt, für einen anderen Theil in der Einführung begriffen und von einem weiteren, nicht unerheblichen, Bezirke vorläufig noch ausgeschlossen. Die AGO. endlich hatte über ihr ursprüngliches Gebiet der alten Provinzen nur in wenigen Bezirken Einführung gefunden; sie galt nicht in Neuvorpommern und Rügen, in der Rheinprovinz mit Ausnahme der Kreise Rees, Duisburg und Essen (in Folge Neueintheilung der Kreise nunmehr: Rees, Duisburg, Mülheim a. d. Ruhr, Ruhrort, Essen-Stadt und Essen-Land) sowie sämmtlichen im Jahre 1866 in Preußen einverleibten Provinzen, einige Theile Hannovers ausgenommen. In diesen Bezirken fiel die Handhabung der freiwilligen Gerichtsbarkeit vorwiegend dem Gerichtsgebrauche zu. — Das Beurkundungswesen insbesondere entbehrte ebenfalls der einheitlichen Regelung; die Zuständigkeit der Gerichte und der Notare auf diesem Gebiete sowie das von ihnen einzuhaltende Verfahren war je nach den Staaten und in Preußen je nach Provinzen und Provinztheilen sehr verschieden.

Die Reichsjustizgesetze selbst brachten eine wesentliche Aenderung dieses Zustandes für Preußen so wenig, wie sie eine solche im übrigen Deutschland zur unmittelbaren Folge hatten; sie bezogen sich, was die freiwillige Gerichtsbarkeit anlangt, weder auf die Behördenorganisation, noch auf das Verfahren (vgl. Einf.Ges. z. GVG. § 2; GVG. §§ 13, 14). Mittelbar jedoch waren sie insofern von Einfluß, als im Anschluß an sie, namentlich an das GVG. und die CPO., die meisten Bundesstaaten in den zu erlassenden Ausführungsgesetzen eine Anzahl allgemeiner Vorschriften auch über das Verfahren „in den zu der ordentlichen streitigen Gerichtsbarkeit nicht gehörenden Angelegenheiten" aufstellten und daß Hessen die Gelegenheit wahrnahm, ein besonderes Gesetz, betreffend das Verfahren in Sachen der nichtstreitigen Gerichtsbarkeit, zu erlassen. Die hierher gehörigen Preuß. Bestimmungen betreffen, neben der Uebertragung der einschlägigen Geschäfte von den aufgehobenen auf die neugebildeten Gerichte, die Rechtshülfe, die Sitzungspolizei, die Berathung und Abstimmung, die Gerichtsferien, die Oeffentlichkeit der Verhandlungen und die Gerichtssprache sowie in hervorragendem Maße die Beschwerde und die weitere Beschwerde (§§ 40, 50 bis 57, 87 bis 91 Ausf.Ges. z. GVG.), ferner das Zustellungswesen (§ 1 Ausf.Ges. z. CPO.) und Anderes mehr.

Auch weiterhin blieb für die freiwillige Gerichtsbarkeit vorwiegend die Landesgesetzgebung maßgebend. Begrifflich umfaßt diese Gerichtsbarkeit nur das zur Verhütung möglicher Verletzungen der Rechtsordnung dienliche Verfahren und die dazu erforderliche Behördenorganisation, während es die Aufgabe des materiellen Rechtes ist, unter Feststellung der sachlichen Zuständigkeit zu bestimmen, welche Angelegenheiten im Einzelnen nach diesem Verfahren zu behandeln sind (vgl. Kom. d. Verf. z. RGes. S. 1 ff., Dorner S. 3 ff.). Die Reichsgesetzgebung entbehrte aber auf jenem Gebiete der a l l g e m e i n e n Vorschriften. Wollte sie eine gleichmäßige Durchführung der von dem materiellen Reichsrecht dem Verfahren der freiwilligen Gerichtsbarkeit überwiesenen Angelegenheiten sichern, so mußte sie jedesmal mit ihren materiellen Rechtssätzen gleichzeitig die Verfahrensvorschriften geben. Das hat sie denn auch gethan. In älteren und neueren Reichsgesetzen finden sich Bestimmungen nach beiden Richtungen, wie z. B. nach dem Vorgange des zum Reichsgesetze erklärten Allgemeinen deutschen Handelsgesetzbuchs in dem Genossenschaftsgesetze und dem Gesetze betreffend die Gesellschaften mit beschränkter Haftung in Ansehung der sachlichen und örtlichen Zuständigkeit und des Verfahrens für die Registerführung.

Mit dem Inkrafttreten des BGB. sollte auch in dieser Beziehung eine Aenderung eintreten. Die Reichsgesetzgebung sollte an die erste Stelle rücken, indem ein Reichsgesetz alle zur gleichmäßigen Durchführung der in das Gebiet der freiw. Gerichtsb. einschlagenden Angelegenheiten erforderlichen Vorschriften aufnehmen sollte. Diese Absicht bestand auch schon bei Erlaß des HGB. Bei der Vorbereitung dieser beiden Gesetzbücher, namentlich des BGB., konnten und sollten deshalb die formalen Vorschriften zurücktreten (vgl. Kom. d. Verf. z. RGes. S. 2, 3) und es könnte die Frage aufgeworfen werden, ob sie nicht vollständig hätten ausgeschieden werden können. Da das Letztere aber nicht geschehen, so war es für das zu erlassende Reichsgesetz, dem jene Aufgabe zufiel, selbstverständlich, die aufgenommenen formalen Vorschriften aufrecht zu erhalten. Entsprechend war dann auch gegenüber den übrigen Reichsgesetzen zu verfahren. Das RGes. bethätigt diesen Grundsatz in seinem § 1 und durch die Erklärung, daß der Art. 32 Einf.Ges. z. BGB. auf die A. d. fr. Ger. entsprechende Anwendung finden solle, in seinem § 185. Es lag aber weiterhin nicht in der Absicht dieses RGes., mit seinen Vorschriften über die Grenze des zu jenem Zwecke durchaus Gebotenen hinauszugehen und tiefer als nothwendig in ein Gebiet einzudringen, das in allem Wesentlichen bis dahin von der Landesgesetzgebung beherrscht und ohne einschneidende Veränderungen nicht vollständig von ihr zu lösen war. In letzterer Beziehung zunächst die bestehenden Einrichtungen und insbesondere die Behördenorganisation in den einzelnen Bundesstaaten in seinen Schlußbestimmungen in weitgehender Weise berücksichtigend, hat es daher außerdem noch manche Lücken gelassen und deren Ausfüllung dadurch, daß es in § 185 den Art. 3 Einf.Ges. z. BGB. für entsprechend anwendbar und in § 200 die Landesgesetzgebung zum Erlasse von Ergänzungs- und Ausführungsvorschriften ausdrücklich für zuständig erklärt, als eine Aufgabe der Landesgesetzgebung bezeichnet. — Damit allein jedoch ist das Anwendungsgebiet des RGes. nicht ausreichend umschrieben und festgestellt. Von erheblichster Bedeutung für die Abgrenzung ist vielmehr noch die Bestimmung in seinem § 189, wonach die Vorbehalte des Einf.Ges. z. BGB. zu Gunsten der Landesgesetze als solche auf die Vorschriften des RGes. übertragen sind, d. h. mit anderen Worten, daß für diejenigen Gesetzgebungsmaterien, welche im Einf.Ges. z. BGB. der Landesgesetzgebung zur eigenen Gestaltung in materiell-rechtlicher Hinsicht überlassen wurden, der Landesgesetzgebung auch die selbständige Regelung nach der formalen Seite überwiesen ist; dabei sind den Landesgesetzen nach Maßgabe der Art. 57, 58 Einf.Ges. z. BGB. die Hausverfassungen gleichgestellt worden.

Wegen dieser Selbstbeschränkung der Reichsgesetzgebung war der Preuß. Landesgesetzgebung auf dem Gebiete der freiw. Gerichtsb. eine doppelte

Aufgabe erwachsen. Einmal waren diejenigen Bestimmungen zu treffen, welche innerhalb der reichsgesetzlich, nicht bloß durch das RGes., geordneten Gebiete zur Ergänzung und Ausführung der reichsgesetzlichen Vorschriften nothwendig oder wünschenswerth erachtet werden müssen, sodann aber war zu prüfen, inwiefern es angezeigt erschien, auf denjenigen Gebieten, welche an sich durch die Reichsgesetzgebung nicht berührt werden, die landesgesetzlichen Bestimmungen den reichsgesetzlichen anzupassen (vgl. Begr. S. 1). Zu diesen letzteren Gebieten gehören aber neben den soeben erörtertrn, d. h. also von dem Einf.Ges. z. BGB. sowie dem § 189 RGes. ausdrücklich überwiesenen, auch solche, wie das Kostenwesen, die Zwangsgewalt der Gerichte, die Amtsstellung der Notare, deren in jenen Gesetzen keinerlei Erwähnung geschieht und welche deswegen der Landesgesetzgebung anheimfallen, weil sich ihrer die Reichsgesetzgebung überhaupt noch nicht bemächtigt hat.

Indem die Gesetzgebung durch das nachfolgende Gesetz sich dieser Aufgabe unterzog, war sie bei ihrer Durchführung nur nach einer Richtung in der Bewegung frei und unbehindert, nämlich nur insoweit sie Gebiete regelte, welche von der Reichsgesetzgebung, wie eben bemerkt, nicht berührt wurden, namentlich insoweit als das RGes. in Uebereinstimmung mit den Art. 56 ff. Einf.Ges. z. BGB. durch seinen erwähnten § 189 für gewisse Gesetzgebungsmaterien der Landesgesetzgebung die selbständige Ordnung überlassen hat. Soweit dagegen das neue Gesetz Ausführungs- und Ergänzungsvorschriften zu den reichsgesetzlichen Bestimmungen bringen sollte, war daran festzuhalten, daß die ersteren den letzteren in keiner Weise widersprechen dürfen, unbeschadet der Berechtigung wiederum, gemäß den §§ 190 bis 199 RGes. in gewissen Punkten eigene Wege zu gehen. Der Einfluß dieses Mangels an Bewegungsfreiheit äußert sich verschiedentlich in der Zurückhaltung, welche der Gesetzentwurf gemäß der Begründung in Erlassung einzelner an sich nicht unerwünschter Vorschriften beobachten zu müssen geglaubt hat, weil Bedenken gegen die landesgesetzliche Zulässigkeit dieser Vorschriften nicht ohne Weiteres von der Hand zu weisen seien, sowie darin, daß gegen einige der also doch in vorsichtiger Würdigung der gezogenen Schranken vorgeschlagenen Bestimmungen trotzdem in den Berathungen der Kommission (vgl. bei Art. 9, 17, 21) Zweifel derselben Art, die zum Theil auch in der Litteratur erhoben worden waren, geltend gemacht wurden. — Was in dieser Beziehung für die neu zu erlassenden Vorschriften galt, das mußte entsprechend auch von bereits bestehenden landesgesetzlichen Bestimmungen gelten. Soweit die letzteren sich auf das reichsgesetzlich geordnete Gebiet beziehen, bleiben sie als Ausführungs- oder Ergänzungsvorschriften nur insoweit bestehen, als sie den Reichsvorschriften nicht widersprechen; soweit sie das Reservatgebiet der Landesgesetzgebung betreffen, besteht auch diese Schranke nicht; nach beiden Richtungen hin kommt sodann dem folgenden Gesetze den bestehenden gesetzlichen Vorschriften gegenüber die aus seinem jüngeren Dasein entspringende Aufhebungs- und Abänderungsgewalt zu. Würden diese Grundsätze indessen uneingeschränkt zur Anwendung gebracht, so würden für manche Rechtsverhältnisse die Verfahrensvorschriften des neueren Rechtes zur Anwendung zu bringen sein, obgleich für sie noch nicht überall die Vorbedingungen dazu bestehen, wie z. B. für die Vorschriften über die Uebertragung und die dingliche Belastung von Grundstücken nach neuerem Rechte die Grundbucheinrichtung vorausgesetzt wird. Es würde zu rechtlichen Unmöglichkeiten führen, wenn hier nicht Uebergangsvorschriften geschaffen wären, welche die nach der vorgedachten Regel bezw. nach dem ausdrücklich in Art. 144 ausgesprochenen Willen des Gesetzes aufgehobenen Bestimmungen für die Uebergangszeit aufrecht erhielten. Solche sind nach dem Vorgang des § 189 RGes., der sich nicht bloß, wie oben erwähnt, auf die Art. 55 ff. Einf.Ges. z. BGB., sondern auch auf die Uebergangsvorschriften in Art. 153 ff. daselbst bezieht, in der Regel des Art. 139 und den Einzelvorschriften der folgenden Artikel des Gesetzes vorgesehen. — Einer ausdrücklichen Hervorhebung im Gesetze bedurfte es sodann, wenn die Vorbehalte in den Art. 57, 58 Einf.Ges. z. BGB. und in § 189 RGes. zu Gunsten der landesherrlichen, der ehemals reichsunmittelbaren und der diesen gleichgestellten Familien auch gegenüber den Bestimmungen dieses Gesetzes aufrecht erhalten werden sollten; auch diese ist erfolgt und zwar in den Art. 136, 137.

Innerhalb seiner so festgestellten sachlichen und formalen Zuständigkeit hat das Gesetz an Ergänzungsvorschriften zu den Einzelmaterien, welche das RGes. geregelt hat, verhältnißmäßig sehr wenig, zu den Vormundschaftssachen, Schiffspfandrecht z. B. gar nichts gebracht. Im Uebrigen hat es mit seinen Vorschriften grundsätzlich die Absicht verfolgt, das Verfahren für die ihm zur Regelung überlassenen landesrechtlichen A. d. fr. Ger. möglichst in Uebereinstimmung zu bringen mit demjenigen, welches für die reichsgesetzlich geordneten A. d. fr. Ger. vorgesehen ist sowie die Verschiedenheiten des Rechtes innerhalb der Monarchie auszugleichen. Zu diesem Zwecke hat es, unter Aufhebung der für die einzelnen Landestheile geltenden Verfahrensvorschriften sowie der überflüssig gewordenen oben erwähnten Gelegenheitsvorschriften des Ausf.Ges. z. GVG. (vgl. Art. 130 Nr. I), zunächst die Allgemeinen Vorschriften des RGes. fast sämmtlich auf die durch Landesgesetz den Gerichten überwiesenen A. d. fr. Ger. ausgedehnt. Wo es in dieser Uebertragung eine vollständige oder unvollständige Ausnahme macht (vgl. Art. 1), da ist meistens schon durch anderweitig erlassene Bestimmungen vorgesorgt oder aber es handelt sich (vgl. §§ 12, 18) um Sätze, die, als im Wesen der freiwilligen Gerichtsbarkeit begründet, nach Annahme der Begr. eines besonderen Ausspruchs nicht bedurften und der Praxis überlassen werden konnten, die aber, wenn einmal ausgesprochen, wieder kasuistische Ausnahmevorschriften für gewisse Fälle nothwendig gemacht hätten. Sodann führt es für das Notariat die Einheitlichkeit der Amtsstellung und die Gleichmäßigkeit in der Zuständigkeit — mit einer Ausnahme (vgl. bei Art. 31) — und in dem Verfahren durch. Auch in den zugleich zur Ergänzung und Ausführung der reichsgesetzlichen Vorschriften mit getroffenen Bestimmungen über das Kostenwesen und die Zwangsgewalt der Gerichte (Art. 9 bis 14, 15 bis 17) ist die Gleichmäßigkeit im vorgedachten Sinne gewahrt, so daß bis auf geringe, bei den Artikeln 1, 7, 8 nachgewiesenen Verschiedenheiten eine einheitliche Behandlung der reichs- und landesgesetzlichen A. d. fr. Ger. gesichert ist.

Das Gesetz hat sich entsprechend dem RGes., was die Allgemeinen Vorschriften anlangt, auf die Ordnung derjenigen A. d. fr. Ger. beschränkt, welche durch Landesgesetz den ordentlichen Gerichten übertragen sind. Deshalb ist für die Beurtheilung und das richtige Verständniß dieser Vorschriften die Feststellung von Bedeutung, welche einzelnen Geschäften der freiwilligen Gerichtsbarkeit durch Reichsgesetz und welche durch Landesgesetz den Gerichten übertragen sind. In dieser Beziehung giebt die Begr. S. 2 bis 5 folgende Uebersicht:

Unter die durch Reichsges. den Gerichten zugewiesenen Angelegenheiten der freiwilligen Gerichtsbarkeit fallen:

1. die Vormundschaftssachen sowie diejenigen Geschäfte, welche dem Vormundschaftsgerichte nach den Vorschriften des BGB. über das Eherecht und das Elternrecht obliegen (RGes. §§ 35 ff.);
2. die Bestätigung des Vertrags, durch welchen Jemand an Kindesstatt angenommen oder das durch die Annahme an Kindesstatt begründete Verhältniß wieder aufgehoben wird (RGes. §§. 65 ff.);
3. die nach dem Gesetz über die Beurkundung des Personenstandes und die Eheschließung v. 6. Februar 1875 dem Gericht obliegenden Verrichtungen (RGes. §§ 69 ff.);
4. die Nachlaß- und Theilungssachen (RGes. §§ 72 ff.);
5. die Führung des Registers für Binnenschiffe (RGes. §§ 100 ff.; Gesetz, betr. die privatrechtlichen Verhältnisse der Binnenschiffahrt, RGBl. 1898 S. 868, §§. 119 ff.);

6. die Führung des Handels- und des Genossenschaftsregisters und die sonstigen dem Richter der freiw. Gerichtsb. übertragenen Handelssachen, z. B. die Ernennung und Abberufung von Liquidatoren einer Handelsgesellschaft, die Anordnung der Mittheilung einer Zwischenbilanz an den Kommanditisten oder stillen Gesellschafter, die Ermächtigung einer Minderheit von Aktionären zur Berufung einer Generalversammlung, die Verhandlung über die Dispache u. dgl. mehr (RGes. §§ 125 ff., 145 ff., 149 ff.);
7. die Führung des Musterregisters und des Börsenregisters (Gesetz, betr. das Urheberrecht an Mustern und Modellen, v. 11. Januar 1876, RGBl. S. 11, § 9; Börsengesetz v. 22. Juni 1896, RGBl. S. 157, § 54);
8. die Vereinssachen und die Führung des Güterrechtsregisters (RGes. §§ 159 ff.);
9. einzelne Angelegenheiten verschiedener Art, in denen auf Grund besonderer Vorschriften eine Mitwirkung des Richters der freiw. Gerichtsb. stattfindet, wie die Bewilligung der öffentlichen Zustellung einer Willenserklärung und die Bewilligung einer öffentlichen Bekanntmachung, in der eine Vollmachtsurkunde für kraftlos erklärt wird (BGB. § 132 Abs. 2, § 176), die Abnahme eines nicht vor dem Prozeßgerichte zu leistenden Offenbarungseids (RGes. § 163), Anordnungen in Bezug auf die Untersuchung und Verwahrung von Sachen und in Bezug auf den Pfandverkauf (RGes. §§ 164 ff.), die Bestellung eines Vertreters des Grundstückseigenthümers zur Entgegennahme der Kündigung von Hypotheken, Grundschulden oder Rentenschulden (BGB. §§ 1141, 1192, 1200);
10. die Beurkundung von Rechtsgeschäften (R.Ges. §§ 167 ff.) *) und die Aufnahme gewisser sonstiger Urkunden, z. B. die Aufnahme von Generalversammlungsprotokollen nach § 259 des HGB. und die Beglaubigung von Unterschriften oder Handzeichen, sowie die Herstellung von Theilhypotheken-, Theilgrundschuld- und Theilrentenschuldbriefen (GBO. v. 24. März 1897, RGBl. 1897 S. 139, 1898 S. 754, § 61 Abs. 1, § 70 Abs. 1). Hierzu tritt noch
11. die Führung des Registers für Seeschiffe (Gesetz, betr. das Flaggenrecht der Kauffahrteischiffe v. 22. Juni 1899, RGBl. 1899 S. 319 §§ 4 ff.).

---

*) Vgl. dazu die Vorbemerkungen zu dem Vierten Abschnitt und dem Ersten Titel des Vierten Abschnitts sowie zu Art. 31.

Zu den durch Landesgesetz den Gerichten übertragenen Angelegenheiten der freiw. Gerichtsb. gehören:

1. die den Gerichten in Lehns-, Fideikommiß- und Stiftungssachen obliegenden Geschäfte (s. Ausf.Ges. z. GVG. v. 24. April 1878 §§ 29, 41, 49 nebst Begr. — Drucks. des Hauses der Abg. 13. Leg.-Per. II. Sess. 1877/78 zu Nr. 60 S. 49, 50, 60, 62; Ausf.Ges. z. BGB. Art. 1, 2);
2. die Verrichtungen, welche den Gerichten in den Höfegesetzen, den Landgüterordnungen und den Anerbengesetzen zugewiesen sind, insbesondere in Bezug auf die Führung der Höfe- und Landgüterrollen, in Bezug auf die Ermittelung des Gutswerthes und in Bezug auf die Erklärung über die Annahme oder Ausschlagung des Anerbenrechts (Gesetz, betr. das Höferecht in der Prov. Hannover, v. 2. Juni 1874, GS. S. 186, §§ 5 bis 8; Gesetz, betr. das Höferecht im Kreise Herzogth. Lauenburg, v. 21. Februar 1881, GS. S. 19, §§ 5 bis 7; Landgüterordnung f. d. Prov. Brandenburg v. 10. Juli 1883, GS. S. 111, §§ 1 bis 9, § 13 V, § 15; Landgüterordnung f. d. Prov. Schlesien v. 24. April 1884, GS. S. 121, §§ 1 bis 9; Landgüterordnung f. d. Prov. Schleswig-Holstein v. 2. April 1886, GS. S. 117, §§ 1 bis 9, 16 bis 18, 22; Landgüterordnung f. d. Regierungsbez. Cassel v. 1. Juli 1887, GS. S. 315, §§ 1 bis 11, 14, § 16 Abs. 4, 5, § 24 Abs. 4, 5, § 24 Abs. 3, § 26 Abs. 2; Gesetz, betr. das Anerbenrecht bei Renten- und Ansiedelungsgütern, v. 8. Juni 1896, GS. S. 124, §§ 1, 15, § 37 Abs. 2; Anerbengesetz f. Westfalen v. 2. Juli 1898, GS. S. 139, § 19;
3. die Führung der Grundbücher;
4. die Berufung und Leitung der Versammlung der Gläubiger einer Bahnpfandschuld und die Bestätigung ihrer Beschlüsse (Gesetz v. 19. August 1895 §§ 27 ff.);
5. die Führung des Registers für Wassergenossenschaften und die Bestimmung der Person, bei welcher die Bücher und Schriften einer aufgelösten Genossenschaft verwahrt werden sollen (Gesetz, betr. die Bildung von Wassergenossenschaften, v. 1. April 1879, GS. S. 297, §§ 13 ff., 43);
6. die Entgegennahme von Erklärungen über den Familiennamen einer geschiedenen Frau und eines unehelichen Kindes (BGB. §§ 1577, 1706; Ausf.Ges. z. BGB. Art. 68);
7. die Ausstellung der Bescheinigung, daß ein Rechtsnachfolger von Todeswegen berechtigt ist, über eine im Staatsschuldbuch eingetragene

Forderung zu verfügen (Gesetz, betr. das Staatsschuldbuch, v. 20. Juli 1883, GS. S. 120, § 12; Ausf.Ges. z. BGB. Art. 16);

8. die den Amtsgerichten durch die Hinterlegungsordnung v. 14. März 1879 (GS. S. 249; vergl. Ausf.Ges. z. BGB. Art. 84) zugewiesenen Geschäfte;

9. die amtliche Verwahrung von Testamenten und Erbverträgen (Ausf.-Ges. z. BGB. Art. 89);

10. die Ausstellung von Attesten aus den bei den Gerichten aufbewahrten alten Kirchenbüchern und Civilstandsregistern (ALR. II. 11 §§ 501, 503, 504; Verordn. betr. die Geburten, Heirathen, und Sterbefälle, deren Bürgerliche Beglaubigung durch die Amtsgerichte erfolgen muß, v. 30. März 1847, GS. S. 125; Gesetz über die Verhältnisse der Juden v. 23. Juli 1847, GS. S. 263, §§ 8 ff.; Preuß. Personenstandsgesetz v. 9. März 1874, GS. S. 95, § 53; RGes. v. 6. Februar 1875 § 73);

11. die Urkundsthätigkeit, soweit sie nicht schon reichsgesetzlich zur Zuständigkeit der Gerichte gehört, z. B. die Aufnahme eines Vermögensverzeichnisses, eines Protokolls über die Generalvers. einer eingetragenen Genossenschaft oder eines eingetragenen Vereins, die Ausstellung einer Lebensbescheinigung, die Sicherstellung des Datums einer Privaturkunde u. dgl. mehr (Art. 31, 54 ff.), ferner die Ertheilung von Ausfertigungen aus den bei den Gerichten aufbewahrten Notariatsurkunden (Art. 3, Art. 44 ff.);

12. die Aufnahme gerichtlicher Taxen (vergl. AGO. II. 6).

Der Entwurf zu diesem Gesetze ging gemeinschaftlich mit dem Entwurfe des Ausf.Ges. z. BGB. dem Abgeordnetenhause am 31. Januar 1899 zu; beide Entwürfe wurden von diesem nach der ersten Lesung am 16. Februar 1899 einer Kommission von 28 Mitgliedern überwiesen. Die Kommission berieth den Entwurf in neun Sitzungen, von denen sieben auf die erste und zwei auf die zweite Lesung entfielen, beschloß manche nicht unerhebliche Aenderungen und erstattete unter dem 27. Juni 1899 schriftlichen Bericht. Das Plenum des Hauses hat den Beschlüssen der Kommission im Allgemeinen zugestimmt, nur an einzelnen Stellen, bei Art. 38 in zweiter und bei Art. 83, 90, 125, 144 Nr. 11 in dritter Lesung, seinerseits wieder Aenderungen beschlossen und in der Gesammtabstimmung v. 4. Juli 1899 den so gestalteten Gesetzentwurf angenommen, der noch an demselben Tage dem Herrenhause übersandt wurde. Das letztere hatte bereits am 22. Februar 1899 den damals noch zu erwartenden Entwurf seiner verstärkten Kommission für Justiz-Angelegenheiten überwiesen. Diese erledigte die Durchberathung in zwei Sitzungen und erstattete unter dem 3. August 1899 schriftlichen Bericht, in welchem sie beantragte, dem Gesetzentwurfe in der von dem Hause der Abg. beschlossenen Gestalt die verfassungsmäßige Zustimmung zu ertheilen; Drucks. des HH., Session 1899, Nr. 137. Dem Antrage ist das Plenum des HH., am 24. August 1899 beigetreten, die Königliche Sanktion ist am 21. September 1899 erfolgt und die Publikation des Gesetzes fand in Nr. 31 der Gesetzsammlung auf Seite 249 statt.

Preußisches Gesetz über die freiwillige Gerichtsbarkeit.

Vom 21. September 1899.

(GS. S. 249.)

Wir Wilhelm, von Gottes Gnaden König von Preußen ꝛc. verordnen, unter Zustimmung der beiden Häuser des Landtags Unserer Monarchie, was folgt:

Erster Abschnitt.

Allgemeine Vorschriften.

Der Charakter des Gesetzes, mit seinen Vorschriften theils ergänzend oder ausführend neben das RGes. zu treten, theils das der Landesgesetzgebung vorbehaltene Gebiet von A. d. fr. Ger. selbständig zu regeln, wie dies in der Einleitung bereits näher ausgeführt ist, tritt in dem Ersten Abschnitte besonders deutlich hervor. Ein unmittelbarer Hinweis im Wortlaute der Artikel macht diejenigen Bestimmungen kenntlich, welche die landesrechtlichen Angelegenheiten allein regeln sollen (Art. 1, 3 bis 7); wo dieser Hinweis fehlt (Art. 2, 9 bis 18), gelten die Bestimmungen diesen und den durch Reichsgesetz den Gerichten übertragenen gemeinschaftlich; die lediglich das RGes. bezw. die GBO. ergänzende Vorschrift findet sich ebenfalls (Art. 8).

Der leitende Gesichtspunkt für den Abschnitt ist, für die reichs- und landesrechtlichen A. d. fr. Ger. im Interesse der Einheitlichkeit und Uebersichtlichkeit des Rechts ein gleichmäßiges Verfahren herbeizuführen. Zu diesem Zwecke sind die meisten der Allgemeinen Vorschriften aus dem 1. Abschnitte des RGes. auf die landesrechtlichen Angelegenheiten erstreckt. Anträge in der Kommission, auch die noch übrigen Vorschriften für anwendbar zu erklären, wurden theils als nicht erforderlich, theils aus gesetzgeberisch-technischen Gründen abgelehnt (vgl. Einleitung, Art. 1 Note 2, 5, Art. 130 zu III. ε); doch ist der Zweck im Wesentlichen erreicht; eine Verschiedenheit des Verfahrens ist hierdurch nur für den in Note zu Art. 130 Nr. 3 erörterten Fall herbeigeführt. In Folge anderweitiger Vorbehalte in Art. 3 ergeben sich sodann noch für das Beschwerdeverfahren in Pfandrechtsangelegenheiten von Privatbahnen und Kleinbahnen kleine unwesentliche Abweichungen von dem reichsgesetzlichen Verfahren. Auch die Uebertragung gewisser Entscheidungen auf den Justizminister, statt auf das Kammergericht (Art. 6, Art. 130 Nr. 3) muß als eine solche Abweichung bezeichnet werden.

Die Tragweite des Abschnitts beschränkt sich auf die den ordentlichen Gerichten übertragenen Angelegenheiten, obgleich dies nur für die landesrechtlichen Angelegenheiten in den Art. 1, 3 unmittelbar zum Ausdruck gelangt ist; im Uebrigen aber ergiebt sich dies schon aus dem Zwecke des Gesetzes, Lücken des RGes. auszufüllen. In Abweichung von § 1 des RGes. wird der Vorbehalt des letzteren, die Allgemeinen Vorschriften sollten nur insoweit gelten, als nicht ein Anderes bestimmt sei, nur einigen wenigen Bestimmungen gegenüber aufgestellt (Art. 1 a. E. Art. 3), so daß der Kodifikationscharakter des Ersten Abschnitts gegenüber den bisherigen Landesgesetzen klar erkennbar ist.

Der Inhalt des Abschnitts gliedert sich wie folgt: Zunächst werden unter Feststellung des Anwendungsgebiets die geeignet erscheinenden Allgemeinen Vorschriften auf die landesgesetzlichen Angelegenheiten für anwendbar erklärt (Art. 1). Es folgt eine Vorschrift über die Ausschließung von der Thätigkeit als Gerichtsschreiber und die Wirksamkeit einer von einem ausgeschlossenen Gerichtsschreiber vorgenommenen Handlung, sowie über die Zuziehung eines Gerichtsschreibers im Allgemeinen (Art. 2). Sodann wird die Ausdehnung der Bestimmungen des Ersten Abschnitts des RGes. über die Beschwerde und die weitere Beschwerde auf die landesrechtlichen Angelegenheiten — unter Vorbehalten — vorgenommen (Art. 3 bis 6), die ausschließliche Zuständigkeit des Kammergerichts für die weitere Beschwerde in diesen Angelegenheiten eingeführt (Art. 7) und in Ausübung des Vorbehalts in § 199 RGes. auch auf die reichsgesetzlichen Angelegenheiten ausgedehnt (Art. 8). Nachdem sodann Vorschriften über die Tragung der Kosten des Verfahrens, das Kostenfestsetzungsverfahren und die Vollstreckbarkeit der gerichtlichen Kostenfestsetzung (Art. 9 bis 14), sowie über die Zwangsgewalt der Gerichte (Art. 15 bis 17) gegeben sind, schließt der Abschnitt mit einer Bestimmung über die Zuständigkeit zur Ausfertigung gerichtlicher Verfügungen (Art. 18).

Artikel 1.

Die §§ 3, 4, 6, 7, 14, der § 16 Abs. 2, 3 sowie die §§ 31 bis 33 des Reichsgesetzes über die Angelegenheiten der freiwilligen Gerichtsbarkeit vom 17. Mai 1898 finden, unbeschadet der Vorschriften des Grundbuchrechts über die Ausschließung und Ablehnung der Gerichtspersonen in der Beschwerdeinstanz, Anwendung auf diejenigen Angelegenheiten der freiwilligen Gerichtsbarkeit, welche durch Landesgesetz den ordentlichen Gerichten übertragen sind. Das Gleiche gilt von den Vorschriften der §§ 8, 9 über die Gerichtssprache und die Dolmetscher und, soweit nicht entgegenstehende Vorschriften gegeben sind, von den Vorschriften der §§ 13, 15, des § 16 Abs. 1 und der §§ 17, 34.

---

1. Der Art. 1 erstreckt, in Verbindung mit Art. 3 bis 6, behufs Herbeiführung eines einheitlichen Verfahrens die für reichsgesetzliche A. d. fr. Ger. gegebenen Vorschriften des Ersten Abschnitts (§§ 1 bis 34) des RGes. im Allgemeinen auf die durch Landesgesetz den Gerichten übertragenen Angelegenheiten. Es geschieht dies in zwei Gruppen: ein Theil wird unbedingt und vorbehaltlos für anwendbar erklärt, für einen anderen Theil dagegen werden Einschränkungen gemacht und zwar ganz allgemein zu Gunsten abweichender Vorschriften bzw. im Besonderen für gewisse Vorschriften des Grundbuchrechts. Eine Anzahl von Vorschriften ist von der Anwendbarkeit ausgeschlossen; darüber vgl. Noten 4, 5.

Die §§ 1 bis 34 RGes. siehe in der Anlage.

2. Die geeignet erscheinenden Paragraphen des Ersten Abschnitts des RGes. sind für anwendbar erklärt; in dem Entw. hieß es, sie sollten „entsprechende" Anwendung finden. Die Abänderung in der Ausdrucksweise ist in der Kom. d. Abg. herbeigeführt worden mit folgender Begründung: Nach § 1 RGes. sollen dessen §§ 2 bis 34 nur insoweit zur Anwendung gelangen, als „nicht ein Anderes bestimmt" sei. Würde nun eine „entsprechende" Anwendung d. h. also eine Anwendung, wie sie das RGes. vorsieht, für die landesgesetzlichen Angelegenheiten vorgeschrieben, so hieße das, es sollten die Vorschriften auch hier nur insoweit zur Anwendung gelangen, als „nicht ein Anderes bestimmt" sei. Das sei aber nicht die Absicht der Vorschrift, wie sich aus der Gegenüberstellung der beiden Sätze des Art. 1 ergäbe. Vgl. Bericht S. 4. Der Sinn der Bestimmung ist demnach der, daß neben den ohne Vorbehalt für anwendbar erklärten Allgemeinen Vorschriften des RGes. auch in den landesrechtlichen A. d. fr. Ger. andere Vorschriften über denselben Gegenstand keine Geltung beanspruchen können. Vgl. Vorbemerkung zu diesem Abschnitt Abs. 3.

3. Die Vorschriften beziehen sich nur auf die durch Landesgesetz den Gerichten übertragenen Angelegenheiten.

a) Unter Landesgesetz sind hier, entsprechend dem Ausdruck „Reichsgesetz" in § 1 RGes., nicht bloß die gegenwärtig geltenden, sondern auch die zukünftigen Landesgesetze zu verstehen.

b) Die Angelegenheiten müssen den ordentlichen Gerichten übertragen sein, also nicht etwa anderen Behörden. Zu den „ordentlichen" Gerichten gehören nicht die „besonderen" Gerichte des Siebenten Abschnitts, wie schon der Ausdruck erkennen läßt. — Dagegen ist ein Gegensatz zwischen den hier in Art. 1 bezeichneten „ordentlichen Gerichten" und den „Gerichten" in Art. 3 nicht vorhanden.

Es muß also Beides: Uebertragung der Zuständigkeit durch Landesgesetz auf die Gerichte zusammentreffen. Ist durch Reichsgesetz die Zuständigkeit auf die Gerichte übertragen, aber auf Grund von Vorbehalten, z. B. etwa aus Art. 147 Einf.Ges. z. BGB., landesgesetzlich eine andere Behörde an Stelle des Gerichts für zuständig erklärt — ein Fall der in Preußen übrigens nicht eingetreten ist — so gelten gemäß § 194 RGes. die Allgemeinen Vorschriften des RGes. auch für diese anderen Behörden.

4. Unter Einschränkungen sind für anwendbar erklärt die §§ 6, 7, 8, 9, 13, 15, § 16 Abs. 1, und die §§ 17, 34 RGes.

a) Auf die §§ 6, 7 bezieht sich der Vorbehalt zu Gunsten des Grundbuchrechts. Die §§ 6, 7 behandeln die Ausschließung eines Richters von der Ausübung des Richteramts, von der Ablehnung eines Richters und die Wirksamkeit der richterlichen Handlungen, auch wenn sie von einem örtlich unzuständigen Gericht oder von einem Richter vorgenommen worden sind, der von der Ausübung des Richteramts kraft Gesetzes ausgeschlossen war. Der Vorbehalt ist zunächst mit Rücksicht auf § 81 Abs. 2 GBO. aufgenommen, wonach die Vorschriften der CPO. über Ausschließung und Ablehnung der Gerichtspersonen sowie die Vorschriften des § 137 GVG. in der Beschwerdeinstanz in Grundbuchangelegenheiten entsprechende Anwendung finden; sodann auch mit Rücksicht auf die landesgesetzlichen Vorschriften, nach welchen die Bestimmungen der GBO. für die Führung der Berggrundbücher und der Bahngrundbücher maßgebend sind (Ausf.Ges. z. GBO. Art. 22, Ges. betr. das Pfandrecht an Privateisenbahnen und Kleinbahnen, v. 19. August 1895, GS. S. 499, § 9). — Die bezeichneten Vorschriften der CPO. finden sich dort in den §§ 41 bis 49.

Der am Schlusse des Artikels befindliche, auf den § 13, den § 16 Abs. 1 und die §§ 17, 34 bezügliche Vorbehalt trifft auch auf Grundbuchsachen zu, wie unten bei den einzelnen Noten zu diesen Paragraphen bemerkt ist.

b) Von den §§ 8, 9 ist nur derjenige Theil für anwendbar erklärt, der sich auf die Gerichtssprache und die Dolmetscher bezieht (§§ 186 bis 193 GVG.) Es sind daher nicht für anwendbar erklärt die Vorschriften des GVG. über die Sitzungspolizei (§§ 177 bis 185) und über die Berathung und Abstimmung (§§ 194 bis 200). Indessen finden diese dennoch auch auf die landesgesetzlichen A. d. fr. Ger. Anwendung, indem die §§ 88, 90. Ausf.Ges. z. GVG. diese Anwendung bereits anordnen.

Ueber die Oeffentlichkeit oder Nichtöffentlichkeit der Verhandlungen ist in dem RGes. überhaupt keine Bestimmung vorgesehen (vgl. Kom. d. Verf. z. RGes. § 8 Note 2). Der § 88 Ausf.Ges. z. GVG. indessen schreibt vor, daß, sofern in Angelegenheiten, welche zu der ordentlichen streitigen Gerichtsbarkeit nicht gehören, eine mündliche Verhandlung nach Vorschrift der deutschen Prozeßordnungen stattfindet, dieselbe öffentlich nach den Vorschriften der §§ 170 bis 176 GVG. erfolgen soll. Damit ist nicht gesagt, daß die Verhandlungen in A. d. fr. Ger. öffentlich geführt werden sollen; im Gegentheil ergiebt sich die Regel der Nichtöffentlichkeit. — Vgl. noch Art. 2 Note 4.

c) Nach § 13 RGes. ist in A. d. fr. Ger. die Vertretung durch Bevollmächtigte zulässig, soweit nicht das Gericht das persönliche Erscheinen der Betheiligten anordnet. Der Vorbehalt ihm gegenüber hält namentlich die Bestimmungen in Kraft, wonach die Erklärung über den Austritt aus der Kirche oder Synagogengemeinde von dem Austretenden in Person abzugeben ist (Ges. v. 14. Mai 1873, GS. S. 207, § 1; Ges. v. 28. Juli 1876, GS. S. 353. § 2 bezw. Ges. betr. die Synagogenverhältnisse in Frankfurt a. M. v. 21. März 1899 (GS. S. 73) § 1 Abs. 2).

Was Grundbuchangelegenheiten anlangt, so sind über die Stellung von Anträgen durch Bevollmächtigte in der GBO. §§ 30ff. selbständige Vorschriften gegeben, wobei in Betracht zu ziehen ist, daß der § 82 GBO. in Verbindung mit Art. 55 Einf.Ges. z. BGB. landesgesetzliche zur Ergänzung der GBO. dienende Vorschriften insoweit ausschließt, als sich nicht aus den reichsgesetzlichen Vorschriften ergiebt, daß ein Gegenstand der landesgesetzlichen Regelung hat überlassen werden sollen.

d) Nach § 15 RGes. Abs. 1 sollen auf die A. d. fr. Ger. die Vorschriften der CPO. über den Zeugenbeweis, über den Beweis durch Sachverständige und über das Verfahren bei Abnahme von Eiden entsprechende Anwendung finden. Ueber die Beeidigung eines Zeugen jedoch entscheidet, unbeschadet der §§ 393, 402 CPO., das Ermessen des Gerichts. Entgegenstehende Bestimmungen, die nach dem Vorbehalt aufrecht erhalten werden, beziehen sich namentlich auf die Feststellung des Werths von Grundstücken.

In dieser Beziehung regelt die AGO. Th. II Tit. 6, der nach Art. 144 Nr. 1 nicht aufgehoben ist, das Verfahren bei Aufnahme gerichtlicher Taxen; in § 4 wird bestimmt, daß zu einer solchen Taxe „allemal sachverständige Taxatoren zugezogen werden" müssen, welche „in Ansehung ihrer bei der Taxe zu beobachtenden Sorgfalt, Gewissenhaftigkeit und Unparteilichkeit gehörig vereidigt sein" müssen. Vgl. hierzu unten Art. 127.

Desgleichen bestimmt die Landgüterordnung für die Provinz Brandenburg v. 10. Juli 1883 (GS. S. 111) in § 13 Nr. V für die Uebernahme eines Landguts, daß in Ermangelung einer Vereinbarung der Betheiligten über die Taxe die Feststellung der letzteren durch Sachverständige, nöthigenfalls unter Beiordnung eines Obmanns, zu erfolgen hat. Sachverständige und Obmann sind, sofern sie nicht zur Abgabe von Gutachten der betreffenden Art ein= für allemal beeidigt sind, vom Nachlaßrichter nach § 410 (§ 375 alt) CPO. zu vereidigen.

Eine entsprechende Vorschrift enthält die Landgüterordnung für Schleswig-Holstein v. 2. April 1886, § 16 Abs. 3, das Gesetz, betr. das eheliche Güterrecht in der Provinz Westfalen und den Kreisen Rees, Essen und Duisburg (vgl. oben Einleitung) v. 16. April 1860 § 17, der durch das Ausf.Ges. z. BGB. Art. 48 §§ 6, 7 unberührt gelassen worden ist.

Abs. 2 des § 15 RGes. bestimmt, daß behufs Glaubhaftmachung einer thatsächlichen Behauptung ein Betheiligter zur Versicherung an Eidesstatt zugelassen werden kann. Eine bestimmte Form der Glaubhaftmachung ist im Uebrigen nicht vorgeschrieben (vgl. Kom. des Verf. z. RGes. § 15 Note 6), somit ist der Vorbehalt des Art. 1 namentlich auf eine etwa vorgeschriebene besondere Form gerichtet. — Die in Art. 10 Abs. 2 erwähnte Glaubhaftmachung ist an keine Form gebunden; dgl. nicht die in Art. 44 verlangte.

e) Der § 16 Abs. 1 RGes. schreibt vor, daß gerichtliche Verfügungen mit der Bekanntmachung an denjenigen, für welchen sie ihrem Inhalte nach bestimmt sind, wirksam werden. Die entgegenstehenden Vorschriften, welche aufrecht erhalten werden, gehören namentlich dem Grundbuchrecht an, vgl. oben Note c. Die Bestimmung des Abs. 1 paßt nicht für Grundbucheintragungen. Nach § 55 GBO. soll jede Eintragung im Grundbuche dem Antragsteller und dem eingetragenen Eigenthümer sowie im Uebrigen allen aus dem Grundbuch ersichtlichen Personen bekannt gemacht werden, zu deren Gunsten die Eintragung erfolgt ist oder deren Recht durch sie betroffen wird. Die Eintragung selbst — eine gerichtliche Verfügung im Sinne des § 16 Abs. 1 RGes. — ist aber bereits vorher wirksam geworden.

f) Der § 17 RGes. trifft die Bestimmung, daß für die Berechnung der Fristen die Vorschriften des BGB. gelten sollen. Um nicht mit den Vorschriften des Grundbuchrechts in Widerspruch zu gerathen, ist auch hier der Vorbehalt gemacht.

g) Der gegenüber § 34 RGes., welcher von der Einsicht der Gerichtsakten und Ertheilung von Abschriften handelt, gemachte Vorbehalt ist ebenfalls für das Grundbuchrecht von Bedeutung, indem die GBO. in den §§ 11, 94 über diesen Gegenstand gleichfalls selbständige Vorschriften trifft. Nach § 94 GBO. in Verbindung mit Art. 55 Einf.Ges. z. BGB. sind aber landesgesetzliche zur Ergänzung der GBO. dienende Vorschriften insoweit ausgeschlossen, als sich nicht aus den reichsgesetzlichen Vorschriften ergiebt, daß ein Gegenstand der landesgesetzlichen Regelung hat überlassen werden sollen. Denkschr. S. 6. Keinenfalls dürfen die landesgesetzlichen Vorschriften denen der GBO. § 11 widersprechen.

5. Nicht für anwendbar erklärt sind von den reichsgesetzlichen Vorschriften die §§ 2, 5, 10 bis 12, 18, sowie die oben in Note 4 unter b bereits erörterten Vorschriften des § 8 über die Sitzungspolizei und über die Berathung und Abstimmung. Die Ausdehnung der Vorschriften erübrigt sich im Allgemeinen aus dem in den nachfolgenden Bemerkungen näher ausgeführten Umstande, daß die erforderlichen Bestimmungen bereits in dem Ausf.Ges. z. GVG. getroffen sind. Die Mitaufführung dieser Vorschriften im Gesetze unter Weglassung derselben im Ausf.-Ges. z. GVG. ist jedoch nicht angängig; denn für das Gebiet der freiw. Ger. würden neben dem Hinweis auf die reichsgesetzlichen Vorschriften noch ergänzende Bestim-

mungen nothwendig sein, z. B. über die Bestellung eines gemeinschaftlichen Gerichtsstandes (vgl. Note b und unten Art. 130 Nr. III), über die Bestellung des zuständigen Gerichts durch den Justizminister, über die Befugniß, von der Bearbeitung der Lehns-, Fideikommiß- und Stiftungssachen in den Ferien abzusehen. Außerdem würde das Ausf.Ges. z. GVG. noch Vorschriften für diejenigen Angelegenheiten geben müssen, die weder zu der ordentlichen streitigen noch zu der freiw. Ger. gehören. Begr. S. 6.

Auch ist selbstverständlich § 1 RGes. nicht erwähnt, da er das Anwendungsgebiet der Allgemeinen Vorschriften des Reichsgesetzes bestimmt; ihm entspricht Art. 1.

a) Der § 2 RGes. bestimmt, daß sich die Gerichte Rechtshülfe zu leisten haben und daß dabei die §§ 158 bis 169 GVG. Anwendung finden. Nach der Begründung S. 6 erübrigt sich die Ausdehnung, weil der § 87 Ausf.Ges. z. GVG. schon die erforderlichen Bestimmungen enthalte. Vgl. darüber das Nähere unter Art. 130 Nr. XI.

b) Nach § 5 RGes. soll das zuständige Gericht, wenn Streit oder Ungewißheit darüber besteht, welches von mehreren Gerichten örtlich zuständig ist, durch das gemeinschaftliche obere Gericht, und wenn das zuständige Gericht in einem einzelnen Falle an der Ausübung des Richteramts rechtlich oder thatsächlich verhindert ist, durch das ihm im Instanzenwege vorgeordnete Gericht bestimmt werden; eine Anfechtung der Entscheidung findet nicht statt. — An Stelle des § 5 enthält der — unten in Art. 130 Nr. III — dem neuen Wortlaute nach angeführte § 20 Ausf.-Ges. z. GVG. Vorschriften, welche dem § 5 angepaßt sind nebst einigen Ergänzungsvorschriften, namentlich für den im RGes. nicht vorgesehenen Fall, daß ein gemeinschaftlicher Gerichtsstand zu bestellen ist. Durch die Vorschriften dieses § 20 wird eine Verschiedenheit in der Behandlungsweise reichsgesetzlicher und landesgesetzlicher Angelegenheiten in Ansehung des vorgedachten Punktes herbeigeführt: vgl. unten Art. 8 Note 2 und Art. 130 zu Nr. III.

c) Die Stelle des § 10 RGes. über den Einfluß der Gerichtsferien vertritt § 91 Abs. 1 Ausf.Ges. z. GVG., der mit jenem (vgl. Anlage) gleichlautend ist; nur ist durch die Einschaltung der Worte: „Lehns-, Familienfideikommiß- und Stiftungssachen" bewirkt, daß die Bearbeitung auch dieser Sachen während der Gerichtsferien unterbleiben kann, soweit das Bedürfniß einer Beschleunigung nicht vorhanden ist.

d) Der § 11 RGes. ist nicht aufgenommen, weil schon nach § 71 Ausf.Ges. z. GVG. die Gerichtsschreiber bei den Amtsgerichten verpflichtet sind, „in gerichtlichen Angelegenheiten, welche von den deutschen Prozeßordnungen nicht betroffen werden, Gesuche zu Protokoll zu nehmen" und das Protokoll „erforderlichenfalls der zuständigen Behörde zu übersenden". Nach der Begründung, S. 6, würde es für die durch Landesgesetz den Gerichten übertragenen A. d. fr. Ger. zu weit gehen, wenn entsprechend dem § 11 RGes. und in Abweichung von dem § 71 Ausf.Ges. nicht nur Gesuche, sondern schlechthin Anträge und Erklärungen zu Protokoll des Gerichtsschreibers abgegeben werden könnten, vgl. z. B. Gesetze über den Austritt aus der Kirche v. 14. Mai 1873 § 1 und über den Austritt aus der Synagogengemeinde v. 26. Juli 1876 § 2 (oben Note 4c). — Anträge in der Kom. d. Abg., den § 11 mit der Beschränkung: „soweit nicht entgegenstehende Vorschriften bestehen", aufzunehmen, wurden abgelehnt. Es wurde geltend gemacht, daß dann eine Erklärung zu gerichtlichem Protokolle vorliegen würde, wenn der Gerichtsschreiber durch Aufnahme des § 11 RGes. die Befugniß erhalten würde, diese Namens des Gerichts aufzunehmen. Bericht S. 2, 3.

Sonach ergeben sich für die Behandlung landesrechtlicher und reichsrechtlicher A. d. fr. Ger. folgende Verschiedenheiten:

α) In ersteren ist der Gerichtsschreiber nur befugt und verpflichtet, Gesuche aufzunehmen; Erklärungen anderen Inhalts bzw. Anträge in dem Protokoll eines Gerichtsschreibers niederzulegen, reicht, wo gerichtliches Protokoll erfordert wird, nicht aus, weil das Protokoll des Gerichtsschreibers nicht als gerichtliches Protokoll zu betrachten ist; vgl. Hannov. Höfegesetz § 7, Hannov. Gesetz über die religiöse Erziehung der Kinder v. 31. Juli 1826. Vgl. ferner Ausf.Ges. z. GBO., wonach, wenn eine Erklärung, welche der in § 29 GBO. vorgeschriebenen Form — Protokoll vor dem Grundbuchamt oder öffentliche oder öffentlich beglaubigte Urkunde zum Nachweise der Voraussetzungen einer Eintragung — bedarf, vor dem Grundbuchamt abgegeben wird, das Protokoll von dem Richter aufzunehmen ist.

β) In landesrechtlichen A. d. fr. Ger. sind nur die Gerichtsschreiber der Amtsgerichte verpflichtet, Gesuche aufzunehmen, nicht die Gerichtsschreiber der anderen Gerichte.

γ) Nach beiden Richtungen bestehen Ausnahmen; z. B. für Beschwerden vgl. Art. 6 und die dazu gehörigen in der Anlage abgedruckten §§ 21, 29 RGes., woselbst vorgesehen ist, daß die Beschwerde bezw. weitere Beschwerde zu Protokoll des Gerichtsschreibers desjenigen Gerichts, dessen Verfügung angefochten wird, oder des Gerichtsschreibers des Beschwerdegerichts eingelegt werden kann.

e) Der § 12 des RGes., nach welchem das Gericht von Amtswegen die zur Feststellung der Thatsachen erforderlichen Ermittelungen zu veranstalten und die geeignet erscheinenden Beweise aufzunehmen hat, ist nicht übernommen, weil der in Frage stehende Grundsatz im Allgemeinen als selbstverständlich angesehen werden kann (vgl. Denkschr. zum Entwurfe des RGes. S. 35) und andererseits seine unbedingte gesetzliche Ausdehnung auf alle durch Landesgesetz den Gerichten zugewiesenen A. d. fr. Ger. nicht unbedenklich ist. Zum mindesten müßte für Grundbuchsachen ein Vorbehalt gemacht werden; denn die Ausdehnung des § 12 auf Grundbuchsachen würde mit dem § 29 der GBO. nicht vereinbar sein, nach welchem es Sache der Betheiligten ist, die Voraussetzungen der Eintragung durch öffentliche Urkunden nachzuweisen (vgl. oben dα und GBO. § 13); zudem ist die Landesgesetzgebung auch formell nicht befugt, in dieser Beziehung für Grundbuchsachen eine Bestimmung zu treffen. Begr. S. 7.

Auch für die Eintragungen in die Landgüterrollen — vgl. Landgüterordnung f. d. Prov. Brandenburg v. 10. Juli 1883, §§ 5, 6; dgl. f. Schlesien v. 24. April 1884, §§ 5, 6; dgl. f. Westfalen rc. v. 30. April 1882, §§ 5, 6 — ist es Sache der Betheiligten, die Unterlagen zu beschaffen. Ebenso für die Eintragungen in das Wassergenossenschaftsregister, vgl. Gesetz, betr. die Bildung von Wassergenossenschaften v. 1. April 1879, § 13, § 28 Abs. 2 u. a. m. Vgl. Komm.Ber. S. 3, 4.

f) Der § 18 RGes., demzufolge das Gericht berechtigt ist, eine von ihm erlassene Verfügung nachträglich, selbst nach eingetretener Rechtskraft (vgl. Kom. des Verf. z. RGes. § 18 Note 2b), zu ändern, ist ein Ausfluß der in § 12 RGes. — vgl. oben unter e — aufgestellten Offizialmaxime. Aus den dort angegebenen allgemeinen Gründen ist daher auch hier von der Aufnahme des § 18 abgesehen und ein diese Aufnahme bezweckender Antrag in der Kom. d. Abg. abgelehnt worden. Auch hätten hier wieder Vorbehalte gemacht werden müssen. So z. B. hat das Grundbuchamt nach § 54 GBO., wenn es unter Verletzung gesetzlicher Vorschriften eine Eintragung vorgenommen hat, durch die das Grundbuch unrichtig geworden ist, abgesehen von einer unzulässigen

Eintragung, nicht die Befugniß, die Eintragung unmittelbar richtig zu stellen, sondern hat von Amtswegen einen Widerspruch einzutragen.

Sodann aber müßte die Regel des § 18 auch sonst noch Ausnahmen erleiden. Der § 55 RGes. sieht z. B. zum Schutze Dritter vor, daß eine Verfügung, durch welche die Genehmigung zu einem Rechtsgeschäft ertheilt oder verweigert wird (vgl. z. B. BGB. §§ 1812, 1821, 1822), von dem Vormundschaftsgericht insoweit nicht mehr geändert werden kann, als die Genehmigung oder deren Verweigerung einem Dritten gegenüber wirksam geworden ist. Verfügungen gleicher Art kommen aber auch auf den Gebieten vor, welche der Landesgesetzgebung vorbehalten sind; hierhin gehören die Verfügungen, durch die ein mit der Beaufsichtigung einer Stiftung betrautes Gericht die nach der Satzung erforderliche Genehmigung zum Erwerbe von Grundstücken u. s. w. ertheilt oder verweigert oder durch die das Vormundschaftsgericht dem Anerben die nach Landesrecht erforderliche Zustimmung zum Verzicht auf das Anerbenrecht giebt; Ges., betr. das Anerbenrecht bei Renten- und Ansiedelungsgütern, v. 8. Juni 1896 § 15 Abs. 5, Anerbengesetz f. Westfalen v. 2. Juni 1898 § 19 Abs. 2. Vgl. Begr. S. 7.

Durch die Nichtaufnahme des § 18 RGes. soll die Anwendung der in ihm enthaltenen Vorschrift durchaus nicht für unzulässig erklärt werden; die Entwickelung soll vielmehr der Praxis überlassen bleiben. Kom.Ber. S. 4. Es darf daher die Ansicht aufgestellt werden, daß für landesrechtliche A. d. fr. Ger. wegen des Verwaltungscharakters der richterlichen Thätigkeit der Satz des § 18 RGes., daß das Gericht eine von ihm erlassene Verfügung nachträglich ändern darf, wenn es dieselbe für ungerechtfertigt hält, ebenfalls Geltung hat (vgl. Art. 12 Note 5). Das führt andererseits zu der Annahme, daß, Mangels einer besonderen gesetzlichen Vorschrift, die beiden zu diesem Satze in § 18 RGes. gemachten Ausnahmen für landesgesetzliche A. d. f. Ger. nun nicht platzgreifen; diese Ausnahmen sind: Nichtbefugniß der Aenderung einer Verfügung, welche nur auf Antrag erlassen werden kann, wenn der Antrag abgewiesen ist, bezw. einer Verfügung, die der sofortigen Beschwerde unterliegt. Vgl. hierzu Art. 22 Note 1.

Artikel 2.

Wirkt in einer Angelegenheit der freiwilligen Gerichtsbarkeit, die nicht in der Beurkundung eines Rechtsgeschäfts besteht, ein Gerichtsschreiber mit, so finden auf ihn die Vorschriften der §§ 6, 7 des Reichsgesetzes über die Angelegenheiten der freiwilligen Gerichtsbarkeit entsprechende Anwendung.

Die Zuziehung eines Gerichtsschreibers kann in den Fällen, in welchen das Gesetz sie nicht vorschreibt, erfolgen, wenn sie zur sachgemäßen Erledigung des Geschäfts zweckmäßig ist.

---

1. Das RGes. giebt in den §§ 170 bis 172 Vorschriften über die Ausschließung des Richters und des Gerichtsschreibers, soweit es sich um die Beurkundung von Rechtsgeschäften handelt. Für den Richter sind daneben in den §§ 6, 7 RGes. (vgl. Anlage) Vorschriften enthalten über die Ausschließung von der Ausübung des Richteramts kraft Gesetzes, über Unzulässigkeit der Ablehnung und über die Wirksamkeit gerichtlicher Handlungen, welche von einem örtlich unzuständigen oder von einem von der Ausübung des Richteramts kraft Gesetzes ausgeschlossenen Richter

vorgenommen sind, — für alle anderen A. d. fr. Ger. Entsprechende Vorschriften fehlten für den Gerichtsschreiber; diese Lücke füllt Art. 2 Abs. 1 aus.

Die Vorschrift ist eine von jenen (vgl. Vorbemerkung zu diesem Abschnitt), welche nicht bloß für landesgesetzliche, sondern auch ergänzend für reichsgesetzliche A. d. fr. Ger. gegeben sind. Es fallen somit unter Art. 2 Abs. 1 sowohl diejenigen Geschäfte, welche das RGes. den Gerichtsschreibern zuweist, z. B. Zustellungen (RGes. § 16), als auch solche, die ihnen auf Grund einer landesgesetzlichen Bestimmung obliegen, wie die Aufnahme von Wechselprotesten, die Ausführung einer Siegelung oder Entsiegelung, die Vornahme einer Inventur (Ausf.Ges. z. GVG. § 70), die Mitwirkung bei der Führung des Grundbuchs (GBO. § 10), bezw. des Schiffsregisters (unten Art. 29).

Die Vornahme und Beurkundung einer Grundstücksversteigerung (unten Art. 38 Abs. 3) dagegen ist als Beurkundung eines Rechtsgeschäfts in Bezug auf die Mitwirkung des Gerichtsschreibers nach §§ 170 bis 172 RGes. zu beurtheilen.

2. Der Artikel gilt sowohl, wenn der Gerichtsschreiber in den ihm aufgetragenen Geschäften allein thätig ist, als auch dann, wenn er neben dem Richter mitwirkt, z. B. gemäß Abs. 2.

3. Was in dem Artikel für Gerichtsschreiber vorgeschrieben ist, gilt auch bezüglich derjenigen Beamten, welche die dienstlichen Verrichtungen derselben wahrnehmen, z. B. Gerichtsschreibergehülfen, Referendare u. s. w.

4. Der **Abs.** 2 ist von der Kom. d. Abg. zugefügt worden. Nach dem bisher geltenden Rechte bedurfte es bei Verhandlungen der freiwilligen Gerichtsbarkeit, von gewissen Fällen der Beurkundung von Rechtsgeschäften abgesehen, in der Regel der Mitwirkung eines Gerichtsschreibers nicht; nur bei der Errichtung von letztwilligen Verfügungen, Erbverträgen und solchen Ehestiftungen, worin die künftige Erbfolge bestimmt wird (vgl. Anhang zur AGO. § 421), war sie vorgeschrieben. Auch künftig ist reichs- wie landesgesetzlich die Zuziehung eines Gerichtsschreibers nur dann nothwendig, wenn sie besonders vorgeschrieben ist, z. B. für die Errichtung eines Testaments oder eines Erbvertrags vor dem Richter (BGB. §§ 2233, 2276), dagegen nicht für die Errichtung eines Ehevertrags (BGB. § 1434); ferner in bestimmten Fällen der Beurkundung von Rechtsgeschäften (vgl. §§ 169 ff. RGes.).

Was insbesondere die Zuziehung eines Gerichtsschreibers bei Zeugenvernehmungen anlangt, so bemerkt die Begr. S. 8, daß nach § 15 RGes. nicht anzunehmen sei, die Zuziehung wäre nothwendig; denn wenngleich nach § 15 die Vorschriften der CPO. über den Zeugenbeweis entsprechende Anwendung finden sollen und im Prozeßverfahren bei der Zeugenvernehmung ein Gerichtsschreiber mitwirken müsse, so sei doch diese Mitwirkung des Gerichtsschreibers nichts der Zeugenvernehmung Eigenthümliches, vielmehr sei sie im Prozeßverfahren für alle mündlichen Verhandlungen vorgeschrieben. Auf dem Gebiete der fr. Ger. gelte aber dieser Grundsatz nicht und deshalb führe die entsprechende Anwendung der Bestimmungen der CPO. über den Zeugenbeweis nicht zu der Nothwendigkeit der Zuziehung eines Gerichtsschreibers.

Nach Abs. 2 entscheidet das Ermessen des Richters. Dafür kann sowohl der Umfang und die Art des einzelnen Geschäfts, als auch die gesammte Geschäftslage des Gerichts maßgebend sein. So kann beispielsweise im Theilungsverfahren, bei der Siegelung, Aufnahme von Taxen, Zeugenvernehmungen, Anhörung von Angehörigen in Vormundschaftssachen, bei den mündlichen Verhandlungen im Ordnungsstrafverfahren und bei den Verhandlungen über die Dispache die Heranziehung eines Gerichtsschreibers zur Protokollführung in Frage kommen. Die Zuziehung eines Gerichtsschreibers ist aber auch namentlich bei Abhaltung von Gerichtstagen zweckmäßig; desgleichen an sogen. Amtstagen insbesondere auch für die Aufnahme von Anträgen und Erklärungen, welche der im § 29 GBO. (vgl. oben Art. 1 Note 5d) vorgeschriebenen Form bedürfen und demnach gemäß Art. 5 Ausf.Ges. z. GBO. vor dem Grundbuchamte zu Protokoll des Richters abzugeben sind. Hierzu ist nach dem Kom.-Ber. über das Ausf.Ges. zur GBO. S. 5 die gemeinsame Ansicht der Kom. d. Abg. und des Justizministers festzustellen, daß der Vorschrift des Art. 5 Ausf.Ges. z. GBO. genügt sei, wenn der Richter das Protokoll nur unterschreibe, daß es dagegen für die Gültigkeit belanglos sei, von wessen Hand sonst der Inhalt des Protokolls herrühre.

Artikel 3.

Für die Anfechtung gerichtlicher Verfügungen in denjenigen Angelegenheiten der freiwilligen Gerichtsbarkeit, welche durch Landesgesetz den Gerichten übertragen sind, gelten die Vorschriften der Artikel 4 bis 7. Die Vorschriften des Grundbuchrechts und des Gesetzes, betreffend das Pfandrecht an Privateisenbahnen und Kleinbahnen &c., vom 19. August 1895 (Gesetz-Samml. S. 499) bleiben unberührt.

---

1. Die **Art. 3 bis** 8 enthalten Vorschriften über die Beschwerde; davon beziehen sich die Art. 3 bis 7 nur auf die durch Landesgesetz den Gerichten übertragenen A. d. fr. Ger., während Art. 8 in Ausführung des Vorbehalts im § 199 RGes. die reichsgesetzlich den Gerichten übertragenen Angelegenheiten dieser Art. zum Gegenstande hat bezw. eine Ergänzung der GBO. enthält. Im Uebrigen gelten für die reichsgesetzlich den Gerichten übertragenen A. d. fr. Ger. die Vorschriften der §§ 19 bis 30 RGes., die insofern in den Art. 3 bis 7 weder eine Ergänzung noch Abänderung erfahren haben, letztere auch nicht erfahren konnten, da ein entsprechender Vorbehalt in dem RGes. nicht gemacht ist. — Unter „Gerichten" sind hier, ebenso wie in Art. 1 (vgl. daselbst Note 3b), die ordentlichen Gerichte verstanden.

2. Es handelt sich hier, wie auch in den eben erwähnten Vorschriften des RGes., nur um Beschwerden über sachliche Anordnungen der Gerichte. Für Beschwerden, welche die Justizverwaltung, insbesondere die Art des Geschäftsbetriebs und Verzögerungen betreffen, bleibt es hier, wie bei den reichsgesetzlichen A. d. fr. Ger. (vgl. K. d. Verf. z. RGes. § 19 Note 1) bei der auch für die streitige Rechtspflege geltenden Bestimmung des § 85 Ausf.Ges. z. GVG., nach welcher derartige Beschwerden im Aufsichtswege zu erledigen sind.

3. Der **Art.** 3 enthält nur eine einleitende Vorschrift nebst zwei Vorbehalten, welche den Zweck haben, die besonderen Vorschriften des Grundbuchrechts und des Gesetzes, betreffend das Pfandrecht an Privateisenbahnen und Kleinbahnen &c. v. 19. August 1895 neben den in Art. 4 bis 7 folgenden Bestimmungen aufrecht zu erhalten.

a) Was den Vorbehalt zu Gunsten des Grundbuchrechts anlangt, so sind neben der GBO. landesgesetzliche Bestimmungen über das Beschwerdeverfahren im Grundbuchsachen nur insoweit zulässig, als es sich darum handelt, die Zuständigkeit für die weitere Beschwerde einem der mehreren Oberlandesgerichte oder dem obersten

Landesgerichte zu übertragen, GVG. § 102. Im Uebrigen sind Vorbehalte für das Beschwerdeverfahren nicht gemacht und es muß daher bei den Vorschriften der §§ 71 bis 81 GBO. verbleiben. Von Bedeutung würde der Vorbehalt namentlich dem § 20 RGes. gegenüber sein, wonach die Beschwerde nur demjenigen, dessen Recht durch die Verfügung beeinträchtigt ist, bezw., soweit eine Verfügung nur auf Antrag erlassen werden konnte und der Antrag zurückgewiesen ist, nur dem Antragsteller zusteht. Diese den Kreis der beschwerdeberechtigten Personen einengende Vorschrift hat jedoch schon vermöge des in § 1 RGes. enthaltenen Vorbehalts, daß die Allgemeinen Vorschriften nur insoweit gelten sollen, als nicht ein Anderes bestimmt ist, für das Grundbuchrecht keine Geltung und da die Landesgesetzgebung, wie bemerkt, nicht die Befugniß hat, Aenderungen an dem Beschwerderecht des GVG. vorzunehmen, so erscheint der Vorbehalt ganz selbstverständlich.

b) Der Vorbehalt betr. das Beschwerdeverfahren in Pfandrechtsangelegenheiten der Privatbahnen und Kleinbahnen dagegen hat seine volle Bedeutung, namentlich in Ansehung der Bestätigung von Beschlüssen der Inhaber von Theilschuldverschreibungen nach § 30 des erwähnten Gesetzes. Dieser § 30 lautet: „Der Beschluß der Versammlung (der Gläubiger) bedarf der Bestätigung des Gerichts, welches vor Ertheilung derselben die Bahnaufsichtsbehörde zu hören hat. Auf die Bestätigung, deren Wirkung und Anfechtung finden die Bestimmungen der §§ 181, 184 Abs. 1, 185, 186 Nr. 1, 188, 189, 193, 195, 196 der Deutschen Konkursordnung (die §§ sind nach der neuen Fassung citirt) entsprechende Anwendung. Der Antrag auf Verwerfung des Beschlusses, sowie die sofortige Beschwerde gegen die Entscheidung über die Bestätigung desselben steht jedem Inhaber einer Theilschuldverschreibung zu. Der rechtskräftig bestätigte Beschluß ist in Ausfertigung zu den Grundakten der Bahn zu bringen." Nach dem hier angezogenen § 189 KO. beginnt die Frist zur Einlegung der sofortigen Beschwerde gegen den Beschluß, durch den der Zwangsvergleich bestätigt oder verworfen wird, mit der Verkündigung des Beschlusses, während sie nach dem gemäß Art. 6 im Uebrigen anwendbaren § 22 Abs. 1 RGes. mit dem Zeitpunkte beginnen würde, in welchem der Beschluß dem Beschwerdeführer bekannt gemacht worden ist. Um den Zusammenhang des Gesetzes v. 19. August 1895 zu wahren, hat das vorliegende Gesetz es vorgezogen, diese Bestimmung unberührt zu lassen. Vgl. Art. 5 Note 2.

4. Mit den speziell bezeichneten Gesetzen sind die Vorschriften nicht erschöpft, welche von den Art. 4 bis 8 unberührt belassen werden. So bleiben unberührt die Vorschriften des Pr. GKG. und der Geb.O. f. N. wie sich daraus ergiebt, daß der Art. 84 Nr. IX des Ausf.Ges. z. BGB. und der Art. 132 Nr. X des vorliegenden Gesetzes den § 26 des Pr. GKG. und den § 27 der Geb.O. f. N. nicht aufheben, sondern nur abändern. Begr. S. 9.

Artikel 4.

Die gerichtlichen Verfügungen erster Instanz können im Wege der Beschwerde angefochten werden. Die Beschwerde findet nicht statt, soweit sie durch besondere gesetzliche Vorschrift ausgeschlossen ist. Rechte Dritter, die auf Grund der angefochtenen Verfügung erworben sind, werden durch die Abänderung der Verfügung nicht beeinträchtigt.

1. Die allgemeine Regel in **Satz 1** entspricht dem § 19 Abs. 1 RGes. und steht im Einklange mit dem bisherigen Rechte (AGO. III, 1 §§ 11 ff.).

„Verfügung" begreift im weitesten Umfange alle sachlichen Anordnungen des Gerichts in sich.

Es muß sich um Verfügungen des Gerichts erster Instanz handeln. Als solches kann ebenso wie in reichsgesetzlichen Angelegenheiten auch in landesrechtlichen außer dem Amtsgericht auch das Landgericht und Oberlandesgericht in Betracht kommen. So sind in Familienfideikommiß- und Lehnssachen die Oberlandesgerichte als erste Instanz zuständig, vgl. Ausf.Ges. z. GVG. § 49, und unten Art. 130 VII; vgl. auch Ausf.Ges. z. GVG. § 41. Ferner liegt nach § 29 Ausf.-Ges. z. GVG. die den Gerichten zustehende Verwaltung oder Beaufsichtigung von Stiftungen den Amtsgerichten ob; durch den Justizminister kann jedoch das Landgericht oder das Oberlandesgericht mit der Verwaltung oder Beaufsichtigung beauftragt werden. Macht der Justizminister von dieser Befugniß in Ansehung einer Familienstiftung Gebrauch, so ist nach Art. 1 Ausf.Ges. z. BGB. das beauftragte Gericht auch für die Genehmigung der Familienstiftung, die sonst regelmäßig ebenfalls dem Amtsgerichte zukommen würde (Ausf.Ges. z. GVG. § 26 Nr. 2), zuständig. Endlich ist das Gericht, dem die Verwaltung oder Beaufsichtigung der Familienstiftung zusteht, auch ausschließlich zuständig zu der Aufnahme und der Genehmigung des Familienschlusses (Ausf.Ges. z. BGB. Art. 2 § 2). Vgl. ferner Art. 6 Note 2.

2. Die Regel des ersten Satzes ist nur mit der Einschränkung von **Satz 2** zu verstehen. Der § 19 Abs. 1 RGes. hat diese Einschränkung in der Bestimmung des § 1 RGes. erhalten, wonach die Allgemeinen Vorschriften nur soweit gelten sollen, als nicht ein Anderes bestimmt sei. Da diese Klausel in Art. 3 fehlt, mußte zur Aufrechterhaltung solcher Bestimmungen, nach denen für einzelne Fälle die Beschwerde versagt ist, der Satz 2 Aufnahme finden.

Fälle, auf welche der Satz 2 zutrifft, vgl. unten Art. 130 III.

3. Der **Satz 3** ist namentlich von Bedeutung, wenn es sich um die Ertheilung oder die Verweigerung der Genehmigung zu einem Rechtsgeschäfte handelt, z. B. bei einer vom Gerichte beaufsichtigten Stiftung, und die Ertheilung oder Verweigerung der Genehmigung einem Dritten gegenüber wirksam geworden ist. Das RGes. enthält keine allgemeine Vorschrift wie Satz 3; dagegen spricht es denselben Grundsatz in Anwendung auf einzelne bestimmte Fälle aus und legt ihn einzelnen Spezialbestimmungen zu Grunde. So z. B. bestimmt es in § 55 Abs. 1, daß eine Verfügung, durch welche die Genehmigung zu einem Rechtsgeschäfte von dem Vormundschaftsgericht ertheilt oder verweigert ist, von dem Gericht insoweit nicht mehr geändert werden kann, als die Genehmigung oder deren Verweigerung einem Dritten gegenüber wirksam geworden ist; diese Beschränkung besteht nach § 62 R.Ges. auch für das Beschwerdegericht.

Artikel 5.

Soweit nach besonderen gesetzlichen Vorschriften die Einlegung des Rechtsmittels gegen die Entscheidung erster Instanz an eine Frist gebunden ist, findet die sofortige Beschwerde statt.

---

1. In bisher geltenden und auch künftig noch in Kraft bleibenden Gesetzen ist mehrfach die Einlegung des Rechtsmittels gegen die Entscheidung erster Instanz an

eine bestimmte Frist gebunden; so ganz allgemein die unten in Art. 144 Nr. 8 und 16 aufgehobenen Vorschriften des Frankfurter und Hannov. Rechts; insbesondere ist die Frist auch zuweilen eine kürzere, als diejenige, welche das RGes. in § 22 Abs. 1 für die sofortige Beschwerde allgemein auf zwei Wochen bemißt, z. B. Landgüterordnung f. d. Regierungsbez. Kassel v. 1. Juli 1887 § 16.

2. Alle derartigen Fristbestimmungen sind — abgesehen von dem obengenannten Art. 144 Nr. 8 und 16 — durch Art. 5 aufgehoben; doch ist der Sinn dieses Artikels nicht der, daß bloß diese Frist aufgehoben sein und an deren Stelle die zweiwöchige des RGes. treten solle, sondern der, daß in den betreffenden Fällen, unbeschadet der durch den Vorbehalt in Art. 3 gedeckten, überhaupt statt der bisherigen die sämmtlichen für die sofortige Beschwerde gegebenen Vorschriften des RGes. nach Maßgabe der Art. 6 bis 8 entsprechende Anwendung finden.

3. Das Gesetz stellt ebensowenig wie das RGes. eine allgemeine Regel darüber auf, wann die sofortige Beschwerde stattfindet; in beschränktem Maße thut es aber Art. 5 für alle diejenigen Fälle, für welche nach besonderen gesetzlichen Vorschriften eine bestimmte Frist vorgeschrieben ist.

Artikel 6.

Die Vorschriften der §§ 20 bis 27, 29 des Reichsgesetzes über die Angelegenheiten der freiwilligen Gerichtsbarkeit finden entsprechende Anwendung.

Ueber die Beschwerde gegen eine Verfügung, die das Amtsgericht erlassen hat, entscheidet das Landgericht, über die Beschwerde gegen eine Verfügung, die das Langericht in erster Instanz erlassen hat, entscheidet das Oberlandesgericht, über die Beschwerde gegen eine Verfügung, die das Oberlandesgericht in erster Instanz erlassen hat, der Justizminister.

Die Entscheidungen über Beschwerden erfolgen bei den Landgerichten durch eine Civilkammer, bei den Oberlandesgerichten durch einen Civilsenat.

Eine weitere Beschwerde findet nur statt, wenn das Amtsgericht die erste Instanz bildet.

---

1. Der Art. 6 enthält die Ordnung des Beschwerdeverfahrens im Einzelnen; die §§ 20 bis 27, 29 RGes. siehe in der Anlage. Durch deren Uebertragung auf landesgesetzliche A. d. fr. Ger. wird eine fast vollständige Gleichmäßigkeit der Behandlung reichs- und landesgesetzlicher A. d. fr. Ger. herbeigeführt. Die Abweichungen, welche bestehen bleiben, beschränken sich auf Gebiete, die der Landesgesetzgebung unzugänglich sind. So mußten die Vorschriften des § 28 Abs. 2, 3 RGes. von der Uebertragung ausgeschlossen bleiben, da eine Zuständigkeitserklärung des Reichsgerichts auf Grund landesgesetzlicher Bestimmung nicht in Frage kommen konnte und dasselbe gilt von Entscheidungen der Kammern für Handelssachen (RGes. § 30 Abs. 1).

Die übernommenen Vorschriften des RGes. ersetzen die §§ 30, 51 bis 56 des Ausf.Ges. z. GVG.; diese sind unten in Art. 130 Nr. I aufgehoben worden; vgl. auch Art. 130 Nr. VIII. Durch die Einführung der §§ 27, 29 RGes. an Stelle der §§ 52 bis 56 Ausf.Ges. z. GVG. ergeben sich für das Rechtsmittel der weiteren Beschwerde einige Abweichungen von dem bisherigen Rechte, worüber Art. 7 Note 2.

2. Der erste Theil von **Abs. 2** entspricht dem § 19 Abs. 2 RGes. und dem durch Art. 130 Nr. I aufgehobenen § 40 Abs. 1 Ausf.Ges. z. GVG., der folgende Theil dem § 49 Nr. 3 das Ausf.Ges. z. GVG. Soweit das Oberlandesgericht die erste Instanz bildet, ist durch den letzteren Theil von Abs. 2 die Entscheidung über die Beschwerde dem Justizminister übertragen. Diese Vorschrift ist namentlich für Lehns- und Fideikommißsachen sowie für die standesherrlichen Angelegenheiten der freiw. Gerichtsb. von Bedeutung und entspricht der AGO. und den Vorschriften späterer Gesetze (vgl. AGO. III 1 § 13, Verordn. v. 2. Januar 1849, GS. S. 1, § 35 Abs. 4; Gesetz, betr. die Kompetenz der Gerichtsbehörden in Familienfideikommißsachen, v. 5. März 1855, GS. S. 175, § 4; Verordn. betr. die Wiederherstellung des privilegirten Gerichtsstandes für die mittelbar gewordenen Deutschen Reichsfürsten und Grafen, v. 12. November 1855, GS. S. 686, § 4 Abs. 2; Gesetz, betr. die Auflösung des Lehnsverbandes der nach dem Lehnrecht der Kurmark, Altmark und Neumark zu beurtheilenden Lehne, v. 23. Juli 1875, GS. S. 537, § 22 Abs. 2; Gesetz, betr. die Auflösung des Lehnsverbandes in den Provinzen Sachsen und Brandenburg, v. 28. März 1877, GS. S. 111, § 18 Abs. 4; Gesetz, betr. die Familienfideikommisse in Neuvorpommern und Rügen, v. 12. Juli 1896, GS. S. 162, § 2 Abs. 2. — Vgl. ferner Note 4 Abs. 2.

Die Vorschrift, daß über die Beschwerde gegen eine Verfügung, die das Amtsgericht erlassen hat, das Landgericht entscheidet, erleidet eine Ausnahme, indem über Beschwerden in Rechtshülfesachen nach näherer Vorschrift des § 87 Ausf.Ges. z. GVG. (vgl. oben Art. 1 Note 5a und unten Art. 130 Nr. XI) nicht das Landgericht, sondern das Oberlandesgericht zuständig ist, zu dessen Bezirke das ersuchte Gericht gehört.

3. Der **Abs. 3** entspricht den Vorschriften der §§ 42, 57 Ausf.Ges. z. GVG. und dem § 30 RGes.

4. Die Vorschrift des **Abs. 4** steht in Uebereinstimmung mit dem RGes. (vgl. §§ 64, 143), obgleich dieses keine dem Abs. 4 entsprechende Regel aufstellt. Sie sagt aber nicht, daß in allen Fällen, in denen das Amtsgericht die erste Instanz bildet, nun auch immer die weitere Beschwerde statthaben müsse. Solches ist z. B. nicht der Fall gegen die schon in Note 2 erwähnte Entscheidung wegen verweigerter oder unzulässig gewährter Rechtshülfe, indem nach § 87 Ausf.Ges. (Art. 130 Nr. XI) gegen die auf solche Beschwerden ergangenen Entscheidungen der Oberlandesgerichte eine weitere Beschwerde versagt ist, trotzdem das Amtsgericht die erste Instanz bildete.

Gegenüber einer vom Justizminister in der Beschwerdeinstanz getroffenen Entscheidung (vgl. Note 2) gestattete die AGO. den Beteiligten, sich an den König zu wenden. Diese Befugniß hat bereits in den neueren auf das Beschwerdeverfahren bezüglichen Bestimmungen keine Anerkennung mehr gefunden (vgl. die oben Note 2 angeführten Vorschriften der Verordn. v. 12. November 1855 und der Gesetze v. 5. März 1855, 23. Juli 1875, 28. März 1877 und 12. Juli 1896) und kann als Rechtsmittelberechtigung keine Geltung mehr beanspruchen.

5. Die Nachsuchung der Abänderung einer Entscheidung des Dorf- oder Ortsgerichts bei dem Amtsgericht und die darauf ergehende Entscheidung des letzteren (vgl. Art. 106, vgl. auch RGes. § 195) gelten nicht als Beschwerde bezw. als Beschwerdeentscheidung.

Artikel 7.

Für die Entscheidung über das Rechtsmittel der weiteren Beschwerde ist das Kammergericht zuständig. Hängt die Entscheidung nach der Auffassung des Kammergerichts von der Auslegung eines in seinem Bezirke nicht geltenden Gesetzes ab, so kann es die weitere Beschwerde demjenigen Oberlandesgerichte zur Entscheidung überweisen, zu dessen Bezirke das Landgericht gehört, welches die angefochtene Entscheidung erlassen hat. Der Ueberweisungsbeschluß ist dem Beschwerdeführer bekannt zu machen.

---

1. Die **Art. 7 und 8** beziehen sich auf die Zuständigkeit des Kammergerichts für die weitere Beschwerde. In ihren Voraussetzungen sind sie durchaus verschieden. Art. 7 gehört zu den Vorschriften, welche gemäß Art. 3 für die durch Landesgesetz den Gerichten übertragenen A. d. fr. Ger. selbständig erlassen werden konnten, während Art. 8 sich als Anwendung des in § 199 Abs. 1 RGes. und § 102 GVO. der Landesgesetzgebung zugestandenen Vorbehalts charakterisirt. Nach diesen beiden reichsgesetzlichen Vorschriften kann durch die Gesetzgebung eines Bundesstaats, in dem mehrere Oberlandesgerichte errichtet sind, die Entscheidung über das Rechtsmittel der weiteren Beschwerde auch dann einem der mehreren Oberlandesgerichte oder an Stelle eines solchen Oberlandesgerichts dem obersten Landesgerichte zugewiesen werden, wenn es sich um reichsgesetzlich den Gerichten übertragene A. d. fr. Ger. handelt.

2. Auch bisher war nach den §§ 51 ff. Ausf.Ges. z. GVG. das Kammergericht für die Verhandlung und Entscheidung über das Rechtsmittel der weiteren Beschwerde ausschließlich zuständig. Die Vorschriften der erwähnten Paragraphen sind jedoch nicht einfach hierher übernommen, sondern behufs Herbeiführung einer Uebereinstimmung mit der Reichsgesetzgebung in mehrfacher Beziehung durch Uebernahme der §§ 27, 29 RGes. in Art. 6 und durch die Vorschrift in Art. 7 Satz 2 abgeändert und selbst (vgl. Art. 6 Note 1) aufgehoben worden. Die durch Art. 6, 7 herbeigeführten **Unterschiede** des nunmehrigen Verfahrens gegenüber dem bisherigen sind im Wesentlichen folgende:

a) Nach § 53 Abs. 1 Ausf.Ges. z. GVG. wird die weitere Beschwerde bei dem Gericht eingelegt, von welchem die angefochtene Entscheidung erlassen ist; sie kann in dringenden Fällen auch bei dem Kammergericht eingelegt werden. Der nach Art. 6 künftig anwendbare § 29 Abs. 1 RGes. bestimmt dagegen, daß die weitere Beschwerde bei dem Gericht erster Instanz, bei dem Landgericht oder bei dem Oberlandesgericht eingelegt werden kann.

b) Nach § 53 Abs. 2 Ausf.Ges. z. GVG. erfolgt die Einlegung durch Einreichung einer Beschwerdeschrift oder durch Erklärung zu Protokoll des Gerichtsschreibers. Im ersten Falle muß die Beschwerdeschrift von einem Rechtsanwalt unterzeichnet sein. Oeffentliche Behörden, sowie Personen, welche zum Richteramt befähigt sind, können die Beschwerde schriftlich ohne Zuziehung eines Rechtsanwalts einlegen.

Dem gegenüber kann nunmehr die Beschwerde nicht bloß zu Protokoll des Gerichtsschreibers des Landgerichts oder des Kammergerichts, sondern auch nach § 29 RGes. zu Protokoll des Gerichtsschreibers des Amtsgerichts, um dessen erste Verfügung es sich handelt, eingelegt werden. — Dagegen sind nach § 29 RGes. Personen, welche zum Richteramt befähigt sind, nicht mehr von der Zuziehung eines Rechtsanwals befreit; andererseits bestimmt der § 29, daß es der Zuziehung eines Rechtsanwalts nicht bedarf, wenn die Beschwerde von einem Notar eingelegt wird, der in der Angelegenheit für den Beschwerdeführer einen Antrag bei dem Gericht erster Instanz gestellt hat.

Für Behörden bleibt es bei dem bisherigen Rechte des § 53 Ausf.Ges. z. GVG., vgl. § 29 RGes. Welche Amtsstellen als öffentliche Behörden anzusehen sind, bestimmt sich nach Landesrecht. Einer Anregung in der Kommission des Abgeordnetenhauses, in Ausführung des § 126 RGes. den Handelskammern die Eigenschaft einer öffentlichen Behörde beizulegen, um dieselben bei ihrer Mitwirkung in A. d. fr. Ger. von der Zuziehung eines Rechtsanwalts für Unterzeichnung der weiteren Beschwerde zu befreien, wurde von dem Vertreter der Staatsregierung entgegengehalten, daß die Frage noch nicht abgeschlossen sei, daß das Justizministerium jedoch der Ansicht zuneige, den Handelskammern komme die Eigenschaft einer Behörde nicht zu und es sei auch kein Grund vorhanden, sie bei Einreichung der weiteren Beschwerde vom Anwaltszwange zu befreien. Kom.Ber. S. 5, 6.

c) Wie bisher (§ 52 Ausf.Ges. z. GVG.) ist auch weiterhin (§ 27 RGes.) die weitere Beschwerde nur zulässig, wenn die Entscheidung des Beschwerdegerichts auf einer Verletzung des Gesetzes beruht; die Vorschriften der §§ 550, 551, 561, 563 CPO. finden wie bisher Anwendung. Allein, nach § 53 Abs. 3 Ausf.Ges. z. GVG. mußte die Beschwerde die Bezeichnung der verletzten Rechtsnorm enthalten, widrigenfalls die Beschwerde als unzulässig zu verwerfen war. Eine solche Vorschrift hat das RGes. und die GBO. nicht getroffen; ebensowenig enthalten diese Gesetze eine Bestimmung, auf Grund deren die Landesgesetze eine entsprechende Vorschrift erlassen könnten; auch greift hier der Vorbehalt des § 200 Abs. 1 RGes. nicht Platz, nach welchem landesgesetzliche Vorschriften zur Ergänzung und Ausführung des RGes. auch insoweit erlassen werden können, als das RGes. ausdrückliche Vorbehalte für die Landesgesetze nicht enthält. Denn die Vorschrift, daß die Beschwerde die verletzte Rechtsnorm enthalten muß, würde eben nicht als eine bloße Ergänzung, sondern als eine Abänderung der reichsgesetzlichen Vorschriften anzusehen sein. Konnte daher für Sachen, für welche das RGes. oder die GBO. maßgebend sind, ein solches Erforderniß nicht aufgestellt werden, so empfahl es sich zur Vereinfachung und Vereinheitlichung des Rechts, dasselbe auch für die Landesgesetzgebung fallen zu lassen. Vgl. Begr. S. 10, 11.

d) Gemäß § 56 Ausf.Ges. z. GVG. muß das Kammergericht, wenn die weitere Beschwerde ausschließlich auf die Verletzung einer Rechtsnorm gestützt wird, welche in seinem Bezirke nicht gilt, die Verhandlung und Entscheidung dem Oberlandesgericht überweisen, zu dessen Bezirke das Landgericht gehört, welches die angefochtene Entscheidung erlassen hat. Eine gleiche Ueberweisung kann erfolgen, wenn die weitere Beschwerde auf Verletzung mehrerer Rechtsnormen gestützt wird, von denen die eine, nicht aber die andere im Bezirke des Kammergerichts Geltung hat. Ob die Voraussetzungen dieser Ueberweisungen gegeben sind, muß sich nach bisherigem Verfahren aus der Beschwerdeschrift ergeben, da diese nach dem unter c Gesagten die Bezeichnung der verletzten Rechtsnorm enthalten muß. Von einem solchen Erforderniß aber konnte gemäß dem Reichsrechte keine Rede sein und daher konnte auch die Ueberweisung der Entscheidung an dasjenige Oberlandesgericht, zu dessen Bezirke das Gericht der unteren Instanz gehört, für die nach Reichsrecht zu behandelnden Sachen nicht mehr davon abhängig gemacht werden, daß die Beschwerde auf die Verletzung eines im Bezirke des Kammergerichts nicht geltenden Gesetzes gestützt wird. Deswegen ist behufs Herbeiführung einer Uebereinstimmung mit dem Reichsrechte die Vorschrift dahin gefaßt, daß für die Ueberweisung es darauf ankommen soll, ob die Entscheidung nach der Auffassung des Kammergerichts von der Auslegung eines in seinem Bezirke nicht geltenden Gesetzes abhängt.

Nicht unterschieden wird in Art. 7 — abweichend von § 56 Ausf.Ges. z. GVG. —, ob die Entscheidung nach der Ansicht des Kammergerichts ausschließlich von der Auslegung eines im Kammergerichtsbezirke nicht geltenden Gesetzes abhängt oder ob es daneben auch noch auf die Auslegung anderer Gesetze ankommt. In beiden Fällen hat das Kammergericht nunmehr die Befugniß, aber nicht mehr, wie bisher nach § 56, die Verpflichtung zur Ueberweisung.

e) Der § 56 Abs. 2 Ausf.Ges. z. GVG. bestimmt, daß das Oberlandesgericht, an welches die Ueberweisung erfolgt ist, sich der Erledigung der Sache zu unterziehen hat und daß es an die rechtliche Begründung des Ueberweisungsbeschlusses nicht gebunden ist. Eine gleiche Bestimmung fehlt als überflüssig in Art. 7. Wenn dieser Artikel dem Kammergerichte die Befugniß beilegt, die Sache einem Oberlandesgerichte zur Entscheidung zu überweisen, so folgt daraus die Pflicht des Oberlandesgerichts die Entscheidung selbständig zu treffen.

„Wenn das örtlich zuständige Oberlandesgericht von der Begründung des Ueberweisungsbeschlusses abweichen will, so kommen auch nicht die reichsgesetzlichen Vorschriften über die Abgabe der Beschwerde an das Reichsgericht zur Anwendung; denn der Ueberweisungsbeschluß ist nicht als eine auf weitere Beschwerde ergangene Entscheidung im Sinne des § 28 Abs. 2 des RGes. und des § 79 Abs. 2 der GBO. anzusehen. Soweit aber die Voraussetzungen des § 28 Abs. 2 und des § 79 Abs. 2 vorliegen, wird durch die Zuständigkeitsvorschriften des Gesetzes die Verpflichtung der Gerichte, dem Reichsgerichte die Beschwerde vorzulegen, nicht berührt, vielmehr ist die Beschwerde gegebenenfalls von dem Kammergericht oder von dem Oberlandesgerichte, dem das Kammergericht die Beschwerde überwiesen hat, an das Reichsgericht abzugeben." Begr. S. 11.

f) Die Vorschrift des Art. 7 Satz 3, wonach der Ueberweisungsbeschluß dem Beschwerdeführer bekannt zu machen ist, entspricht dem § 28 Abs. 2 Satz 2 des RGes.

Artikel 8.

Die Vorschriften des Artikel 7 gelten, unbeschadet der Zuständigkeit des Reichsgerichts, auch für Grundbuchsachen sowie für diejenigen Angelegenheiten der freiwilligen Gerichtsbarkeit, welche durch Reichsgesetz den Gerichten übertragen sind.

---

1. Der Art. 8 ist auf Grund des Vorbehalts in § 199 Abs. 1 RGes. und § 102 GBO. erlassen; vgl. über den Inhalt dieses Vorbehalts Art. 7 Note 1.

2. Nachdem hier für die reichsgesetzlichen A. d. fr. Ger. der Vorhalt des § 199 Abs. 1 RGes. zur Ausführung gebracht ist (vgl. Art. 7 Note 1), tritt die daselbst in Abs. 2 vorgesehene Folge ohne besondere Vorschrift von Rechtswegen ein. Dieser Abs. 2 bestimmt, daß das Gericht, dem nach Abs. 1 die Entscheidung zugewiesen wird, zugleich für die Beschwerde gegen eine Verfügung des Landgerichts an die Stelle des nach § 64 und § 143 Abs. 2 RGes. zuständigen Landgerichts tritt und auch im Sinne der §§ 5, 46 RGes. als gemeinschaftliches oberes Gericht für alle

Gerichte des Bundesstaats gilt. Demnach tritt für reichsrechtliche A. d. fr. Ger. das Kammergericht an die Stelle des sonst zuständigen Oberlandesgerichts:

a) für die Bestimmung des zuständigen Gerichts, wenn in einer reichsrechtlichen A. d. fr. Ger. Streit oder Ungewißheit darüber entsteht, welches von mehreren Gerichten örtlich zuständig ist; RGes. § 5 Satz 1;

b) für die Entscheidung in dem Falle, daß ein Vormundschaftsgericht die Vormundschaft oder Pflegschaft an ein anderes Gericht abgeben will und die Gerichte über die Abgabe bezw. Uebernahme sich nicht einigen oder der Vormund oder wenn mehrere Vormünder die Vormundschaft gemeinschaftlich führen, einer von ihnen seine Zustimmung zu der Abgabe verweigert; desgleichen für die Entscheidung in dem Falle, daß ein Vormundschaftsgericht sich über die Zuständigkeit für eine Verrichtung, die nicht eine Vormundschaft oder Pflegschaft betrifft, mit einem anderen Vormundschaftsgerichte nicht einigen kann; § 46 RGes.;

c) für die Entscheidung über die Beschwerde gegen eine Verfügung, durch die über die Entlassung eines Mitglieds des Familienraths von dem Gerichte, welches dem Vormundschaftsgericht im Instanzenzuge vorgeordnet ist, entschieden wird; § 64 RGes.;

d) für die Entscheidung über die sofortige Beschwerde gegen eine Verfügung eines Landgerichts bzw. einer Kammer für Handelssachen, durch welche ein Widerspruch gegen eine beabsichtigte Löschung im Handelsregister zurückgewiesen wird; § 143 Abs. 2 RGes.

3. Die Landesgesetzgebung ist nicht für berechtigt zu halten, an den in Note 2 näher bezeichneten Folgen etwas zu ändern. Für die durch Landesgesetz den Gerichten übertragenen A. d. fr. Ger. dagegen ist sie nicht gehindert, anderweitige Vorschriften zu geben, die den unter a fallenden nicht entsprechen. In dieser Beziehung ist in dem neu formulirten § 20 Ausf.Ges. z. GVG. — siehe unten Art. 130 Nr. III b δ — eine Abweichung vorgesehen.

4. Die Vorschriften des Art. 7 sollen nur gelten unbeschadet der Zuständigkeit des Reichsgerichts. Diese Zuständigkeit kann in den Fällen der Note 2 unter c und d nicht in Frage kommen; wohl aber ist sie begründet in den Fällen unter a und b u. zw. dann, wenn es sich um ein preußisches Gericht und das eines anderen Bundesstaates handelt. Die Befugniß aus § 199 Abs. 2 RGes. geht nur dahin, das Kammergericht für die Gerichte Preußens zu bestellen.

Für die Zuständigkeit des Reichsgerichts ist noch § 28 Abs. 2, 3 RGes. — siehe Anlage — maßgebend.

Artikel 9.

Sind an einer Angelegenheit der freiwilligen Gerichtsbarkeit mehrere Personen betheiligt, so kann das Gericht bei der von ihm zu treffenden Entscheidung auf Antrag einen Betheiligten verurtheilen, diejenigen Kosten des Verfahrens ganz oder theilweise zu tragen, welche er durch ein unbegründetes Gesuch, einen unbegründeten Widerspruch oder eine unbegründete Beschwerde, durch vorzeitiges Anrufen des Gerichts, durch eine Versäumung oder durch grobes Verschulden veranlaßt hat.

Zu den nach Abs. 1 zu erstattenden Kosten des Verfahrens gehören die Gebühren und Auslagen, welche durch die Zuziehung eines Rechts-

anwalts entstanden sind, nur insoweit, als die Zuziehung nach dem Ermessen des Gerichts zur zweckentsprechenden Rechtsverfolgung oder Rechtsvertheidigung nothwendig war.

---

1. Die in **Art. 9 bis 14** enthaltenen Vorschriften befassen sich mit der Verpflichtung zur Kostentragung und dem Verfahren betreffend die Entscheidung über diese Verpflichtung, über die Kostenfestsetzung und über die Zwangsvollstreckung wegen der etwa auferlegten Kosten.

Vorschriften dieser Art waren dem bisherigen Rechte fremd. „Darüber, wer bei einer A. d. fr. Ger., bei der mehrere Personen betheiligt sind, die Kosten zu tragen hat, läßt sich eine allgemeine Regel nicht aufstellen. Für die Gerichtskosten haftet nach dem geltenden Rechte dem Staate gegenüber im Allgemeinen derjenige, durch dessen Antrag die Thätigkeit des Gerichts veranlaßt ist und bei Geschäften, die von Amtswegen betrieben werden, derjenige, dessen Interesse dabei wahrgenommen wird (Pr. GKG. § 1). Ob der hiernach Zahlungspflichtige von einem anderen Betheiligten Ersatz der Gerichtskosten verlangen und ob er daneben auch Ersatz der ihm sonst in der fraglichen Angelegenheit erwachsenen Kosten fordern kann, ist nach dem zu Grunde liegenden Rechtsverhältniß und den Vorschriften des bürgerlichen Rechtes zu entscheiden. Auch das Gesetz enthält nur in einzelnen Beziehungen selbständige Vorschriften (Art. 9, 16, 28, 30) und läßt es im Uebrigen bei den Bestimmungen des bürgerl. Rechtes bewenden. Der Grundsatz des Civilprozesses, daß die unterliegende Partei die Kosten zu tragen hat, läßt sich auf die A. d. fr. Ger. nicht übertragen, weil es in den meisten Angelegenheiten an Parteien, die einander gegenüberstehen, überhaupt fehlt und es sich auch in den Fällen, in denen der Richter in einem Verfahren der freiw. Gerichtsb. über streitige Verhältnisse zu entscheiden hat, wie bei den Entscheidungen unter Ehegatten oder unter den Mitgliedern einer Handelsgesellschaft, nicht um bloße Entscheidungen auf Grund fester Rechtsgrundsätze, sondern um eine verständige Vermittelung unter den widerstreitenden Interessen und um eine rechtsbegründende Thätigkeit handelt. Ob einer der Betheiligten gegen den anderen einen Anspruch auf Erstattung der ihm durch das Verfahren der freiwilligen Gerichtsbarkeit erwachsenen Kosten hat, kann sich daher in der Regel nur nach den Grundsätzen des materiellen Rechtes richten. Für einzelne Angelegenheiten enthält das BGB. über die Pflicht zur Tragung der Kosten ausdrückliche Vorschriften. So hat beispielsweise nach den §§ 261, 2028, 2057 des BGB. die Kosten der Abnahme des Offenbarungseids derjenige zu tragen, welcher die Abnahme verlangt, ebenso fallen nach den §§ 1034, 1035, 1067, 1093, 1372, 1528, 2122 die Kosten der Feststellung des Zustandes oder des Werthes einer Sache sowie die Kosten der Aufnahme eines Verzeichnisses demjenigen zur Last, auf dessen Verlangen die Aufnahme erfolgt; im Falle des § 1217 des BGB. geschieht ferner die Bestellung eines Verwahrers auf Kosten des Pfandgläubigers. Auch im HGB. finden sich ausdrückliche Vorschriften über die Verpflichtung zur Tragung der Kosten eines gerichtlichen Verfahrens, insbesondere hat nach § 254 Abs. 4 des HGB., wenn das Gericht Aktionäre zur Berufung einer Generalvers. ermächtigt hat, die Generalvers. darüber zu beschließen, ob die entstandenen Kosten von der Gesellschaft getragen werden sollen. Neben diesen Vorschriften kommen sodann für die Frage, ob einer von mehreren Betheiligten gegen die übrigen einen Anspruch auf Ersatz von Kosten hat, die allg. Vorschriften des bürgerl. Rechtes, insbesondere die Grundsätze von der Gemeinschaft oder der Gesellschaft, dem Auftrag oder der Geschäftsführung ohne Auftrag, von der ungerechtfertigten Bereicherung und den unerlaubten Handlungen in Betracht." Begr. S. 12.

2. Sonach ist die in Art. 9 gegebene Vorschrift nicht erschöpfend; es gelten neben ihr noch die Vorschriften des materiellen Rechts.

Damit jedoch eine Verurtheilung im Verfahren der freiwilligen Gerichtsbarkeit erfolgen kann, muß Folgendes beachtet werden:

a) Die Vorschrift gilt nur für Angelegenheiten, in welchen mehrere Personen betheiligt sind. Ist nur ein Einzelner betheiligt, so gilt das eingangs von Note 1 Abs. 2 Gesagte auch in Zukunft.

Die mehreren Personen müssen in der Sache betheiligt sein. Gegen nicht betheiligte Dritte, die durch unbegründete Anzeigen und dergleichen, z. B. unbegründete Verdächtigungen eines Vormundes, Kosten verursachen, ist sie nicht anwendbar; ebensowenig kann sie zur Anwendung kommen zu Gunsten eines Dritten, der wegen eines sachlichen Interesses in das Verfahren eingreift, aber rechtlich außerhalb des Verfahrens steht, z. B. zu Gunsten eines Kaufmanns, dem dadurch Kosten erwachsen sind, daß in seinem Auftrag ein Rechtsanwalt bei Gericht beantragt hat, gegen einen Konkurrenten wegen unberechtigter Führung einer Firma nach § 37 HGB. einzuschreiten. Auch der Gemeindewaisenrath gehört, da er lediglich obrigkeitliche Funktionen ausübt, nicht zu den Betheiligten. Für alle diese Nichtbetheiligten bleibt es bei den Vorschriften des bürgerlichen Rechts.

Dagegen kann der Art. 9, nach der Begr. S. 13, beispielsweise zur Anwendung kommen, wenn ein Pfandgläubiger durch einen unbegründeten Antrag auf Festsetzung einer von den gesetzlichen Vorschriften abweichenden Art des Pfandverkaufs seinen Mitgläubigern und dem Schuldner Kosten verursacht (RGes. § 166, BGB. § 1246) oder wenn sich ein Ehemann aus nichtigen Gründen weigert, die Beschränkung oder Ausschließung der Schlüsselgewalt der Frau aufzuheben oder die Zustimmung zur Uebernahme persönlicher Dienste durch die Frau zu ertheilen, und die Frau in Folge dessen genöthigt ist, sich an das Gericht zu wenden (BGB. §§ 1357, 1358); sie kann ferner zur Anwendung kommen, wenn der Schiffer einen Ladungsinteressenten, der bereit ist, sich freiwillig der Dispache zu unterwerfen, ohne Weiteres zu einer gerichtlichen Verhandlung über die Bestätigung der Dispache laden läßt (RGes. § 153; unten Art. 30) oder wenn in Vormundschaftssachen ein Verwandter oder Verschwägerter des Mündels durch eine leichtfertig erhobene Beschwerde dem Mündel Kosten verursacht. Soweit sich die Vorschrift auf grobes Verschulden bezieht, kann sie beispielsweise Platz greifen, wenn Maßregeln auf Grund der §§ 1666, 1667 des BGB. getroffen werden sollen und das der Anordnung dieser Maßregeln vorausgehende Verfahren, insbesondere eine Beweisaufnahme, Kosten verursacht.

b) Die Vorschrift bezieht sich nur auf das gegenseitige Verhältniß der Betheiligten. Indessen ist durch Art. 86 Nr. III des Ausf.Ges. z. BGB. dem § 1 des Pr. GKG. v. 25. Juni 1895 folgende Bestimmung als Satz 2 hinzugefügt worden: „Soweit ein Betheiligter zur Tragung der Kosten des Verfahrens verurtheilt ist, trifft auch ihn die Zahlungspflicht." Danach wird ein auf Grund des Art. 9 zur Tragung der Kosten des Verfahrens Verurtheilter auch der Staatskasse gegenüber neben dem jetzt nach § 1 Pr. GKG. Genannten (vgl. Note 1 Abs. 2) verpflichtet.

c) Das Gericht kann nur verurtheilen, wenn die genau bestimmten

Voraussetzungen im Verhalten des Betheiligten vorliegen. „Der Art. 9 soll es dem Gericht ermöglichen, nach freiem Ermessen aus Rücksichten der Billigkeit die Kosten, die einem Betheiligten durch das persönliche Verhalten eines anderen verursacht worden sind, dem Letzteren auch dann zur Last zu legen, wenn sich aus den Grundsätzen des Civilrechts, insbesondere nach den Vorschriften über unerlaubte Handlungen ein Anspruch auf Erstattung dieser Kosten nicht herleiten läßt. Auch soll durch die Bestimmung des Art. 9 in Verbindung mit den Vorschriften der Art. 10 ff. den Betheiligten die Möglichkeit eröffnet werden, den Anspruch auf Erstattung von Kosten der bezeichneten Art ohne Prozeß durchzuführen.“ Aus diesen Worten der Begr. S. 13 waren in der Kom. d. Abg. Zweifel über die landesgesetzliche Zulässigkeit des Art. 9 hergeleitet worden; es wurde ausgeführt, daß in der Vorschrift eine Erweiterung materiellrechtlicher Grundsätze, also eine Abänderung, zu finden, sei, die der Landesgesetzgebung dem BGB. gegenüber nicht zustände. — Die Ansicht blieb vereinzelt. Theils wurde dagegen der § 200 RGes. angeführt, der in seiner Dehnbarkeit auch den Art. 9 decke, theils darauf hingewiesen, daß die Ordnung der Kostenerstattungspflicht zu den Verfahrensvorschriften gehöre, wie sich aus der CPO. ergebe, woselbst im § 91 der gleiche Weg eingeschlagen sei. Für die Verfahrensordnung aber könne die Landesgesetzgebung ergänzend eingreifen. Kom.Ber. S. 6. — Vgl. dazu Art. 28 Note 2a.

Die Vorschrift ist, soweit sie die Voraussetzung von Versäumung und grobem Verschulden aufstellt, dem § 95 CPO. nachgebildet. Der letztere schreibt vor, daß die Partei, welche einen Termin oder eine Frist versäumt, oder die Verlegung eines Termins, die Vertagung einer Verhandlung, die Anberaumung eines Termins zur Fortsetzung der Verhandlung oder die Verlängerung einer Frist durch ihr Verschulden veranlaßt, die dadurch verursachten Kosten zu tragen hat. Nach Art. 9 kann der Richter nicht bei jedem, sondern nur bei grobem Verschulden verurtheilen.

Durch das Wort „Versäumung“ wird genügend zum Ausdruck gebracht, daß die Versäumung verschuldet sein muß — es heißt nicht „Versäumniß“. — Von einer strengen Beweislast kann in dem Verfahren in A. d. fr. Ger. keine Rede sein (vgl. Kom. d. Verf. zum RGes. Note 6 zu § 15); immerhin wird der Richter sich auf den Standpunkt stellen müssen, daß der Säumige die Vermuthung gegen sich hat und die Kosten tragen muß — soweit überhaupt zur Verurtheilung geschritten wird, — wenn er nicht ausreichende Entschuldigungsgründe vorträgt. Vgl. Kom.Ber. S. 7.

d) Das Gericht kann nur verurtheilen, wenn es sich um eine Angelegenheit handelt, in welcher eine Entscheidung zu treffen ist und auch eine Entscheidung getroffen wird.

In anderen Fällen, z. B. wenn in einem zur Aufnahme einer Urkunde bestimmten Termin ein Betheiligter nicht erscheint, kann eine Anwendung der Vorschrift nicht in Frage kommen. — Erläßt der Richter keine Entscheidung in der Sache, so kann er auch keine selbständige Entscheidung über die Kosten treffen.

Die Vorschrift des § 107 des Pr. GKG., wonach für einen durch Säumniß einer Partei oder eines Zeugen oder Sachverständigen vereitelten Termin von dem Gericht eine mindestens auf 1 und höchstens auf 20 Mark zu bemessende Gebühr festzusetzen ist, die nebst den entstandenen baaren Auslagen dem Säumigen zur Last fällt, bleibt übrigens unberührt.

e) Die Verurtheilung kann nur auf Antrag erfolgen. Nach dem

unter d Gesagten muß der Antrag also vor dem Abschlusse des Verfahrens in der Hauptsache gestellt sein. Vgl. unten Note 7 und Art. 11 Note 3.

3. Treffen alle vorstehenden Voraussetzungen zusammen, so kann das Gericht die Verurtheilung in die Kosten aussprechen, ist aber, im Gegensatze zu den civilprozessualischen Vorschriften (vgl. CPO. §§ 91, 95), dazu nicht verpflichtet; es kann vielmehr den Betheiligten überlassen, die Erstattungspflicht im ordentlichen Rechtsstreite auszufechten. Das Gericht kann sogar nicht verurtheilen, wenn ein Betheiligter nicht auf Grund der Vorschriften des Art. 9, sondern auf Grund anderer materiellrechtlicher Bestimmungen einen Anspruch auf Kostenerstattung geltend machen will. In dieser Beziehung bilden nur diejenigen Vorschriften der Gesetze eine Ausnahme, welche selbst ausnahmsweise eine bloße Entscheidung des Richters freiw. Ger. vorsehen, wie §§ 1847, 1862, § 1875 Abs. 1 BGB.; darüber vgl. jedoch Art. 10 Note 2 und Art. 14.

4. Ueber den Umfang der Erstattungspflicht enthält der Art. 9 keine Vorschrift; es hat das billige Ermessen des Richters zu entscheiden. Unbedenklich kann der Richter die Erstattung der sämmtlichen erwachsenen Kosten auferlegen, insbesondere auch die Entschädigung für die durch nothwendige Reisen oder die Wahrnehmung von Terminen entstandenen Auslage und für Zeitversäumniß, vgl. CPO. § 91 Abs. 1. Gesetze anderer Bundesstaaten haben die entsprechende Anwendung dieses § 91 Abs 1 ausdrücklich vorgeschrieben. — Wegen der Vorschrift des § 107 Pr. GKG. siehe Note 2d.

Eingeschränkt ist das Ermessen des Richters durch den in der Kommission des Abgeordnetenhauses hinzugefügten **Abs.** 2, der dem § 91 Abs. 2 CPO. nachgebildet ist. Die Vorschrift kann insbesondere bei der weiteren Beschwerde zur Anwendung gelangen, bei welcher gemäß § 29 RGes. bzw. Art. 6 in der Regel ein Rechtsanwalt zur Unterzeichnung der Beschwerdeschrift zugezogen werden muß. Abgesehen davon werden die vielen Fälle, in denen der Vormundschaftsrichter nach dem BGB. eine Entscheidung unter Eheleuten zu treffen hat, und andere verwickelte Verhältnisse (vgl. Note 2a) öfters ausreichende Veranlassung geben, einen Rechtsanwalt zu Rathe zu ziehen. Im Uebrigen aber erscheint in A. d. fr. Ger. zunächst es nicht geboten, sich durch Rechtsanwälte vertreten zu lassen.

5. Die Verurtheilung erfolgt bei der Entscheidung in der Hauptsache in Beschlußform. Ueber die Höhe der zu erstattenden Kosten braucht sich der Beschluß ebensowenig wie das prozessualische Urtheil auszusprechen, er kann es jedoch; darüber vgl. Art. 10 Note 6.

6. Keine Anwendung findet die Vorschrift der Art. 9 bis 14 kraft positiver Bestimmung auf das Theilungsverfahren nach Art. 28 Abs. 4, wohl aber unter Einschränkung auf die Dispache nach Art. 30 Abs. 2, 3.

7. Wegen der Anfechtung vgl. Art. 11 Note 3.

Artikel 10.

Wird eine gerichtliche Festsetzung des Betrags der Kosten erforderlich, zu deren Erstattung ein Betheiligter auf Grund der Artikel 9, 16 verurtheilt worden ist, so erfolgt sie durch das Gericht erster Instanz. Im Falle des § 1875 Abs. 1 des Bürgerlichen Gesetzbuchs erfolgt die Festsetzung durch den Vorsitzenden des Familienraths.

Zur Berücksichtigung eines Ansatzes genügt, daß er glaubhaft gemacht wird.

---

1. Die **Art. 10 bis 13** haben das Verfahren der Kostenfestsetzung zum Gegenstande; die Verurtheilung in die Kosten des Verfahrens nach Art. 9 bildet den Titel für die Festsetzung, sofern der verurtheilte Betheiligte sich mit seinem Gegner über den Betrag der zu erstattenden Kosten nicht einigen kann. Die Bestimmungen schließen sich größtentheils an Vorschriften der CPO. an. Die nach Art. 9 festgestellte Kostenpflicht bildet die Grundlage der Entscheidung des Art. 10. Dabei hat der um die Festsetzung angegangene Richter aber nicht zu untersuchen, ob diese Kostenpflicht noch besteht oder ob ihr Einreden entgegenstehen. Solche Einreden sind im Wege der Klage und wenn es zur Zwangsvollstreckung kommt, im Wege des § 767 CPO. geltend zu machen. Hier handelt es sich nur um die Höhe des zu erstattenden Betrags.

2. Der Artikel nennt neben der Verurtheilung aus Art. 9 noch als Titel für die Festsetzung die aus Art. 16 und auf Grund des § 1875 Abs. 1 des BGB. Der letztere lautet:

Ein Mitglied des Familienraths, das ohne genügende Entschuldigung der Einberufung nicht Folge leistet oder die rechtzeitige Anzeige seiner Verhinderung unterlässt oder sich der Theilnahme an der Beschlussfassung enthält, ist von dem Vorsitzenden in die dadurch verursachten Kosten zu verurtheilen.

Diese Verurtheilung auf Grund des § 1875 Abs. 1 BGB. beruht auf anderen materiell rechtlichen Voraussetzungen als die nach Art. 9 und erfolgt unabhängig von einer anderen Entscheidung. Indessen handelt es sich dabei auch um Erstattung von Kosten, welche den am Familienrathe u. s. w. Betheiligten entstanden sind gegenüber anderen Mitgliedern des Familienraths. — In der Regel werden sich die Mitglieder des Familienraths wegen Ersatzes ihrer Auslagen an den Mündel zu halten haben (BGB. § 1877). Für diese und andere Fälle, in denen in Vormundschaftssachen zu erstattende Auslagen entstehen, insbesondere für die Erstattung von Auslagen an Verwandte und Verschwägerte des Mündels, die der Vormundschaftsrichter vor einer von ihm zu treffenden Entscheidung gehört hat (BGB. § 1673 Abs. 2, § 1847 Abs. 2, § 1862 Abs. 1), hat das BGB. selbst unmittelbar die Haftung des Mündels ausgesprochen und auch bereits vorgeschrieben, daß der Betrag der Auslagen von dem Vormundschaftsgerichte festgesetzt wird. Eine derartige Festsetzung ist jedoch nicht, wie die nach Art. 10 erfolgte, ein zur Zwangsvollstreckung geeigneter Titel (vgl. unten Art. 14).

3. Zuständig für die Festsetzung der Kosten aller Instanzen ist das mit der Sache in erster Instanz befaßte Gericht. Bei diesem also ist das Gesuch um Festsetzung anzubringen (vgl. CPO. § 104 Abs. 1). Als Gericht erster Instanz kann auch das Landgericht bezw. Oberlandesgericht in Frage kommen, vgl. Art. 4 Note 1.

Im Allgemeinen hat gemäß § 1872 BGB. der Familienrath die Rechte und Pflichten des Vormundschaftsgerichts; er würde demgemäß mangels der positiven Bestimmung des Art. 10 als Gericht erster Instanz zu gelten haben; dem Vorsitzenden liegt nur die Leitung der Geschäfte des Familienraths ob (BGB. § 1872 Abs. 1).

4. Eine bestimmte Form für das Kostenfestsetzungsgesuch ist nicht vorgeschrieben; es kann daher nach § 71 Ausf.G. z. GVG. (vgl. Art. 1 Note 5 d) auch vor dem Gerichtsschreiber zu Protokoll erklärt werden (vgl. CPO. § 104 Abs. 1).

5. Nach **Abs.** 2 genügt zur Berücksichtigung eines Ansatzes, daß er glaubhaft gemacht ist (übereinstimmend mit CPO. § 105 Abs. 3); das heißt nicht etwa, daß ein Nachweis der Richtigkeit des Ansatzes nicht statthaben müsse, sondern nur, daß der Richter keinen strengen Beweis für die Höhe des geforderten Ansatzes verlangen kann. Immerhin wird er je nach Befinden eine Kostenberechnung und die zur Rechtfertigung der einzelnen Ansätze dienenden Belege als Unterlage für das Gesuch und auch wohl eine zur Mittheilung an den Gegner bestimmte Abschrift der Berechnung fordern können (vgl. CPO. § 104 Abs. 2). Die Glaubhaftmachung ist an keine Form gebunden und somit entscheidet auch über die Höhe des Ansatzes schließlich das Ermessen des Richters (vgl. Art. 1 Note 4 d).

6. Daß ebenso wie im Civilprozeß (CPO. § 105 Abs. 1) die Entscheidung über das Gesuch ohne vorgängige mündliche Verhandlung erfolgen kann, ist für A. d. fr. Ger. selbstverständlich. Es dürfte auch nichts im Wege stehen, daß mit dem Antrage auf Kostenverurtheilung (Art. 9) das Kostenfestsetzungsgesuch und mit der Kostenverurtheilung (Art. 9) die Kostenfestsetzung verbunden wird, wie nach der Novelle zur CPO. vom 17. Mai 1898 (CPO. § 103) der Betrag der zu ermittelnden Prozeßkosten, wenn er sofort zu ermitteln ist, im amtsgerichtlichen Verfahren in dem Urtheile festgesetzt werden kann (vgl. auch Gesetz betr. die Gewerbegerichte v. 29. Juli 1890 § 49 Nr. 4).

7. Die Form für die Kostenfestsetzung ist die des Beschlusses.

Artikel 11.

Findet gegen die Entscheidung in der Hauptsache die sofortige Beschwerde statt, so kann auch die Entscheidung über die Verpflichtung zur Tragung der Kosten sowie die Kostenfestsetzung nur mit der sofortigen Beschwerde angefochten werden.

Die Kostenfestsetzung kann selbständig mit der weiteren Beschwerde nur angefochten werden, wenn die Beschwerdesumme den Betrag von fünfzig Mark übersteigt.

---

1. Der Art. 11 stellt die Entscheidung über die Verpflichtung zur Tragung der Kosten sowie die Kostenfestsetzung als selbständige Entscheidungen neben die Entscheidung in der Hauptsache. Gegen alle drei ist, wie ein Rückschluß aus der Vorschrift des Abs. 1 ergiebt, die selbständige Beschwerde zulässig und zwar gegen die ersteren auch dann, wenn die Entscheidung in der Hauptsache eine Anfechtung nicht erfährt. Dabei macht es dann selbstverständlich keinen Unterschied, ob die Kostenfestsetzung selbständig im Kostenfestsetzungsverfahren stattgefunden hat oder mit der Entscheidung nach Art. 9 (vgl. Art. 10 Note 6) verbunden worden ist.

2. Der **Abs. 1** sagt nicht, daß die Kostenentscheidung und der Kostenfestsetzungsbeschluß nur im Wege der sofortigen Beschwerde angefochten werden können. Es bleibt vielmehr bei der Regel, daß die Anfechtung beider mittelst der gewöhnlichen an keine Frist gebundenen Beschwerde erfolgt. Nur da, wo in der Hauptsache die sofortige Beschwerde stattfindet, ist gegen beide die Anfechtung auch nur mit der sofortigen Beschwerde statthaft.

Wann in A. d. fr. Ger. die sofortige Beschwerde stattfindet, kann nicht durch eine allgemeine Regel entschieden werden. Im Gesetze finden sich in Art. 5 und

Art. 21 Abs. 3 Fälle derselben. Das RGes. enthält solche in § 22 Abs. 2, § 60 (und zufolge Nr. 6 desselben in § 53 Abs. 1, § 56 Abs. 2), § 63, § 68 Abs. 2, §§ 70, 75, § 76 Abs. 2, § 77 Abs. 1, 2, § 80, § 81 Abs. 1, 2, § 82 Abs. 2, § 96, § 99 Abs. 1, §§ 139, 140, § 141 Abs. 3, § 142 Abs. 3, § 143 Abs. 3, § 144 Abs. 1, 2, § 146 Abs. 2, § 147, § 148 Abs. 1, 2, § 150, § 157 Abs. 1, §§ 159, 160, 161. Indessen bilden nicht alle in diesen Vorschriften vorausgesetzten gerichtlichen Anordnungen Unterlagen für eine Kostenentscheidung im Sinne des Art. 9.

3. Da die Verurtheilung in die Kosten gemäß Art. 9 nur auf Antrag erfolgen kann, so steht gemäß RGes. § 20 Abs. 2 (anwendbar nach Art. 6 Abs. 1), wenn der Antrag abgewiesen wird, die Beschwerde nur dem Antragsteller, nicht etwa auch anderen mit dem Antragsteller sonst in gleicher Lage befindlichen Betheiligten zu. Das Gleiche ist zu sagen, wenn der Antrag auf Kostenverurtheilung übergangen wird. Wird ihm theilweise stattgegeben, so haben beide Theile das Beschwerderecht.

4. Der **Abs.** 2 schließt sich an CPO. § 568 Abs. 3 an. Auch für den Abs. 2 hat der Abs. 1 bezw. § 29 Abs. 2 RGes. Geltung, wonach, soweit eine Verfügung der sofortigen Beschwerde unterliegt, auch gegen die Entscheidung des Beschwerdegerichts die sofortige weitere Beschwerde stattfindet.

Wegen der Formvorschriften für die weitere Beschwerde siehe Art. 6.

Artikel 12.

Ergeht nach der Kostenfestsetzung eine Entscheidung, die den Werth des Gegenstandes des Verfahrens festsetzt, so ist, falls diese Entscheidung von der Werthberechnung abweicht, welche der Kostenfestsetzung zu Grunde liegt, auf Antrag die Kostenfestsetzung entsprechend abzuändern. Ueber den Antrag entscheidet das Gericht erster Instanz.

---

1. Der Artikel entspricht dem § 107 Abs. 1 CPO. Dieser § 107 ist erst durch die Novelle zur CPO. v. 17. Mai 1897 neu geschaffen mit der Begründung, daß in bürgerlichen Rechtsstreitigkeiten die Höhe der Kosten wesentlich durch den Werth des Streitgegenstandes bedingt sei und an sich daher, wenn nach der Kostenfestsetzung der Streitwerth anderweit festgesetzt wird, auch eine Aenderung der Kostenfestsetzung eintreten müsse. Letzteres trifft auch auf die A. d. fr. Ger. zu.

2. Für die Abänderung der Kostenfestsetzung ist Voraussetzung, daß die abgeänderte Werthberechnung für die Kostenfestsetzung maßgebend war. Was als Werth des Verfahrensgegenstandes anzunehmen ist, läßt sich in einer allgemeinen Regel nicht ausdrücken. In seltenen Fällen wird es sich um eine Werthberechnung gemäß den Vorschriften der §§ 18 ff. des Pr. GKG. handeln, meistens dagegen um die Berechnung des Werths der Kosten, welche durch das in Art. 9 näher umschriebene Verhalten des verurtheilten Betheiligten veranlaßt sind.

Ob nun eine förmliche Werthfestsetzung vor der Kostenfestsetzung, welche abgeändert werden soll, bereits stattgefunden hat oder nicht, ist gleichgültig. Auch wenn solches der Fall war und später eine neue Werthfestsetzung erfolgt, welche von der ersteren abweicht, trifft der Artikel zu.

3. Der § 99 Abs. 3 (jetzt § 105 Abs. 4) CPO. gewährte gegen den Kostenfestsetzungsbeschluß lediglich die sofortige Beschwerde; damit war die Zulässigkeit der Abänderung des Kostenfestsetzungsbeschlusses auf den Fall beschränkt, daß die Festsetzung noch nicht die Rechtskraft erlangt hat (vgl. Entscheid. des Reichsgerichts in Civils. Bd. 20 S. 208). Erst die Einführung des § 107 Abs. 1 CPO. gewährt in bürgerlichen Rechtsstreitigkeiten die Möglichkeit, auch die rechtskräftige Festsetzung noch zu berichtigen.

Auch in A. d. fr. Ger. findet eine Rechtskraft der Verfügungen statt (vgl. RGes. § 31 in der Anlage). Das RGes. erläutert den Begriff der Rechtskraft nicht und giebt auch nicht dessen Voraussetzungen an; indessen ist hier anzunehmen, daß die Rechtskraft einer Verfügung dann eintritt, wenn die letztere einem Rechtsmittel überhaupt nicht unterliegt oder wenn das zuläßige Rechtsmittel erschöpft oder durch Verzicht oder unbenutztes Verstreichenlassen der Frist für die Einlegung hinfällig geworden ist (vgl. K. d. V. z. RGes. § 16 Note 1a und § 31; Dorner § 31 Note 2). Diese Rechtskraft hat ebensowenig Einfluß auf die nach Art. 12 eröffnete Möglichkeit einer nachträglichen Abänderung der Kostenfestsetzung, wie nach dem vorerwähnten § 107 CPO. die Rechtskraft eines Kostenfestsetzungsbeschlusses in bürgerlichen Rechtsstreitigkeiten. In letzteren konnte bisher nach Rechtskraft des Festsetzungsbeschlusses eine andere Festsetzung nur mittelst Nachliquidation im Wege des § 686 (alt) CPO. erzielt werden.

4. Es kommt für den Anspruch auf Abänderung nicht darauf an, ob die neue Berechnung den Werth höher oder niedriger bemißt als bisher.

5. Die abweichende Festsetzung des Werths des Gegenstandes kann ohne Antrag von Amtswegen vorgenommen werden, die Abänderung der Kostenfestsetzung erfolgt jedoch nur auf Antrag. Eine Form des letzteren ist nicht vorgeschrieben, er kann also bei dem Gerichtsschreiber (RGes. § 11; Ausf.Ges. z. GVG. § 71) gestellt werden. Desgleichen ist keine Frist für die Anbringung des Antrags vorgesehen. Für bürgerliche Rechtsstreitigkeiten schreibt CPO. § 107 Abs. 2 vor, daß der Antrag binnen der Frist von einem Monate bei dem Gerichte anzubringen ist; die Frist beginnt mit der Zustellung und, wenn es einer solchen nicht bedarf, mit der Verkündung des den Werth des Streitgegenstandes festsetzenden Beschlusses. Für die A. d. fr. Ger. ist eine Fristbestimmung als zwecklos unterlassen worden, da in den meisten Fällen die Entscheidung in der Hauptsache und die Kostenentscheidung nicht der sofortigen, sondern der einfachen an keine Frist gebundenen Beschwerde unterliegen.

6. Zuständig ist nach Satz 2 das Gericht erster Instanz, das die Entscheidung in Beschlußform erläßt. Für das Verfahren ist nichts vorgeschrieben; eine Anhörung des Gegners daher nicht nothwendig, aber wohl wünschenswerth. Daß keine mündliche Verhandlung erforderlich ist, ist auch hier selbstverständlich.

7. Für die Anfechtung der neuen Entscheidung gelten die Vorschriften des Art. 11.

Artikel 13.

Wird eine in Betreff der Kosten ergangene Entscheidung abgeändert, so ist der Betheiligte auf Antrag zur Erstattung der ihm auf Grund der Entscheidung zuviel gezahlten Kosten zu verurtheilen.

---

1. Der Artikel bezieht sich sowohl auf diejenigen abändernden Entscheidungen, welche im Beschwerdeverfahren nach Art. 11, als auch in dem Verfahren nach Art. 12 ergangen sind.

2. Zuständig ist auch hier das Gericht erster Instanz. Für die Antragstellung, das Verfahren, die Entscheidung und deren Anfechtung gilt Alles das, was zu den vorstehenden Artikeln über diese Punkte schon mehrfach bemerkt ist.

3. Hier ist die Verurtheilung im Gegensatze zu Art. 9 obligatorisch.

Artikel 14.

Aus der gerichtlichen Kostenfestsetzung sowie aus der Entscheidung, durch die ein Betheiligter zur Erstattung der ihm zu viel gezahlten Kosten verurtheilt wird, findet die Zwangsvollstreckung nach den Vorschriften der Civilprozeßordnung statt.

---

1. Unter „gerichtlicher Kostenfestsetzung" ist die in Art. 10 bis 13 geordnete zu verstehen; auch fällt diejenige darunter, welche etwa in einer nach Art. 9 erlassenen Entscheidung enthalten ist (vgl. Art. 10 Note 6).

Dagegen gehört nicht hierher die „Festsetzung" von Auslagen, welche das Vormundschaftsgericht auf Grund der im BGB. § 1673 Abs. 1, § 1847 Abs. 2, § 1862 Abs. 1, § 1877 unter Bezeichnung des Berechtigten und Verpflichteten ausgesprochenen Ermächtigung vorzunehmen hat. Wenn nämlich das Vormundschaftsgericht vor einer von ihm zu erlassenden Entscheidung Verwandte und Verschwägerte des Mündels gehört hat, so hat es hiernach auf Verlangen den Betrag ihrer Auslagen festzusetzen; das Gleiche ist der Fall in Bezug auf die Auslagen, die den Mitgliedern des Familienraths durch die Theilnahme an demselben entstanden sind. Für diese Auslagen haftet der Mündel; ihre Festsetzung giebt aber keinen zur Zwangsvollstreckung geeigneten Titel, vielmehr müssen die Verwandten und Verschwägerten bezw. die Mitglieder des Familienraths, um einen solchen sich zu verschaffen, äußerstenfalls auf Grund des Beschlusses des Vormundschaftsgerichts gegen den Mündel klagen. Diese Festsetzung ist nicht in den Art. 14 aufgenommen worden in der Erwägung, daß in den fraglichen Fällen eine Zwangsvollstreckung nach Maßgabe der Vorschriften der CPO. nur selten vorkommen würde, da der Vormund den vom Gerichte festgesetzten Betrag meist ohne Weiteres erstatten werde und überdies im Falle der Säumniß nach § 1837 BGB. durch Ordnungsstrafen zur Zahlung angehalten werden könne. Vgl. Begr. S. 14, 15.

2. In Betreff der Entscheidung über Erstattung zuviel gezahlter Kosten siehe Art. 13.

3. Der Kostenfestsetzungsbeschluß wie auch die andere in Art. 14 erwähnte Entscheidung entsprechen den in § 794 Nr. 3 CPO. als zur Zwangsvollstreckung geeignet aufgeführten Schuldtiteln: Entscheidungen, gegen welche das Rechtsmittel der Beschwerde stattfindet.

4. Die Zwangsvollstreckung aus der Kostenfestsetzung darf nach der Bestimmung der Novelle zur CPO. (§ 798) nur beginnen, wenn der Schuldtitel mindestens einen Tag vorher zugestellt ist.

5. Die Ausfertigungen ertheilt der Gerichtsschreiber, Art. 18.

Artikel 15.

Ist Jemandem durch eine Verfügung die Verpflichtung auferlegt, eine Handlung vorzunehmen, die ausschließlich von seinem Willen abhängt, oder eine Handlung zu unterlassen oder die Vornahme einer Handlung

zu dulden, so kann ihn das Gericht, soweit sich nicht aus dem Gesetz ein Anderes ergiebt, zur Befolgung seiner Anordnung durch Ordnungsstrafen anhalten; die Ordnungsstrafen dürfen nur in Geld bestehen.

---

1. Zu **Art. 15 bis 17** sagt die Begr. S. 15: „Es liegt im Wesen einer mit obrigkeitlicher Gewalt ausgestatteten Behörde, daß sie die Macht haben muß, ihre Anordnungen erforderlichenfalls im Wege des Zwanges durchzuführen. Dieser Auffassung entsprechend, ertheilt die AGO. (III. 1 § 10) den Landesjustizkollegien ausdrücklich die Ermächtigung, „ihren auf die Gesetze . . gegründeten Verfügungen, nöthigenfalls durch rechtliche Zwangsmittel, Gehorsam und Folge zu verschaffen, die Widerspenstigen durch den Fiskus zur Verantwortung ziehen zu lassen und mit den in den Kriminalgesetzen geordneten Strafen wider sie zu verfahren". Die Reichsgesetzgebung hat die Regelung der Zwangsgewalt auf dem Gebiete der nichtstreitigen Rechtspflege grundsätzlich den Landesgesetzen überlassen (vergl. den Bericht der Reichstagskommission z. Ges. über die A. d. fr. Ger. — Drucks. des Reichst. 9. Leg.-Per. V. Sess. 1897/98 Nr. 109 — S. 32 Nr. 21), jedoch zum Theil auch ihrerseits Vorschriften gegeben. So ist für gewisse Angelegenheiten, z. B. gegenüber dem Besitzer eines Testaments, der die Herausgabe an das Nachlaßgericht verweigert, ferner gegenüber dem Vormund, und gegenüber denjenigen Personen, welche die ihnen obliegende Anmeldung zum Vereins- oder Handelsregister unterlassen, die Zulässigkeit der Verhängung von Ordnungsstrafen reichsgesetzlich anerkannt (vgl. im Einzelnen RGes. §§ 83, 151, BGB. §§ 78, 1788, 1837, 1875, 1897, 1915, HGB. §§ 14, 37, 319, § 325 Nr. 9, Genossenschaftsgesetz (RGBl. 1898 S. 810) § 160). Außerdem ist im § 33 des RGes. für alle durch RGes. den Gerichten übertragenen Angelegenheiten bestimmt, daß Ordnungsstrafen, soweit sie nach Reichs- oder Landesgesetz überhaupt zulässig sind, nicht ohne vorgängige Androhung festgesetzt werden dürfen und daß die einzelne Strafe den Betrag von dreihundert Mark nicht übersteigen darf.

Die Art. 15 bis 17 bezwecken, unter Wahrung dieser reichsgesetzlichen Schranken, welche nach Artikel 1 auch für die durch Landesgesetz den Gerichten überwiesenen Geschäfte der freiwilligen Gerichtsbarkeit maßgebend sind, die Zwangsgewalt der Gerichte durch Aufstellung allgemeiner Grundsätze zu regeln, und zwar in der Weise, daß neben der Ermächtigung zur Verhängung von Ordnungsstrafen dem Richter in bestimmten Umfange die Befugniß zur Anwendung unmittelbaren Zwanges ertheilt wird."

Was diese reichsgesetzlichen Schranken anlangt, so beziehen sie sich auch insbesondere auf die *Art* der Ordnungsstrafe. Als solche ist reichsgesetzlich nur *Geldstrafe* vorgesehen. Haftstrafe kann somit nicht in Frage kommen, auch nicht etwa mittels *Umwandlung* der Geldstrafe im Falle der Unbeibringlichkeit der letzteren eintreten (vgl. K. d. B. z. RGes. § 33; Dorner, § 33 Note 7; Tronke, § 33 Note 1). Der § 33 RGes. bestimmt zwar derartiges nicht ausdrücklich; aber seine Fassung läßt eine andere Deutung nicht wohl zu. An diese Beschränkung, sowie an die Beschränkung in Betreff der *Höhe* der Ordnungsgeldstrafe ist nun zwar die Landesgesetzgebung in den *landesgesetzlichen* A. d. fr. Ger. nicht gebunden; allein die Art. 15 bis 17 sind sowohl für reichs- wie landesgesetzliche Angelegenheiten getroffen; vgl. Vorbemerkung zu diesem Abschnitt. Vgl. ferner Art. 17.

2. Durch den Art. 15 und den ihm untergeordneten Art. 17 (vgl. daselbst) soll die Frage *nicht entschieden werden, in welchen Fällen dem Gericht eine Zwangsgewalt zukommt*, so daß es eine Verfügung des erwähnten Inhalts auf

erlegen und mittelst Zwang durchführen kann. Für den Erlaß einer solchen Verfügung muß vielmehr eine materiell-gesetzliche Ermächtigung gegeben sein; das Gericht kann also von den Zwangsmitteln nur bei solchen Anordnungen Gebrauch machen, deren Durchführung innerhalb seiner gesetzlichen Befugnisse liegt. Das Gericht ist daher beispielsweise, wie die Begr. S. 17 anführt, nicht berechtigt, in den Fällen des § 432 des BGB. den Schuldner zu zwingen, dem nach § 165 des RGes. bestellten Verwahrer die geschuldete Sache herauszugeben; denn eine für den Schuldner maßgebende Entscheidung über das Bestehen der Schuld hat das um die Bestellung eines Verwahrers angegangene Gericht nicht zu fällen. Ebenso kann das Gericht nicht außerhalb (vgl. dazu Art. 34 Abs. 2 und Note 4 daselbst) eines anhängigen Verfahrens auf Antrag eines Betheiligten Jemanden unter Androhung von Ordnungsstrafen zur Abgabe eines Zeugnisses oder Gutachtens vorladen. Denn wenngleich die Amtsgerichte nach Art. 31 des Gesetzes befugt sind, außerhalb eines behördlichen Verfahrens eine Aussage über einen thatsächlichen Vorgang oder ein Gutachten zu beurkunden, so ist doch auf Grund des Art. 31 Niemand verpflichtet, gegen seinen Willen zum Zwecke der Aufnahme einer Urkunde vor Gericht zu erscheinen; die Vorschriften der CPO. über den Zeugen- und Sachverständigenbeweis greifen hier nicht Platz, da der im Art. 1 des Gesetzes in Bezug genommene § 15 des RGes. eine wahre, vom Richter geleitete Beweisaufnahme voraussetzt und sich nicht auf eine schriftliche Wiedergabe von Erklärungen bezieht, bei welcher der Richter lediglich die Stellung einer Urkundsperson einnimmt. Auch die in den §§ 2216, 2224 des BGB. vorgesehenen Entscheidungen des Nachlaßgerichts können nicht nach Maßgabe der Art. 15 ff. vollstreckt werden. Nach dem § 2216 ist das Nachlaßgericht befugt, auf Antrag des Testamentsvollstreckers oder eines anderen Betheiligten Anordnungen, die der Erblasser für die Verwaltung des Nachlasses durch letztwillige Verfügung getroffen hat, außer Kraft zu setzen, wenn ihre Befolgung den Nachlaß erheblich gefährden würde; nach § 2224 hat ferner das Nachlaßgericht, falls mehrere Testamentsvollstrecker vorhanden sind, bei einer Meinungsverschiedenheit zwischen ihnen zu entscheiden. Durch diese Vorschriften ist dem Nachlaßgerichte lediglich der Erlaß der Entscheidung übertragen; die Durchführung der Entscheidung ist von den Betheiligten, vorbehaltlich der Befugniß des Nachlaßgerichts zur Absetzung des Testamentsvollstreckers (BGB. § 2227), nöthigenfalls im Prozeßwege zu erzwingen.

3. Auch erleiden die Art. 15 und 17 Ausnahmen; denn die Vorschriften sollen nur zur Anwendung kommen, soweit sich nicht aus dem Gesetz ein Anderes ergiebt. Unter Gesetz ist aber nicht bloß das vorliegende Gesetz zu verstehen, sondern das bürgerliche Recht im Allgemeinen.

Unter Anderem können im gerichtlichen Auseinandersetzungsverfahren die Betheiligten nicht durch Androhung von Ordnungsstrafen oder durch unmittelbaren Zwang zum Erscheinen genöthigt werden, da das RGes. (§§ 89 ff.) die Folgen des Ausbleibens erschöpfend regelt. — Ferner sind für die Zwangsvollstreckung aus der rechtskräftig bestätigten Auseinandersetzung oder Dispache sowie aus der im Gesetze selbst vorgesehenen gerichtlichen Kostenfestsetzung die Vorschriften der CPO. maßgebend und das Gleiche gilt für die Zwangsbefugnisse gegenüber einem ungehorsamen Zeugen oder Sachverständigen innerhalb eines behördlichen Verfahrens (RGes. §§ 15, 98, 158; — Art. 1, 14). — Desgleichen ist das Ordnungsstrafverfahren für Handelssachen (RGes. §§ 132 bis 140), für Genossenschafts- und Binnenschiffahrtssachen (Gesetze v. 1. Mai 1889, 15. Juni 1895) und für Vereinssachen (RGes. § 159) besonders geregelt.

4. Die Vorschrift des Art. 15 hat alle Fälle der namhaft gemachten Art im Auge. Sie unterscheidet, wie auch die §§ 887 ff. CPO., zwischen positiven Handlungen und Unterlassungen und Duldungen, dagegen bei den ersteren nicht zwischen vertretbaren und nicht vertretbaren Handlungen, wie dies in den §§ 887, 888 CPO. geschieht. In A. d. fr. Ger. wird kaum jene Art von Handlungen in Frage kommen; zudem wird der Erlaß der Verfügung, in welcher die Verpflichtung zur Vornahme der Handlung auferlegt wird, regelmäßig bereits die Frage erledigt sein, ob die zu erzwingende Handlung nicht auf anderem Wege ersetzt werden kann.

Art. 15 wird beispielsweise zur Anwendung kommen können, wenn der Vater oder die Mutter den zum geistigen oder leiblichen Wohle oder zum Schutze des Vermögens des Kindes vom Vormundschaftsgerichte getroffenen Anordnungen nicht nachkommt (BGB. §§ 1665 bis 1667) oder wenn sich Jemand seiner gesetzlichen Verpflichtung zuwider weigert, einen unrichtigen Erbschein dem Nachlaßgerichte herauszugeben oder ein Schiffscertifikat, einen Schiffsbrief oder einen Hypothekenbrief dem Registergerichte oder dem Grundbuchamte behufs des Vermerkes einer im Schiffsregister oder im Grundbuche bewirkten Eintragung vorzulegen (vergl. BGB. §§ 2361, 1507, 2368; RGes. § 120 Abs. 1; GBO. § 62 Abs. 2, § 70 Abs. 1). Nicht minder ist das Gericht nach Art. 15 befugt, einen Betheiligten durch Ordnungsstrafen zum persönlichen Erscheinen anzuhalten, soweit es dies für die ihm von Amtswegen obliegenden Ermittelungen für erforderlich erachtet (vergl. RGes. § 12). Auch kann auf Antrag eines Betheiligten von der Verhängung von Ordnungsstrafen in Fällen Gebrauch gemacht werden, in denen das Amtsgericht in einem bloßen Beschlußverfahren über streitige Rechtsverhältnisse entscheidet; beispielsweise wird der Kommanditist durch Ordnungsstrafen angehalten werden können, der ihm auferlegten Verpflichtung zur Vorlage der Bücher oder zur Mittheilung einer Bilanz nachzukommen (HGB. § 166 Abs. 3, RGes. § 145). Allerdings steht es den Betheiligten, soweit in einem Verfahren der freiw Ger. über ihre gegenseitigen Rechte und Verbindlichkeiten entschieden wird, frei, auf Grund der in diesem Verfahren ergangenen Entscheidung eine Klage anzustellen und sodann die Vollstreckung nach Maßgabe der Vorschriften der CPO. zu betreiben (vergl. Entsch. des Reichsgerichts Bd. 23 S. 385), es wäre indessen nicht zweckmäßig, die Betheiligten lediglich auf diesen Weg zu verweisen. Begr. S. 15, 16.

5. Das Ordnungsstrafverfahren findet nach den allgemeinen Vorschriften des § 33 RGes., der gemäß Art. 1 auch für landesgesetzliche A. d. fr. Ger. anwendbar ist, statt. Der Festsetzung der Ordnungsstrafe muß danach, da die letztere keine eigentliche Strafe, sondern ein Zwangsmittel ist, eine Androhung vorausgehen; auch darf die einzelne Strafe den Betrag von 300 Mark nicht übersteigen.

Der Art. 15 setzt im Allgemeinen voraus, daß die Verfügung, auf Grund deren die Androhung erfolgt, bereits wirksam geworden ist. Unbedenklich aber ist es zu erachten, die Androhung in die Verfügung, welche die durch den Zwang der Ordnungsstrafe herbeizuführende Handlung, Unterlassung oder Duldung auferlegt, bereits mit aufzunehmen.

Es ist nicht vorgeschrieben, daß der durch die Verfügung Verpflichtete vor der Festsetzung noch einmal zu hören sei, wie dies nach § 891 CPO. vor einer Entscheidung zu geschehen hat, die im Zwangsvollstreckungsverfahren behufs Erwirkung von Handlungen oder Unterlassungen ergeht. Das Unnöthige einer solchen Vorschrift ergiebt sich daraus, daß die Androhung vorausgehen muß und diese Androhung die Anhörung ersetzt.

6. Eines Antrags, die Ordnungsstrafe anzudrohen, entsprechend der Vorschrift der §§ 888, 890 CPO., bedarf es nicht, theils weil es häufig überhaupt an einem Gegner des Verpflichteten fehlen, theils weil ein Vorgehen von Amtswegen in Frage stehen wird.

7. Die Festsetzung der Ordnungsstrafe erfolgt in Beschlußform. Gegen den Beschluß ist die Beschwerde zulässig. Diese letztere wiederum hat für reichs- wie landesgesetzliche A. d. fr. Ger. aufschiebende Wirkung (RGes. § 24 Abs. 1; Art. 6). — Gegen die Androhung findet eine Beschwerde nicht statt. Ist die Androhung in der verpflichtenden Verfügung enthalten, so ergreift die Beschwerde gegen letztere selbstverständlich auch die erstere.

Artikel 16.

Bei der Festsetzung einer Ordnungsstrafe ist der Betheiligte zugleich in die Kosten des Verfahrens zu verurtheilen.

Die zwangsweise Einziehung einer Ordnungsstrafe erfolgt im Wege des Verwaltungszwangsverfahrens.

Eine Ordnungsstrafe kann nicht in den Nachlaß des Verurtheilten vollstreckt werden.

---

1. Der **Abs. 1** ist gleichlautend mit § 138 RGes. und ist eine Verallgemeinerung desselben. Dieser § 138, dessen Vorschrift sich nur auf die Registersachen bezieht und eine Ausnahme von dem Grundsatze des RGes. bedeutet, daß das Kostenwesen der Landesgesetzgebung zu überlassen sei, will nur aussprechen, daß nur dann, wenn eine Ordnungsstrafe festgesetzt wird, auch die Kostenverurtheilung erfolgen muß und daß, wenn solches nicht geschieht, auch die Kostenverurtheilung unterbleiben muß. Die Verurtheilung in die durch die Festsetzung der Ordnungsstrafe verursachten Kosten ist eben eine Folge der Verhängung der Strafe.

2. Wird eine Strafe festgesetzt, so steht es nicht im Ermessen des Gerichts, die Kostenverurtheilung eintreten zu lassen oder nicht auszusprechen; es ist vielmehr verpflichtet, die Verurtheilung auszusprechen.

3. Unter Verfahren ist hier nur das durch die Nothwendigkeit der Erzwingung der Handlung, Unterlassung oder Duldung herbeigeführte Ordnungsstrafverfahren zu verstehen. Sind bei diesem Ordnungsstrafverfahren mehrere Personen betheiligt, so kann auch hier eine Verurtheilung gemäß Art. 9 eintreten. Im Uebrigen aber ist die Verurtheilung nach Art. 16 Abs. 1 nicht an die Voraussetzungen des Art. 9 gebunden. Sind z. B. in Registersachen (vgl. Note 1) dem stillen Gesellschafter, welcher auf Grund einer nach § 338 Abs. 3 HGB. ergangenen Entscheidung beantragt hat, gegen den Inhaber der Firma zur Erzwingung der Mittheilung einer Bilanz mit Ordnungsstrafen vorzugehen, durch das Strafverfahren Kosten erwachsen, so finden auf deren Festsetzung und Beitreibung die Vorschriften der Art. 10 bis 14 ohne Weiteres Anwendung. Die Verurtheilung aus Art. 16 giebt nach Art. 10 einen Titel für die Festsetzung.

4. Daß eine vom Gerichte festgesetzte Ordnungsstrafe aufgehoben werden kann, wenn die Nichtbefolgung der Anordnung nachträglich entschuldigt wird, versteht sich von selbst, ist auch in Registersachen (vgl. Note 1) in § 136 RGes. ausdrücklich vorgesehen; vgl. auch RGes. § 18 und oben Art. 1 Note 5 f. — Wird die fest-

gesetzte Ordnungsstrafe aufgehoben, so ist auch gleichzeitig die Kostenverurtheilung aufzuheben.

5. Der **Abs.** 2 ist von der Kom. d. Abg. eingefügt worden. Bis dahin fehlte es an einer Vorschrift, wie eine Ordnungsstrafe zu vollstrecken sei. Ein Beschluß des Kammergerichts v. 16. Oktober 1893 (vgl. Jahrbuch der Entsch. des Kammergerichts Bd. 13 S. 130) spricht aus, daß die Vollstreckung nach den Vorschriften des Gesetzes betreffend das Verwaltungszwangsverfahren stattzufinden habe. Dieser Kammergerichtsbeschluß ist jedoch nicht unangefochten geblieben (vgl. Jastrow, Rechtsgrundsätze der Kammergerichtsentscheidungen in Sachen der nichtstreitigen Gerichtsb.). Zur Klarstellung ist dann die Einfügung erfolgt. Vgl. Kom.Ber. S. 10.

Für das Verwaltungszwangsverfahren sind maßgebend die Verordnung, betreffend das Verwaltungszwangsverfahren wegen Beitreibung von Geldbeträgen v. 7. September 1879 und die Verordnung, betreffend das Verwaltungszwangsverfahren wegen Beitreibung von Geldbeträgen in Angelegenheiten der Justizverwaltung, v. 4. August 1884, ferner § 38 Abs. 2 der Kasseninstruktion v. 15. Juli 1893, wonach der Vollstreckungsauftrag von der Vollstreckungsbehörde ausgeht.

6. Die zwangsweise Einziehung der Ordnungsstrafe findet auch im Wege der Zwangsvollstreckung in das unbewegliche Vermögen statt, Verordnung, betr. das Verwaltungszwangsverfahren § 54. Diese letztere erfolgt gemäß CPO. § 866, abgesehen von der Zwangsversteigerung und Zwangsverwaltung, durch Eintragung einer Sicherungshypothek für die Forderung. Auf Grund eines Vollstreckungsbefehls findet die Eintragung einer Sicherungshypothek überhaupt nicht und auf Grund eines anderen Schuldtitels nur für eine den Betrag von dreihundert Mark übersteigende Forderung statt. Eine einzelne Ordnungsstrafe darf aber den Betrag von dreihundert Mark nicht übersteigen, RGes. § 33, Gesetz Art. 1.

7. Die Vorschrift des **Abs.** 3 beruht auf Billigkeitsrücksichten.

Artikel 17.

Soll eine Sache oder eine Person herausgegeben oder eine Sache vorgelegt werden oder ist eine Anordnung ohne Gewalt nicht durchzuführen, so kann auf Grund einer besonderen Verfügung des Gerichts auch Gewalt gebraucht werden; der Verfügung hat in der Regel eine Androhung vorauszugehen. Der Vollstreckungsbeamte ist befugt, erforderlichenfalls die Unterstützung der polizeilichen Vollzugsorgane nachzusuchen. Die Kosten fallen dem Verpflichteten zur Last. Die Vorschriften des § 752 und des § 790 Abs. 1 der Civilprozeßordnung finden entsprechende Anwendung.

Wird die Sache oder die Person nicht vorgefunden, so kann der Verpflichtete von dem Gerichte zur Leistung des Offenbarungseids angehalten werden; die Vorschriften des § 883 Abs. 2, 3, des § 900 Abs. 1 und der §§ 901, 902, 904 bis 910, 912, 913 der Civilprozeßordnung finden entsprechende Anwendung.

---

1. Der Art. 17 giebt dem Gerichte, neben der Befugniß der Verhängung von Ordnungsstrafen nach Art. 15, noch die Ermächtigung, unter bestimmten Voraussetzungen und für bestimmte Fälle unmittelbaren

Zwang anzuwenden, um seine Verfügungen durchzuführen. Die Begründung (S. 15) hält diese Ermächtigung für keine Neuerung gegenüber dem bisherigen Rechte nach der AGO. III 1 § 10 (vgl. Art. 15 Note 1). Indessen ist in der Kom. d. Abg. (vgl. Bericht S. 11, 12) die landesgesetzliche Zulässigkeit einer solchen Vorschrift bezweifelt worden, indem der durch Art. 17 zugelassene unmittelbare Zwang nichts Anderes sei als Ordnungsstrafe. Die letztere sei eben auch lediglich ein Zwangsmittel und die Reichsgesetzgebung habe ihrerseits über die Zulässigkeit von Ordnungsstrafen, also über die zulässigen Zwangsmittel, bereits Vorschriften gegeben (vgl. Art. 15 Note 1). Wenigstens da, wo das bürgerliche Recht bezw. das RGes. die Ordnungsstrafe als Zwangsmittel namhaft mache, sei die Vorschrift erschöpfend und der unmittelbare Zwang müsse ausscheiden. Demgegenüber ist festzustellen, daß nach der Denkschrift zum RGes. (vgl. Art. 15 Note 1) die Reichsgesetzgebung die Regelung der Zwangsgewalt der Landesgesetzgebung hat überlassen wollen. Wenn trotzdem dieselbe durch den § 33 RGes. die Ordnungsgeldstrafe in den Bereich ihrer Regelung zieht, so zwingt der Wortlaut des § 33 RGes., der übrigens von der Kommission des Reichstags in das Gesetz eingefügt worden ist, nicht zu der Annahme, daß er die Ordnungsstrafe zu dem ausschließlichen Zwangsmittel habe machen wollen. Er besagt nur, daß, wenn es zur Verhängung von Ordnungsstrafen kommt, die Vorschrift des § 33 RGes. beobachtet werden muß. Der § 200 RGes. greift daher hier ein; auch andere Bundesstaaten haben ähnliche Bestimmungen wie Art. 17 aufgenommen.

2. Die Vorschrift des **Abs. 1** steht zu Art. 15 in dem Verhältnisse einer Specialvorschrift zu der Regel. Auch in den Fällen des Art. 17 ist die Anwendung von Ordnungsstrafen in Gemäßheit des Art. 15 zulässig; diese Anwendung der Ordnungsstrafe ist sogar als das Gewöhnliche und der Gebrauch von Gewalt als Ausnahme zu betrachten; letzteres ist allerdings nicht in dem Sinne zu verstehen, als müsse der Gebrauch der Gewalt noch durch besondere Gründe ausdrücklich gerechtfertigt werden; es genügt, wenn die sachlichen und formellen Voraussetzungen der Art. 15, 17 vorliegen. Danach braucht ein Ordnungsstrafverfahren nicht vorauszugehen, auch die Nutzlosigkeit eines solchen, etwa wegen Vermögenslosigkeit des Verpflichteten, nicht festgestellt zu werden. Auch muß die Anwendung von Gewalt für zulässig erachtet werden, wenn eine Anordnung nach Lage des Falls mittelst bloßer Ordnungsstrafen nicht schnell genug sich vollstrecken läßt.

3. Was die Voraussetzungen anlangt, denen die Anwendung der Vorschrift unterstellt ist, so gilt hier zunächst das, was zu Art. 15 Note 2, 3 gesagt ist. Es muß also zunächst eine materiell rechtliche Befugniß des Gerichts vorliegen, auf Grund deren es Jemanden durch eine Verfügung die Verpflichtung auferlegen kann, eine Person oder eine Sache herauszugeben oder eine Sache vorzulegen. In dieser Beziehung kann ein unmittelbarer Zwang beispielsweise in Frage kommen, wenn sich ein Gesellschafter weigert, nach den §§ 157, 166, 338 des HGB. einem Mitgesellschafter Bücher und Papiere vorzulegen oder herauszugeben, oder wenn sich der Vater der Ueberführung eines Kindes in eine Erziehungsanstalt widersetzt (BGB. § 1666) oder wenn er mittelst Ordnungsstrafen nicht dazu gebracht werden kann, vor dem Vormundschaftsgerichte zu erscheinen, um über die Erfüllung der ihm gegenüber seinem Kinde obliegenden Pflichten Rechenschaft zu geben. Ebenso kann die Anwendung von Gewalt nothwendig werden, wenn Jemand dem Beamten, der eine Nachlaßsiegelung ausführen will, thatsächlichen Widerstand entgegensetzt oder

wenn sich ein Erbe oder Erbschaftsbesitzer weigert, verschlossene Behältnisse zum Zwecke der Aufnahme eines Vermögensverzeichnisses zu öffnen. Auch ist in den Fällen der §§ 2259 und 2361 des BGB. dem Nachlaßgerichte nicht als einziges Mittel zur Erzwingung der Herausgabe des Testaments oder Erbscheins die Verhängung von Ordnungsstrafen zur Verfügung gestellt (vgl. RGes. § 83); in vielen Fällen wird es viel einfacher, wirksamer und angemessener sein, wenn das Gericht einen Gerichtsdiener oder einen Gerichtsvollzieher beauftragt, das Testament oder den Erbschein dem Besitzer wegzunehmen. Auch die in Note 4 zu Art. 15 angeführten weiteren Beispiele gehören hierher. Vgl. Begründung S. 16, 17 und Bericht der Kom. d. Abg. S. 12, 13.

4. Die besonderen formellen Voraussetzungen, welche der Art. 17 Abs. 1 neben der Verfügung nach Art. 15 aufstellt, beruhen auf Beschlüssen der Kom. d. Abg., in welcher der Art. 17 stark bekämpft worden ist (Bericht S. 12, 13). Diese besonderen Voraussetzungen sind:

a) Es muß die Anwendung von Gewalt durch eine besondere Verfügung des Gerichts angeordnet werden. Danach kann also in den in Note 3 angeführten Beispielen der mit der Abholung des Kindes, der Bücher, des Erbscheins 2c. auf Grund der Verfügung, welche Art. 15 voraussetzt, beauftragte Beamte nicht ohne Weiteres gewaltsam vorgehen; er muß vielmehr dazu besondere richterliche Anweisung haben.

b) Der Verfügung d. h. der Verfügung des Gerichts, durch welche die Anwendung von Gewalt angeordnet wird, muß in der Regel eine Androhung der Gewalt vorausgehen. Diese Androhung wird zweckmäßig in die erste Verfügung des Gerichts, durch welche die Verpflichtung auferlegt wird, aufzunehmen sein; denn daß diese Androhungsverfügung in einem besonderen Schriftstück enthalten sein müsse, ist nicht vorgeschrieben.

5. Ob das Gericht der Anwendung von Gewalt eine Androhung vorausgehen lassen und ob es überhaupt zur Anwendung von Gewalt schreiten will, steht in seinem Ermessen, das sich nach den Umständen des Einzelfalles richten muß. Beides ist nur fakultativ vorgeschrieben.

6. Wie in Note 6 zu Art. 15 bemerkt, ist auch hier die Nothwendigkeit eines Antrags, mit Gewalt vorzugehen, nicht gegeben.

7. Gegen die Verfügung, durch welche die Gewaltanwendung angedroht wird, ist ebenso wie gegen die besondere Verfügung, auf Grund deren die Ausführung erfolgt, Beschwerde zulässig; die Beschwerde hat keine aufschiebende Wirkung, doch kann das Beschwerdegericht den Vollzug sistiren (Art. 4 bis 6; RGes. § 24). Anders bei der Ordnungsstrafe, vgl. Art. 15 Note 7.

8. In Abs. 1 Satz 2 ist der Vollstreckungsbeamte für befugt erklärt, selbständig erforderlichenfalls die Unterstützung der polizeilichen Organe nachzusuchen. Danach ist einerseits der Richter der Nothwendigkeit enthoben, polizeiliche Hülfe in Anspruch zu nehmen, andererseits die Verpflichtung der polizeilichen Vollzugsorgane festgestellt, den gerichtlichen Vollstreckungsbeamten zu unterstützen. — Als eine sich von selbst verstehende Schranke für den Vollstreckungsbeamten ist anzusehen, daß er nicht weiter geht, als der Zweck der Vollstreckung es erfordert, vgl. CPO § 758 Abs. 1. Er erscheint berechtigt, die Wohnung und die Behältnisse des Schuldners zu durchsuchen, verschlossene Hausthüren, Zimmerthüren und Behältnisse zu öffnen bzw. öffnen zu lassen. Auch erscheint es angemessen, wenn er, entsprechend der Vorschrift

des § 759 CPO., im Falle, daß weder der Verpflichtete noch einer zu seiner Familie oder Hausgenossenschaft zählende Person anwesend ist. Zeugen zuzieht; doch erscheint er dazu nicht verpflichtet, da die Vorschriften der CPO. nur soweit Anwendung finden, als dies besonders ausgesprochen ist.

9. Die Vorschriften des § 752 und des § 790 Abs. 1 CPO. lauten wie folgt:

§ 752. Gegen eine dem aktiven Heere oder der aktiven Marine angehörende Militärperson darf die Zwangsvollstreckung erst beginnen, nachdem von derselben die vorgesetzte Militärbehörde Anzeige erhalten hat.

Dem Gläubiger ist auf Verlangen der Empfang der Anzeige von der Militärbehörde zu bescheinigen.

§ 790 Abs. 1. Soll die Zwangsvollstreckung gegen eine dem aktiven Heere oder der aktiven Marine angehörende Person des Soldatenstandes in Kasernen und anderen militärischen Dienstgebäuden oder auf Kriegsfahrzeugen erfolgen, so hat auf Antrag des Gläubigers das Vollstreckungsgericht die zuständige Militärbehörde um die Zwangsvollstreckung zu ersuchen.

10. Der **Abs.** 2 entspricht dem § 83 Abs. 2 RGes. Im Gegensatze zu § 883 Abs. 2 CPO., der ebenfalls zur entsprechenden Anwendung gelangen soll, ist festzuhalten, daß nach dem ersten Halbsatze von Abs. 2 die Anhaltung zur Leistung des Offenbarungseides nicht obligatorisch, sondern nur fakultativ ist und daß es keines Antrags bedarf, um dem Gerichte die Berechtigung zum Vorgehen in dieser Richtung zu geben.

Die Abnahme des Offenbarungseides, wenn der Verpflichtete in dem zur Eidesleistung angesetzten Termine erscheint und zur Leistung des Eides bereit ist, erfolgt gemäß Art. 1 bezw. RGes. § 15 nach dem in den §§ 478 bis 484 CPO. geregelten Verfahren.

Die angeführten Stellen der CPO. lauten:

§ 883 Abs. 2. Wird die herauszugebende Sache nicht vorgefunden, so ist der Schuldner verpflichtet, auf Antrag des Gläubigers den Offenbarungseid dahin zu leisten:

dass er die Sache nicht besitze, auch nicht wisse, wo die Sache sich befinde.

Abs. 3. Das Gericht kann eine der Lage der Sache entsprechende Aenderung der vorstehenden Eidesnorm beschliessen.

§ 900 Abs. 1. Das Verfahren beginnt mit der Ladung des Schuldners zur Leistung des Offenbarungseides.

§ 901. Gegen den Schuldner, welcher in dem zur Leistung des Offenbarungseides bestimmten Termine nicht erscheint oder die Leistung des Eides ohne Grund verweigert, hat das Gericht zur Erzwingung der Eidesleistung auf Antrag die Haft anzuordnen.

§ 902. Der verhaftete Schuldner kann zu jeder Zeit bei dem Amtsgerichte des Haftorts beantragen, ihm den Eid abzunehmen. Dem Antrag ist ohne Verzug stattzugeben.

Nach Leistung des Eides wird der Schuldner aus der Haft entlassen und der Gläubiger hiervon in Kenntniss gesetzt.

§ 904. Die Haft ist unstatthaft:

1. gegen Mitglieder einer deutschen gesetzgebenden Versammlung während der Sitzungsperiode, sofern nicht die Versammlung die Vollstreckung genehmigt;

2. gegen Militärpersonen, welche zu einem mobilen Truppentheil oder zur Besatzung eines in Dienst gestellten Kriegsfahrzeuges gehören;
3. gegen den Schiffer, die Schiffsmannschaft und alle übrigen auf einem Seeschiff angestellten Personen, wenn das Schiff zum Abgehen fertig (segelfertig) ist.

§ 905. Die Haft wird unterbrochen:
1. gegen Mitglieder einer deutschen gesetzgebenden Versammlung für die Dauer der Sitzungsperiode, wenn die Versammlung die Freilassung verlangt;
2. gegen Militärpersonen, welche zu einem mobilen Truppentheil oder auf ein in Dienst gestelltes Kriegsfahrzeug einberufen werden, für die Dauer dieser Verhältnisse.

§ 906. Gegen einen Schuldner, dessen Gesundheit durch die Vollstreckung der Haft einer nahen und erheblichen Gefahr ausgesetzt wird, darf, solange dieser Zustand dauert, die Haft nicht vollstreckt werden.

§ 907. Die Haft wird in einem Raume vollstreckt, in welchem nicht zugleich Untersuchungs- oder Strafgefangene sich befinden.

§ 908. Das Gericht hat bei Anordnung der Haft einen Haftbefehl zu erlassen, in welchem der Gläubiger, der Schuldner und der Grund der Verhaftung zu bezeichnen sind.

§ 909. Die Verhaftung des Schuldners erfolgt durch einen Gerichtsvollzieher. Der Haftbefehl muss bei der Verhaftung dem Schuldner vorgezeigt und auf Begehren abschriftlich mitgetheilt werden.

§ 910. Vor der Verhaftung eines Beamten, eines Geistlichen oder eines Lehrers an öffentlichen Unterrichtsanstalten ist der vorgesetzten Dienstbehörde von dem Gerichtsvollzieher Anzeige zu machen. Die Verhaftung darf erst erfolgen, nachdem die vorgesetzte Behörde für die dienstliche Vertretung des Schuldners gesorgt hat. Die Behörde ist verpflichtet, ohne Verzug die erforderlichen Anordnungen zu treffen und den Gerichtsvollzieher hiervon in Kenntniss zu setzen.

§ 912. Soll die Haft gegen eine dem aktiven Heere oder der aktiven Marine angehörende Militärperson vollstreckt werden, so hat das Gericht die vorgesetzte Militärbehörde um die Vollstreckung zu ersuchen.

§ 913. Die Haft darf die Dauer von sechs Monaten nicht übersteigen. Nach Ablauf der sechs Monate wird der Schuldner von Amtswegen aus der Haft entlassen.

Artikel 18.

Die Ausfertigungen gerichtlicher Verfügungen sind von dem Gerichtsschreiber zu unterschreiben und mit dem Gerichtssiegel zu versehen.

---

1. Der Art. 18 ist von der Kom. d. Abg. eingefügt worden als Ergänzungsvorschrift für die reichsrechtlichen A. d. fr. Ger. auf Grund des § 200 RGes. sowie auch für die landesgesetzlichen Angelegenheiten. In Art. 182 RGes. ist bestimmt, daß die Ausfertigung der Protokolle über die gerichtliche Beurkundung eines Rechtsgeschäfts von dem Gerichtsschreiber zu vollziehen sei. In Art. 61 des vorliegenden Gesetzes ist sodann die Zuständigkeit der Gerichtsschreiber für die Ausfertigung von Urkunden über andere Gegenstände als Rechtsgeschäfte geregelt. Hier wird nun die allgemeine Zuständigkeit auch für die mannigfachen anderen Urkunden, die weder eine Beurkundung eines Rechtsgeschäfts noch eine sonstige Beurkundung enthalten, ausgesprochen. Unter „Verfügung" ist der allgemeinste Begriff der gerichtlichen Anordnung zu verstehen, also auch z. B. Erbscheine, Entscheidungen nach Art. 9, Kostenfestsetzungsbeschlüsse nach Art. 10, Festsetzungsbeschlüsse in Ansehung von Ordnungsstrafen, Entscheidungen über Beschwerden u. a. m. — Vgl. Kom.Ber. S. 14. — Ueber Ausfertigung von Protokollen über Beurkundungen sind besondere Vorschriften in den Art. 43 ff., 61 ff. gegeben.

2. Die Vorschrift besteht selbstverständlich unbeschadet der Vorschrift des Grundbuchrechts (GBO. § 56, Ausf.Ges. z. GBO. Art. 7), wonach der Hypothekenbrief von dem Grundbuchamt ertheilt wird, mit Unterschrift und Siegel versehen sein muß und ebenso wie der Grundschuld- und Rentenbrief nebst den nachträglich auf sie gesetzten Vermerken von dem Richter und dem Gerichtsschreiber zu unterschreiben ist. Auch die beglaubigten Abschriften aus dem Grundbuche sind nach Art. 7 Ausf.-Ges. z. GBO. von dem Richter und dem Gerichtsschreiber zu unterschreiben.

3. Zeugnisse über die Rechtskraft einer Verfügung sind von dem Gerichtsschreiber erster Instanz zu ertheilen, vgl. RGes. § 31, Art. 1.

Zweiter Abschnitt.

Nachlaß- und Theilungssachen.

Das BGB. setzt bei der Regelung des Erbrechts in mehrfacher Beziehung die Mitwirkung eines Nachlaßgerichts voraus, steht jedoch nicht auf dem Boden der gerichtlichen Verlassenschaftsregulierung. In wesentlicher Uebereinstimmung mit dem Gemeinen und dem Preußischen Rechte geht es vielmehr von dem Grundsatze aus, daß die Verlassenschaftsbehandlung Sache der Beteiligten ist und ein amtliches Einschreiten in Ansehung eines Nachlasses nur in gewissen Fällen stattzufinden habe. So bestimmt es unter Anderem, daß das Nachlaßgericht für die Sicherung des Nachlasses vor der Annahme der Erbschaft, insbesondere durch Bestellung eines Nachlaßpflegers, zu sorgen (§ 1960), daß es gegebenenfalls eine Nachlaßverwaltung zum Zwecke der Befriedigung der Nachlaßgläubiger anzuordnen (§§ 1975 ff.) sowie auf Antrag dem Erben eine Inventarfrist zu bestimmen habe (§§ 1994 ff.). Von dem Nachlaßgerichte wird ferner der Erbschein ausgestellt (§§ 2353 ff.) und gewisse Erklärungen der Betheiligten, namentlich solche, die sich auf die Ausschlagung der Erbschaft beziehen, sind ihm gegenüber abzugeben (zu vgl. §§ 1945, 1955, 2081, 2202, 1342, 1597). Indem das BGB. diesen seinen Vorschriften die Eingangs erwähnte Voraussetzung unterstellt, hat es die erwähnten Verrichtungen den Gerichten übertragen. Mithin gehören dieselben im Sinne des § 1 RGes. zu den durch Reichsgesetz den Gerichten übertragenen A. d. fr. Ger. Daraus ergiebt sich gemäß diesem § 1 RGes., das die Gesammtheit der Verrichtungen des Nachlaßgerichts unter der Bezeichnung Nachlaßsachen zusammenfaßt, daß auf diese Angelegenheiten die allgemeinen Vorschriften (§§ 1 bis 34) des RGes. unverkürzt Anwendung finden, soweit nicht etwa in Reichsgesetzen und namentlich in dem RGes. oder auf Grund besonderer Vorbehalte in der Landesgesetzgebung ein Anderes bestimmt ist.

Mit jener Uebertragung der Nachlaßbehandlung in den erwähnten Fällen auf das Nachlaßgericht hatte das BGB. indessen noch nicht die Frage entschieden, welches Gericht die Obliegenheiten des Nachlaßgerichts zu erfüllen hat. Diese Entscheidung trifft das RGes., indem es in § 72 für die dem Nachlaßgericht obliegenden Verrichtungen die Amtsgerichte für zuständig erklärt. Diese Zuständigkeitserklärung ist unbeschadet der in Art. 147 Einf.Ges. z. BGB. der Landesgesetzgebung eingeräumten allgemeinen Befugniß erfolgt, mit den Geschäften des Nachlaßgerichts andere als gerichtliche Behörden zu betrauen, soweit nicht die Abnahme des im § 2006 BGB. vorgesehenen Offenbarungseides in Betracht kommt (RGes. § 195). Von dieser Befugniß hat die Preuß. Gesetzgebung in dem vorliegenden Gesetze im Allgemeinen keinen Gebrauch gemacht; nur hat sie in Art. 20 eine besondere Zuständigkeitsvorschrift getroffen und unten im 7. Abschnitte besondere Gerichte bzw. einzelne Beamte für bestimmte einzelne Verrichtungen in Ansehung der Nachlaßbehandlung für zuständig erklärt, auf welche dann wieder einzelne besondere Vorbehalte des Reichsrechts (vgl. RGes. § 195 mit Art. 106 dieses Gesetzes) hinweisen. Auch hat die Preuß. Gesetzgebung nicht für nöthig erachtet, in Ausübung des in § 200 RGes. aufgestellten Vorbehalts zu den im RGes. gegebenen Vorschriften für die Nachlaßbehandlung noch besondere Ausführungs- oder Ergänzungsvorschriften zu erlassen. Mit der erwähnten einzigen Einschränkung und mit der Maßgabe, daß die allgemeinen Vorschriften in Art. 2, 8, 9 bis 18 dieses Gesetzes auch auf Nachlaßsachen Anwendung finden, ist demnach für diese Angelegenheiten lediglich Reichsrecht maßgebend.

Zu den Obliegenheiten des Nachlaßgerichts gehört auch nach § 86 RGes. die Vermittelung der Auseinandersetzung in Ansehung eines Nachlasses unter den Betheiligten, sofern nicht ein zur Bewirkung der Auseinandersetzung berechtigter Testamentsvollstrecker vorhanden ist, sowie nach § 99 RGes. die Auseinandersetzung in Ansehung des Gesammtguts nach Beendigung einer ehelichen Gütergemeinschaft oder einer fortgesetzten Gütergemeinschaft. In Folge dessen sind auch insoweit die Amtsgerichte zuständig. Hierzu kommt ein dem bereits erwähnten allgemeinen Vorbehalte des Art. 147 Einf.Ges. z. BGB. entsprechender besonderer Vorbehalt in § 193 RGes. in Betracht, wonach die landesgesetzlichen Vorschriften unberührt bleiben, nach welchen für diese Theilungsvermittelung andere als gerichtliche Behörden zuständig sind, sowie die landesgesetzlichen Vorschriften, nach welchen für diese Verrichtung an Stelle der Gerichte oder neben diesen die Notare die Auseinandersetzung zu vermitteln haben. Die Mitwirkung der Notare in dieser Beziehung zu regeln, ist im Wesentlichen der Zweck der nachfolgenden Bestimmungen (Art. 21 bis 27).

Was die Vorschriften für Nachlaßsachen von Mitgliedern des Königlichen Hauses, des hohenzollernschen Fürstenhauses, des vormaligen Hannoverschen Königshauses, des vormaligen Kurhessischen und des vormaligen Herzoglich Nassauischen Fürstenhauses, der vormals reichsständischen und der ihnen gleichgestellten Familien anlangt, so ist das Erforderliche in der Einleitung gesagt; vgl. dazu ferner Art. 136, 137.

Der Abschnitt enthält Bestimmungen über die Verpflichtung gewisser Behörden zur Anzeige eines Todesfalles, der eine Nachlaßsicherung angezeigt erscheinen läßt (Art. 19), über Maßnahmen bei dem Tode eines Beamten (Art. 20), über die nach dem erwähnten Vorbehalt etwa einem Notar zu übertragende oder übertragene Vermittelung einer Auseinandersetzung (Art. 21 bis 27) und über die Kosten des Vermittelungsverfahrens (Art. 28).

Artikel 19.

Erhalten die Ortspolizeibehörden von einem Todesfalle Kenntniß, bei welchem gerichtliche Maßregeln zur Sicherung des Nachlasses angezeigt erscheinen können, so sollen sie dem Amtsgericht, in dessen Bezirke der Todesfall eingetreten ist, Mittheilung machen. Der Justizminister und der Minister des Innern können diese Verpflichtung auf die Gemeindebehörden übertragen.

---

1. Nach § 1960 BGB. (den Wortlaut vgl. bei Art. 104) hat das Nachlaßgericht bis zur Annahme der Erbschaft von Amtswegen für die Sicherung des Nachlasses zu sorgen, soweit ein Bedürfniß besteht; die gleiche Bestimmung ist für den Fall getroffen, daß der Erbe unbekannt oder daß ungewiß ist, ob er die Erbschaft angenommen hat. Daneben erhält der Art. 140 Einf.Ges. z. BGB. die landesgesetzlichen Vorschriften aufrecht, nach welchen das Nachlaßgericht auch unter anderen Voraussetzungen die Anfertigung eines Nachlaßverzeichnisses sowie bis zu dessen Vollendung die erforderlichen Sicherungsmaßregeln, insbesondere die Anlegung von Siegeln, von Amtswegen anordnen kann oder soll. Derartige eine über das Reichsrecht hinausgehende amtliche Fürsorge für die Sicherung des Nachlasses auferlegende Vorschriften finden sich in dem bisher in Preußen geltenden Rechte mehrfach; vgl. unten zu Art. 104. Sie legen der Nachlaßbehörde die Fürsorgepflicht insbesondere für den Fall auf, daß ein bestimmter Erbe minderjährig oder aus einem anderen Grunde nicht voll geschäftsfähig oder abwesend ist. Für diese Fälle reichen aber die Vorschriften des Vormundschaftsrechts aus. Nach § 1846 BGB. nämlich hat, wenn ein Vormund noch nicht bestellt oder wenn der bestellte Vormund an der Erfüllung seiner Pflichten verhindert ist, das Vormundschaftsgericht die im Interesse des Mündels erforderlichen Maßregeln zu treffen. Entsprechendes gilt für die Pflegschaft und für den Fall, daß der Vater verhindert ist, die elterliche Gewalt auszuüben, sofern nicht die elterliche Gewalt nach § 1685 BGB. von der Mutter ausgeübt wird. Vgl. BGB. §§ 1665, 1846, 1911 bis 1915, Einf.Ges. z. BGB. Art. 23. Wegen der Zuständigkeit in diesen Fällen vgl. RGes. §§ 36 ff., namentlich § 44. Da somit für die Aufrechterhaltung jener Vorschriften des bisherigen Rechts, die an sich durch den Vorbehalt des Art. 140 Einf.Ges. z. BGB. gedeckt werden würden, kein Bedürfniß besteht, so sind sie sämmtlich durch Art. 79 Ausf.Ges. z. BGB. aufgehoben worden. Danach gelten für die Voraussetzungen, unter denen das Nachlaßgericht von Amtswegen für die Sicherung des Nachlasses zu sorgen hat, nur die reichsgesetzliche oben erwähnte Bestimmung des § 1960 und die das Vormundschaftswesen betreffenden vorstehend mitgetheilten Vorschriften des BGB.

2. Um diese Vorschriften durchzuführen, muß das Gericht von den Fällen, in denen gerichtliche Maßregeln zur Sicherung des Nachlasses angebracht erscheinen, rechtzeitig Kenntniß erhalten. In dieser Beziehung bestimmt die Allg. Ger. O. Theil II Tit. 5 § 23, daß die im Sterbehause gegenwärtigen Verwandten oder Hausgenossen des Verstorbenen, ingleichen sein Hauswirth von den Sterbefällen und den dabei eintretenden Umständen, welche eine Versiegelung von Amtswegen nothwendig machen, dem Gerichte Anzeige zu erstatten haben, wenn sie sich gegen die Erben oder die Gläubiger des Verstorbenen außer Verantwortung setzen wollen.

Andere Partikulargesetze, für das vormalige Herzogthum Nassau, für die vormals Großherzoglich Hessischen Gebietstheile, enthielten Vorschriften, wonach die Bürgermeister und Ortsgerichtsvorsteher verpflichtet waren, bei allen Todesfällen dem Amtsgericht einen Sterbebericht einzureichen (Nassauisches Gesetz v. 26. Juli 1854 § 23 Abs. 3 nebst Instruktion v. 2. Januar 1863 § 17, Großherzoglich Hessisches Edikt v. 16. Oktober 1852 Art. 12 nebst Instruktion v. 26. Oktober 1852 § 25). Das Frankfurter Gesetz über das Fiskalat v. 3. Dezember 1861 endlich schreibt vor, daß der zur Anzeige des Sterbefalls bei dem Standesbeamten Verpflichtete, auch verpflichtet ist, dem Amtsgericht Anzeige zu erstatten. Alle diese Vorschriften sind aufgehoben bezw. durch andere ersetzt, vgl. Art. 144 Nr. 1 und Nr. 8, Art. 105 Abs. 2, Art. 111. — Zur Anzeige eines Sterbefalls bei Gericht behufs Sicherung des Nachlasses ist demnach Niemand mehr außer den im Art. 19 genannten Ortspolizeibehörden und die nach Satz 2 etwa beauftragten Gemeindebehörden verpflichtet.

3. Wer Ortspolizeibehörde ist, bestimmt sich gemäß dem Gesetz über die Polizeiverwaltung v. 11. März 1850 (GS S. 265) § 1, den Städteordnungen, Kreisordnungen und Gemeindeordnungen sowohl für Stadt und Land, als auch für die einzelnen Provinzen verschieden. Vgl. Graf Hue de Grais, Handbuch der Verfassung und Verwaltung u. s. w., elfte Aufl., § 220.

Ein Antrag in der Kom. d. Abg., auch den Standesbeamten die Anzeigepflicht aufzuerlegen, ist abgelehnt worden. Dagegen wurde durch diese Kommission der Satz 2 hinzugefügt mit Rücksicht auf den Umstand, daß in Hannover mit Wahrnehmung der Funktionen der Ortspolizeibehörde die Landräthe betraut sind und daß diese Beamten kaum jemals in die Lage kämen, rechtzeitig Anzeige erstatten zu können. Eine Uebertragung auf die Gemeindebehörden ist noch nicht erfolgt. Vgl. Kom.Ber. S. 15.

4. Durch die hier den Polizeibehörden auferlegte Verpflichtung wird die aus § 10 Allg. L.R. II. 17 zu entnehmende Berechtigung und Verpflichtung derselben, bis zum Eingreifen des Gerichts, selbständig Maßregeln zur Sicherung eines gefährdeten Nachlasses zu treffen, nicht berührt. Begr. S. 18.

5. Die Anzeige soll dem Amtsgericht, in dessen Bezirke der Todesfall eingetreten ist, erstattet werden. Dieses Amtsgericht wird in vielen Fällen nicht das im Allgemeinen örtlich zuständige Nachlaßgericht sein. Die örtliche Zuständigkeit des Nachlaßgerichts bestimmt sich gemäß § 73 RGes. nicht nach dem Todesfall, sondern nach dem Wohnsitze, den der Erblasser zur Zeit des Erbfalls hatte; in Ermangelung eines inländischen Wohnsitzes ist das Gericht zuständig, in dessen Bezirke der Erblasser zur Zeit des Erbfalls seinen Aufenthalt hatte. Ist der Erblasser ein Deutscher und hatte er zur Zeit des Erbfalls im Inlande weder Wohnsitz noch Aufenthalt, so ist das Amtsgericht zuständig, in dessen Bezirke der Erblasser seinen letzten Wohnsitz hatte. In Ermangelung eines solchen Wohnsitzes wird das zuständige Amtsgericht, falls der Erblasser zur Zeit des Erbfalls einem Bundesstaat angehörte, von der Landesjustizverwaltung, anderenfalls von dem Reichskanzler bestimmt. Ist der Erblasser ein Ausländer und hatte er zur Zeit des Erbfalls im Inlande weder Wohnsitz noch Aufenthalt, so ist jedes Gericht, in dessen Bezirke sich Nachlaßgegenstände befinden, in Ansehung aller im Inlande befindlichen Nachlaßgegenstände zuständig. Nach § 2369 Abs. 2 BGB. gilt hierbei ein Gegenstand, für den von einer deutschen Behörde ein zur Eintragung des Berechtigten bestimmtes Buch oder Register geführt

wird, als im Inlande befindlich, desgleichen ein Anspruch, wenn für die Klage ein deutsches Gericht zuständig ist.

An dieser reichsgesetzlich festgestellten allgemeinen örtlichen Zuständigkeit des Nachlaßgerichts wird durch Art. 19 nichts geändert und das Amtsgericht, dem die Anzeige erstattet wird, wird dadurch nicht als Nachlaßgericht zuständig. Indessen ist nach § 74 RGes. für die Sicherung des Nachlasses jedes Amtsgericht zuständig, in dessen Bezirke das Bedürfniß der Fürsorge hervortritt. Das Amtsgericht, in dessen Bezirke der Todesfall eingetreten ist und dem die Meldung davon zugegangen ist, wird daher jedes Mal zu ermessen haben, ob das Bedürfniß der Fürsorge vorliegt. Das wird in der Regel der Fall sein, da irgendwelche Nachlaßgegenstände fast immer vorhanden sein werden. Trifft das zu, dann ist das Amtsgericht nach § 74 RGes. auch für die ganze Sicherung des Nachlasses zuständig.

Wegen der mit der Zuständigkeit der Amtsgerichte in Ansehung der Nachlaßsicherung konkurrirenden Zuständigkeit der besonderen Gerichte bezw. Gemeindebeamten vgl. Art. 104 bis 107, 111, 117, 118, 121, 122, 123.

6. Verneint das Amtsgericht die Bedürfnißfrage, so erscheint es angemessen, daß es dem örtlich zuständigen Nachlaßgerichte (vgl. Note 5) Nachricht giebt. Bejaht es die Frage, so ist es verpflichtet, die erforderlichen Maßregeln anzuordnen und dem örtlich zuständigen Nachlaßgerichte hiervon Mittheilung zu machen, BGB. § 1960, RGes. § 74.

Welche Maßregeln im Einzelnen das Gericht zu ergreifen hat, ist nicht vorgeschrieben; der § 1960 Abs. 2 BGB. (vgl. unten bei Art. 104) nennt nur beispielsweise die Anlegung von Siegeln, die Hinterlegung von Geld, Werthpapieren und Kostbarkeiten sowie die Aufnahme eines Nachlaßverzeichnisses und Bestellung eines Nachlaßpflegers; für die Nachlaßpflegschaft tritt nach § 1962 BGB. an die Stelle des Vormundschaftsgerichts das Nachlaßgericht. Das Gericht wird nach Lage des Einzelfalls sich zu entscheiden haben.

Ueber das Verfahren bei der Sicherung eines Nachlasses kann der Justizminister allgemeine Bestimmungen treffen, Art. 128. Solche sind noch nicht ergangen. Die bisher bestehenden Vorschriften sind aufgehoben, Art. 128, 144 Nr. 1, 2. Uebergangsvorschrift vgl. Art. 137 Note 2.

7. Als Organe des Nachlaß- bezw. Amtsgerichts für die Sicherung dienen zunächst die Gerichtsschreiber und Gerichtsvollzieher. Beide sind zuständig, im Auftrage des Gerichts Siegelungen und Entsiegelungen vorzunehmen; vgl. Art. 38. Die Gerichtsschreiber können auch unbeschadet der Gültigkeit ohne Auftrag handeln, nur sollen sie es nicht (Ausf.Ges. z. GVG. § 70, § 74 Nr. 3); mit Einschränkung können auch Gerichtsschreibergehülfen verwendet werden (§ 5 des Gesetzes betreffend die Dienstverhältnisse der Gerichtsschreiber v. 3. März 1879 in der Fassung nach Art. 131).

Sodann können sich die Amtsgerichte auch der Dorfgerichte (Art. 107) und der in den Art. 111 genannten Beamten, letztere mit der Einschränkung nach Art. 117, ebenso der in Art. 118 bezeichneten, sowie eventuell der etwa zu bildenden (Art. 122, 123) Ortsgerichte bedienen. Vgl. auch Art. 116.

Auch die Notare können von dem Gerichte mit Siegelungen zum Zwecke der Nachlaßsicherung beauftragt werden, vgl. Art. 87.

Artikel 20.

Nach dem Tode eines Beamten hat, unbeschadet der Zuständigkeit des Nachlaßgerichts, die Behörde, welcher der Verstorbene angehörte, oder die Aufsichtsbehörde für die Sicherung der amtlichen Akten und der sonstigen Sachen, deren Herausgabe auf Grund des Dienstverhältnisses verlangt werden kann, zu sorgen, soweit hierfür ein Bedürfniß besteht.

Werden bei der Ausführung einer Maßregel, die das Gericht zur Sicherung eines Nachlasses angeordnet hat, Sachen der im Abs. 1 bezeichneten Art vorgefunden, so hat das Gericht die Behörde, welcher der Verstorbene angehörte, oder die Aufsichtsbehörde hiervon zu benachrichtigen und ihr zugleich von den Sicherungsmaßregeln, die in Ansehung dieser Sachen vorgenommen worden sind, Mittheilung zu machen. Der Behörde liegt es ob, das Weitere zu veranlassen.

---

1. Der Artikel behandelt einen besonderen Fall der Nachlaßsicherung. Die Vorschrift ist erlassen unbeschadet der Zuständigkeit des Nachlaßgerichts. Wegen der Berechtigung der Landesgesetzgebung, neben dem Nachlaßgericht oder statt desselben eine andere Behörde mit den Funktionen des Nachlaßgerichts zu betrauen, vgl. Vorbemerkung zu diesem Abschnitte.

2. Die hier vorgesehenen Bestimmungen treten an die Stelle der auf die Nachlaßsiegelung bei Beamten bezüglichen Vorschriften des Rheinischen Rechts und der AGO. (code de procédure Art. 911 Nr. 3 nebst Kabinetsorder v. 14. Juli 1843, GS. S. 321; AGO. II. 5 §§ 6, 31, 39, Anh. §§ 433, 436), die unten in Art. 144 Nr. 1, 2, 13 aufgehoben worden sind. — Wegen der gleichen Aufhebung von Bestimmungen über Siegelanlegung bei dem Tode von Bischöfen und Geistlichen vgl. Art. 144 Nr. 3.

3. Durch die Vorschrift wird die Bestimmung des § 20 des Gesetzes, betreffend die Rechtsverhältnisse der Reichsbeamten v. 31. März 1873 (RGBl. S. 61) nicht berührt. Diese geht dahin, daß „bezüglich der Mitwirkung bei der Siegelung des Nachlasses eines Reichsbeamten dem Reiche bezw. dessen Behörden im Verhältnisse zu den Reichsbeamten dieselben Rechte zustehen, welche die am dienstlichen Wohnsitze des Reichsbeamten geltende Gesetzgebung des einzelnen Bundesstaates dem Staate bezw. dessen Behörden den Staatsbeamten gegenüber gewährt". Danach haben die Reichsbehörden, soweit in dem Art. 20 den Behörden eine Befugniß übertragen ist, bezüglich ihrer Beamten diese Befugniß; eine Verpflichtung („hat zu sorgen") kann ihnen in dieser Beziehung durch die preußische Gesetzgebung nicht auferlegt werden. Den Preußischen Behörden wird umgekehrt im Verhältnisse zu den Reichsbeamten, soweit es sich um Abs. 1 handelt, weder das Eine noch das Andere zugewiesen; dazu fehlt der Preußischen Gesetzgebung die Zuständigkeit.

Die Vorschrift bezieht sich auch auf Offiziere als Beamte, aber nicht auf ehemalige Beamte und Offiziere.

Vgl. Bericht der Kommission des HH., Session 1899, Drucks. Nr. 137 S. 4, 5.

4. In der Kommission des HH. ist es als offene Frage behandelt worden, ob die in Abs. 2 vorgeschriebenen Benachrichtigungen auch an nicht preußische deutsche Behörden zu erstatten seien; vgl. Herrenhausbericht S. 6. M. E. ist die Frage zu bejahen; die Vorschrift des Art. 20, die ganz allgemein gehalten ist, deckt die

in Rede stehende Verpflichtung; ein Eingriff in die Zuständigkeit des Reichs oder eines Bundesstaats wird nicht geübt.

Artikel 21.

Wird auf Grund der §§ 86, 99 des Reichsgesetzes über die Angelegenheiten der freiwilligen Gerichtsbarkeit die Vermittelung der Auseinandersetzung nachgesucht, so kann das Amtsgericht auf Antrag eines Betheiligten die Vermittelung der Auseinandersetzung einem Notar überweisen, der seinen Amtssitz in dem Bezirke des vorgeordneten Landgerichts hat.

Wird der Antrag vor dem ersten Verhandlungstermine von allen Betheiligten oder in diesem Termine von allen erschienenen Betheiligten gestellt, so hat ihm das Gericht stattzugeben. Einigen sich vor dem Termin alle Betheiligten oder in dem Termin alle erschienenen Betheiligten über einen bestimmten Notar, so hat das Gericht die Vermittelung der Auseinandersetzung diesem Notar zu überweisen, es sei denn, daß er an der Vermittelung rechtlich oder thatsächlich verhindert ist.

Gegen den Beschluß, durch welchen über die Ueberweisung entschieden wird, steht den Betheiligten die sofortige Beschwerde zu.

Ist der Ueberweisungsbeschluß rechtskräftig geworden, so hat ihn das Gericht mit den Akten unter Angabe des Tages, an welchem die Rechtskraft eingetreten ist, dem Notar zu übersenden.

---

1. Die **Art. 21 bis 27** haben das in den §§ 86 bis 99 des RGes. geregelte Auseinandersetzungsverfahren zum Gegenstande. Sie verfolgen im Wesentlichen den Zweck, die Mitwirkung des Notars im Auseinandersetzungsverfahren zu regeln.

Die Grundzüge des Verfahrens nach dem RGes. sind folgende:

Das RGes. geht ebenso wie das Preuß. Gesetz über das Theilungsverfahren im Geltungsbereiche des Rheinischen Rechtes v. 22. Mai 1887 (GS. S. 136) und das Elsaß-Lothringische Theilungsgesetz v. 14. Juni 1888 davon aus, daß es meist gelingen wird, eine gütliche Einigung unter den an einer Erbschaft oder Gütergemeinschaft betheiligten Personen zu erzielen, falls die Parteien in dem für die Vornahme der Theilung anberaumten Termin erscheinen; es wird deshalb, um die Parteien zum Erscheinen zu veranlassen, den Vereinbarungen, welche die erschienenen Betheiligten mit Bezug auf die Theilung treffen, unter gewissen Voraussetzungen auch gegenüber den Ausgebliebenen Wirksamkeit beigelegt (§§ 91 bis 93, 97).

Wird bei dem Gerichte von einem Betheiligten der Antrag auf Vermittelung der Auseinandersetzung gestellt, so ladet das Gericht die übrigen Betheiligten zu einem Termine vor (§§ 89, 90). Erscheinen alle Betheiligten und kommt eine Vereinbarung zwischen ihnen zu Stande, so hat das Gericht die Vereinbarung zu beurkunden und sie, falls die Parteien nicht mit Rücksicht auf die erzielte Einigung nachträglich von dem förmlichen Auseinandersetzungsverfahren abstehen, zu bestätigen (§ 91). Ergeben sich bei den Verhandlungen Streitpunkte und ist deren Beseitigung nicht zu erreichen, so nimmt das Gericht ein Protokoll darüber auf und setzt das Verfahren aus (§ 95); die Streitpunkte sind alsdann im Prozeßwege nach den Vorschriften der CPO. zu erledigen. Erscheint ein Betheiligter nicht, so wird ihm von

von der Vereinbarung, welche die erschienenen Betheiligten getroffen haben, Mittheilung gemacht und ihm Gelegenheit gegeben, die Anberaumung eines neuen Termins zu beantragen und in diesem der Vereinbarung zu widersprechen. Erscheint der früher Ausgebliebene in dem neuen Termine, so ist die Verhandlung nunmehr mit ihm fortzusetzen. Erscheint er dagegen auch in dem neuen Termine nicht, so gilt er als mit der Vereinbarung einverstanden und das Gericht hat demgemäß die Vereinbarung zu bestätigen (§ 91 Abs. 3). Aus der bestätigten Vereinbarung findet die Zwangsvollstreckung nach Maßgabe der Vorschriften der CPO. statt (§ 98). War ein in dem ersten Termine nicht erschienener Betheiligter ohne sein Verschulden verhindert, die Anberaumung eines neuen Termins rechtzeitig zu beantragen oder in dem neuen Termine zu erscheinen, so ist ihm auf Antrag die Wiedereinsetzung in den vorigen Stand zu gewähren (§ 92).

Nach dem Rheinischen und dem Elsaß-Lothringischen Gesetze liegt dem Amtsgerichte nur die Einleitung des Verfahrens und die Bestätigung der Theilungsurkunde ob, während die Theilungsverhandlungen selbst vor einem von dem Nachlaßgerichte beauftragten Notar stattfinden. Diese Art der Regelung konnte, weil das Notariat reichsgesetzlich nicht geregelt ist, nicht ohne Weiteres in das neue Reichsrecht übernommen werden. Andererseits hat aber das RGes. die Möglichkeit der Mitwirkung des Notars auch nicht ausschließen wollen und deshalb im § 193 der Landesgesetzgebung vorbehalten, zu bestimmen, daß an Stelle der Gerichte oder neben diesen die Notare die Auseinandersetzung zu vermitteln haben. Für Preußen wird von diesem Vorbehalte in den Art. 21 bis 27 Gebrauch gemacht. Abgesehen davon, daß sich in der Rheinprovinz, deren Gesetz dem Reichsrechte zum Vorbilde gedient hat, die Mitwirkung der Notare bei dem hier in Frage stehenden Verfahren in hohem Maße bewährt hat, sind auch in dem Gebiete des Preußischen Landrechts und des Gemeinen Rechts die Notare bisher neben den Gerichten befugt, Erbauseinandersetzungen vorzunehmen und zu beurkunden. Begr. S. 19, 20.

2. Der Art. 21 befaßt sich in Verbindung mit Art. 22 mit den Vorbedingungen der Ueberweisung einer Auseinandersetzung im Sinne der §§ 86 und 99 des RGes. Diese Paragraphen lauten:

§ 86. Hinterlässt ein Erblasser mehrere Erben, so hat das Nachlassgericht auf Antrag die Auseinandersetzung in Ansehung des Nachlasses zwischen den Betheiligten zu vermitteln, sofern nicht ein zur Bewirkung der Auseinandersetzung berechtigter Testamentsvollstrecker vorhanden ist.

Antragsberechtigt ist jeder Miterbe, der Erwerber eines Erbtheils sowie derjenige, welchem ein Pfandrecht oder ein Niessbrauch an einem Erbtheile zusteht.

§ 99. Nach der Beendigung einer ehelichen Gütergemeinschaft oder einer fortgesetzten Gütergemeinschaft finden auf die Auseinandersetzung in Ansehung des Gesammtguts die Vorschriften der §§ 86 bis 98 entsprechende Anwendung.

Für die Auseinandersetzung ist, falls ein Antheil an dem Gesammtgute zu einem Nachlasse gehört, das Amtsgericht zuständig, welches für die Auseinandersetzung in Ansehung des Nachlasses zuständig ist. Im Uebrigen ist das Amtsgericht zuständig, in dessen Bezirke der Ehemann oder bei fortgesetzter Gütergemeinschaft der überlebende Ehegatte zur Zeit der Beendigung der Gütergemeinschaft seinen Wohnsitz oder in Ermangelung eines inländischen

Wohnsitzes seinen Aufenthalt hatte. Hatte der Ehemann oder der Ehegatte zu der bezeichneten Zeit im Inlande weder Wohnsitz noch Aufenthalt, so finden die Vorschriften des § 73 Abs. 2 entsprechende Anwendung.

Die Vorbedingungen nach diesen Vorschriften des RGes. sind demnach für die Auseinandersetzung in Ansehung eines Nachlasses (§ 86): Vorhandensein mehrerer Erben, Fehlen eines Testamentsvollstreckers oder Nichtberechtigung desselben zur Bewirkung der Auseinandersetzung, Antrag eines der in Abs. 2 bezeichneten Antragsberechtigten und Zuständigkeit des Gerichts; Entsprechendes gilt für die Auseinandersetzung eines Gesammtguts nach Art. 99.

Das Gericht hat also zunächst zu prüfen, ob die Vorbedingungen zutreffen.

3. Zu diesen Vorbedingungen muß nach Art. 21 noch der Antrag, die Vermittelung der Auseinandersetzung einem Notar zu überweisen, hinzukommen; der Antrag kann auch selbstverständlich in dem ersten Antrag enthalten sein. Liegt nur ein Antrag auf gerichtliche Vermittelung nach § 86 bezw. § 99 RGes. vor, so hat das Gericht selbst sich der Vermittelung zu unterziehen.

Der Antrag muß von einem oder mehreren Betheiligten ausgehen. Der Begriff der an einer Nachlaßauseinandersetzung Betheiligten steht nicht fest; er fällt vor Allem nicht mit dem der Antragsberechtigten nach § 86 Abs. 2 RGes. (vgl. Note 2) zusammen. Jener ist weiter, als der letztere, der nur die in der Gesetzesstelle ausdrücklich Bezeichneten umfaßt. Wer zu den Betheiligten gehört, ergiebt sich, da das RGes. diesen Ausdruck in ganz verschiedener Weise gebraucht (vgl. Kom. d. Verf. z. RGes. § 6 Note 2a, § 86 Note 5, § 168 Note 4) und ihn für den vorliegenden Fall nicht festlegt, aus dem BGB. Zunächst gehören dahin die Antragsberechtigten nach § 86 Abs. 2 RGes.; sodann auch, wenn bei der Theilung über ein zur Erbschaft gehöriges Grundstück Verfügung getroffen werden soll, der Nacherbe (BGB. § 2113). Nicht zu den Betheiligten gehören die Nachlaßgläubiger, insbesondere die Pflichttheilsberechtigten und Vermächtnißnehmer (BGB. §§ 1967, 2147, 2303). Nach Dorner, § 86 Note 4, sind als Betheiligte anzusehen alle diejenigen, „durch deren Mitwirkung die (dauernde) Wirksamkeit der Auseinandersetzung bedingt ist".

Der Richter kann verlangen, daß alle Betheiligte gleich im ersten Antrage genau bezeichnet werden (RGes. § 87) und wird wegen der den Betheiligten zustehenden Rechte (vgl. z. B. Abs. 3 und unten Note 5b) auch auf einem solchen Verlangen von vornherein bestehen müssen.

4. Die Anträge nach Abs. 1 und 2 sind ebensowenig an eine Form gebunden, wie ein Antrag nach § 86 RGes.; sie können also nach § 11 RGes. (vgl. Vorbemerkung zu diesem Abschnitt Abs. 1, ferner Art. 1 Note 5d und § 194 RGes.) zu Protokoll des Gerichtsschreibers jedes Amtsgerichts erklärt werden. Im Sinne des Abs. 2 gilt ein Antrag als vor dem Verhandlungstermine gestellt nur dann, wenn er bis dahin bei dem zuständigen Gericht eingegangen ist (Kom. d. Verf. z. RGes. § 11 Note 1d).

5. Im Uebrigen unterscheidet der Art. 21, ob der Antrag auf Ueberweisung der Auseinandersetzung an einen Notar von allen Betheiligten bezw. dem in einem gewissen Zeitpunkt ihnen gleichgestellten Theile derselben (Abs. 2) oder nicht von allen Betheiligten (Abs. 1) gestellt ist. In dieser Beziehung ist Folgendes zu berücksichtigen.

a) Der Antrag ist nicht von allen Betheiligten gestellt. Es genügt für den Antrag, wenn er von einem Betheiligten gestellt wird; dieser Betheiligte kann eine andere Person sein, als diejenige, welche nach Art. 86 den ersten Antrag auf gerichtliche Vermittelung überhaupt gestellt hat. Liegt ein Antrag auf gerichtliche Vermittelung von einer antragsberechtigten Person vor und geht später ein Antrag auf Ueberweisung an einen Notar von einer anderen Person ein, so wird das Gericht in jenem nicht nothwendig einen Widerspruch gegen eine Ueberweisung erblicken müssen. Ein solcher Widerspruch, wie auch der Widerspruch aller übrigen Betheiligten hindert das Gericht nicht, dem Antrag auf Ueberweisung stattzugeben. Auch ist nicht vorgeschrieben, daß der Antrag zu einer bestimmten Zeit vorliegen müsse. In der Regierungsvorlage war verlangt, daß der Antrag spätestens im ersten Verhandlungstermine gestellt werden müsse; diese Bestimmung ist aber in der Kom. d. Abg. gestrichen worden (vgl. Kom.Ber. S. 16ff.). Der Antrag kann demnach in jedem Stadium des Vermittelungsverfahrens gestellt werden.

Einem solchen Antrage gegenüber beschließt das Gericht nach freiem Ermessen; es kann ihm stattgeben, ist aber dazu nicht verpflichtet; es kann ihn auch ablehnen oder einen anderen als den bezeichneten Notar beauftragen. Für die Entscheidung des Richters kann unter Anderem die Erwägung leitend sein, daß die in Betracht kommenden Notare mit den zu erörternden Verhältnissen vertrauter sind, als der (etwa neu angestellte) Richter oder umgekehrt, oder die Ansicht, daß der Antrag, besonders wenn er in einem vorgerückteren Stadium des Verfahrens gestellt wird, nur die Verschleppung der Angelegenheit bezwecke, oder die Thatsache, daß Betheiligte Widerspruch erhoben haben.

b) Der Antrag ist von allen Betheiligten gestellt. Ist dies geschehen und ist der Antrag auch rechtzeitig (vgl. Note 4) gestellt, d. h. vor oder in dem ersten Verhandlungstermine, so muß das Gericht dem Antrage stattgeben vorbehaltlich des unter 6 Gesagten. Diesem Falle steht entsprechend der dem Verfahren innewohnenden Versäumnißmaxime (vgl. Note 1) der andere gleich, daß in dem ersten Verhandlungstermin alle erschienenen Betheiligten den Antrag stellen, auch wenn diese erschienenen Betheiligten nicht alle Betheiligten repräsentiren. Diese den Abs. 2 bildenden Vorschriften sind durch die Kom. d. Abg. eingefügt worden (vgl. Kom.Ber. S. 16ff.).

Ist der genannte Zeitpunkt nicht eingehalten worden, so haben diese Anträge keine andere Bedeutung als wie diejenigen unter a; der Richter hat nach seinem Ermessen zu entscheiden, ob er ihnen noch stattgeben will oder nicht. Natürlich bleibt es den Betheiligten, wenn sie alle einig sind, in jedem Stadium des Verfahrens unbenommen, den Antrag auf gerichtliche Vermittelung bezw. Ueberweisung der Theilung an einen Notar überhaupt zurückzunehmen und sich unmittelbar an einen Notar zu wenden. Giebt also das Gericht einem gemeinschaftlichen, aber nicht rechtzeitig gestellten Antrag auf Ueberweisung aus irgend einem Grunde nicht statt, so bleibt den Betheiligten immer noch dieses Mittel; aber mit dessen Anwendung verliert die Uebertragung auf den Notar den Charakter der gerichtlichen bezw. notariellen Vermittelung im Sinne der §§ 86ff. RGes. bezw. Art. 21ff. des vorliegenden Gesetzes; ein Versäumnißverfahren kann in einem solchen Falle nicht statthaben.

6. Für die Entscheidung des Richters kommt noch Folgendes in Betracht:

a) Der Richter muß die Legitimation der Antragsteller nach dem in Note 3 Gesagten prüfen und, falls dieselbe nicht geführt ist, den Antrag abweisen.

b) **Die Auseinandersetzung kann nur einem Notar überwiesen werden, der seinen Amtssitz im Bezirke des dem Nachlaßgerichte vorgeordneten Landgerichts hat** (Abs. 1). Die Auswahl steht dem Richter frei, soweit nicht das unter c Gesagte zutrifft. Die Vorschrift gilt auch für die Fälle des Abs. 2; einigen sich die Betheiligten auf einen Notar, der außerhalb des Landgerichtsbezirks seinen Amtssitz hat, so müssen sie auf die Mitwirkung des Gerichts verzichten.

In der Regierungsvorlage war vorgesehen, daß der Antrag auf Ueberweisung abzulehnen sei, wenn im Bezirke des Amtsgerichts kein Notar wohne. Dieser Theil der Bestimmung ist von der Kom. d. Abg. geändert worden, hauptsächlich aus Gründen, die mit der Anfechtung der Entscheidung (vgl. Note 8) zusammenhängen. Vgl. Kom.Ber. S. 18.

Wegen des Amtssitzes des Notars vgl. Art. 79.

c) **Die Auseinandersetzung kann nur einem Notar überwiesen werden, der an der Vermittelung weder thatsächlich noch rechtlich verhindert ist** (Abs. 2). Das gilt auch für die Fälle des Abs. 1. Wenn dem Richter in Betreff eines Notars solche Hinderungsgründe bekannt sind, darf er an diesen nicht überweisen, selbst auf einstimmigen Antrag der Betheiligten nicht. Auch wird der Richter die Auseinandersetzung einem Notar nicht übertragen, von dem er weiß, daß er in einem solchen Verhältnisse zu einem der Beteiligten steht, daß er Amtshandlungen gegen den Widerspruch eines Betheiligten nicht vornehmen soll, wie dies in Art. 85 (vgl. daselbst Note 2, 3) vorgesehen ist. Der Richter muß bei der Beschlußfassung über die Ueberweisung immer davon ausgehen, daß die vermittelnde Thätigkeit des Notars zugleich die Beurkundung der einzelnen Vereinbarungen und der schließlichen Auseinandersetzung mit umfassen soll (Art. 23 Abs. 1, RGes. § 91 Abs. 1, § 93 Abs. 1). Die Beurtheilung, ob der Notar rechtlich verhindert ist, richtet sich daher nicht nach dem § 6 RGes. (vgl. Art. 84), sondern nach den §§ 170, 171 RGes.

7. **Die Entscheidung erfolgt in Beschlußform** (Abs. 3). **Der Beschluß ist**, da gegen ihn nach Abs. 3 die sofortige Beschwerde gegeben ist und mithin mit seiner Bekanntmachung der Lauf einer Frist beginnt, nach den für Zustellungen von Amtswegen gegebenen Vorschriften der CPO. (§§ 208 bis 213 bezw. 166 bis 207) **bekannt zu machen**. Die Zustellung hat an **alle** Betheiligte zu geschehen, da alle Betheiligte zur Beschwerde berechtigt sind (Abs. 3 und Note 8) und eine gerichtliche Verfügung erst mit der Bekanntmachung an denjenigen, für welchen sie ihrem Inhalte nach bestimmt ist, wirksam wird, RGes. § 16.

8. **Nach Abs. 3 steht den Betheiligten gegen den Beschluß, durch welchen über die Ueberweisung entschieden wird, die sofortige Beschwerde zu.**

a) Die Beschwerde steht den **Betheiligten** zu, d. h. also, in Abweichung von § 20 Abs. 2 RGes., **allen** Betheiligten, ohne Unterschied ob sie den Antrag auf Ueberweisung an den Notar selbst gestellt, oder ihm nur zugestimmt oder ihm widersprochen haben. In den beiden ersten Fällen ist natürlich eine Beschwerde nur dann berechtigt, wenn die Ueberweisung in irgend einem Punkte von dem Antrage abweicht. Es kann jedoch auch eine Zustimmung zu dem Ueberweisungsantrage Seitens der nichterschienenen Betheiligten kraft Gesetzes angenommen werden. Wenn nämlich von den im ersten Verhandlungstermin erschienenen Betheiligten ein gemeinsamer Antrag auf Ueberweisung gestellt wird, so ist diese Einigung als eine Vereinbarung zu betrachten, in Ansehung der mit den nicht erschienenen Betheiligten nach § 91 Abs. 3 RGes. zu verfahren ist. Ist dieses Verfahren, einschließlich des etwa nach § 92 RGes. bezw. Art. 25 sich anschließenden Wiedereinsetzungsverfahrens erschöpft, so gelten die in jenem Termin nicht erschienenen Betheiligten als zustimmend, aber es steht ihnen nun gegen die Entscheidung, auch wenn sie dem Antrag entspricht, noch die sofortige Beschwerde zu (vgl. unter c).

b) Die Beschwerde steht als sofortige Beschwerde zu. — Die Frist für die Einlegung derselben beträgt zwei Wochen (RGes. § 22 Abs. 1) und beginnt mit dem Zeitpunkt, in welchem die Entscheidung dem Beschwerdeführer bekannt gemacht ist (Note 7), d. h. also für Jeden, dem die Beschwerde zusteht, mit dem Zeitpunkt, in welchem die Entscheidung ihm bekannt gemacht worden ist; wenn daher Mehreren die Beschwerde zusteht, und das ist hier stets der Fall, da hier stets Mehrere betheiligt sein müssen (vgl. RGes. § 86), so läuft für Jeden die Frist besonders (vgl. Kom. d. Verf. z. RGes. § 22 Note 2a). Gegen die Versäumung der Frist steht dem zur Beschwerde Berechtigten die Wiedereinsetzung in den vorigen Stand zu (Art. 6, RGes. § 22 Abs. 2). — Gegen die Entscheidung über die Beschwerde steht nach § 29 Abs. 2 RGes. bezw. Art. 6 dieses Gesetzes die sofortige weitere Beschwerde zu.

c) Die Beschwerde kann sich gegen die Entscheidung ihrem vollen Inhalte nach richten; sie unterliegt keiner sachlichen Beschränkung. Sie kann sich daher sowohl dann gegen die Entscheidung richten, wenn der Antrag abgelehnt, als auch dann, wenn ihm stattgegeben ist, im letzteren Falle natürlich nur dann, wenn die Entscheidung etwas von dem Antrag Abweichendes enthält (vgl. unter a). Ist letzteres z. B. in Bezug auf die Person des Notars der Fall, so kann sie sich auch hiergegen richten und sich dabei nicht nur auf rechtliche Hinderungsgründe, sondern auch darauf stützen, daß sich der Notar aus anderen Gründen nicht zur Vermittelung der Auseinandersetzung eigne. Begr. S. 21. Vgl. Note 11.

d) In der Litteratur — vgl. Deutsche Juristen-Zeitung, IV. Jahrgang Nr. 6 (v. 15. März 1899) S. 130 und Nr. 8 (v. 15. April 1899) S. 175 — sind Bedenken in Ansehung der landesgesetzlichen Zulässigkeit des von dem Gesetze vorgesehenen Verfahrens erhoben worden, namentlich ist behauptet worden, daß das in Art. 21 geordnete Ueberweisungs-Zwischenverfahren mit seinem besonderen Rechtsmittelzuge über die Grenzen einer zulässigen landesgesetzlichen Ergänzung hinausgehe und dem Reichsrechte widerspreche. Die Beauftragung des Notars habe nicht in einem solchen in sich abgeschlossenen und selbständigen Zwischenverfahren zu erfolgen und das den Betheiligten an sich nicht zu beschränkende Recht, die Beauftragung eines Notars oder eines bestimmten Notars zu beanstanden, könnte nur mittelst der zur Sache selbst schon gegebenen Rechtsmittel geltend gemacht werden, z. B. mittelst Beschwerde gegen die Ladungsverfügung des Notars (vgl. auch Dronke, Anm. 2, 3 zu § 89). — Die Ansicht ist von der Kommission des Abg. und den darin anwesenden Regierungsvertretern für unzutreffend erachtet worden — Protokolle der Kommission, 25. Sitzung, S. 4, 5, 8. Sie erscheint mit Rücksicht auf RGes. §§ 185, 189, 193 bezw. Einf.Ges. z. BGB. Art. 3, 147 nicht zutreffend. Nach diesen Bestimmungen bleiben die landesgesetzlichen Vorschriften, nach welchen in den Fällen der §§ 86, 99 RGes. an Stelle der Gerichte oder neben diesen die Notare für die Vermittelung der Auseinandersetzung zuständig sind, unberührt; auch können insoweit neue landesgesetzliche Vorschriften erlassen werden. Um nichts Anderes als um eine solche die Zuständigkeit regelnde Vorschrift handelt es sich hier.

9. Zu **Abs. 4.** Nach dem unter 8b in Verbindung mit dem unter 7 Gesagten läuft die Frist für die Beschwerdeeinlegung für Jeden besonders und mithin liegt die Möglichkeit vor, daß die Rechtskraft der Entscheidung für alle Betheiligte nicht in einem und demselben Zeitpunkt eintritt. Der Tag der Rechtskraft, den der Richter bei Uebersendung der Akten angeben soll, ist also der letzte Tag, an welchem für einen Betheiligten die Rechtskraft eintritt. Die Angabe, welche der Richter machen soll, ist nicht eine Bescheinigung im Sinne des § 31 des RGes. Der Abs. 4 entspricht dem § 5 Abs. 3 des bisherigen Rheinischen Gesetzes.

10. Ueber die Verpflichtung des Notars zur Annahme der Auseinandersetzung vgl. Art. 22 Abs. 2 und Note 4 daselbst.

11. Eine Ablehnung des Notars Seitens der Betheiligten findet nicht statt (vgl. RGes. § 6 und oben Note 5a). Wenn auf Antrag aller Betheiligten ein bestimmter Notar ernannt wird, so fehlt es an einem Ablehnungsgrund; wenn aber der Notar von dem Gericht ernannt wird, so können die Betheiligten Beschwerde erheben, in deren Begründung sie nicht beschränkt sind (vgl. Note 8c.). Auch ist den Betheiligten im Verhandlungstermine Gelegenheit gegeben, Bedenken gegen den Notar geltend zu machen, so daß es des Rechtsmittels der Ablehnung nicht bedarf. Aus diesen Gründen ist ein Antrag, die Zulässigkeit der Ablehnung in das Gesetz aufzunehmen, in der Kommission des Abgeordnetenhauses abgelehnt worden, vgl. Kom.-Ber. S. 19.

Artikel 22.

Ist der von dem Gericht ernannte Notar an der Vermittelung der Auseinandersetzung rechtlich oder thatsächlich verhindert, so finden auf die Ueberweisung an einen anderen Notar die Vorschriften des Artikel 21 mit der Maßgabe entsprechende Anwendung, daß die Ueberweisung auch ohne Antrag erfolgen kann und daß als erster Verhandlungstermin der erste von dem Gerichte zur Fortsetzung der Verhandlung bestimmte Termin gilt.

Lehnt der Notar die Vermittelung der Auseinandersetzung ab, weil der ihm zustehende Vorschuß nicht gezahlt wird, so ist die Ueberweisung erledigt; die Ueberweisung an einen anderen Notar ist unzulässig.

---

1. Die Regierungsvorlage ging davon aus, daß durch die Rechtskraft des Ueberweisungsbeschlusses das Gericht nicht gehindert werden könne, den Beschluß aufzuheben, wenn nachträglich Umstände eintreten oder zu seiner Kenntniß gelangen, aus denen sich eine rechtliche oder thatsächliche Verhinderung des Notars ergiebt (vgl. übrigens hierzu Art. 1 Note 5 f). Für einen solchen Fall war (entsprechend der auch dem ersten Antrage der Betheiligten gegenüber dem Gerichte zustehenden Befugniß, vgl. Art. 21 Note 5 a) vorgesehen, daß das Gericht einen anderen Notar ernennen könne; es sollte aber auch im freien Ermessen des Gerichts liegen, die Auseinandersetzung selbst weiterzuführen, was z. B. angemessen sein könnte, wenn die Ueberweisung lediglich mit Rücksicht auf die Persönlichkeit des verhinderten Notars erfolgt war. Ein neuer Antrag sollte für die Ernennung eines anderen Notars nicht erforderlich sein.

An Stelle dieser Vorschrift ist der Art. 22 von der Kom. d. Abg. eingestellt worden; vgl. Kom.Ber. S. 20 ff.

2. Der **Abs. 1** gilt nur für die dem Richter nach der Ueberweisung zur Kenntniß gekommenen (vgl. Art. 21 Note 6c) namhaft gemachten Fälle, daß der Notar rechtlich oder thatsächlich verhindert ist. Tritt ein solcher Fall ein, so kommt es für den Richter also wieder darauf an, ob der Antrag auf Ueberweisung an einen Notar von allen Betheiligten gestellt war oder nicht. War der Antrag von allen Betheiligten gestellt, so ist auch hier wieder der Richter verpflichtet, einem anderen Notar die Theilung zu übertragen. Das muß auch gelten, wenn der Antrag im ersten Verhandlungstermine von allen erschienenen Betheiligten gestellt war. Der erstgestellte Antrag gilt auch hier noch als fortdauernd, ein neuer braucht nicht gestellt zu werden. Hierbei wird vorausgesetzt, daß mit den nicht erschienenen Betheiligten nach § 91 Abs. 3 RGes. verfahren ist, vgl. Art. 21 Note 8a.

Wenn vor dem ersten Termin alle Betheiligten oder in diesem Termin alle erschienenen Betheiligten sich über einen bestimmten Notar geeinigt haben, so ist weiter zu unterscheiden, ob sie nur unter der Voraussetzung, daß dieser Notar die Vermittelung vornimmt, einen Antrag auf Ueberweisung gestellt haben wollen oder nicht. Ist das Erstere zum Ausdruck gekommen oder geht dies aus sonstigen Gründen zweifellos hervor, dann ist res integra und der Richter ist in die Nothwendigkeit versetzt, den Termin zur Verhandlung vor sich selbst anzuberaumen.

3. Stirbt der Notar nach der Ueberweisung, so gilt der Auftrag als erloschen, der Art. 21 tritt wieder in Kraft.

4. Der **Abs.** 2 verdankt seine Entstehung dem zu § 11 der Gebührenordnung für Notare vom 25. Juni 1895 von der Kom. d. Abg. angefügten Abs. 3; vgl. unten Art. 134 Nr. VI. Danach bezw. nach § 25 der Geb.O. für Not. kann der von dem Gerichte beauftragte Notar einen angemessenen Vorschuß zur Deckung seiner Gebühren und baaren Auslagen fordern und, falls dieser Vorschuß nicht gezahlt wird, die Uebernahme der Vermittelung der Auseinandersetzung ablehnen. Mit der endgültigen Ablehnung der Vermittelung fällt diese an das Gericht zurück. Die Vorschrift soll verhindern, daß sich etwa ein anderer Notar findet, der einen geringeren oder gar keinen Vorschuß fordert und daß somit eine auf dieser Grundlage unerwünschte Konkurrenz unter den Notaren entstehe. Vgl. Kom.Ber. S. 20, 21.

Artikel 23.

Durch den Ueberweisungsbeschluß gehen auf den Notar die Verrichtungen über, die nach dem § 87 Abs. 2, den §§ 89 bis 91, dem § 93 Abs. 1, Abs. 2 Satz 1 sowie nach den §§ 94, 95 des Reichsgesetzes über die Angelegenheiten der freiwilligen Gerichtsbarkeit dem Amtsgerichte zustehen.

Die Bestätigung der Auseinandersetzung oder einer vorgängigen Vereinbarung erfolgt durch das Gericht. Die Vernehmung eines Zeugen oder eines Sachverständigen kann von dem Notar nur dann angeordnet werden, wenn die erschienenen Betheiligten über seine Vernehmung einverstanden sind. Auch ist nur das Gericht zuständig, über die Rechtmäßigkeit der Weigerung eines Zeugnisses oder der Abgabe eines Gutachtens und über die Entbindung von der Abgabe eines Gutachtens zu entscheiden; das Gleiche gilt von der Verurtheilung eines Zeugen oder eines Sachverständigen in Strafe oder Kosten, von der Anordnung der

zwangsweisen Vorführung eines Zeugen sowie von der Aufhebung der gegen einen Zeugen oder Sachverständigen getroffenen Anordnungen.

---

1. Nach dem Gesetze sollen nicht alle richterlichen Befugnisse auf den Notar übergehen, vielmehr nur einige, während andere dem Gerichte verbleiben. Der Art. 23 bezeichnet im Einzelnen diese Befugnisse, auf welche der Notar beschränkt ist. Diese Theilung der Funktionen zwischen Amtsgericht und Notar ist als reichsgesetzlich unzulässig bezeichnet worden. Die Ansicht erscheint jedoch nicht richtig, wie sich aus den oben in Art. 21 Note 9d angeführten reichsgesetzlichen Bestimmungen ergiebt. Der darin aufgestellte Vorbehalt zu Gunsten der Landesgesetze bezieht sich allerdings nur auf die Zuständigkeit; zu einer von dem RGes. abweichenden Regelung des Verfahrens ist die Landesgesetzgebung nicht befugt. In den Vorschriften des Art. 23 handelt es sich aber nur um eine Theilung der Zuständigkeit und eine solche Theilung hat schon die Denkschrift zu dem Entwurfe des RGes. für zulässig erachtet (vgl. daselbst S. 64, 65).

2. Die §§ 87 bis 98 des RGes. lauten:

§ 87. In dem Antrage sollen die Betheiligten und die Theilungsmasse bezeichnet werden.

Hält das Gericht vor der Verhandlung mit den Betheiligten eine weitere Aufklärung für angemessen, so hat es den Antragsteller zur Ergänzung des Antrags, insbesondere zur Angabe der den einzelnen Betheiligten in Ansehung des Nachlasses zustehenden Ansprüche, zu veranlassen. Es kann dem Antragsteller auch die Beschaffung der Unterlagen aufgeben.

§ 88. Einem abwesenden Betheiligten kann, wenn die Voraussetzungen der Abwesenheitspflegschaft vorliegen und eine Pflegschaft über ihn nicht bereits anhängig ist, für das Auseinandersetzungsverfahren von dem Nachlassgericht ein Pfleger bestellt werden. Für die Pflegschaft tritt an die Stelle des Vormundschaftsgerichts das Nachlassgericht.

§ 89. Das Gericht hat den Antragsteller und die übrigen Betheiligten, diese unter Mittheilung des Antrags, zu einem Verhandlungstermine zu laden. Die Ladung durch öffentliche Zustellung ist unzulässig. Die Ladung soll den Hinweis darauf enthalten. dass ungeachtet des Ausbleibens eines Betheiligten über die Auseinandersetzung verhandelt werden würde und dass, falls der Termin vertagt oder ein neuer Termin zur Fortsetzung der Verhandlung anberaumt werden sollte, die Ladung zu dem neuen Termin unterbleiben könne. Sind Unterlagen für die Auseinandersetzung vorhanden, so ist in der Ladung zu bemerken, dass die Unterlagen auf der Gerichtsschreiberei eingesehen werden können.

§ 90. Die Frist zwischen der Ladung und dem Termine muss mindestens zwei Wochen betragen.

Diese Vorschrift findet auf eine Vertagung sowie auf einen Termin zur Fortsetzung der Verhandlung keine Anwendung. In diesen Fällen kann die Ladung der zu dem früheren Termine geladenen Betheiligten durch die Verkündung des neuen Termins ersetzt werden.

§ 91. Treffen die erschienenen Betheiligten vor der Auseinandersetzung eine Vereinbarung über vorbereitende Massregeln, insbesondere über die Art der Theilung, so hat das Gericht die Vereinbarung zu beurkunden. Das Gleiche gilt, wenn nur ein Betheiligter erschienen ist, in Ansehung der von diesem gemachten Vorschläge.

Sind die Betheiligten sämmtlich erschienen, so hat das Gericht die von ihnen getroffene Vereinbarung zu bestätigen. Dasselbe gilt, wenn die nicht erschienenen Betheiligten ihre Zustimmung zu gerichtlichem Protokoll oder in einer öffentlich beglaubigten Urkunde ertheilen.

Ist ein Betheiligter nicht erschienen, so hat das Gericht, sofern er nicht nach Abs. 2 Satz 2 zugestimmt hat, ihm den Inhalt der Urkunde, soweit dieser ihn betrifft, bekannt zu machen und ihn gleichzeitig zu benachrichtigen, dass er die Urkunde auf der Gerichtsschreiberei einsehen und eine Abschrift der Urkunde fordern könne. Die Bekanntmachung muss den Hinweis darauf enthalten, dass, wenn der Betheiligte nicht innerhalb einer von dem Gerichte zu bestimmenden Frist die Anberaumung eines neuen Termins beantrage oder wenn er in dem neuen Termine nicht erscheine, sein Einverständniss mit dem Inhalte der Urkunde angenommen werden würde. Beantragt der Betheiligte rechtzeitig die Anberaumung eines neuen Termins und erscheint er in diesem Termine, so ist die Verhandlung fortzusetzen. Anderenfalls hat das Gericht die Vereinbarung zu bestätigen.

§ 92. War im Falle des § 91 der Betheiligte ohne sein Verschulden verhindert, die Anberaumung eines neuen Termins rechtzeitig zu beantragen oder in dem neuen Termine zu erscheinen, so ist ihm auf Antrag von dem Gerichte die Wiedereinsetzung in den vorigen Stand zu ertheilen, wenn er binnen zwei Wochen nach der Beseitigung des Hindernisses die Anberaumung eines neuen Termins beantragt und die Thatsachen, welche die Wiedereinsetzung begründen, glaubhaft macht. Eine Versäumung, die in dem Verschulden eines Vertreters ihren Grund hat, wird als eine unverschuldete nicht angesehen. Nach dem Ablauf eines Jahres, von dem Ende der versäumten Frist an gerechnet, kann die Wiedereinsetzung nicht mehr beantragt werden.

§ 93. Sobald nach Lage der Sache die Auseinandersetzung stattfinden kann, hat das Gericht einen Auseinandersetzungsplan anzufertigen. Sind die erschienenen Betheiligten mit dem Inhalte des Planes einverstanden, so hat das Gericht die Auseinandersetzung zu beurkunden. Sind die Betheiligten sämmtlich erschienen, so hat das Gericht die Auseinandersetzung zu bestätigen; dasselbe gilt, wenn die nicht erschienenen Betheiligten ihre Zustimmung zu gerichtlichem Protokoll oder in einer öffentlich beglaubigten Urkunde ertheilen.

Ist ein Betheiligter nicht erschienen, so hat das Gericht nach § 91 Abs. 3 zu verfahren. Die Vorschriften des § 92 finden entsprechende Anwendung.

§ 94. Ist vereinbart, dass eine Vertheilung durch das Loos geschehen soll, so wird das Loos, sofern nicht ein Anderes bestimmt ist, für die nicht erschienenen Betheiligten von einem durch das Gericht zu bestellenden Vertreter gezogen.

§ 95. Ergeben sich bei den Verhandlungen Streitpunkte, so ist ein Protokoll darüber aufzunehmen und das Verfahren bis zur Erledigung der Streitpunkte auszusetzen. Soweit bezüglich der unstreitigen Punkte die Aufnahme einer Urkunde ausführbar ist, hat das Gericht nach den §§ 91, 93 zu verfahren.

§ 96. Gegen den Beschluss, durch welchen eine vorgängige Vereinbarung oder eine Auseinandersetzung bestätigt, sowie gegen den Beschluss, durch welchen über den Antrag auf Wiedereinsetzung in den vorigen Stand entschieden wird, findet die sofortige Beschwerde statt. Die Beschwerde gegen den Bestätigungsbeschluss kann nur darauf gegründet werden, dass die Vorschriften über das Verfahren nicht beobachtet seien.

§ 97. Eine vorgängige Vereinbarung sowie eine Auseinandersetzung ist nach dem Eintritte der Rechtskraft des Bestätigungsbeschlusses für alle Betheiligten in gleicher Weise verbindlich wie eine vertragsmässige Vereinbarung oder Auseinandersetzung.

Bedarf ein Betheiligter zur Vereinbarung oder zur Auseinandersetzung der Genehmigung des Vormundschaftsgerichts, so ist, wenn er im Inlande keinen Vormund, Pfleger oder Beistand hat, für die Ertheilung oder die Verweigerung der Genehmigung an Stelle des Vormundschaftsgerichts das Nachlassgericht zuständig.

§ 98. Aus einer vorgängigen Vereinbarung sowie aus einer Auseinandersetzung findet nach dem Eintritte der Rechtskraft des Bestätigungsbeschlusses die Zwangsvollstreckung statt. Die Vorschriften der §§ 795, 797 der Civilprozessordnung finden Anwendung.

3. Aus der Vergleichung des Abs. 1 und Abs. 2 mit den unter 2 aufgeführten Vorschriften ergeben sich die Zuständigkeit des Notars und diejenigen Befugnisse, welche dem Gerichte vorbehalten sind. Entsprechend dem bisher geltenden Rechte geht auf den Notar nur die L e i t u n g der Auseinandersetzungsverhandlungen über. Dem Gerichte verbleibt:

a) die Bestellung der Abwesenheitspflegschaft (§ 88 RGes.), für welche die Voraussetzungen des § 1911 BGB. maßgebend sind;

b) die Entscheidung über den Antrag auf Wiedereinsetzung in den vorigen Stand (§ 92, § 93 Abs. 2 Satz 2 RGes.), während der Antrag selbst auch bei dem Notar gestellt werden kann (Art. 25);

c) die in § 93 Abs. 1 vorgesehene Bestätigung der Auseinandersetzung oder einer vorgängigen Vereinbarung (Art. 23 Abs. 2);

d) die in Abs. 2 angegebenen Befugnisse in Ansehung der Zeugen- und Sachverständigenvernehmung (vgl. RGes. § 15 in Verbindung mit CPO. §§ 380, 381, 387, 390, 402, 408, 409). Daß die Ernennung eines Sachverständigen, falls die erschienenen Betheiligten über seine Person nicht einig sind, nur durch das Gericht erfolgen kann, stimmt mit dem bisher geltenden Rheinischen Rechte überein (Gesetz v. 22. Mai 1887 § 10). Ein Zwang zur Erstattung eines Gutachtens kann nach dem Rheinischen Gesetz, im Gegensatze zu dem neuen Rechte, überhaupt nicht ausgeübt werden. Auch sieht das Rheinische Gesetz eine Vernehmung von Zeugen nicht vor. Nach RGes. § 15 dagegen ist eine Verpflichtung zur Ablegung des Zeugnisses sowie eines Gutachtens festgelegt.

4. Nach Art. 1 sollen die Bestimmungen des § 15 RGes. Anwendung finden, soweit nicht entgegenstehende Vorschriften gegeben sind. Nach diesem § 15 RGes. (vgl. Anlage) finden die Vorschriften der CPO. über den Zeugenbeweis, über den Beweis durch Sachverständige und über das Verfahren bei der Abnahme von Eiden entsprechende Anwendung. Diese in Betracht kommenden Bestimmungen finden sich in den §§ 373 bis 401, 402 bis 414 und 478 bis 484 CPO.

5. N a c h d e r R e g i e r u n g s v o r l a g e h a t t e d e r A r t. 23 n o c h e i n e n

Abs. 3, welcher bestimmte, daß die Abänderung der Verfügung des Notars bei dem Amtsgerichte nachzusuchen sei. In diesem Abs. 3 machte der Entwurf von dem Vorbehalte des § 195 RGes. Gebrauch, nach welchem durch die Gesetzgebung eines Bundesstaats, in dem für die dem Vormundschaftsgericht oder dem Nachlaßgericht obliegenden Verrichtungen andere Behörden als die Amtsgerichte zuständig sind, bestimmt werden kann, daß die Abänderung einer Entscheidung einer solchen Behörde bei dem Amtsgerichte nachzusuchen ist, in dessen Bezirke die Behörde ihren Sitz hat und daß gegen die Entscheidung des Amtsgerichts die Beschwerde stattfindet. Die Vorschrift hatte zur Voraussetzung, daß der Notar eine Behörde sei. Mit Berufung auf eine Plenarentscheidung der Strafsenate des Reichsgerichts (vgl. Entscheid. des Reichsgerichts in Strafs. Bd. 18 S. 250) wurde in der Kom. d. Abg. den Notaren diese Eigenschaft bestritten und unter Hinweis auf die Ausdrucksweise der §§ 193, 194, 195 RGes., worin deutlich zwischen Beamten und Behörden unterschieden werde, die Zulässigkeit des Regierungsvorschlags bestritten. — Die Kommission und die an der Berathung betheiligten Regierungsvertreter stimmten aber in der Auffassung überein, daß die Notare, wenn ihnen das Auseinandersetzungsverfahren übertragen wird, eine Behörde im Sinne des erwähnten Paragraphen des RGes. seien, nur würden sie nicht mit allen obrigkeitlichen Gewalten bekleidet. Protokoll der 25. Sitzung v. 30. Mai 1899 S. 11. Die Kommission hat indessen den vorgeschlagenen Abs. 3 ohne Debatte gestrichen (Kom.Ber. S. 21), so daß nunmehr gegen die Verfügungen des Notars das gewöhnliche Beschwerdeverfahren stattfindet. — Vgl. Art. 51.

6. Nach § 194 RGes. sollen, wenn für die im § 1 RGes. bezeichneten A. d. fr. Ger. andere als gerichtliche Behörden zuständig sind, die in dem ersten Abschnitte (vgl. Anlage) für die Gerichte gegebenen Vorschriften auch für die anderen Behörden, also auch für die Notare (vgl. Note 5), gelten. Nur die Vorschriften des § 8 über die Sitzungspolizei und über die Berathung und Abstimmung sowie die Vorschriften der §§ 6, 10, 11, des § 16 Abs. 2 und des § 31 finden keine Anwendung. Somit gehen alle in den allgemeinen Vorschriften des RGes. dem Gerichte gegebenen Befugnisse, mit Ausnahme der ausdrücklich genannten, kraft Reichsrecht von selbst auf die Notare über; eine Aenderung in dieser Beziehung durch Landesgesetz ist demnach insoweit nicht statthaft (vgl. Art. 26 Note 1). Die Notare sind also im Theilungsverfahren, im Gegensatze zu ihren sonstigen Befugnissen (vgl. Art. 86) auch zur Beeidigung eines Dolmetschers befugt; nach § 194 Abs. 3 RGes. in Verbindung mit Art. 23 tritt der vom Gerichte beauftragte Notar in dieser Beziehung an die Stelle des Nachlaßgerichts.

7. Durch die Vorschrift des § 194 RGes. (vgl. Note 6), wonach der Notar an die Stelle des Nachlaßgerichts tritt, wird die Verpflichtung der gerichtlichen Behörden, gemäß § 2 RGes. Rechtshülfe zu leisten, nicht berührt, RGes. § 194 Abs. 4. Es werden demnach in Theilungssachen die Gerichte auf Ansuchen eines beauftragten Notars Rechtshülfe gewähren müssen.

8. Der Satz, daß eine getroffene Anordnung, wenn sie nachträglich als ungerechtfertigt sich erweist, wieder aufgehoben werden kann (RGes. § 18), gilt für den Notar in demselben Umfange wie für den Richter, vgl. Art. 1 Note 5f.

9. Weitere Zuständigkeit des Notars vgl. Art. 33 Abs. 2.

Artikel 24.

Soweit nach Artikel 23 an Stelle des Gerichts der Notar zuständig ist, tritt der Notar auch an die Stelle des Gerichtsschreibers; an die Stelle der Gerichtsschreiberei treten die Geschäftsräume des Notars.

Der Artikel ist mit Rücksicht darauf erlassen, daß die reichsgesetzlichen Vorschriften im gerichtlichen Auseinandersetzungsverfahren gewisse Geschäfte den Gerichtsschreibern zuweisen und außerdem die Niederlegung von Urkunden auf der Gerichtsschreiberei anordnen. So z. B. hat nach RGes. § 89, § 16 Abs. 1, CPO. §§ 377, 402 der Gerichtsschreiber die Ladung von Zeugen bezw. Sachverständigen auszufertigen und von Amtswegen zuzustellen und es hat der Sachverständige, nach CPO. § 411, wenn schriftliche Begutachtung angeordnet ist, das von ihm unterschriebene Gutachten auf der Gerichtsschreiberei niederzulegen. Vgl. ferner RGes. § 91 Abs. 3, § 93 Abs. 2 (oben Art. 23 Note 2) und unten Art. 26 Abs. 2.

Artikel 25.

Der Antrag auf Wiedereinsetzung in den vorigen Stand kann bei dem Gericht oder dem Notar gestellt werden.

---

1. Der Artikel ist aufgenommen, um den Betheiligten die Stellung des in Rede stehenden Antrags zu erleichtern. Die Entscheidung über den Antrag ist dem Gerichte vorbehalten, vgl. Art. 23 Note 3.

2. Der Antrag ist formlos. Er kann auch zum Protokolle des Gerichtsschreibers jedes Amtsgerichts gestellt werden, vgl. Art. 1 Note 5d.

3. Nach Art. 25 gilt die Frist zur Stellung des Antrags — RGes. § 92 (Art. 23 Note 2) — gewahrt, wenn der Antrag bei dem Notar rechtzeitig gestellt ist.

Artikel 26.

Auf die Bekanntmachung notarieller Verfügungen findet der § 16 Abs. 2 des Reichsgesetzes über die freiwillige Gerichtsbarkeit entsprechende Anwendung.

Soweit nach Abs. 1 die für die Zustellung von Amtswegen geltenden Vorschriften der Civilprozeßordnung maßgebend sind, tritt an die Stelle des Gerichtsschreibers der Notar, an die Stelle des Gerichtsdieners der Gerichtsvollzieher. Der § 174 Abs. 1 der Civilprozeßordnung bleibt außer Anwendung. Bei einer Zustellung durch Aufgabe zur Post hat sich der Notar, wenn er nicht selbst das zuzustellende Schriftstück der Post übergiebt, der Vermittelung eines Gerichtsvollziehers zu bedienen. Die Bewilligung einer öffentlichen Zustellung kann nur durch das Gericht erfolgen; die Zustellung wird von dem Gerichtsschreiber besorgt.

1. Der Artikel betrifft die Art der Bekanntmachung der notariellen Verfügungen. Die in Abs. 2 vorgesehenen Abweichungen von dem in § 16 Abs. 2 RGes. (vgl. Anlage) vorgesehenen Verfahren sind zum Theil dadurch ver-

anlaßt, daß dem Notar ein Gerichtsschreiber oder ein Gerichtsdiener nicht zur Verfügung steht. In § 194 Abs. 3 RGes. (vgl. oben Art. 23 Note 6) ist zwar vorgeschrieben, daß, wenn für die in Rede stehenden Angelegenheiten nach Landesgesetz andere als gerichtliche Behörden zuständig sind, die Vorschriften des § 16 Abs. 2 RGes. keine Anwendung finden sollen. Allein das soll nur heißen, daß abweichende Vorschriften der Landesgesetze hier eingreifen können; vgl. Denkschrift zum Entwurfe des RGes. S. 93, Dorner § 194 Note 5. — Aus der erwähnten Vorschrift des § 194 Abs. 3 RGes. geht zugleich hervor, daß Abs. 1, 3 des § 16 RGes. auf den Notar Anwendung finden.

2. Der § 174 Abs. 1 CPO. lautet:

Wohnt eine Partei weder am Orte des Prozessgerichts noch innerhalb des Amtsgerichtsbezirks, in welchem das Prozessgericht seinen Sitz hat, so kann das Gericht, falls sie nicht einen in diesem Orte oder Bezirke wohnhaften Prozessbevollmächtigten bestellt hat, auf Antrag anordnen, dass sie eine daselbst wohnhafte Person zum Empfange der für sie bestimmten Schriftstücke bevollmächtige. Diese Anordnung kann ohne vorgängige mündliche Verhandlung erfolgen. Eine Anfechtung des Beschlusses findet nicht statt.

Die Anwendung dieser Vorschrift ist ausgeschlossen, abgesehen von dem Mangel eines Bedürfnisses für sie, weil die in Frage stehende Anordnung eine entscheidende Thätigkeit darstellt, welche dem Notar nicht übertragen ist. Begr. S. 23.

3. Die für die Zustellungen von Amtswegen geltenden Vorschriften der CPO. befinden sich daselbst in den §§ 208 bis 213 bezw. in den zur entsprechenden Anwendung gelangenden Bestimmungen über Zustellungen auf Betreiben der Parteien der §§ 166 bis 207 CPO.

4. Die öffentliche Zustellung ist zwar in § 89 RGes. (vgl. Art. 23 Note 2) für die Ladung ausgeschlossen; abgesehen hiervon, ist sie aber auch im Theilungsverfahren zulässig (vgl. RGes. § 91 Abs. 3).

Die Vorschriften der CPO. über die öffentliche Zustellung sind in den §§ 203 ff. enthalten.

Die Bestimmung des Schlußsatzes entspricht dem bisherigen Rheinischen Rechte, vgl. Gesetz vom 22. Mai 1887 § 19 Abs. 1.

Artikel 27.

Ist das Verfahren vor dem Notar erledigt, so hat dieser die in dem Verfahren entstandenen Schriftstücke zu den Gerichtsakten abzugeben.

---

1. Der Artikel hat hauptsächlich diejenigen Akten des Notars im Auge, die in Folge ordnungsmäßiger Erledigung einer überwiesenen Theilung entstanden sind. Es sind der Vorschrift gemäß die gesammten Akten an das Gericht abzugeben, da das letztere über die Bestätigung zu befinden hat und daher alle Voraussetzungen derselben, insbesondere in Bezug auf ein etwa vorgekommenes Versäumnißverfahren, prüfen muß. Dazu bedarf aber das Gericht nicht bloß der Protokolle, sondern vor Allem auch der Zustellungsurkunden.

Eine ausdrückliche Vorschrift des gegebenen Inhalts an dieser Stelle war mit Rücksicht auf Art. 42 erforderlich.

2. Zu den abzugebenden Schriftstücken gehören nicht die Versteigerungsakten des Notars; denn die Versteigerung bildet ein neben der Theilung selbständig herlaufendes Verfahren.

3. Ueber die Aufbewahrung bezw. Vernichtung der Akten vgl. Art. 65.

4. Die Ausfertigungen des Theilungsaktes mit dem rechtskräftigen Bestätigungsbeschlusse, aus welchem die Zwangsvollstreckung stattfindet (RGes. § 98, vgl. oben Art. 23 Note 2), erfolgen durch das Gericht nach Maßgabe des Art. 43, 45 ff. Wegen Ertheilung beglaubigter Abschriften aus diesen Akten vgl. Art. 35, 43.

5. Der § 6 des Rheinischen Theilungsgesetzes v. 22. Mai 1887 bestimmt, daß der dem Notar ertheilte Auftrag erlischt, wenn innerhalb sechs Monaten nach dem Eintritte der Rechtskraft des Ueberweisungsbeschlusses die erforderliche Ergänzung des Theilungsantrags nicht erfolgt oder weder von dem Antragsteller noch von einem anderen Betheiligten die für die Theilung nothwendigen Unterlagen beschafft werden. Von der Aufnahme einer Vorschrift in dieser Beziehung ist Abstand genommen; das RGes. enthält ebenfalls keine Bestimmungen darüber, welche Folgen eintreten, wenn bei einer vom Nachlaßgerichte selbst zu vermittelnden Auseinandersetzung die Betheiligten den ihnen auf Grund des § 87 Abs. 2 gemachten Auflagen nicht nachkommen. Wenngleich hiernach im Falle einer Säumniß der Betheiligten der von dem Gerichte dem Notar ertheilte Auftrag nicht ohne Weiteres erlischt, so versteht es sich andererseits von selbst, daß der Notar ebensowenig wie das Gericht das Verfahren fortzusetzen braucht, wenn die Betheiligten die zu seiner Weiterführung nothwendigen Vorbedingungen nicht erfüllen oder wenn z. B. keiner der Betheiligten im ersten Verhandlungstermin erscheint. Vgl. Begr. S. 22. Nach Ablauf einer angemessenen Frist dürfte die Benachrichtigung des Gerichts unter Rückreichung des Auftrags am Platze sein.

Artikel 28.

Die Kosten des Verfahrens vor dem Gericht und des Verfahrens vor dem Notar fallen der Masse zur Last. Die Gebühren und Auslagen eines Bevollmächtigten trägt der Machtgeber, die Kosten einer für das Auseinandersetzungsverfahren angeordneten Abwesenheitspflegschaft der abwesende Betheiligte, die durch eine Versäumung verursachten Kosten der Säumige.

Diese Vorschriften finden keine Anwendung, soweit in der Auseinandersetzungsurkunde ein Anderes bestimmt ist.

Wer die Kosten der Beschwerdeinstanz zu tragen hat, bestimmt sich nach dem Inhalte der darüber ergangenen gerichtlichen Entscheidung.

Die Vorschriften der Artikel 9 bis 14 finden keine Anwendung.

---

1. Der Artikel kommt gleichmäßig zur Anwendung bei der durch das Gericht wie durch einen Notar vermittelten Auseinandersetzung. Entsprechend der Natur des Theilungsverfahrens als eines bloßen Vermittelungsverfahrens erfolgt keine Entscheidung des Theilungsrichters über die Kosten des Verfahrens, die Anwendung der Art. 9 bis 14 ist vielmehr ausgeschlossen (Abs. 4); in erster Linie ist den Betheiligten vorbehalten, in der Auseinandersetzungsurkunde die erforderlichen Bestimmungen über die Kostentragung aufzunehmen (Abs. 2, vgl. Note 3), — soweit

es sich nicht um die Verpflichtung zur Tragung der Kosten der Beschwerdeinstanz handelt (Abs. 3). Kommen solche Vereinbarungen nicht zu Stande, so bleibt den Betheiligten überlassen, im Prozeßwege auf der Grundlage des zwischen ihnen bestehenden Gemeinschaftsverhältnisses sich auseinanderzusetzen.

2. Abgesehen hiervon bestimmt sich die Kostentragung nach Abs. 1, der im Wesentlichen dem § 22 des Rheinischen Theilungsgesetzes v. 22. Mai 1887 entspricht. Abweichend davon ist:

a) daß der Artikel keine Vorschriften über diejenigen Kosten enthält, welche zur Einsetzung der Betheiligten in den Besitz der ihnen zugewiesenen Theile erforderlich sind; z. B. Kosten der Umschreibung im Grundbuche, Kosten der Benachrichtigung des Schuldners von der Person des neuen Gläubigers u. dergl. Das Gesetz hat, nach der Begründung, S. 23, von einer solchen Bestimmung abgesehen, weil diese Kosten nicht zu den Kosten des Verfahrens vor dem Richter oder dem Notar gehörten und sonach mit Recht bezweifelt werden könnte, ob durch die Landesgesetzgebung auf Grund des § 200 RGes. über diese Kosten eine Bestimmung getroffen werden dürfe und nicht vielmehr die Entscheidung darüber, wer diese Kosten zu tragen hat, lediglich aus dem zu Grunde liegenden Gemeinschaftsverhältnisse zu entnehmen sei. Vgl. hierzu Art. 9 Note 1 und 2c;

b) daß die Kosten einer für das Auseinandersetzungsverfahren angeordneten Abwesenheitspflegschaft dem Abwesenden zur Last fallen, vgl. RGes. § 88 und oben Art. 23 Note 2, 3.

c) daß die durch eine Versäumung verursachten Kosten der Säumige zu tragen hat.

3. In dem Art. 28 handelt es sich um die Vertheilung der Kosten unter den Betheiligten; die Kostenpflicht der Staatskasse gegenüber regelt das Kostengesetz.

Soweit Bestimmungen über die Kostentragung in die Auseinandersetzungsurkunde aufgenommen werden (vgl. Note 1) und der Bestätigungsbeschluß rechtskräftigt geworden ist, findet auch in Bezug auf die Kostenerstattung nach § 98 RGes. (vgl. Art. 23 Note 2) die Zwangsvollstreckung statt.

Dritter Abschnitt.

Vereins- und Güterrechtsregister. Schiffsregister und Handelssachen.

Durch die Reichsgesetzgebung ist das Verfahren bei der Führung des Vereins- und Güterrechtsregisters sowie des Handels- und des Schiffsregisters nicht erschöpfend geregelt. Von den in Betracht kommenden Reichsgesetzen hat das BGB. in den §§ 55 bis 79, bezw. §§ 1558 bis 1563 die sachliche und örtliche Zuständigkeit für die Eintragung in das Vereins- und das Güterrechtsregister und im Wesentlichen auch das Verfahren hierbei geordnet und nach Art. 64 Ausf.Ges. z. BGB. gelten die §§ 1558 bis 1563 BGB. auch für die nach seinen eigenen Vorschriften erforderlich werdenden Eintragungen in das Güterrechtsregister. Das RGes. hat in den §§ 159 ff. auf dieses Verfahren einige Vorschriften über das Verfahren bei Eintragungen in das Handelsregister für anwendbar erklärt. Diese letzteren Vorschriften wiederum finden sich in den §§ 8 bis 16 HGB. und den §§ 125 ff. RGes. Was die Führung der Schiffsregister anlangt, so befassen sich damit, soweit es sich um Seeschiffe handelt, die §§ 4 ff. des Gesetzes, betr. das Flaggenrecht der Kauffahrteischiffe, v. 22. Juni 1899 (RGBl. S. 319), das vom 1. Januar 1900 ab an die Stelle des Bundesgesetzes, betr. die Nationalität der Kauffahrteischiffe u. s. w. v. 27. Oktober 1867 und seiner Ergänzungsgesetze tritt und, soweit es sich um Binnenschiffe handelt, die §§ 119 ff. des Binnenschiffahrtsgesetzes nebst den auf das Schiffspfandrecht im Besonderen sich beziehenden Vorschriften der §§ 1260, 1263, 1272 BGB. und der §§ 100 ff. RGes. Soweit in diesen Vorschriften nicht ein Anderes bestimmt ist, gelten für die nach ihnen den Gerichten obliegenden Verrichtungen auch die §§ 1 bis 34 RGes. Gemäß § 200 RGes. bleibt den Landesgesetzen überlassen, diese Vorschriften zu ergänzen. Das ist zum Theil schon durch den 1. Abschnitt des vorliegenden Gesetzes geschehen; im Uebrigen erfolgt es in Art. 29.

Ueber Handelssachen — RGes. §§ 125 bis 158 — enthält der Abschnitt nur die in Art. 29 Abs. 1 erwähnte Ermächtigung des Justizministers und in Art. 30 Ergänzungsvorschriften in Ansehung der Kosten im Verfahren behufs gerichtlicher Bestätigung einer Dispache. Die Vorschriften über das Verfahren bei der Aufmachung und Feststellung der Dispache finden sich in den §§ 727 ff. HGB., den §§ 86 ff. des Binnenschiffahrtsgesetzes v. 15. Juni 1895 und den §§ 149 ff. RGes. Das Verfahren ist ein einfaches und beschleunigtes zu dem Zwecke eine Verständigung der an ihm Betheiligten zu fördern und möglichst herbeizuführen; soweit diese erfolgt, ist die Dispache von dem zuständigen Amtsgerichte zu bestätigen, wodurch sie mit der Wirkung der Vollstreckbarkeit ausgestattet wird. Die Erledigung der verbleibenden Streitpunkte hat im Prozeßwege zu erfolgen; die Entscheidung über solche Streitpunkte gehört nicht zu den Aufgaben des Dispachegerichts, das Verfahren würde sonst aus dem Rahmen einer A. d. fr. Ger. heraustreten und sich zu einem von den Formen des Civilprozesses befreiten Rechtsstreite gestalten. Die Mitwirkung des Gerichts erfolgt nicht von Amtswegen, sondern nur auf Antrag eines Betheiligten, wobei es dem Antragsteller überlassen bleibt, diejenigen Personen zu bezeichnen, welche zu dem Verfahren zugezogen werden sollen, so daß von dem Verfahren nur solchen Betheiligten gegenüber Gebrauch zu machen ist, mit denen eine außergerichtliche Verständigung nicht zu erreichen ist oder gegen die sich eine Zwangsvollstreckung als nothwendig erweist; die Wirkungen der gerichtlich bestätigten Dispache bleiben demgemäß auf die zu dem Verfahren zugezogenen Betheiligten beschränkt. Das Bestätigungsverfahren findet nur auf die von einem Dispacheur, nicht auf die von dem Schiffer, aufgemachte Dispache Anwendung [nach Seerecht (BGB. § 729) wird die Dispache nur von Dispacheuren, nach Binnenschiffahrtsrecht (Binnenschiffahrtsgesetz § 87) von dem Schiffer und nur, wenn dieser nicht will oder ein Betheiligter es verlangt, von einem Dispacheur aufgemacht] und nur wenn die Dispache im Inlande aufzumachen ist. Vgl. Kom. d. Verf. z. RGes. § 149 Note 1.

Artikel 29.

Die näheren Bestimmungen über die Einrichtung und die Führung des Vereins- und des Güterrechtsregisters sowie des Handels- und des Schiffsregisters werden vom Justizminister getroffen.

Die Eintragungen in das Schiffsregister sollen von dem Richter mit Angabe des Wortlauts verfügt, von dem Gerichtsschreiber ausgeführt und von beiden unterschrieben werden.

Die beglaubigten Abschriften aus dem Schiffsregister sind von dem Richter und dem Gerichtsschreiber zu unterschreiben.

---

1. Der Artikel enthält auf Grund des § 200 RGes. Ergänzungsvorschriften zu den in der Vorbemerkung zu diesem Abschnitt erwähnten reichsgesetzlichen Bestimmungen über das Verfahren bei Führung der in Abs. 1 genannten Register. Daneben sind die in dem ersten Abschnitte getroffenen Vorschriften, soweit sie reichsgesetzlich den Gerichten übertragene A. d. fr. Ger. betreffen, in Betracht zu ziehen.

2. Die in **Abs.** 1 dem Justizminister ertheilte Ermächtigung entspricht derjenigen, welche bisher in dem Einf.Ges. zu dem Allgem. deutschen HGB, v. 24. Juni 1861 Art. 4 Abs. 4, Art. 53 § 11 in Bezug auf das Handelsregister und das Register für Seeschiffe ausgesprochen ist; sie ist beschränkt auf die Formalitäten bei „Einrichtung und Führung" der Register. Für die Zuständigkeit zum Erlasse der näheren Bestimmungen über die Einrichtung und Führung der auf Reichsrecht beruhenden Register ist kein einheitlicher Grundsatz gewahrt; theils u. zw. für die wichtigsten Register sind die Landesverwaltungen, theils der Bundesrath, theils der Reichskanzler zuständig: zum Genossenschaftsgesetz Bekanntmachung des Reichskanzlers v. 11. Juli 1889 (RGBl. S. 150) bzw. v. 1. Juli 1899 (RGBl. S. 347), zum Gesetz betr. das Urheberrecht an Mustern und Modellen Bestimmungen des Reichskanzlers v. 29. Februar und 23. Juli 1876 (JMBl. S. 193), zum Börsengesetz Bekanntmachung des Reichskanzlers v. 9. Oktober 1896 (JMBl. S. 327).

3. Was die Führung des Vereins- und des Güterrechtsregisters anlangt, so sind vom Bundesrathe Bestimmungen aufgestellt worden, vgl. Reichs-Centralbl. 1898 S. 438; dieselben sind der Anordnung des Justizministers zu Grunde zu legen.

Es handelt sich hier nur um Vereine der in § 21 BGB. genannten Art, eingetragene Vereine, deren Zweck nicht auf einen wirthschaftlichen Geschäftsbetrieb gerichtet ist und welche Rechtsfähigkeit durch Eintragung in das Vereinsregister des zuständigen Amtsgerichts erlangen nach näherer Vorschrift in den §§ 55 bis 79 BGB. —

4. Soweit für die Eintragungen in die genannten Register eine öffentliche Beglaubigung der zu Grunde liegenden Erklärungen erforderlich ist — BGB. § 77: für die von den Mitgliedern des Vorstandes eines Vereins sowie von den Liquidatoren zum Vereinsregister zu machenden Anmeldungen; BGB. § 1560: für die Anträge auf Eintragungen in das Güterrechtsregister; HGB. § 12: für die Anmeldungen zur Eintragung in das Handelsregister sowie für die zur Aufbewahrung bei dem Gerichte bestimmten Zeichnungen von Unterschriften bezw. für eine Vollmacht zur Anmeldung; RGes. § 107: für alle Erklärungen, welche zu der Eintragung eines Schiffspfandrechts erforderlich sind (während die Angaben behufs Eintragung des Schiffs in das Schiffsregister gemäß § 8 des Gesetzes betreffend das Flaggenrecht der Kauffahrteischiffe v. 22. Juni 1899 bezw. § 124 des Binnenschiffahrtsgesetzes v. 15. Juni 1895 nur glaubhaft zu machen sind); — kann die Beglaubigung in dem Oberlandesgerichtsbezirke Frankfurt sowie in den vormals Großherzoglich Hessischen Gebietstheilen des Oberlandesgerichtsbezirks Cassel

nicht nur durch die Gerichte oder Notare, sondern nach Maßgabe des Art. 115 auch durch die Ortsbehörden erfolgen. Für die in den Art. 122, 123 erwähnten Landestheile werden die gleiche Berechtigung die Ortsgerichte haben, sofern solche dort errichtet werden.

5. Die Vorschriften in **Abs.** 2, 3 beziehen sich nur auf die Schiffsregister; sie schließen sich den schon bisher in Preußen für die Grundbuchführung geltenden Bestimmungen an, die auch weiterhin nach § 45 GBO. und §§ 6, 7 Ausf.-Ges. z. GBO. inhaltlich Geltung behalten. Diese Gleichstellung der Schiffsregister mit dem Grundbuch hat stattgefunden mit Rücksicht auf die Bedeutung, welche den auf das Schiffspfandrecht bezüglichen Eintragungen in das Schiffsregister zukommt und die, was den öffentlichen Glauben anlangt (BGB. § 1262) zum Theil eine den Grundbucheintragungen ähnliche ist. Ein Antrag in der Kommission des Abgeordnetenhauses, in Abs. 3 die Worte „dem Richter und" zu streichen, wurde, nach Bekämpfung desselben durch die Regierungsvertreter, als aussichtslos zurückgezogen, Kom.Ber. S. 23.

6. Die Vorschrift des **Abs.** 2 ist Ausführungsvorschrift zu § 113 RGes., wonach jede Eintragung im Schiffsregister in Ansehung eines Pfandrechts den Tag, an welchem sie erfolgt ist, angeben und mit Unterschrift des zuständigen Beamten versehen sein soll. Sie ist instruktionell; es kommt nur auf die Eintragung selbst und den Tag dieser an (BGB. §§ 1260, 1261). Vgl. Kom. d. Verf. z. RGes. § 113.

7. Die Vorschrift des **Abs.** 3 ist bindend („sind" zu unterschreiben). Sie hat nur beglaubigte Abschriften aus dem Register im Auge. Bloße Bekanntmachungen von einer Eintragung — nach RGes. § 121 soll jede Eintragung in Bezug auf ein Schiffspfandrecht im Schiffsregister dem Antragsteller und dem eingetragenen Eigenthümer sowie im Uebrigen allen aus dem Schiffsregister ersichtlichen Personen, zu deren Gunsten die Eintragung erfolgt oder deren Recht davon betroffen wird, bekannt gemacht werden, sofern nicht darauf verzichtet wird — fallen nicht unter Art. 29 Abs. 3. Wer sie zu unterzeichnen hat, bleibt der Instruktion des Justizministers überlassen.

Auch auf die Ausfertigung der Schiffscertifikate und Schiffsbriefe und auf die Vermerke, mit welchen diese zu versehen sind — Gesetz, betr. das Flaggenrecht der Kauffahrteischiffe, v. 22. Juni 1899 § 10, Binnenschiffahrtsgesetz v. 15. Juni 1895 §§ 125, 126, RGes. § 120 — ist der Art. 29 Abs. 3 nicht anwendbar. Begr. S. 27.

8. Wegen der Form der Ausführung vgl. Art. 57.

Artikel 30.

Ueber die Verpflichtung zur Tragung der Kosten, die durch eine gerichtliche Verhandlung über die Bestätigung der Dispache entstehen, entscheidet das Gericht, vor dem die Verhandlung stattfindet; die Entscheidung erfolgt nur auf Antrag eines der an dem Verfahren Betheiligten.

Die Kosten sind, unbeschadet der Vorschrift des Artikel 9, von den an dem Verfahren Betheiligten in dem Verhältnisse zu tragen, in welchem sie zu dem Havereischaden beizutragen haben. Die den einzelnen Betheiligten entstandenen Kosten können, wenn die Umstände es rechtfertigen,

gegen einander aufgehoben werden. Soweit die Betheiligten eine abweichende Vereinbarung treffen, ist diese maßgebend.

Die Vorschriften der Artikel 10 bis 14 dieses Gesetzes und des § 158 Abs. 3 des Reichsgesetzes über die Angelegenheiten der freiwilligen Gerichtsbarkeit finden entsprechende Anwendung.

---

1. Obgleich nach dem in der Vorbemerkung Gesagten das Dispacheverfahren lediglich ein Vermittelungsverfahren wie das Auseinandersetzungsverfahren ist, so ist die Kostenerstattungspflicht doch abweichend von den für letzteres in Art. 28 getroffenen Vorschriften geregelt. Zunächst ist zwar auch hier den Betheiligten überlassen, in der Dispache eine Vereinbarung zu treffen (Abs. 2 Satz 3); denn die Kosten, welche durch die Auseinandersetzung unter den Betheiligten entstehen, gehören ebenfalls zur großen Haverei und das gilt besonders von den Kosten für die Ermittelung der Schäden und für die Aufstellung der Rechnung über die große Haverei (Binnenschiffahrtsgesetz § 84). Soweit das aber nicht geschieht, sind die Betheiligten nicht auf den Prozeßweg angewiesen, sondern es steht dem Gericht auf Antrag ein Entscheidungsrecht zu (Abs. 1), bei welcher es die Grundsätze des Abs. 2 zu beachten hat.

2. In dem Artikel handelt es sich ebenfalls nur um die Kostenpflicht der Betheiligten gegen einander, während die Kostenpflicht der Staatskasse gegenüber sich nach dem Kostengesetz bestimmt.

Hier sind jedoch nicht, wie in Art. 9, dessen Vorschriften außerdem zur Anwendung kommen (Abs. 2 Satz 1), die durch ein schuldvolles Verhalten eines Betheiligten, sondern die durch ordnungsgemäße gerichtliche Behandlung der Sache entstandenen Kosten gemeint; vgl. Note 5a.

3. Zuständig für die Kostenentscheidung ist nach Abs. 1 das Gericht vor welchem die Verhandlung (Note 2 a. E.) stattfindet. Dies ist nach RGes. § 149 das Gericht des Orts, an welchem die Vertheilung der Havereischäden zu erfolgen hat. Letzteres richtet sich nach § 729 HGB. bezw. § 86 des Binnenschiffahrtsgesetzes. Vgl. darüber Kom. d. Verf. z. RGes. § 149 Note 3.

4. Die Entscheidung erfolgt nur auf Antrag eines an dem Verfahren Betheiligten.

a) Daß ein Antrag erforderlich ist, entspricht dem Charakter des Dispacheverfahrens (vgl. Note 1). Ueber die Form des Antrags und die Zeit für seine Einbringung ist nichts Besonderes vorgesehen. Der Antrag kann daher nach § 11 RGes. gestellt werden und er braucht nicht vor dem Bestätigungsbeschlusse gestellt zu werden; er kann demnach noch nach vollständiger Beendigung des Verfahrens angebracht werden, Begr. S. 25.

b) Es muß der Antrag eines am Verfahren Betheiligten sein. Ein solcher ist nicht jeder, der an der aufzumachenden Dispache (RGes. §§ 149, 150) betheiligt ist. „Am Verfahren betheiligt“ sind nur derjenige, welcher das Dispacheverfahren beantragt hat und diejenigen, welche er aus dem Kreise aller an der großen Haverei und der Dispache Betheiligten ausgewählt, dem Gerichte behufs Heranziehung zu der Verhandlung bezeichnet hat und welche von dem Gerichte auch wirklich zugezogen d. h. zu dem Termin unter Beachtung der dafür maßgebenden Vorschriften des § 153 RGes. geladen worden sind. Vgl. Kom. d. Verf. z. RGes. § 150 Note 3, § 155 Note 3; vgl. auch Vorbemerkung.

5. Ist ein Antrag auf Kostenentscheidung gestellt, so steht es, abweichend von

Art. 9, nicht in dem Ermessen des Gerichts, ob und in welchem Umfang es einen oder den anderen Betheiligten zu der beantragten Kostenerstattung verurtheilen will oder nicht; es ist vielmehr den Betheiligten ein von dem richterlichen Ermessen unabhängiges Recht auf Kostenentscheidung gegeben.

Gleichzeitig sind die kostenrechtlichen Grundsätze, welche für das Gericht bindend sind, aufgestellt. Hiernach muß

a) es sich um die Kosten handeln, welche durch eine gerichtliche Verhandlung über die Bestätigung der Dispache entstehen (Abs. 1) u. zw. in Folge ordnungsgemäßer Behandlung der Sache entstehen; vgl. Note 2. Unter Verhandlung im Sinne des Abs. 1 ist eine Verhandlung gemäß den §§ 153, 155 RGes. zu verstehen (vgl. Note 4). Hierzu bemerkt die Begr. (S. 25): „In der Litteratur ist bisher angenommen worden, daß die Kosten, die durch das gerichtliche Verfahren zur Bestätigung der Dispache entstehen, zu den „Kosten der Aufmachung" oder „der Aufstellung der Dispache" gehören und für ihre Vertheilung demnach unmittelbar die reichsgesetzlichen Vorschriften über den Havereischaden maßgebend sind (HGB. § 706 a. E., früher Art. 708, Binnenschiffahrtsgesetz § 84). Ob diese Ansicht nach den in Preußen gegenwärtig für das Bestätigungsverfahren geltenden Vorschriften für zutreffend zu erachten ist, mag dahingestellt bleiben. Da nach den Vorschriften des RGes. das Bestätigungsverfahren nicht mehr, wie bisher, obligatorisch ist, auch nicht zwischen allen Betheiligten stattfindet, vielmehr lediglich bezweckt, Streitpunkte, die sich zwischen einzelnen der Betheiligten ergeben, zu erledigen oder gegen säumige Zahler eine Zwangsvollstreckung zu ermöglichen, so können die Kosten des Bestätigungsverfahrens künftig jedenfalls nicht mehr zu den Kosten der Aufmachung der Dispache gerechnet werden. Die Landesgesetzgebung ist daher befugt, ihrerseits die Verpflichtung zur Tragung der Kosten des Bestätigungsverfahrens zu regeln."

b) das Gericht in der Entscheidung die Betheiligten in demselben Verhältnisse mit den Kosten belasten, in welchem sie auch zu dem Havereischaden beizutragen haben (Abs. 2). Der Havereischaden wird nach Seerecht von Schiff, Fracht und Ladung nach näherer Vorschrift des § 700 HGB., nach Binnenschiffahrtsrecht von Schiff und Ladung gemäß den §§ 78 ff. des Binnenschiffahrtsgesetzes v. 15. Juni 1895 gemeinschaftlich getragen u. zw. (HGB. § 716, Binnenschiffahrtsgesetz § 85) nach dem Verhältnisse des Werths der genannten Faktoren.

6. Die Entscheidung erfolgt in Beschlußform. Ebensowenig wie die Entscheidung nach Art. 9 (vgl. daselbst Note 5) braucht die hier in Rede stehende auf die Höhe der zu erstattenden Kosten gerichtet zu sein; die Feststellung des Betrags kann, wie die in Abs. 3 ausgesprochene Anwendbarkeit der Art. 10 bis 14 ergiebt, einem etwa stattfindenden Festsetzungsverfahren vorbehalten bleiben.

Die Kostenentscheidung braucht nicht in dem Beschlusse ausgesprochen zu werden, welcher über die Bestätigung der Dispache entscheidet; sie kann auch selbständig ergehen, wie sich schon daraus ergiebt, daß der Antrag sogar noch nach Beendigung des Verfahrens gestellt werden kann (Note 4). Gegen jenen Bestätigungsbeschluß ist nach § 157 RGes. die sofortige Beschwerde gegeben, soweit es sich nicht um Einwendungen handelt, welche mittelst Widerspruchs (RGes. § 156, § 155 Abs. 3) geltend zu machen sind. Daher ist auch gemäß Art. 11 gegen die hier in Rede stehende Kostenentscheidung nur die sofortige Beschwerde zulässig und die Entscheidung ist den „am Verfahren Betheiligten" gemäß § 16 Abs. 2, 3 RGes. (Art. 1) bekannt zu machen.

Im Uebrigen vgl. Art. 10 bis 14.

7. Was die Zwangsvollstreckung aus der Kostenentscheidung anlangt, so macht es keinen Unterschied, ob die Entscheidung selbständig ergeht oder in dem Bestätigungsbeschluß enthalten ist (Note 6 Abs. 2). Es wird nur die Rechtskraft der Entscheidung vorausgesetzt sowie daß darin der zu erstattende Betrag festgestellt ist. Für die Zwangsvollstreckung finden nach Art. 14 (vgl. auch Art. 15 Note 3) ganz allgemein die Vorschriften der CPO. §§ 704 ff. Anwendung, wie dies auch in § 158 Abs. 2 RGes. für die rechtskräftig bestätigte Dispache überhaupt vorgesehen ist. In Ansehung einer etwa erforderlich werdenden Klage auf Ertheilung der Vollstreckungsklausel soll dann nach Abs. 3 der § 158 Abs. 3 RGes. entsprechende Anwendung finden. Dieser § 158 Abs. 3 lautet:

„Für Klagen auf Ertheilung der Vollstreckungsklausel sowie für Klagen, durch welche Einwendungen gegen die in der Dispache festgestellten Ansprüche geltend gemacht werden oder die bei der Ertheilung der Vollstreckungsklausel als eingetreten angenommene Rechtsnachfolge bestritten wird, ist das Amtsgericht zuständig, welches die Dispache bestätigt hat. Gehört der Anspruch nicht vor die Amtsgerichte, so sind die Klagen bei dem zuständigen Landgerichte zu erheben."

Diese Vorschrift ist eine Zuständigkeitsbestimmung, durch welche für die erwähnten Klagen — vgl. CPO. §§ 731, 767, 768 — an Stelle des nach den Vorschriften der CPO. zuständigen Prozeßgerichts, da es an einem solchen im Verfahren behufs Bestätigung der Dispache gebricht, das für die letztere zuständige Amtsgericht (vgl. Note 3) maßgebend erklärt wird.

Vierter Abschnitt.

Gerichtliche und notarielle Urkunden.

Das Reichsrecht hat sich mit der Regelung des dem Gebiete der freiwilligen Gerichtsbarkeit angehörenden Beurkundungswesens nur in beschränktem Maße befaßt; es ist nicht weiter gegangen, als es zur einheitlichen Durchführung des bürgerlichen Reichsrechts nothwendig erschien. Im BGB. sind die schriftliche Form, die gerichtliche und notarielle Beurkundung eines Vertrags, die öffentliche Beglaubigung, die Form der Auflassung und der zur Bestellung eines Erbbaurechts erforderlichen Einigung, die gerichtliche und notarielle Beurkundung einer Testamentserrichtung und des Abschlusses eines Erbvertrags zum Gegenstande einiger Vorschriften gemacht (BGB. §§ 126, 128, 129, 925, 1015, 2231 bis 2245, 2276). Auch das HGB. hat nur ganz vereinzelt, z. B. in § 259 bezw. § 320 Abs. 3, über die Form der Protokollirung eines Beschlusses der Generalversammlung einer Aktiengesellschaft, Beurkundungsvorschriften gegeben und die GBO. hat die einschlägige Materie auch nicht erschöpft. Das RGes. regelt, neben einigen Zuständigkeitsfragen in Ansehung der gerichtlichen Beglaubigung eines Handzeichens, der öffentlichen Beglaubigung einer Unterschrift und der Aufnahme einer öffentlichen Urkunde in bestimmt bezeichneten Fällen (RGes. § 167), eingehend nur die Beurkundung von Rechtsgeschäften durch Richter oder Notar, aber die Beurkundung anderer Gegenstände als Rechtsgeschäfte sind außer Betracht gelassen.

Von jenem Grundsatz beherrscht hat das Reichsrecht der Landesgesetzgebung nicht nur die Ausführung der Lücken überlassen, die hiernach in seinen eigenen Bestimmungen naturgemäß sich finden, sondern nach den angedeuteten Richtungen hin volle Selbständigkeit gewährt. Das Einf.Ges. z. BGB. bestimmt in dieser Beziehung, daß die Landesgesetze die Wahl haben sollen, ob sie für die Beurkundung von Rechtsgeschäften, die nach den Vorschriften des BGB. gerichtlicher oder notarieller Beurkundung bedürfen, entweder nur die Gerichte oder die Notare (Art. 141), ob sie, soweit es sich um Grundstücke handelt, welche im Gebiete des Bundesstaates liegen, für die Beurkundung des im § 313 BGB. bezeichneten Vertrags sowie für die nach § 873 Abs. 2 BGB. zur Bindung der Betheiligten erforderliche Beurkundung der Erklärungen außer den Gerichten und Notaren auch andere Behörden und Beamten (Art. 142) für zuständig erklären wollen und ob die auf gleiche Grundstücke sich beziehende Einigung der Parteien in den Fällen der §§ 925, 1015 BGB. außer vor dem Grundbuchamt auch vor Gericht, vor einem Notar, vor einer anderen Behörde oder vor einem anderen Beamten abgegeben werden kann und ob es bei der Auflassung eines Grundstücks, wenn es durch ein Gericht oder einen Notar versteigert worden ist und die Auflassung noch in dem Versteigerungstermine stattfindet, der gleichzeitigen Anwesenheit beider Theile bedarf oder nicht (Art. 143). Es hat dann das RGes., außer der Aufrechthaltung dieser Vorbehalte des Einf.Ges. z. BGB. seinen eigenen Bestimmungen gegenüber, in § 200 den Landesgesetzen die Befugniß zu Ausführungs- und Ergänzungsvorschriften zuerkannt. Durch die Erklärung in dem § 185 über die Anwendbarkeit des Art. 3 Einf.Ges. z. BGB. hat es für diesen Theil des Beurkundungswesens die bestehenden landesgesetzlichen Vorschriften in Kraft erhalten und die Schaffung neuer zugelassen; durch die Aufnahme des § 189 sodann hat es die im dritten Abschnitte (Art. 55 ff.) des Einf.Ges. z. BGB. bezeichneten der Landesgesetzgebung vorbehaltenen Gebiete materiellrechtlicher Natur auch für die freiwillige Gerichtsbarkeit ausgesondert und der Landesgesetzgebung zur vollen selbständigen Regelung, insbesondere auch hinsichtlich der Beurkundungen, überwiesen.

Das vorliegende Gesetz entledigt sich der ihm hiernach auch auf dem Gebiete des gerichtlichen und notariellen Beurkundungswesens zugefallenen doppelten Aufgabe (vgl. Einleitung) im 4. Abschnitte, indem es die Zuständigkeit ordnet (1. Titel), ergänzende Vorschriften über die Beurkundung von Rechtsgeschäften trifft (2. Titel), das Beurkundungswesen in Ansehung anderer Gegenstände als Rechtsgeschäfte regelt (3. Titel) und endlich über die äußere Form und die Vernichtung der Urkunden Anordnungen erläßt (4. Titel). Daß auch damit noch nicht das gesammte Beurkundungswesen erschöpfend geregelt ist, wird bei den folgenden Vorschriften, namentlich bei Art. 32, des Näheren sich ergeben. Andererseits werden die auf das gerichtliche und notarielle Beurkundungswesen sich beziehenden Vorschriften der Allg. Ger.O. und der verschiedenen Notariatsordnungen überflüssig und in Art. 144, namentlich unter den Nr. 1, 4, 5, 6, 7, 8, 9, 15, 17, 18, 19, 20, 22.

Erster Titel.

Zuständigkeit.

Die in der voraufgehenden Vorbemerkung zum 4. Abschnitte erwähnten Vorbehalte zu Gunsten der Landesgesetzgebungen in den Art. 141, 142, 143 Einf.Ges. z. BGB. haben lediglich die Zuständigkeit im Auge, ausgenommen der 2. Absatz des

Art. 143, wonach die landesgesetzlichen Vorschriften unberührt bleiben sollen, nach welchen es bei der Auflassung eines Grundstücks der gleichzeitigen Anwesenheit beider Theile in dem näher bezeichneten Falle nicht bedürfen soll. Die weiter dort erwähnten §§ 126, 128, 129, 2231, 2276 BGB. ergeben ferner die Zuständigkeit der Gerichte zu den dort bezeichneten Beurkundungen, mithin die Uebertragung dieser Beurkundungen auf die Gerichte neben den Notaren bezw. anderen Behörden oder Beamten durch das BGB., also durch Reichsgesetz unter dem Vorbehalte, daß die Landesgesetzgebung nach Art. 141 Einf.Ges. die Zuständigkeit der Gerichte auch ausschließlich bestimmen oder gänzlich ausschließen oder nach Art. 142 für die dort bezeichneten Beurkundungen neben den Gerichten und Notaren auch andere Behörden und Beamten für zuständig erklären kann. Jene Uebertragung auf die Gerichte ist in derselben Weise erfolgt, wie das BGB. auch die Vormundschaftssachen, die Nachlaß- und Theilungssachen den Gerichten übertragen hat, indem es nämlich bei der Durchführung seiner Vorschriften die Mitwirkung der Gerichte voraussetzt (z. B. §§ 1774, 1775, 1945, 1960), diese also für zuständig erklärt, es aber den Landesgesetzgebungen überläßt, diese gerichtliche Zuständigkeit ganz oder theilweise auszuschließen (Art. 147, 148 Einf.Ges. z. BGB.). In der Litteratur ist bis jetzt dagegen meistens die Ansicht vertreten worden, daß eine Uebertragung der Zuständigkeit zur Beurkundung durch Reichsgesetz nicht stattgefunden, diese vielmehr der Landesgesetzgebung zustehe; vgl. namentlich Dorner, Vorbemerkung zum 10. Abschnitt Nr. 2, Schneider, Vorbemerkung zum 10. Abschnitt, Dronke, § 1 Bem. 1b. Das Gesetz (vgl. Einleitung) steht auf dem vorstehend erwähnten Standpunkt, den auch die Regierungsvertreter in der Kom. d. Abg. ausdrücklich vertheidigt haben, vgl. Kom.Ber. S. 41. In Ausführung der erwähnten Vorschriften des BGB. erklärt der § 167 RGes. von den Gerichten die Amtsgerichte als diejenigen, welche für die gerichtliche Beurkundung eines Rechtsgeschäfts zuständig sein sollen. Daneben erklärt es, unter Vorbehalt für die Landesgesetzgebung, die Amtsgerichte wieder auszuschließen (§ 191 Abs. 2), die Amtsgerichte für die gerichtliche Beglaubigung eines Handzeichens, die Amtsgerichte und die Notare für die öffentliche Beglaubigung einer Unterschrift für zuständig und hält (§ 191 Abs. 1) die landesgesetzlichen Vorschriften aufrecht, wonach außer den Amtsgerichten und Notaren auch andere Behörden und Beamten für die Aufnahme der im § 1718 und im § 1720 Abs. 2 BGB. vorgesehenen öffentlichen Urkunden über die Anerkennung der Vaterschaft zuständig sind. — Die ebenfalls erwähnten §§ 925, 1015 BGB., von denen der erstere die Auflassung, der letztere die Erklärung der Einigung über die Bestellung eines Erbbaurechts vor dem Grundbuchamt betrifft, übertragen dagegen reichsgesetzlich die Zuständigkeit zu den entsprechenden Beurkundungen auf die Grundbuchämter und der Art. 143 Abs. 1 giebt, im Gegensatze zu den Art. 141, 142, der Landesgesetzgebung die Möglichkeit, neben dem Grundbuchamt auch die Gerichte, die Notare oder andere Behörden und Beamten für zuständig zu erklären. Von diesen Vorschriften abgesehen gelten für das Grundbuchwesen keine besonderen reichsgesetzlichen Beurkundungsbestimmungen, insbesondere stellt sich die GBO. auf den Boden des allgemeinen Beurkundungsrechts.

Die Aufgabe der Landesgesetzgebung in Ansehung der Zuständigkeitsbestimmungen besteht demnach darin a) sich über die erwähnten Vorbehalte zu erklären, b) die Zuständigkeit für die öffentliche Beglaubigung außer der Beglaubigung von Unterschriften und Handzeichen sowie für die öffentliche Beurkundung zu ordnen und c) die Zuständigkeit für die Beurkundung anderer Gegenstände als Rechtsgeschäfte zu regeln. Was den Punkt unter a anlangt, so scheidet die Regelung hinsichtlich der Art. 142, 143 Einf.Ges. z. BGB. allerdings hier aus. In diesen Artikeln handelt es sich um Vorbehalte gegenüber Specialbestimmungen des BGB.; die Stellung der Preuß. Landesgesetzgebung zu ihnen ist im Ausf.Ges. z. BGB. (Art. 12, 25) zum Ausdruck gelangt (vgl. darüber unten Art. 32 Note 1). Die Stellungnahme zu dem Vorbehalt in Art. 141 Einf.Ges. z. BGB. dagegen hat hier zu geschehen, da das gerichtliche und notarielle Beurkundungsrecht im Anschluß an das RGes. hier zum Abschluß gebracht wird. Mit dieser Maßgabe sind in dem folgenden Titel die erwähnten Punkte geregelt.

Im Einzelnen enthält derselbe zunächst eine allgemeine sachliche Zuständigkeitserklärung (Art. 31, 32), welcher eine Bestimmung über die örtliche Zuständigkeit für Grundstücksversteigerungen (Art. 33) und eine solche über die Abnahme von Eiden und eidesstattlichen Versicherungen behufs Wahrnehmung von Rechten im Auslande (Art. 34) folgen; sodann kommen Vorschriften über die Zuständigkeit der Gerichtsschreiber (Art. 35, 36) und über die Bewirkung einer Beurkundung, für welche die Kollegialgerichte zuständig sind (Art. 37), über die Abgabe von Beurkundungen durch den Richter an den Gerichtsschreiber oder Gerichtsvollzieher (Art. 38); es schließt der Titel mit einer Bestimmung über die Bedeutungslosigkeit der örtlichen Unzuständigkeit (Art. 39).

Artikel 31.

Für die Aufnahme von Urkunden der freiwilligen Gerichtsbarkeit sind die Amtsgerichte und die Notare zuständig. Die Zuständigkeit umfaßt die Befugniß zur öffentlichen Beurkundung von Rechtsgeschäften und von sonstigen Thatsachen. Sie erstreckt sich insbesondere auch auf die Vornahme freiwilliger Versteigerungen, auf die Mitwirkung bei Abmarkungen sowie auf die Aufnahme von Vermögensverzeichnissen.

Die Notare sind auch zuständig, Zustellungen vorzunehmen und zu beurkunden. Die Zustellungsurkunden der Notare sind stempelfrei.

Der Justizminister kann die Amtsgerichte anweisen, Versteigerungen nur unter bestimmten Voraussetzungen vorzunehmen.

---

1. Der Artikel macht von dem Vorbehalt des Art. 141 Einf.Ges. z. BGB. (vgl. Vorbemerkungen) keinen Gebrauch, legt vielmehr die Zuständigkeit zur öffentlichen Beurkundung den Amtsgerichten und Notaren in gleichem Umfange bei, mag es sich nun um die Beurkundung von Rechtsgeschäften, die, sei es nach dem BGB. (Art. 141 Einf.Ges. z. BGB.), sei es nach den Landesgesetzen, einer bestimmten Form bedürfen, oder um die Beurkundung formlos gültiger Willenserklärungen oder um die Aufnahme von Urkunden über andere Gegenstände als Rechtsgeschäfte handeln. Unter die öffentliche Beurkundung fällt auch die öffentliche Beglaubigung, welch' letztere wieder durch gerichtliche oder notarielle Beurkundung der zu beglaubigenden Erklärung ersetzt wird (BGB § 129 Abs. 2). Somit erscheint die gleichmäßige Zuständigkeit der Amtsgerichte und Notare zur Beurkundung und Beglaubigung in allen A. d. fr. Ger. im weitesten Umfange festgestellt.

Durch die Vorschrift ist im Gebiete der Allg. Ger.O. die Zuständigkeit der Notare, in dem Geltungsbereiche des Rheinischen Rechts dagegen die Zuständigkeit der Amtsgerichte erweitert worden. In jenem Bezirke waren bisher für die Aufnahme einer Verfügung von Todeswegen regelmäßig nur die Gerichte zuständig und ebenso war dort für Schenkungen und für gewisse Eheverträge die gerichtliche Form vorgeschrieben. In diesem dagegen waren bis zur Einführung des Grundbuchrechts die Amtsgerichte zur Aufnahme von Urkunden außerhalb eines anhängigen Verfahrens überhaupt nicht befugt und auch in dem Grundbuchgesetze vom 12. April 1888 ist ihnen eine allgemeine Zuständigkeit zur Aufnahme von Urkunden nicht beigelegt worden. Jedoch bestimmt der § 70 des bezeichneten Gesetzes, daß jedes Amtsgericht zuständig ist für die Aufnahme derjenigen Urkunden, welche aus Anlaß der ihm obliegenden Anlegung und Weiterführung des Grundbuchs errichtet werden, mit Ausnahme von Testamenten, Schenkungen und Eheverträgen. Auch hat später das Gesetz v. 15. Juli 1890 (GS. S. 229) den Amtsgerichten allgemein die Befugniß zur Beglaubigung von Unterschriften und Handzeichen verliehen. Begr. S. 26, 27.

2. Was die einzelnen Gegenstände anlangt, zu deren Beurkundung die Amtsgerichte und die Notare berufen sind, so läßt sich eine erschöpfende Aufzählung derselben, wie auch die Begründung (S. 27) bemerkt, nicht geben (vgl. Allg. Ger.O. III. 7 § 17 Nr. 4; Rhein. Not.O. v. 25. April 1882, GS. S. 109, Art. 1); der Satz 3 des Abs. 1 enthält nur Beispiele. Neben der Beurkundung von Rechtsgeschäften hebt die Begründung hervor:

die Beglaubigung von Unterschriften und Handzeichen (RGes. § 183);

die Beglaubigung von Abschriften und von Auszügen aus einer Urkunde (Art. 57);

die Sicherstellung der Zeit, zu welcher eine Privaturkunde ausgestellt ist (Art. 58);

die Aufnahme eines Protokolls über die Versammlung der Mitglieder einer Handelsgesellschaft, einer Genossenschaft, einer Gewerkschaft oder eines Vereins (vgl. HGB. § 259, § 320 Abs. 3, Denkschr. zu §§ 164 bis 179 des Entw. des RGes.); — vgl. dazu Art. 53 Note 2;

die Beurkundung des Herganges bei Verloosungen sowie bei der Ausloosung oder der Vernichtung von Werthpapieren;

die Bescheinigung sonstiger Thatsachen, die Gegenstand der Wahrnehmung der Urkundsperson gewesen sind, z. B. die Ausstellung von Lebensattesten (Art. 56);

die Aufnahme von Wechselprotesten (WO. Art. 87 ff.) und von sonstigen Protesten (vgl. HGB. §§ 571, 587, 588, 596, 603, 605, 646, 689; Gesetz, betr. die privatrechtlichen Verhältnisse der Binnenschiffahrt, RGBl. 1898 S. 868, §§ 28, 33, 39, 47, 51);

die Aufnahme von Vermögensverzeichnissen, insbesondere von Nachlaßinventaren (vgl. BGB. §§ 1035, 1372, 1528, 1640, 1667, 1692, 1760, 1802, 2002, 2003, 2121, 2215);

die auf Abmarkungen bezüglichen Beurkundungen (vgl. BGB. § 919).

Hierher gehört aber noch weiter die Abnahme der eidesstattlichen Versicherung behufs Erlangung eines Erbscheins (BGB. § 2356 Abs. 2) und der verschiedenen Offenbarungseide, wie das auf Verlangen eines Nachlaßgläubigers vor dem Nachlaßgericht zu leistenden Eides über die Vollständigkeit des Inventars (BGB. § 2006; RGes. § 79), über den Besitz eines Testaments (BGB. § 2259 Abs. 1; RGes. § 83), in Ansehung einer Verwaltung bezw. Herausgabe eines Inbegriffs von Sachen oder einer Erbschaft (BGB. §§ 259, 260, 2028, 2027; RGes. 163).

3. Bei den aufgezählten Verrichtungen handelt es sich nicht immer um eine

Beurkundungsthätigkeit, vielmehr sind mit der Beurkundung zum Theil zugleich andere Verrichtungen der Urkundsperson verbunden. Mit Rücksicht hierauf sind, damit auch im Gesetz selbst klargestellt werde, daß sich die Zuständigkeit der Amtsgerichte und Notare nicht nothwendig auf die Beurkundung selbst beschränkt, in Abs. 1 erläuternd die Beispiele hervorgehoben. Begr. S. 28.

Wegen der freiwilligen Versteigerung von Grundstücken vgl. den fünften Abschnitt.

4. Die in Abs. 2 Satz 1 ausgesprochene Zuständigkeit der Notare zur Vornahme und Beurkundung von Zustellungen ist auch bisher schon als zum Geschäftskreise der Notare gehörig angesehen worden (Hann. Not. v. 18. September 1853 § 26 Nr. 8; vgl. auch die Rhein. Not.O. v. 25. April 1822 Taxe „Bekanntmachung"). Eine notarielle Zustellung kann beispielsweise in Frage kommen für die Zustellung von Kündigungen, von Mahnungen und ähnlichen Erklärungen.

a) Dem Wortlaute nach geht die Vorschrift über das Gebiet der freiwilligen Gerichtsbarkeit hinaus. Das ist aber nicht beabsichtigt; es soll die Zustellung immer ein Akt der freiwilligen Gerichtsbarkeit bleiben. Diesen Charakter verliert indessen die Zustellung dadurch nicht, daß die Angelegenheit selbst zu der streitigen Gerichtsbarkeit gehört und die Zustellung zu prozessualen Zwecken erfolgt z. B. bei Zustellung von Mahnungen, um den Schuldner in Verzug zu setzen (BGB. § 284 Abs. 1). Allerdings ist die hier in Rede stehende Zustellung nicht anwendbar im Laufe eines im Inlande geführten Prozesses, da die gesammten Beurkundungsvorschriften sich überhaupt nicht auf die Beurkundung prozessualischer Rechtsgeschäfte oder Thatsachen beziehen; für diese bleiben lediglich die Vorschriften der Prozeßgesetze maßgebend. Vgl. Kom. d. Verf. z. RGes. Vorbemerkung zum 10. Abschnitt; Dorner, Vorbemerkung zum 10. Abschnitt, Nr. 5; Schneider § 167 Anm. 2. — Vgl. unten Art. 34 Note 1.

b) Desgleichen muß es für Zustellungen innerhalb eines bei dem Gericht anhängigen Verfahrens der freiwilligen Gerichtsbarkeit bei dem § 16 RGes. und dem Art. 1 in Verbindung mit zu erlassenden Ausführungsvorschriften des Justizministers verbleiben (Begr. S. 28). Das hat seinen Grund darin, daß auf ein solch besonders geregeltes Verfahren die allgemeinen Vorschriften Anwendung zu finden haben und davon abweichende nur dann Anwendung finden können, wenn dafür speciell ein Anderes bestimmt ist, bleiben doch auch für die in einem solchen Verfahren vorzunehmende Beurkundung nicht die Vorschriften des 10. Abschnitts RGes., sondern die Specialvorschriften maßgebend z. B. Beurkundung einer Theilungsverhandlung oder einer Vereinbarung über die Dispache. Vgl. auch Schneider § 167 Anm. 2, Dronke § 167 Anm. 3k.

c) Auch kann die Zustellung durch einen Notar die Zustellung durch einen Gerichtsvollzieher im Falle des § 132 BGB. nur theilweise ersetzen. Nach § 130 BGB. wird eine Willenserklärung, die einem Anderen gegenüber abzugeben ist, wenn sie in dessen Abwesenheit abgegeben wird, in dem Zeitpunkte wirksam, in welchem sie ihm zugeht. Eine solche Willenserklärung gilt auch dann als zugegangen, wenn sie gemäß § 132 BGB. durch einen Gerichtsvollzieher zugestellt worden ist; die Zustellung erfolgt nach den Vorschriften der CPO. Es ist reichsgesetzlich nirgends vorgesehen, daß an Stelle oder neben der sog. Ersatz-Zustellung landesgesetzlich eine andere Art mit gleicher Wirkung eingeführt werden dürfte. Vgl. Art. 114 Note 2.

5. Nach der Begr. S. 28 ergiebt sich aus dem Umstande, daß Art. 31 Abs. 2

im Gegensatze zu Abs. 1 nur die Notare nennt, daß die Gerichte, soweit **sich nicht aus** sonstigen Vorschriften ein Anderes ergiebt, zur Vornahme von Zustellungen nicht befugt sind.

6. Der **Satz 2 des Abs. 2** ist von der Kom. d. Abg. — vgl. Kom.Ber. S. 27 — eingefügt worden mit Rücksicht auf § 41 des Ausf.Ges. zum Deutschen GKG. und zu den Gebührenordnungen für Gerichtsvollzieher und für Zeugen und Sachverständige v. 10. März 1879, wonach die Zustellungsurkunden der Gerichtsvollzieher ebenfalls stempelfrei sind.

7. Auch der **Abs. 3** ist von der Kom. d. Abg. eingefügt worden, — vgl. Kom.-Ber. S. 24 bis 27 — nach Ablehnung weitergehender Anträge, welche für das Gebiet des Oberlandesgerichtsbezirks Cöln die mit den Notaren konkurrirende Thätigkeit der Amtsgerichte in Ansehung der im Abs. 1 bezeichneten Geschäfte einschränken wollten. Vgl. hierzu Art. 38 Abs. 3. Anweisungen der in Abs. 3 gedachten Art sind noch nicht ergangen.

Artikel. 32.

Unberührt bleiben die Vorschriften, wonach die im Artikel 31 bezeichneten Handlungen der freiwilligen Gerichtsbarkeit auch von anderen Behörden oder mit öffentlichem Glauben versehenen Personen als den Amtsgerichten oder Notaren oder nur von solchen anderen Behörden oder Personen oder nur von dem örtlich zuständigen Amtsgerichte vorgenommen werden können.

Beglaubigte Abschriften oder Bescheinigungen aus den bei Gericht geführten oder verwahrten Akten und öffentlichen Büchern sollen die Notare in der Regel nicht ertheilen.

---

1. Der **Abs. 1** hat mit Rücksicht auf die in Art. 31 ausgesprochene allgemeine Regel sowohl die Aufrechterhaltung der nach Art. 142, 143 Einf.Ges. z. BGB. — die landesrechtliche Befugniß in Ansehung des in Art. 141 daselbst vorgesehenen Wahlrechts ist in Art. 31 erschöpft — in Kraft bleibenden Zuständigkeitsbestimmungen neben denjenigen in Art. 31 im Auge, als auch die Ausführung des § 189 RGes.

a) Was die Art. 142, 143 Einf.Ges. z. BGB. anlangt, so kommt hier nur die erwähnte Aufrechterhaltung im Allgemeinen in Betracht (vgl. unter b), während die Vorschriften selbst, die für einzelne Gebiete getroffen sind und aufrecht erhalten werden sollen, in das Ausf.Ges. z. BGB. aufgenommen worden sind.

α) Zu Art. 142 Einf.Ges. Nach § 313 BGB. bedarf ein Vertrag, durch den sich der eine Theil verpflichtet, das Eigenthum an einem Grundstücke zu übertragen, der gerichtlichen oder notariellen Beurkundung. Der Art. 142 hält daneben die landesgesetzlichen Vorschriften aufrecht, denen zufolge für die Beurkundung eines solchen Vertrags über ein im Gebiete des Bundesstaats liegendes Grundstück außer den Gerichten und Notaren auch andere Behörden und Beamte zuständig sind. Der Vorbehalt ist für Preußen zunächst insofern von Bedeutung, als er die jetzt bestehende Beurkundungsbefugniß anderer Behörden und Beamten, z. B. der Auditeure (Gesetz v. 8. Juni 1860, GS. S. 240, vgl. unten Art. 129, Reichsmilitärgesetz v. 2. Mai 1874 § 39) und an deren Stelle die Kriegsgerichtsräthe bezw. Oberkriegsgerichtsräthe (Einf.Ges.

zur Militärstrafprozeßordnung v. 1. Dezember 1898, RGBl. S. 1289, § 20) auch in Betreff der hier fraglichen Verträge wahrt, desgleichen insofern als die Preuß. Gesetzgebung berechtigt bleibt, für die Beurkundung der erwähnten Verträge Ortsbehörden, Ortsgerichte rc. zuständig sein zu lassen; vgl. abgesehen von § 3 des folgenden Art. 12 Ausf.Ges. z. BGB. unten die Art. 111 ff. und die Begründung zu diesem Art. 12. In Ausübung dieses Vorbehalts bestimmt Art. 12 Ausf.Ges. z. BGB.:

Art. 12. § 1. Für einen Vertrag, durch den sich der eine Theil verpflichtet, das Eigenthum an einem Grundstücke gegen Uebernahme einer festen Geldrente zu übertragen (Rentengutsvertrag), genügt bei den durch Vermittelung der Generalkommission begründeten und bei den vom Staate ausgegebenen Rentengütern die schriftliche Form.

Das Gleiche gilt für den in den §§ 16, 17 des Gesetzes über die Enteignung von Grundeigenthum vom 11. Juni 1874 (Gesetz-Samml. S. 221) bezeichneten Vertrag über die freiwillige Abtretung von Grundeigenthum.

§ 2. Wird bei einem Vertrage, durch den sich der eine Theil verpflichtet, das Eigenthum an einem in Preussen liegenden Grundstücke zu übertragen, einer der Vertragschliessenden durch eine öffentliche Behörde vertreten, so ist für die Beurkundung des Vertrags ausser den Gerichten und Notaren auch der Beamte zuständig, welcher von dem Vorstande der zur Vertretung berufenen Behörde oder von der vorgesetzten Behörde bestimmt ist.

§ 3. In dem vormaligen Herzogthume Nassau sind an Orten, die nicht Sitz eines Amtsgerichts sind, auch die Bürgermeister zuständig, Kauf- und Tauschverträge über Grundstücke ihres Amtsbezirkes zu beurkunden, wenn der Kaufpreis oder der Werth der eingetauschten Gegenstände nicht mehr als fünfhundert Mark beträgt.

§ 4. Auf die Beurkundung, die ein nach den §§ 2, 3 zuständiger Beamter vornimmt, finden die Vorschriften des § 168 Satz 2 und der §§ 169 bis 180 des Reichsgesetzes über die Angelegenheiten der freiwilligen Gerichtsbarkeit, des § 191 des Gerichtsverfassungsgesetzes und des Art. 41 des Preussischen Gesetzes über die freiwillige Gerichtsbarkeit entsprechende Anwendung. Ist nach diesen Vorschriften ein Dolmetscher zuzuziehen, so kann die erforderliche Beeidigung des Dolmetschers durch den beurkundenden Beamten erfolgen.

β) Zu Art. 143 Einf.Ges. Nach § 925 BGB. muß die zur Uebertragung des Eigenthums an einem im Grundbuch eingetragenen Grundstück erforderliche Einigung des Veräußerers und des Erwerbers, die Auflassung, bei gleichzeitiger Anwesenheit beider Theile vor dem Grundbuchamt erklärt werden. Das Gleiche gilt nach § 1015 und § 1017 Abs. 1 von der zur Bestellung oder Uebertragung eines Erbbaurechts erforderlichen Einigung. Der Art. 143 Abs. 1 Einf.Ges. z. BGB. gestattet jedoch der Landesgesetzgebung, in Ansehung der in dem Gebiete des Bundesstaats liegenden Grundstücke zu bestimmen, daß die Auflassung und die gleichstehenden Einigungen außer vor dem Grundbuchamt auch vor Gericht, vor einem Notar, vor einer anderen Behörde oder vor einem anderen Beamten erklärt werden können. In Berücksichtigung des bisher in dem Geltungsgebiete des Rheinischen Rechts herrschenden Zustandes und nur insoweit von ihm abweichend, als auch das Erbbaurecht in Betracht gezogen ist, hält der Art. 26 Ausf.Ges. z. BGB. diesen bisherigen Zustand aufrecht. Dieser Art. 26 lautet:

Art. 26. Für Grundstücke, die im bisherigen Geltungsbereiche des Rheinischen Rechtes belegen sind, gelten folgende Vorschriften:

§ 1. Die Auflassung sowie die zur Bestellung oder Uebertragung eines Erbbaurechts erforderliche Einigung kann ausser vor dem Grundbuchamt auch vor einem anderen Preussischen Amtsgericht oder vor einem Preussischen Notar erklärt werden. Durch Königliche Verordnung kann bestimmt werden, dass auch die Amtsgerichte oder die Notare anderer Bundesstaaten zuständig sind.

Jeder Theil ist berechtigt, zu verlangen, dass die Auflassung vor dem Grundbuchamt erfolgt.

§ 2. Bei der Auflassung bedarf es der gleichzeitigen Anwesenheit beider Theile nicht, wenn das Grundstück durch ein Amtsgericht oder einen Notar versteigert worden ist und die Auflassung noch in dem Versteigerungstermine stattfindet.

γ) Zur Uebertragung des Eigenthums an buchungsfreien Grundstücken ist die gerichtliche oder notarielle Beurkundung der Einigung erforderlich; wird einer der Betheiligten durch eine öffentliche Behörde vertreten, so genügt die Beurkundung durch einen nach Art. 12 § 2 Ausf.Ges. z. BGB (vgl. Note α oben) für die Beurkundung des Veräußerungsvertrags zuständigen Beamten; Art. 27 Ausf.Ges. z. BGB.

b) Der § 189 RGes. schreibt vor, daß die Vorbehalte, welche im Einf.Ges. z. BGB. zu Gunsten der Landesgesetze gemacht sind, auch für die Vorschriften der Landesgesetze über diejenigen A. d. fr. Ger. gelten, welche Gegenstand des RGes. sind und daß den Landesgesetzen nach Maßgabe der Art. 57, 58 Einf.Ges. z. BGB. die Hausverfassungen gleichstehen sollen. Hiernach steht die Landesgesetzgebung auf den ihr in den Art. 55ff. Einf.Ges. z. BGB. vorbehaltenen Gebieten vollständig unabhängig von der Reichsgesetzgebung da. Soweit also eine A. d. fr. Ger. in eins dieser Gebiete einschlägt, ist lediglich die Landesgesetzgebung auch für die Regelung des Beurkundungswesens, insbesondere der Zuständigkeit, maßgebend. Für diese Angelegenheiten sind in Art. 32 Abs. 1 die bestehenden landesgesetzlichen Vorschriften in Kraft erhalten. Vgl. hierzu Art. 136, 137.

Es kommen hierbei unter Anderem in Betracht das Ministerium des Königl. Hauses für die Mitglieder der Königl. Familie und des Fürstl. Hauses Hohenzollern (Ges. v. 26. April 1851, GS. S. 181, Art. III; Allerh. Erlaß v. 14. August 1852, GS. S. 771), die Oberlandesgerichte und Landgerichte für Beurkundungen in Fideikommiß- und Stiftungssachen (Ausf.Ges. z. GVG. §§ 29, 49; ALR. II. 4 § 62; Ges. v. 5. März 1855, GS. S. 175, § 1; Ausf.Ges. z. BGB. Art. 1, 2), die Kommissare der Auseinandersetzungsbehörden (Verordn. v. 20. Juni 1817, GS. S. 161, § 55), ferner die Landschaftssyndiken für Beurkundungen innerhalb des Geschäftskreises der Landschaft (vgl. z. B. Ostpreußische Landschaftsordnung v. 7. Dezember 1891 § 61), die Auditeure und an deren Stelle die Kriegsgerichtsräthe oder Oberkriegsgerichtsräthe (vgl. oben a α), des Weiteren die Universitätsrichter hinsichtlich der Anerkenntnisse gestundeter Honorare (Ges., betr. die Rechtsverhältnisse der Studirenden u. s. w., v. 29. Mai 1879, GS. S. 389, § 1 Abs. 3). Begr. S. 29.

Was insbesondere die Beurkundungen anlangt, welche nur von anderen Behörden oder Personen oder nur von dem örtlich zuständigen Amtsgericht, also weder von einem sonstigen Amtsgericht noch von einem Notar, vorgenommen werden können, so bestanden entsprechende Vorbehalte auch in dem bisherigen Rechte (vgl. Hann. Not.O. § 9 Abs. 2 Nr. 2; Gesetz, enthaltend Bestimmungen über das Notariat, v. 8. März 1880,

GS. S. 177, § 2 Abs. 2). Hierher gehört ferner beispielsweise die Beurkundung des Austritts aus der Kirche sowie die Beurkundung der Uebertragung des Eigenthums an Grundstücken, die in einem Gebiete liegen, für welches die Gesetzgebung von dem Vorbehalte des Art. 143 Abs. 1 des Einf.Ges. z. BGB. keinen Gebrauch gemacht hat (vgl. Ges. v. 14. Mai 1873, GS. S. 207, §§ 1, 8; Ges. v. 28. Juli 1876, GS. S. 353, § 2; BGB. § 925; Ausf.Ges. z. BGB. Art. 26 und oben Note 1 β). Begr. S. 29. Hierher gehört ferner die ausschließliche Zuständigkeit des Gerichts, dem die Verwaltung oder die Beaufsichtigung einer Familienstiftung zusteht, für die Aufnahme und Genehmigung eines behufs Aenderung der Verfassung sowie Aufhebung der Stiftung erforderlichen Familienschlusses (Ausf.Ges. z. BGB. Art. 2 § 2); weiterhin ist für die Entgegennahme und öffentliche Beglaubigung der im § 1577 Abs. 2, 3 BGB. bezeichneten Erklärungen über den Namen einer geschiedenen Frau, neben dem für einen gewissen Fall zuständigen Standesbeamten, nach Art. 68 Ausf.Ges. z. BGB. dasjenige Amtsgericht ausschließlich zuständig, in dessen Bezirke der Erklärende seinen Wohnsitz oder seinen gewöhnlichen Aufenthalt hat.

2. Wenn für die in Art. 31 bezeichneten Handlungen der freiwilligen Gerichtsbarkeit nach Art. 32 Abs. 1 außer den Amtsgerichten und Notaren andere Behörden und Personen zuständig sind, so gelten gemäß § 194 RGes. für diese, soweit es sich um Beurkundungen von Rechtsgeschäften handelt, da diese zu den durch Reichsgesetz den Gerichten übertragenen A. d. fr. Ger. gehören (vgl. Vorbemerkung zum 1. Titel), auch die im ersten Abschnitte des RGes. für die Gerichte gegebenen Vorschriften, soweit nicht der genannte § 194 selbst Ausnahmen aufstellt.

3. Zu Abs. 2. Im Allgemeinen entspricht es der Natur der Sache, daß nur diejenige Behörde Bescheinigungen und Abschriften aus Akten oder öffentlichen Büchern ertheilen kann, bei welcher die Akten und Bücher geführt werden. Die Bestimmung des Abs. 2 war indessen nach Entscheidungen des Kammergerichts schon bestehendes Recht.

Die Notare „sollen" die Befugniß „in der Regel" nicht ausüben. Damit ist zum Ausdruck gebracht, daß es besonderer Gründe bedarf z. B. sich um eilige Fälle handeln muß, wenn die Notare die Schriftstücke ertheilen und andererseits, daß die Gültigkeit der beglaubigten Abschrift und der Bescheinigung nicht beeinträchtigt wird, wenn solche einmal von einem Notar ertheilt werden, ohne daß besondere Gründe dafür vorliegen. Begr. S. 29 und Kom.Ber. S. 28.

Artikel 33.

Die Amtsgerichte und die Notare sollen die freiwillige Versteigerung eines Grundstücks nur vornehmen, wenn das Grundstück in ihrem Amtsbezirke belegen ist. Liegt das Grundstück in verschiedenen Amtsbezirken oder sollen mehrere Grundstücke, die in verschiedenen Amtsbezirken liegen, zusammen versteigert werden, so ist jedes Amtsgericht sowie jeder Notar, in dessen Amtsbezirk ein Theil des Grundstücks oder eines der Grundstücke liegt, zu der Versteigerung befugt.

Gehört das Grundstück zu einem Nachlaß oder zu einer ehelichen Gütergemeinschaft oder zu einer fortgesetzten Gütergemeinschaft, so darf die Versteigerung auch von dem Gerichte vorgenommen werden, welches

auf Grund der §§ 86, 99 des Reichsgesetzes über die Angelegenheiten der freiwilligen Gerichtsbarkeit mit der Vermittelung der Auseinandersetzung befaßt ist; hat das Gericht die Vermittelung der Auseinandersetzung einem Notar übertragen, so ist an Stelle des Gerichts der Notar zuständig.

---

1. Die Beschränkung in der Zuständigkeit, die **Abs. 1** vornimmt, ist nur als Ordnungsvorschrift erlassen; ein Verstoß dagegen beeinträchtigt daher nicht die Gültigkeit des Aktes und dessen Beurkundung und das auch dann nicht, wenn der beurkundende Beamte dabei außerhalb der Grenzen seines Bezirks die Handlung vorgenommen hat (Art. 39).

Nach dem ALR. (II. 17 § 56) gehörte die freiwillige gerichtliche Subhastation vor den Richter der belegenen Sache; für Notare bestand keine Vorschrift, nach der sie nur zur Versteigerung solcher Grundstücke befugt wären, die in ihren Amtsbezirken belegen sind. Nun sind Gerichte und Notare gleichgestellt.

Der Amtsbezirk eines Notars umfaßt den ganzen Oberlandesgerichtsbezirk, in welchem ihm der Amtssitz angewiesen ist, Art. 80.

2. **Zu Abs. 2.** Wegen des Wortlauts der angeführten Paragraphen des RGes. siehe Art. 21 Note 2.

3. Auf diese Vorschrift trifft das in Note 1 Abs. 1 Gesagte ebenfalls zu; für den unterstellten Fall ist die Zuständigkeit nur vermehrt.

Artikel 34.

Ist zur Wahrnehmung von Rechten im Auslande die Leistung eines Eides oder eine Versicherung an Eidesstatt erforderlich, so ist zur Abnahme des Eides oder der Versicherung an Eidesstatt sowohl das Amtsgericht als auch der Notar befugt.

Das Amtsgericht kann für eine einzelne Angelegenheit einen Sachverständigen auch dann beeidigen, wenn alle bei dieser Angelegenheit betheiligten Personen darauf antragen und die Beeidigung nach dem Ermessen des Gerichts angemessen erscheint.

---

1. Die Vorschrift des **Abs. 1** ist nach der Begr. S. 30, aus den Bestimmungen des Hannoverschen Gesetzes über das Verbot der Privateide v. 28. Dezember 1821 — zum Theil aufgehoben unten in Art. 144 Nr. 5 — und der Preuß. AGO. (III 7 § 83d, § 87) entnommen. Nach jenem darf, wenn behufs ausländischer Rechtsgeschäfte Urkunden auszustellen sind, bei welchen die Form des fremden Rechtes eine eidliche Bekräftigung vor Notar und Zeugen erfordert, diese vor dem Notar erfolgen und das letztere bestimmt, daß im Laufe eines bei einem ausländischen Gerichte schwebenden Prozesses der Notar Zeugen eidlich abhören kann, wenn nach dem ausländischen Gerichtsgebrauch auf ein eidliches notarielles Zeugenverhör reflektirt wird. Notar und Amtsgericht sind wieder gleichgestellt.

Die Leistung des Eides oder die Versicherung an Eidesstatt muß zur Wahrnehmung von Rechten im Ausland erforderlich sein.

a) Es muß sich um die Leistung eines Eides oder einer Versicherung an Eidesstatt handeln. Hinsichtlich der Person des Leistenden ist keinerlei Einschränkung gemacht; es kann sich somit um Parteieneide oder um Eide von Zeugen oder Sachverständigen oder sonst an der Rechtsangelegenheit betheiligten Personen handeln. Abgesehen von Zeugen- und Sachverständigenverhören kommen insbesondere auch eidesstattliche Versicherungen über Zustellungen in Betracht.

b) Die Leistung muß zur Wahrnehmung von Rechten erforderlich sein. Auch hier ist keine Einschränkung gemacht, also kommt die Wahrnehmung von Rechten in jeder Form in Betracht. Damit geht die Vorschrift, ähnlich wie die in Art. 31 Abs. 2 Satz 1 (vgl. dort Note 4a), über das Gebiet der freiwilligen Gerichtsbarkeit hinaus, nur daß die hier in Rede stehende Vorschrift weitergeht (vgl. Kom.Ber. S. 29). Da es sich hier um Wahrnehmung von Rechten im Auslande handelt, so bilden nämlich nicht die Formvorschriften der inländischen Gesetze, namentlich der inländischen Prozeßgesetze, die Norm für die Zulässigkeit bezw. das Erforderliche und deshalb ist es weder von Belang, ob die Angelegenheit, in welcher die Leistung erfolgt, zur freiw. Gerichtsb. gehört oder nicht, noch insbesondere ob das Verfahren, in welchem sie erfolgt, ein Verfahren dieser Art ist oder vielmehr ein prozessualisches Verfahren.

c) Die Wahrnehmung der Rechte muß im Auslande erfolgen, d. h. vor den ausländischen Gerichten; denn vor den deutschen Konsulargerichten im Auslande gelten die deutschen Verfahrensgesetze mit gewissen Aenderungen, vgl. Gesetz über die Konsulargerichtsbarkeit v. 10. Juli 1879 §§ 14 ff., desgleichen in den Schutzgebieten nach Maßgabe der Reichsgesetze, betr. die Rechtsverhältnisse der Schutzgebiete, v. 17. April 1886 (RGBl. S. 75), v. 15. März 1888 (RGBl. S. 71) und v. 2. Juli 1899 (RGBl. S. 365) bezw. der auf Grund derselben ergangenen Kaiserlichen Verordnungen. — Vgl. Art. 44.

d) Die Leistung muß erforderlich sein. Ob das der Fall, richtet sich nach dem ausländischen Rechte, wie schon unter b angedeutet.

Das englische Recht namentlich verlangt für das summarische Prozeß-Verfahren Eidesleistung. Nach J. Rüttimann, der englische Civil-Prozeß mit besonderer Berücksichtigung des Verfahrens der Westminster Rechtshöfe (Leipzig 1851) S. 80 ff. ist das Verfahren im Wesentlichen folgendes: Die Thätigkeit einer Partei, durch welche eine auf summarischem Wege zu fassende Entscheidung des Gerichts hervorgerufen werden soll — motion — muß von einem Advokaten in einer der Perioden, während welcher die Gerichte Sitzungen halten, vorgenommen werden. Die Thatsachen, auf welche die motion gestützt wird, sind durch Affidavits nachzuweisen. Ein Affidavit ist eine schriftliche Darstellung thatsächlicher Verhältnisse, welche derjenige, von dem sie ausgeht (the deponent), durch einen Eid bekräftigt hat. In einem solchen Aktenstücke sind folgende Bestandtheile zu unterscheiden: 1. Titel und Ueberschrift, 2. die Bezeichnung des Deponenten, 3. die faktische Darstellung, 4. die Unterschrift und 5. die eidliche Bekräftigung. — Die Darstellung soll klar und bestimmt die betreffenden Thatsachen bezeichnen, nicht ein bloßes Raisonnement oder eine bloße Meinung ausdrücken. Sie soll so gefaßt sein, daß im Fall ihrer Unwahrheit der Deponent wegen Meineids verfolgt werden kann. — Unter das Affidavit setzt der Deponent eigenhändig seine Namensunterschrift, oder, wenn er nicht schreiben kann, ein Handzeichen. — In dieser Form wird das Affidavit außergerichtlich abgefaßt und am Fuße desselben die Angabe, von wem, wo, wann und vor wem der Eid geleistet worden ist, hingesetzt. — Außerhalb Großbritanniens wird der Eid von denjenigen Beamten abgenommen, welche hierzu nach den Gesetzen des betreffenden Landes befähigt sind. In diesem Falle muß aber die Unterschrift und die Kompetenz eines solchen Beamten besonders beglaubigt werden. —

2. Daß der Notar im Erbbescheinigungsverfahren eidesstattliche Versicherungen entgegennehmen darf, ist schon im BGB. § 2356 Abs. 2 bestimmt.

Wegen der Befugniß der Notare, im Theilungsverfahren Zeugen und Sachverständige zu beeidigen, vgl. Art. 23 Note 3d und § 15 RGes. (Anlage).

3. Die Vorschriften des internationalen Rechtes über die Abnahme von Eiden im Wege der Rechtshülfe zwischen den Prozeßgerichten werden durch die Bestimmung nicht berührt.

4. Der **Abs.** 2 ist eine Ergänzung des § 15 RGes., wonach in einem bei ihm anhängigen Verfahren der freiwilligen Gerichtsbarkeit der Richter zur eidlichen Vernehmung von Sachverständigen schreiten kann. Nach Abs. 2 soll eine solche Beeidigung auch außerhalb eines anhängigen Verfahrens für eine einzelne Angelegenheit unter den erwähnten Voraussetzungen zulässig sein.

Zu diesen Voraussetzungen gehört vor Allem, wenn auch nicht ausdrücklich hervorgehoben, daß die Beeidigung nur im Einverständnisse mit dem Sachverständigen — vgl. Art. 15 Note 2 — erfolgt sowie der Antrag aller betheiligten (vgl. Kom. d. Verf. z. RGes. § 2 Note 2a) Personen.

5. Die besonderen Vorschriften des geltenden Rechts über die gerichtliche Aufnahme von Taxen bleiben neben dem Art. 34 Abs. 2 bestehen. Begr. S. 31.

6. Zu **Abs. 1 und 2.** In Abs. 1 ist Gericht und Notar für befugt erklärt, die Eidesleistung abzunehmen, nach Abs. 2 kann das Gericht die Beeidigung vornehmen. Im letzteren Fall ist das Gericht nicht für verpflichtet zu halten, dem Antrag auf Beeidigung stattzugeben (Begr. S. 31), im ersteren dagegen wird dieselbe Verpflichtung des Richters und Notars anzunehmen sein, welchen diese Beamten auch bei anderen dienstlichen Obliegenheiten unterstehen.

Artikel 35.

Zur Beglaubigung von Abschriften sind auch die Gerichtsschreiber befugt. Die Vorschriften über die Beglaubigung von Abschriften aus dem Grundbuch und dem Schiffsregister bleiben unberührt.

---

1. Eine dem Satz 1 entsprechende allgemeine Vorschrift bestand bis jetzt nicht. Die zuerkannte Befugniß ist nicht beschränkt auf Abschriften aus den bei Gericht geführten oder aufbewahrten (vgl. Art. 27) Akten, Registern und Urkunden, sondern besteht auch für die Fälle, in denen die Betheiligten Urkunden, die sie in ihrem Besitze haben, zum Zwecke der Abschriftsbeglaubigung vorlegen; vgl. Art. 59 in Verbindung mit Art. 57 Abs 2.

2. Zu Satz 2. Wegen der Beglaubigung von Abschriften aus dem Grundbuche bestimmt Art. 7 Abs. 2 des Ausf.Ges. z. GBO., daß sie von dem Richter und dem Gerichtsschreiber vollzogen sein muß. Ein Gleiches ist für die beglaubigten Abschriften aus dem Schiffsregister in Art. 29 Abs. 3 dieses Gesetzes vorgeschrieben.

3. Wegen der Form der Ausführung vgl. Art. 56, 57, 59 und ferner § 5 des Gesetzes, betreffend die Dienstverhältnisse der Gerichtsschreiber, v. 3. März 1879 (unten Art. 131).

Artikel 36.

Die Gerichtsschreiber bei den Amtsgerichten sind zuständig für Beurkundungen behufs Sicherstellung der Zeit, zu welcher eine Privaturkunde ausgestellt ist.

Hierzu vgl. wegen Zuständigkeit der Gerichtsschreibergehülfen § 5 des Gesetzes, betreffend die Dienstverhältnisse der Gerichtsschreiber vom 3. März 1879 (unten Art. 131) und wegen der Ausführungsvorschrift Art. 58, 59.

Artikel 37.

Eine Beurkundung, für die das Landgericht oder das Oberlandesgericht zuständig ist, kann durch einen beauftragten oder ersuchten Richter erfolgen. Der Auftrag kann auch von dem Vorsitzenden der Kammer oder des Senats ertheilt werden. Der beauftragte oder ersuchte Richter soll sich in der Urkunde als solcher bezeichnen.

Die Vorschrift des Artikels entspricht in allen ihren Theilen der gegenwärtigen Praxis (vgl. AGO. II. 2 §§ 1, 2).

Der Auftrag kann nicht nur für einen bestimmten Fall, sondern auch allgemein ertheilt werden. (AGO. III. 1 § 3).

Der Schlußsatz bezweckt — Begr. S. 31 — die Gesetzmäßigkeit der Urkunde auch äußerlich ersichtlich zu machen.

Artikel 38.

Soweit die Gerichtsschreiber oder die Gerichtsvollzieher auf Antrag der Betheiligten oder im Auftrage des Gerichts die im Artikel 31 Abs. 1 bezeichneten Geschäfte vornehmen können, ist das Amtsgericht befugt, die Ausführung eines Geschäfts, um dessen Vornahme es ersucht wird, dem Gerichtsschreiber oder einem Gerichtsvollzieher zu übertragen. In gleicher Weise kann, soweit für die Aufnahme von Vermögensverzeichnissen, die öffentliche Versteigerung beweglicher Sachen sowie die öffentliche Verpachtung an den Meistbietenden die im siebenten Abschnitte bezeichneten Behörden oder Beamten zuständig sind, diesen die Ausführung eines Geschäfts, um dessen Vornahme das Amtsgericht ersucht wird, übertragen werden.

Die Aufnahme eines Vermögensverzeichnisses kann auch einem Notar übertragen werden.

Der Justizminister kann für solche Bezirke, in denen dazu ein Bedürfniß besteht, die Amtsgerichte ermächtigen, in den ihnen geeignet scheinenden Fällen mit der Vornahme und der Beurkundung einer freiwilligen Grundstücksversteigerung, die außerhalb der Gerichtsstelle erfolgen soll, einen Gerichtsschreiber zu beauftragen; der Gerichtsschreiber soll nur mit Zustimmung der Betheiligten beauftragt werden.

---

1. In **Abs. 1** ist dem Amtsrichter die Befugniß beigelegt, die Ausführung eines Geschäfts der freiwilligen Gerichtsbarkeit, um dessen Vornahme er ersucht

worden ist, unter gewissen Voraussetzungen dem Gerichtsschreiber, einem Gerichtsvollzieher oder einer der im siebenten Abschnitte bezeichneten Behörden oder einem der dort genannten Beamten zu übertragen. Die Voraussetzungen sind:

a) es darf sich nur um eins der genannten Geschäfte handeln; zur Uebertragung anderer als der erwähnten Funktionen ist der Richter nicht befugt;

b) es müssen die gedachten Behörden bezw. Beamten ohnehin schon nach anderweitigen Vorschriften befugt sein, die Geschäfte, welche ihnen übertragen werden sollen, vorzunehmen.

2. Der Richter ist bei seiner Entscheidung von den Anträgen der Parteien unabhängig und braucht nur seinem pflichtmäßigen Ermessen zu folgen. Was die von ihm zu prüfenden Voraussetzungen anlangt, so sind, soweit es sich um Geschäfte der in Art 31 Abs. 1 bezeichneten Art handelt, zuständig:

a) die Gerichtsschreiber bei den Amtsgerichten nach § 70 Ausf.Ges. z. GVG.: Wechselproteste aufzunehmen, sowie Siegelungen, Entsiegelungen und Inventuren vorzunehmen. Sie sollen sich solchen Geschäften nur auf Anordnung des Richters unterziehen. — Vgl. ferner über die Befähigung der Gerichtsschreibergehülfen § 5 des Gesetzes, betr. die Dienstverhältnisse der Gerichtsschreiber, v. 5. März 1879, unten Art. 131.

b) die Gerichtsvollzieher nach § 74 Ausf.Ges. z. GVG. — vgl. unten Art. 130 Nr. IX —: Wechselproteste aufzunehmen, freiwillige Versteigerungen von Mobilien, von Früchten auf dem Halm und von Holz auf dem Stamme, Siegelungen, Entsiegelungen und Inventuren im Auftrage des Gerichts oder des Konkursverwalters vorzunehmen, das thatsächliche Angebot einer Leistung zu beurkunden, öffentliche Verpachtungen an den Meistbietenden im Auftrage des Gerichts vorzunehmen.

3. Was die im siebenten Abschnitte bezeichneten Behörden und Beamten betrifft, so kann ihnen das Amtsgericht nur die Vornahme der ausdrücklich bezeichneten Geschäfte übertragen, mag im Einzelnen, wie z. B. nach Art. 112, die Zuständigkeit auch eine weitergehende sein. Das gilt mit Rücksicht auf das Recht der Betheiligten, ein Geschäft der freiwilligen Gerichtsbarkeit, zu dem zwar die erwähnten Behörden und Beamten zuständig sind, um das sie aber das Amtsgericht ersucht haben und zu welchem das Amtsgericht an sich verpflichtet ist, auch von dem Amtsgerichte selbst ausgeführt zu sehen. Im Verhältnisse des Gerichts zu diesen Behörden und Beamten dagegen ist, falls ein solcher Antrag fehlt, das erstere auch zu weitergehenden Aufträgen befugt, da diese Beamten und Behörden Hülfsorgane des Gerichts sein sollen. Vgl. Art. 116.

4. Zu **Abs.** 2. Nach § 2003 BGB. hat auf Antrag der Erben das Nachlaßgericht, statt das Inventar selbst aufzunehmen, die Aufnahme einem Notar zu übertragen. Im Anschlusse hieran und in Uebereinstimmung mit AGO. III. 7 § 88 ist in Abs. 2 vorgesehen, daß auch die Aufnahme eines anderen Vermögensverzeichnisses von dem Amtsgerichte einem Notar aufgetragen werden darf; nur ist im Falle des Abs. 2 der Richter wieder unabhängig von dem Antrage des Betheiligten.

5. Der **Abs.** 3 ist an Stelle einer von der Kom. d. Abg. nach langen Debatten beschlossenen Vorschrift, wonach es in das Ermessen des Richters gestellt sein sollte, die Versteigerung selbst vorzunehmen oder den Gerichtsschreiber damit zu beauftragen (vgl. Kom.Ber. S. 30 bis 34), von dem Plenum des Abgeordnetenhauses eingestellt worden. Es soll verhütet werden, daß der Amtsrichter gezwungen sei, Versteigerungen von Grundstücken oft geringen Werthes und großer Zahl, wie sie in

Gegenden mit stark parzellirtem Grundbesitze vorkommen, außerhalb der Gerichtsstelle vorzunehmen; seinem Ermessen sollte durch die Aenderung kein Eintrag geschehen. Vgl. Stenogr. Berichte des Abg. über die Sitzung v. 1. Juli 1899 S. 2692, 2693. Vgl. unten Art. 67 Note 2.

Die Verfügung des Ministers ist noch nicht ergangen.

6. Wird ein Geschäft auf Grund des Art. 38 auf Gerichtsvollzieher, Notare oder Ortsbehörden übertragen, so ist für die Ueberweisung eine Gebühr für die Staatskasse nicht zu erheben, soweit nicht die §§ 46, 82 des Preußischen Gerichtskostengesetzes Platz greifen. Darüber war die Kommission des Abg. mit den Regierungsvertretern einverstanden; doch ist davon Abstand genommen worden, den Inhalt des Satzes in das Gesetz aufzunehmen, weil daraus für andere Fälle leicht ein Beweis für das Gegentheil entnommen werden könnte. Vgl. Begr. S. 32 und Kom.-Ber. S. 31.

Artikel 39.

Eine Beurkundung ist nicht deshalb ungültig, weil der beurkundende Beamte sie außerhalb der Grenzen seines Bezirkes vorgenommen hat.

Hierzu bemerkt die Begr. S. 32: „Der Grundsatz des Art. 39 schließt sich an die im ALR. (I. 12 § 73, II. 17 § 60) und der AGO. (II. 2 § 10) für gerichtliche Beurkundungen getroffenen Bestimmungen an. Durch den § 7 des RGes. (vgl. Anlage) werden diese Bestimmungen nicht ersetzt: denn es handelt sich im Art. 39 nicht um Beurkundungen eines örtlich unzuständigen Gerichts, sondern um Beurkundungen, welche ein Richter in Fällen, in denen eine örtliche Beschränkung der Zuständigkeit nicht besteht, außerhalb seines Bezirkes vornimmt (z. B. ein in Berlin angestellter Amtsrichter nimmt in einem zu Charlottenburg gehörigen Hause ein Testament auf). Hinsichtlich der notariellen Beurkundungen fehlt es in dem ALR. und der AGO. an einer dem Art. 39 entsprechenden Vorschrift und die Hann. Not.O. (§ 24) stellt sich ausdrücklich auf den entgegengesetzten Standpunkt."

Die Vorschrift hat Geltung für gerichtliche wie notarielle Beurkundungen und ist erlassen, um „die Unzuträglichkeiten zu vermeiden, die mit der Nichtigkeit öffentlicher Urkunden nothwendig verbunden sind".

Dronke (Kommentar zum RGes. § 167 Note 6 und Deutsche Juristenzeitung v. 15. März 1899 S. 130, 131) ist der Meinung, daß, was die Beurkundung von Testamenten und Rechtsgeschäften anlange, die Rechtsgültigkeit schon durch Art. 151 Einf.Ges. z. BGB. und § 200 Abs. 2 RGes. gewährleistet sei, wonach Verletzung der landesgesetzlichen Vorschriften über diese Beurkundungen ohne Einfluß auf die Gültigkeit der Beurkundungen seien. Es handele sich aber hier um etwaige Verstöße gegen Landesgesetze, da die Bezirkseintheilung und die Amtsgrenzen der Gerichte auf Landesrecht beruhten. Dem Art. 39 blieben daher als Anwendungsgebiet nur die „sonstigen Urkunden" des 3. Titels; dorthin gehöre er, hier sage er zuviel.

Hiergegen verdient die der Begr. unterliegende Ansicht den Vorzug. Nach § 167 GVG. darf ein Gericht Amtshandlungen außerhalb seines Bezirks ohne Zustimmung des Amtsgericht des Orts nur vornehmen, wenn Gefahr im Verzuge obwaltet; in diesem Falle ist dem Amtsgerichte des Orts Anzeige zu machen. Danach darf ein Gericht nur unter den gegebenen Voraussetzungen in einem fremden Bezirke Amtshandlungen vornehmen. Nimmt es ohne die Voraussetzungen Amtshandlungen vor, so ist es, wie Dorner, § 2 Note 5 VIII, sagt, „für diese nicht bloß unzuständig, sondern es fehlt ihm die Gerichtsbarkeit". „Demgemäß ist anzunehmen, daß Handlungen des Gerichts außerhalb seines Bezirks, soweit nicht die gesetzlichen Ausnahmefälle vorliegen, überhaupt nicht als gerichtliche Handlungen anzuerkennen sind, daß ihnen somit die Wirksamkeit abzusprechen ist." — Vgl. Art. 81 Note 2.

Es fehlt eben dem Richter und Notar außerhalb des Bezirks, für den er bestellt ist — abgesehen von den im Gesetz ausdrücklich vorgesehenen Fällen — an der amtlichen Eigenschaft zur Vornahme von Amtshandlungen. Die Motive zum 1. Entw. des BGB. Bd. IV S. 36 stellen Richter und Notar insoweit in volle Parallele mit dem Standesbeamten, der außerhalb seines Amtsbezirks nur die Eigenschaft einer Privatperson habe.

Unberührt bleiben von dieser Vorschrift aber die Folgen des Mangels der sachlichen Zuständigkeit, vgl. Art. 32.

Zweiter Titel.

Urkunden über Rechtsgeschäfte.

Der 2. Titel befaßt sich mit der Form und der Behandlung der Urkunden über Rechtsgeschäfte. Wie schon in den Vorbemerkungen zum Vierten Abschnitt und zu dessen Erstem Titel hervorgehoben, hat sich das BGB. darauf beschränkt, Formen für die Testamentserrichtung, sowie für den Abschluß eines Erbvertrags festzustellen (§§ 2233 bis 2245, 2276). Daneben hat das RGes. (§§ 168 ff.) das Verfahren für die Aufnahme gerichtlicher und notarieller Urkunden über Rechtsgeschäfte geregelt u. zw. gemäß § 168 „unbeschadet der Vorschriften des BGB. über die Errichtung von Testamenten und Erbverträgen". An diese Worte ist das Bedenken angeknüpft worden — vgl. Endemann, Deutsche Juristen-Zeitung v. 15. Februar 1899 S. 82 —, für Testamente rc. gelte nur das, was im BGB. stehe; die markirten Worte könnten dieses bedeuten und diese Auslegung trete auch in der Denkschrift (zum Entwurfe des RGes.) hervor. Indessen ist jene Einschränkung dahin zu verstehen, daß es für die Errichtung von Testamenten und Erbverträgen, insoweit sie durch Gericht oder Notar erfolgt, bei jenen Vorschriften des BGB. und desgleichen bei denen der Art. 149 bis 151 Einf.Ges. z. BGB. sein Bewenden behält und daß daneben die Vorschriften der §§ 168 ff. RGes. zur Anwendung zu gelangen haben, sofern sie nicht durch jene Bestimmungen ausgeschlossen erscheinen. Würde die Endemannsche Ansicht richtig sein, so würden für die gerichtliche und notarielle Testaments- bezw. Erbvertragsbeurkundung die §§ 168 ff. RGes. auch insoweit ohne jegliche Bedeutung sein, als sie nicht in Widerspruch ständen. Das kann aber nicht die Ansicht des RGes. gewesen sein, denn es würde dann die Rolle des zur Durchführung des BGB. bestimmten Gesetzes, zu der es zunächst berufen ist, an das Preuß. Gesetz über die freiw. Gerichtsb. abgetreten haben. Vgl. Kom.Ber. S. 34. Die neuen Bestimmungen gelten nicht nur für die in dem BGB. geordneten Rechtsgebiete, vielmehr unterliegen auch solche Beurkundungen, die ein der Landesgesetzgebung vorbehaltenes Gebiet, z. B. das Lehn- oder Fideikommißrecht oder das Recht des hohen Adels, betreffen, künftig den reichsgesetzlichen Vorschriften, soweit nicht etwa für diese Gebiete in den Gesetzen oder Hausverfassungen einzelne besondere Bestimmungen getroffen sind. Auch dadurch, daß für eine Beurkundung ein Kollegialgericht zuständig ist, wird die Anwendbarkeit der reichsgesetzlichen Vorschriften nicht ausgeschlossen. Begr. S. 35.

Das vorliegende Gesetz hat nur wenige Ergänzungs- und Ausführungsvorschriften über das rechtsgeschäftliche Beurkundungswesen aufgenommen, wozu es nach § 200 Abs. 1 RGes. befugt war, in der Erwägung, daß nach § 200 Abs. 2 daselbst ein Verstoß gegen solche ergänzende Rechtssätze doch ohne Einfluß auf die Gültigkeit der Beurkundung ist.

Im Einzelnen enthält der Titel Folgendes: ergänzende Vorschriften über die Aufnahme von Beurkundungen von Personen, deren Geschäftsfähigkeit bezweifelt wird, und von tauben Personen sowie über die Beurkundung von Geschäften, deren Gültigkeit zweifelhaft ist oder die gegen ein Strafgesetz verstoßen (Art. 40, 41), Verwahrung der Urschriften und Ausfertigungen (Art. 42 bis 48), Recht auf Ausfertigung, Abschrift und Einsicht in die Urschrift (Art. 49, 50), Zuständigkeit der Gerichtsschreiber und Rechtsmittel gegen den Notar (Art. 51), Berechtigung von Behörden und Beamten auf Aushändigung und Einsicht von Urkunden (Art. 52).

Artikel 40.

Werden bei der Beurkundung eines Rechtsgeschäfts von dem Richter oder dem Notar Wahrnehmungen gemacht, welche Zweifel darüber begründen, ob ein Betheiligter die zu dem Rechtsgeschäft erforderliche Geschäftsfähigkeit oder Einsicht besitzt, oder bestehen sonstige Zweifel an der Gültigkeit des Geschäfts, so sollen die Zweifel den Betheiligten mitgetheilt und der Inhalt der Mittheilung sowie die von den Betheiligten darauf abgegebenen Erklärungen in dem Protokolle festgestellt werden.

Verstößt der Inhalt eines Geschäfts gegen ein Strafgesetz oder ist das Geschäft offenbar ungültig, so hat der Richter sowie der Notar die Beurkundung abzulehnen.

---

1. Der Artikel giebt dem Richter und Notar Anweisungen für sein Verhalten bei Beurkundung von Rechtsgeschäften. Dieselben sind indessen nicht erschöpfend. Aus allgemeinen Gründen sind die Gerichte und Notare bei Beurkundungen von Rechtsgeschäften für verpflichtet zu halten, darauf zu achten und sich die Ueberzeugung zu verschaffen, daß das von ihnen beurkundete Geschäft gültig ist. Die AGO. II. 2 § 28 schreibt vor, daß „obgleich den Gerichten nicht zugemuthet werden könne, für die Gültigkeit und Rechtsbeständigkeit der von den Parteien geschlossenen Verträge und sonstigen Willenserklärungen zu haften, sondern sie eigentlich nur für die gehörige Beobachtung der gesetzlich vorgeschriebenen Form verantwortlich seien, so liege ihnen doch ob, mit möglichster Sorgfalt zu verhüten, daß vor ihnen keine gesetzwidrige oder ungültige Aktus vorgenommen, und das Vertrauen des Publici auf die Legalität und Sicherheit gerichtlicher Handlungen nicht gemißbraucht werde". Das Gleiche ist in AGO. III. 7 § 48 für die Notare bestimmt. Inhaltlich darf das auch jetzt noch Geltung beanspruchen (vgl. Note 2). Der beurkundende Beamte wird daher prüfen müssen, ob für die Beurkundung Hindernisse bestehen. Diese können enthalten sein in seiner eigenen Person, in den Persönlichkeiten der Betheiligten oder in dem Geschäfte selbst.

a) Was die Beschränkungen in der Person des Beurkundenden anlangt, so kommen Zuständigkeit, Ausschließung, Ablehnung in Betracht, die an anderen Stellen erörtert sind, vgl. 1. Titel dieses Abschnitts und Art. 1.

b) In Ansehung der Personen der Betheiligten hat die Prüfung sich auf drei Punkte zu erstrecken: auf die Feststellung der Identität, auf die Geschäftsbefugniß und auf die Geschäftsfähigkeit der Betheiligten.

α) Was die Feststellung der Identität der Betheiligten anlangt, so sind darüber in § 176 Abs. 3 RGes. die erforderlichen Vorschriften getroffen. Dieselben lauten:

Das Protokoll soll eine Angabe darüber enthalten, ob der Richter oder der Notar die Betheiligten kennt oder, sofern dies nicht der Fall ist, in welcher Weise er sich Gewissheit über ihre Persönlichkeit verschafft hat. Kann er sich diese Gewissheit nicht verschaffen, wird aber gleichwohl die Aufnahme der Verhandlung verlangt, so sollen der Sachverhalt und dasjenige, was zur Feststellung der Persönlichkeit beigebracht ist, in das Protokoll aufgenommen werden.

Diese Vorschrift gilt nicht bloß für Rechtsgeschäfte unter Lebenden, sondern nach § 168 RGes., da im BGB. eine entgegenstehende Vorschrift nicht gegeben ist, auch für Testamente und Erbverträge (vgl. Vorbemerkung zu diesem Titel). Sie ist eine Ordnungsvorschrift; es ist also nach Reichsrecht dem beurkundenden Beamten überlassen, wie er die Persönlichkeit der Betheiligten feststellen will — entgegen den bisherigen Vorschriften der Rhein. und der Hann. Not.O. (Art 24 und § 14), welche die Feststellung durch sog. Rekognitionszeugen forderten, und übereinstimmend mit den Vorschriften der AGO. (II. 2 § 23; III. 7 § 48; Entscheidung des Reichsgerichts in Gruchot, Beiträge Bd. 33 S. 459); eine landesgesetzliche Einschränkung konnte demnach nicht in Frage kommen. Vgl. Begr. S. 34.

β) Die Prüfung der Geschäftsbefugniß kann sich namentlich auf die Befugniß zu einem dinglichen Rechtsgeschäft und auf die Vertretungsbefugniß, sei es einer auf Gesetz oder auf Vollmacht beruhenden, beziehen. In Bezug auf den letzteren Punkt kommt in Betracht, daß auch das Auftreten von Bevollmächtigten (RGes. § 13 und Art. 1 a. E.) gestattet ist, soweit nicht gesetzlich ein Anderes bestimmt ist und daß nach § 168 RGes. bei der Beurkundung der Bevollmächtigte und nicht der Vollmachtgeber als Betheiligter gilt (vgl. Kom. d. Verf. z. RGes. § 168 Note 4). Was die Vollmacht anlangt, so ist § 167 Abs. 2 BGB. zu beachten, wonach die Vollmacht nicht der Form bedarf, welche für das Rechtsgeschäft bestimmt ist, auf welche sich die Vollmacht bezieht. Das muß zur Folge haben, daß der Urkundsbeamte die Aufnahme der Verhandlung von der Vorlage einer Vollmacht nicht abhängig machen kann, vielmehr nur auf den Mangel aufmerksam machen muß und wenn dennoch die Betheiligten auf der Aufnahme der Verhandlung bestehen, die Verhandlung aufnehmen und den Sachverhalt im Protokoll erwähnen muß. Vgl. ferner Note *δ*.

γ) Vor Allem wichtig ist die Prüfung der Geschäftsfähigkeit der Betheiligten (Art. 40 Abs. 1), da die Willenserklärung eines Geschäftsunfähigen oder einer Person, die sich bei Abgabe der Willenserklärung im Zustande der Bewußtlosigkeit oder vorübergehender Störung der Geistesthätigkeit befindet, nichtig ist (BGB. § 104).

Geschäftsunfähig ist (BGB. § 104), wer nicht das siebente Lebensjahr vollendet hat, wer sich in einem die freie Willensbestimmung ausschließenden Zustande krankhafter Störung der Geistesthätigkeit befindet, sofern nicht der Zustand seiner Natur nach ein vorübergehender ist und wer wegen Geisteskrankheit entmündigt ist. Unter die an zweiter Stelle Genannten fallen auch die Geisteskranken vor erfolgter Entmündigung (vgl. v. Buchka, Vergleichende Darstellung des BGB. und des Gemeinen Rechts, 2. Aufl. S. 19). — Daneben kommen die in der Geschäftsfähigkeit beschränkten Minderjährigen (BGB. §§ 106 bis 113), und die ihnen gleichgestellten wegen Geistesschwäche, Trunksucht Entmündigten und die nach § 1906 BGB. (Volljährige, deren Entmündigung beantragt ist) unter vorläufige Vormundschaft Gestellten (BGB. § 114) in Betracht. — Für die Geschäftsfähigkeit von Ausländern sind ferner die Art. 7, 8, 10, 27 Einf.Ges. z. BGB. maßgebend. Die Wirksamkeit einer von oder gegenüber einem Vertreter abgegebenen Willenserklärung wird nicht dadurch beeinträchtigt, daß der Vertreter in der Geschäftsfähigkeit beeinträchtigt ist (BGB. § 165).

Außer der Geschäftsfähigkeit verlangt die Vorschrift des Abs. 1 auch die Prüfung der Einsicht der Betheiligten. Erfordernisse für die letztere sind gesetzlich weder hier, noch sonst aufgestellt, ebensowenig Merkmale für die Abwesenheit derselben. Gemeint ist die Einsicht in die Tragweite der von dem Betheiligten abzugebenden Willenserklärung, soweit dieselbe für die Rechtsbeständigkeit des zu beurkundenden Rechtsgeschäfts von Bedeutung ist. Das BGB. hat den Einfluß der Willensmängel auf die Gültigkeit der Rechtsgeschäfte nicht nach einer bestimmten Theorie geregelt, sondern lediglich nach praktischen Gesichtspunkten und namentlich für den praktisch wichtigsten der hier in Betracht kommenden Fälle, den des Irrthums, mit Rücksicht auf die Sicherheit des rechtsgeschäftlichen Verkehrs, die Grundauffassung leitend sein lassen, daß nur ein Irrthum über den Inhalt der Willenserklärung sowie der Umstand, daß der Erklärende eine Erklärung des Inhalts überhaupt nicht abgeben wollte, wie er sie abgegeben hat, Beachtung finden sollen und daß die Anfechtung einer solchen Willenserklärung statthaben könne, wenn anzunehmen sei, daß der Erklärende bei Kenntniß der Sachlage und bei verständiger Würdigung des Falles die Willenserklärung nicht abgegeben habe (BGB. § 119; Denkschr. z. Entw. d. BGB. S. 20, 21).

Neben dieser nach materiellem Recht zu beurtheilenden Geschäftsfähigkeit, kommt dann noch die formelle Geschäftsfähigkeit derjenigen in Betracht, welche an einem Gebrechen leiden oder der Gerichtssprache nicht mächtig sind, soweit sie nicht nach § 1910 BGB. durch einen Pfleger vertreten werden. Der Einfluß mangelnder Geschäftsfähigkeit in diesem Sinne macht sich in Bezug auf die Form der Beurkundung durch die Nothwendigkeit der Zuziehung von Zeugen rc. nach Maßgabe der §§ 169 ff. RGes. geltend.

δ) Gefordert wird in Abs. 1 des Art. 40 die Prüfung der Geschäftsfähigkeit und Einsicht, welche zu dem zu beurkundenden Rechtsgeschäft erforderlich ist, nicht also bloß die der allgemeinen persönlichen Verfügungsfähigkeit. Es wird sich also in nicht seltenen Fällen um nähere Prüfung handeln, ob ein Betheiligter in der besagten Richtung nicht in seiner Geschäftsfähigkeit, welche insoweit mit seiner Geschäftsbefugniß (vgl. Note γ) zusammenfällt, beschränkt ist bezw. ob er die nöthige Autorisation hat, wie z. B. bei Ehegatten, Vormündern, Testamentsvollstreckern u. s. w.

c) Der beurkundende Beamte soll nach Abs. 1 auch das zu beurkundende Geschäft selbst seinem Inhalte nach auf seine Gültigkeit hin prüfen. Insoweit fließen die Vorschriften in Abs. 1 und 2 in einander über. Es soll also der Beamte prüfen:

α) ob das Geschäft gegen ein Strafgesetz verstößt. Das BGB. hebt die gegen ein Strafgesetz verstoßenden Rechtsgeschäfte nicht besonders hervor, sondern erklärt alle Rechtsgeschäfte, die gegen ein gesetzliches Verbot verstoßen, für nichtig, wenn sich nicht aus dem Gesetz ein Anderes ergiebt (§ 134). Unter diesen Verbotsgesetzen sind auch alle Verbotsgesetze des öffentlichen Rechts, namentlich des Strafrechts, zu verstehen. Zu den Strafgesetzen gehört auch die Betrugsbestimmung.

β) ob das Geschäft offenbar ungültig ist. Das Wort „offenbar“, das auch im BGB. (z. B. §§ 319, 1717) gebraucht ist, wurde in der Kom. d. Abg. als bedeutungslos bezeichnet, da es doch nicht das subjektive Ermessen des beurkundenden Beamten (vgl. Note 2) beseitige, von der Regierungsseite jedoch als spezifisch bedeutungsvoll vertheidigt; „es solle ausdrücken, daß es sich in den unterstellten Fällen nicht um einen bloßen Zweifel des Richters oder Notars handeln dürfe, sondern daß ein Rechtsgeschäft in Frage stehen müsse, welches ganz zweifellos ungültig ist; der Richter und Notar solle darauf hingewiesen werden, daß er sich nicht, sobald ihm die Sache nicht ganz klar erscheine, ohne Weiteres auf einen ablehnenden Standpunkt stellen dürfe“. Kom.Ber. S. 37. Danach hat das Wort den Zweck, das Recht des Richters und Notars, die Beurkundung zu verweigern (Note 2), einzuschränken.

γ) ob sonstige Zweifel an der Gültigkeit des Geschäfts bestehen. Dabei ist vornehmlich an die gegen andere gesetzliche Verbote (Note *α*) als Strafgesetze verstoßenden Rechtsgeschäfte gedacht. Dahin gehören gesetzliche oder von einem Gericht oder einer anderen Behörde innerhalb ihrer Zuständigkeit erlassene Veräußerungsverbote, wobei aber zu unterscheiden ist zwischen absoluten im öffentlichen Interesse erlassenen oder solchen Veräußerungsverboten, die nur den Schutz bestimmter Personen bezwecken (BGB. §§ 135, 136). Ferner kommt § 138 BGB. in Betracht, der bestimmt, daß ein Rechtsgeschäft, das gegen die guten Sitten verstößt, nichtig ist. Nichtig ist aus diesem Grunde insbesondere ein Rechtsgeschäft, durch das Jemand unter Ausbeutung der Nothlage, des Leichtsinns oder der Unerfahrenheit eines Anderen sich oder einem Dritten für eine Leistung Vermögensvortheile versprechen oder gewähren läßt, welche den Werth der Leistung dergestalt übersteigen, daß den Umständen nach die Vermögensvortheile in auffälligem Mißverhältnisse zu der Leistung stehen (BGB. § 138 Abs. 2). — Die Nichtigkeit eines Vertrags, der auf eine unmögliche Leistung gerichtet ist, oder durch den sich der eine Theil verpflichtet, sein künftiges Vermögen oder einen Bruchtheil seines künftigen Vermögens zu übertragen oder mit einem Nießbrauche zu belasten (BGB. §§ 306, 310), ist ebenfalls in Rücksicht zu nehmen. — Es kommen ferner die Vorschriften über Mentalreservation, Scheingeschäft, Täuschung, Drohung, Wette, Spiel u. dergl. (BGB. §§ 116 bis 124, 762 bis 764) über theilweise Nichtigkeit (BGB. § 139) in Betracht.

2. In den bisherigen Gesetzen (AGO. II. 2 § 31: Preuß. Not.O. §§ 3, 4; Hann. Not.O. § 16) war dem Richter bezw. Notar zur Pflicht gemacht, bei etwa ihm aufstoßenden Zweifeln an der Gültigkeit des Geschäfts die Betheiligten zu belehren. Wegen der Selbstverständlichkeit dieser Verpflichtung ist von der Aufnahme eines entsprechenden Rechtssatzes in das Gesetz Abstand genommen. Begründung S. 33.

Aus dieser Belehrungspflicht, die vornehmlich bei solchen Geschäften eintreten wird, von denen die Urkundsperson Anfechtbarkeit vermuthet (vgl. Note 3), folgt von selbst, daß der beurkundende Beamte die ihm kommenden Zweifel den Betheiligten mittheilen und für ihre eventuelle Beseitigung Sorge tragen muß. Je nach der

Stärke dieser Zweifel aber ist ihm Verschiedenes zur Pflicht gemacht. In dieser Beziehung ist die jetzige Fassung des Abs. 1 gegen die Fassung des Regierungsentwurfs von Bedeutung. In dem letzteren hieß es, daß, wenn bei der Beurkundung von dem Beamten Wahrnehmungen gemacht würden, die geeignet seien, Zweifel darüber zu begründen, ob ein Betheiligter u. s. w. Aus der jetzigen Fassung, die durch die Kom. d. Abg. beschlossen worden ist, ergiebt sich, daß der Beamte wirklich Zweifel an der Gültigkeit haben muß. Kom.Ber. S. 35.

Es wird nicht zu leugnen sein, daß die Ansichten darüber, ob ein Geschäft „offenbar" ungültig ist oder ob es gegen ein Strafgesetz verstößt, oft auseinander gehen werden und daß es auch in diesen Fällen auf das subjektive Ermessen des Beamten hinauslaufen wird. Je nachdem er dazu gelangt, daß ein Fall des Abs. 2 oder des Abs. 1 vorliegt, wird er ohne Aufnahme eines Protokolls ablehnen — ein Antrag, auch in den Fällen des Abs. 2 die Aufnahme eines Protokolls vorzuschreiben, wurde in der Kom. d. Abg. (vgl. Kom.Ber. S. 35, 36) abgelehnt — oder aber nach Abs. 1 verfahren müssen. In früheren Gesetzen (Rhein. Not.O. Art. 15, 16; Preuß. Not.O. §§ 2, 3) war vorgeschrieben, daß auch in den Fällen des Abs. 2 auf Verlangen der Betheiligten der Beamte das Geschäft beurkunden müsse, während bereits die AGO. (II. 2 §§ 28 bis 30) auf dem Standpunkte des Art. 40 stand.

3. Um die Beurkundung ablehnen zu können, muß es sich um „ein offenbar ungültiges" oder um „ein gegen ein Strafgesetz verstoßendes" Geschäft handeln. Bloß anfechtbare Rechtsgeschäfte fallen nicht hierher, also z. B. nicht die nach der Konkursordnung oder dem Anfechtungsgesetz anfechtbaren. Solche anfechtbaren Rechtsgeschäfte gehören auch nicht zu den im Sinne des § 134ff. BGB. gegen ein gesetzliches Verbot verstoßenden.

4. Die Ablehnung, welche hier dem Richter und Notare zum Rechte bezw. zur Pflicht gemacht ist, ist eine aus den materiellen Pflichten des Amtes hergeleitete. Eine vermeintlich zu Unrecht erfolgte Ablehnung begründet daher eine Beschwerde nach den Vorschriften der Art. 3 bis 7 dieses Gesetzes bezw. der §§ 19ff. RGes. — Anders im Falle einer Verweigerung des Dienstes im Falle des Art. 83; vgl. daselbst Note 2.

Artikel 41.

Das Protokoll soll, falls ein Betheiligter taub ist, ihm zur Durchsicht vorgelegt werden, auch wenn er dies nicht verlangt. In dem Protokolle soll festgestellt werden, daß dies geschehen ist.

Ist ein tauber Betheiligter nicht im Stande, Geschriebenes zu lesen, so soll eine Vertrauensperson zugezogen werden, die sich mit ihm zu verständigen vermag. In dem Protokolle soll festgestellt werden, daß der Betheiligte nach der Ueberzeugung des Richters oder des Notars die Vertrauensperson verstanden hat. Das Protokoll soll auch von der Vertrauensperson genehmigt und unterschrieben werden. Die Vertrauensperson kann auch der Gerichtsschreiber, der zugezogene zweite Notar oder ein zugezogener Zeuge oder einer der Betheiligten sein.

---

1. Der Artikel ist eine Ergänzungsvorschrift zu § 169 RGes. In diesem ist für den Fall, daß ein Betheiligter taub ist, ohne zugleich stumm zu sein, als besondere Formvorschrift lediglich vorgesehen, daß der Richter einen Gerichtsschreiber oder zwei

Zeugen, der Notar einen zweiten Notar oder zwei Zeugen zuziehen muß. Da indessen die Verlesung des Protokolls (RGes. § 177 Abs. 1 Satz 1, 2) dem tauben Betheiligten keine Kenntniß von dem Inhalte der Verhandlung giebt, so ist im Anschluß an Bestimmungen der AGO. (II. 3 § 4, § 7 Abs. 2, § 8 a. E.) der Artikel aufgenommen worden. Begr. S. 34.

2. Der **Abs.** 2 kommt erst zur Geltung, wenn der taube Betheiligte nicht im Stande ist, Geschriebenes zu lesen. Die Vorschrift ist eine Ordnungsvorschrift und konnte als Ergänzungsvorschrift nach § 200 Abs. 2 RGes. auch nur eine solche sein; ihre Vernachlässigung ist ohne Einfluß auf die Gültigkeit der Beurkundung. Daß die Vorschrift dagegen gänzlich unzulässig sein soll (Deutsche Juristenzeitung v. 15. März 1899 S. 130), erscheint unzutreffend. — Natürlich kann auch der taube Betheiligte auf die Durchsicht verzichten und dann kommt die Vorschrift gar nicht zur Anwendung.

3. Die Vertrauensperson wird von dem beurkundenden Beamten zugezogen, nicht von dem Tauben oder von den anderen Betheiligten; denn die Urkundsperson hat über die Beobachtung der vorgeschriebenen Formen zu wachen. Daher hat auch die Urkundsperson über die Auswahl und Qualifikation der Vertrauensperson zu befinden; natürlich ist auf die Wünsche der Betheiligten und besonders des Tauben Bedacht zu nehmen. Kom.Ber. S. 37.

4. Besondere Fähigkeiten werden von der Vertrauensperson nicht beansprucht; jedoch wird sie geschäftsfähig sein müssen, da sie das Protokoll genehmigen soll. Die Vertrauensperson kann auch einer der Betheiligten sein, insbesondere auch ein Verwandter des Tauben, aber nicht der Betheiligte, der außer dem Tauben etwa allein an der Beurkundung betheiligt ist. Der beurkundende Beamte wird die widerstreitenden Interessen bei der Auswahl wohl beachten müssen.

Insbesondere finden nach übereinstimmender Ansicht der Kom. d. Abg. und der Regierungsvertreter die Ausschließungsgründe der §§ 170ff. RGes. auf die Vertrauensperson keine Anwendung. Begr. S. 35, Kom.Ber. S. 38.

5. Die Urkundsperson soll sich die Ueberzeugung verschaffen, daß der Taube die Vertrauensperson verstanden hat (Abs. 2). Wie sie dies bewerkstelligt, ist nicht vorgeschrieben. Kann sie sich diese Ueberzeugung nicht verschaffen, so hat sie die Beurkundung abzulehnen und es den Betheiligten zu überlassen, für die Bestellung eines Pflegers nach § 1910 BGB. Sorge zu tragen.

Artikel 42.

Die Urschrift des gerichtlichen und des notariellen Protokolls über die Beurkundung eines Rechtsgeschäfts bleibt in der Verwahrung des Gerichts oder des Notars.

---

1. Die Vorschrift stimmt mit dem bisher geltenden Rechte (Rhein. Not.O. Art. 37; Preuß. Not.O. § 16 i. A.; Hann. Not.O. § 21 Abs. 1; AGO. II. 2 §§ 49ff.) überein. Die Betheiligten erhalten statt der Urschrift auf Verlangen Abschriften, beglaubigte Abschriften oder Ausfertigungen (vgl. jedoch Art. 49), von denen die letzteren die Urschrift im Verkehre zu vertreten berufen sind, vgl. Art. 45. Die Urschrift bleibt aus dem Grunde in Verwahrung der beurkundenden Behörde, damit event. wiederholt Abschriften oder Ausfertigungen (Art. 49 Abs. 2) ertheilt werden können.

2. Es handelt sich hier nur um Urschriften von Protokollen über beurkundete Rechtsgeschäfte — Parallelbestimmung Art. 61 Abs. 1 —, nicht um Urkunden, welche bloß von dem Gericht oder dem Notar beglaubigt worden sind. Diese letzteren sind in Urschrift zurückzugeben (Art. 56).

3. Ausnahmen vgl. Art. 27 und 44. — Vgl. ferner die Art. 97, 98, 102, 103, 143, woselbst für die Fälle, daß ein Notar durch Urlaub oder Krankheit verhindert, durch Tod, Versetzung oder Amtsentsetzung aus dem Amte ausgeschieden ist, für die Verwahrung der Akten Fürsorge getroffen ist.

Vgl. in Betreff der Urkunden über andere Gegenstände als Rechtsgeschäfte Art. 61, 62.

4. Mit der Verwahrung von uneröffneten Testamenten und Erbverträgen ist nach den Vorschriften des BGB. § 2246 Abs. 1, § 2248, § 2249 Abs. 1, § 2277 Abs. 1 und Ausf.Ges. z. BGB. Art. 81 zu verfahren. — Für eröffnete Testamente und Erbverträge ergiebt sich aus BGB. §§ 2261, 2300, daß sie von dem Nachlaßgericht aufzubewahren sind. — Diese Vorschriften lauten:

BGB. § 2246 Abs. 1. Das über die Errichtung des Testaments aufgenommene Protokoll soll nebst Anlagen, insbesondere im Falle der Errichtung durch Uebergabe einer Schrift nebst dieser Schrift, von dem Richter oder dem Notar in Gegenwart der übrigen mitwirkenden Personen und des Erblassers mit dem Amtssiegel verschlossen, mit einer das Testament näher bezeichnenden Aufschrift, die von dem Richter oder dem Notar zu unterschreiben ist, versehen und in besondere amtliche Verwahrung gebracht werden.

BGB. § 2248. Ein nach § 2231 Nr. 2 errichtetes Testament ist auf Verlangen des Erblassers in amtliche Verwahrung zu nehmen. Die Vorschrift des § 2246 Abs. 2 findet Anwendung.

BGB. § 2249 Abs. 1. Ist zu besorgen, dass der Erblasser früher sterben werde, als die Errichtung eines Testaments vor einem Richter oder vor einem Notar möglich ist, so kann er das Testament vor dem Vorsteher der Gemeinde, in der er sich aufhält, oder, falls er sich in dem Bereich eines durch Landesgesetz einer Gemeinde gleichgestellten Verbandes oder Gutsbezirkes aufhält, vor dem Vorsteher dieses Verbandes oder Bezirkes errichten. Der Vorsteher muss zwei Zeugen zuziehen. Die Vorschriften der §§ 2234 bis 2246 finden Anwendung; der Vorsteher tritt an die Stelle des Richters oder des Notars.

BGB. § 2277 Abs. 1. Die über einen Erbvertrag aufgenommene Urkunde soll nach Massgabe des § 2246 verschlossen, mit einer Aufschrift versehen und in besondere amtliche Verwahrung gebracht werden, sofern nicht die Parteien das Gegentheil verlangen. Das Gegentheil gilt im Zweifel als verlangt, wenn der Erbvertrag mit einem anderen Vertrag in derselben Urkunde verbunden wird.

Ausf.Ges. z. BGB. Art. 81 § 1. Die besondere amtliche Verwahrung der Testamente und der Erbverträge erfolgt bei den Amtsgerichten.

§ 2. Zuständig ist bei Testamenten:

1. wenn das Testament vor einem Amtsgericht errichtet ist, dieses Gericht;
2. wenn das Testament vor einem Notar errichtet ist, das Gericht, in dessen Bezirke der Notar seinen Amtssitz hat;

3. wenn das Testament vor dem Vorsteher einer Gemeinde oder eines Gutsbezirkes errichtet ist, das Gericht, zu dessen Bezirke die Gemeinde oder der Gutsbezirk gehört;
4. wenn das Testament nach § 2231 Nr. 2 des Bürgerlichen Gesetzbuchs errichtet ist, jedes Gericht.

Der Erblasser kann jederzeit die Verwahrung bei einem anderen Gerichte verlangen.

Das Gericht, welches das Testament in Verwahrung nimmt, hat, wenn der Erblasser seinen Wohnsitz in dem Bezirk eines anderen Gerichts hat, diesem von der Verwahrung Nachricht zu geben.

Die Vorschriften des Abs. 1 Nr. 1, 2 und der Abs. 2, 3 finden auch auf die Verwahrung eines Erbvertrags Anwendung.

§ 3. Die Annahme zur Verwahrung sowie die Herausgabe ist von dem Amtsgericht anzuordnen und von dem Amtsrichter und dem Gerichtsschreiber gemeinschaftlich zu bewirken.

Bei der Buchführung sind die Vermerke über die Annahme und die Herausgabe von dem Amtsrichter und dem Gerichtsschreiber zu unterschreiben.

Die Verwahrung erfolgt unter gemeinschaftlichem Verschlusse des Amtsrichters und des Gerichtsschreibers. Der Hinterlegungsschein ist von ihnen zu unterschreiben und mit dem Gerichtssiegel zu versehen.

BGB. § 2261. Hat ein anderes Gericht als das Nachlassgericht das Testament in amtlicher Verwahrung, so liegt dem anderen Gerichte die Eröffnung des Testaments ob. Das Testament ist nebst einer beglaubigten Abschrift des über die Eröffnung aufgenommenen Protokolls dem Nachlassgerichte zu übersenden; eine beglaubigte Abschrift des Testaments ist zurückzubehalten.

BGB. § 2300. Die für die Eröffnung eines Testaments geltenden Vorschriften der §§ 2259 bis 2263, 2273 finden auf den Erbvertrag entsprechende Anwendung, die Vorschriften des § 2273 Satz 2, 3 jedoch nur dann, wenn sich der Erbvertrag in besonderer amtlicher Verwahrung befindet.

5. Die Regierungsvorlage enthielt einen Artikel, welcher vorschrieb, daß dem Protokoll über die gerichtliche oder notarielle Beurkundung eines Rechtsgeschäfts die vorgelegten Vollmachtsurkunden oder beglaubigte Abschriften dieser Urkunden beigefügt werden sollten. Abgesehen von dem Umstande, daß der Urkundsbeamte die Betheiligten gegen deren Willen gar nicht anhalten kann, Vollmachtsurkunden vorzulegen (vgl. Art. 40 Note 1 b β), erschien der Artikel überflüssig und wurde, obgleich dem bestehenden Rechte entsprechend, von der Kom. d. Abg. gestrichen. Vgl. Kom.Ber. S. 38. 39.

Artikel 43.

Eine Ausfertigung des Protokolls kann nur von dem Gericht oder dem Notar ertheilt werden, in dessen Verwahrung sich die Urschrift befindet.

Hat das Gericht oder der Notar, in dessen Verwahrung sich die Urschrift befindet, das Protokoll nicht aufgenommen, so soll in der Ausfertigung angegeben werden, weshalb sie von dem ausfertigenden Gericht oder Notar ertheilt worden ist.

1. Der **Abs. 1** entspricht dem bisher bestehenden Rechte. Er handelt nur von Ausfertigungen, weshalb es nicht für unzulässig zu halten ist, daß etwa der Notar von dem Protokolle, von der Ausfertigung oder von der Abschrift eines Aktes, der bei ihm aufgenommen ist, aber nicht in seiner Verwahrung bleibt oder geblieben ist (vgl. z. B. Art. 27) eine Abschrift anfertigt; ebenso kann der Notar von sonstigen Urkunden Abschriften anfertigen und beglaubigen. Von den bei Gericht verwahrten Akten soll er in der Regel allerdings nicht von dieser Befugniß Gebrauch machen (Art. 32 Abs. 2).

Der Grund für die Einschränkung in Ansehung der Ausfertigungen liegt in dem Wesen und Zweck der Ausfertigung (vgl. Art. 45 Note 3). Würde die Befugniß nicht auf die bewahrende Behörde beschränkt, so wäre jede Kontrole darüber unmöglich, wieviel Ausfertigungen ertheilt sind und wer eine Ausfertigung erhalten hat (vgl. Art. 49 Abs. 3). Daraus aber würden namentlich bei Vollmachten Unzuträglichkeiten entstehen (vgl. BGB. § 172 Abs. 2). Begr. S. 36.

2. Der **Abs. 2** entspricht ebenfalls dem bisherigen Rechte. Fälle, in denen die hier vorausgesetzte Art der Aufbewahrung vorkommt. Vgl. unten Art. 97, 98, 102, 103, 143 (Art. 42 Note 3):

3. Vollstreckbare Ausfertigungen von gerichtlichen und notariellen Urkunden im Sinne des § 794 Nr. 5 CPO. werden von dem Gerichtsschreiber des Gerichts, welches die Urkunde aufgenommen hat und soweit es sich um notarielle Urkunden handelt, von dem Notar, welcher die Urkunde verwahrt, ertheilt; befindet sich die Urkunde in der Verwahrung einer Behörde, so hat diese die vollstreckbare Ausfertigung zu ertheilen. Die Entscheidung über Ertheilung einer weiteren vollstreckbaren Ausfertigung erfolgt bei gerichtlichen Urkunden von dem Gerichte, welches die Urkunde aufgenommen hat, bei notariellen Urkunden von dem Amtsgerichte, in dessen Bezirke der Notar oder die Behörde, welche die erste Ausfertigung zu ertheilen haben, den Amtssitz hat (CPO. § 797).

Artikel 44.

Wird glaubhaft gemacht, daß die Urkunde im Auslande gebraucht werden soll, so darf mit Zustimmung derjenigen, welche nach Artikel 49 Abs. 1 eine Ausfertigung fordern können, die Urschrift ausgehändigt werden. Geschieht dies, so soll eine Ausfertigung zurückbehalten und auf dieser vermerkt werden, wem und an welchem Tage die Urschrift ausgehändigt worden ist. Die zurückbehaltene Ausfertigung vertritt die Stelle der Urschrift.

---

1. Wegen Glaubhaftmachung siehe § 15 RGes. und Art 1. a. E. und Note 4d daselbst.

2. Im Auslande ist hier ebenfalls, wie in Art. 34 (vgl. daselbst Note 1c) dahin zu verstehen, daß der Gebrauch vor ausländischen Gerichten mit Rücksicht auf die gesetzlichen Bestimmungen des ausländischen Rechtes erfolgen soll. Hier ist nur nicht, wie in Art. 34, verlangt, daß die Vorlegung der Urschrift im Auslande erforderlich ist.

3. Der Satz, daß die zurückbehaltene Ausfertigung die Stelle der Urschrift vertritt, bedeutet, daß von ihr wieder weitere Ausfertigungen ertheilt werden können, wie das sonst von der Urschrift geschieht.

Artikel 45.

Die Vorschriften des § 182 des Reichsgesetzes über die Angelegenheiten der freiwilligen Gerichtsbarkeit finden auch auf die gerichtliche Ausfertigung notarieller Protokolle Anwendung.

Notarielle Ausfertigungen sind von dem Notar zu unterschreiben und mit dem Dienstsiegel zu versehen. Auf Antrag können die Protokolle vom Notar auch auszugsweise ausgefertigt werden.

---

1. Der § 182 RGes. lautet:

Die Ausfertigung der Protokolle über die gerichtliche Beurkundung eines Rechtsgeschäfts ist von dem Gerichtsschreiber zu unterschreiben und mit dem Gerichtssiegel zu versehen.

Auf Antrag können die Protokolle auch auszugsweise ausgefertigt werden.

Nach dem bisherigen Rechte lag die Ausfertigung der vom Gerichte ausgehenden Urkunden freiw. Gerichtsb. dem Richter ob. Daß indeß der Gerichtsschreiber auch in Zukunft nicht selbständig ist, ergiebt, abgesehen von Art. 47 in Ansehung von auszugsweisen Ausfertigungen, Art. 51 Abs. 1.

2. Die Vorschrift, daß die Bestimmung des § 182 RGes. auf die gerichtliche Ausfertigung notarieller Urkunden Anwendung finden solle, war nothwendig, weil sich auch notarielle Urkunden in gerichtlicher Verwahrung befinden können (vgl. Art. 27, 97, 98, 102, 103, 143).

3. Unter Ausfertigungen versteht das Gesetz Abschriften oder Auszüge, welche bestimmt und fähig sind, die bei den Gerichts- oder Notariatsakten verbliebenen Urschriften im Verkehre zu ersetzen, deren Vorlegung somit dieselbe Wirkung hat, wie die Urschrift. Um für den angegebenen Zweck brauchbar zu sein, muß die hier vorgeschriebene Form gewahrt sein. Anders in Ansehung der in Art. 46 vorgeschriebenen Angaben. Eine bestimmte Ausfertigungsformel ist nicht vorgesehen.

Wegen der vollstreckbaren Ausfertigungen von Urkunden im Sinne des § 794 Nr. 5 CPO. vgl. Art. 43 Note 3.

Wegen Ausfertigungen von Protokollen über Beurkundungen anderer Gegenstände als Rechtsgeschäfte siehe Art. 61 und wegen solcher von Verfügungen, die nicht Beurkundungen sind, Art. 18.

4. Der Satz 1 des Abs. 2 war auch bisher Rechtens. Ob die in Satz 2 ausgesprochene Befugniß der Notare auch schon gegenwärtig bestand, ist für das Gebiet des altpreußischen Rechts bestritten.

5. Ueber die Form der auszugsweisen Ausfertigung ist in Art. 47 nähere Bestimmung getroffen.

6. Die Ausfertigungen sind zu unterschreiben und mit dem Dienstsiegel zu versehen.

a) Für die Unterschrift ist keine Form vorgeschrieben; es ist daher nicht mehr erforderlich, daß der Notar, wie dies § 15 der Preuß. Not.O. verlangte, mit Vor- und Zunamen unterschreibt.

b) Es muß ein Siegel verwendet werden, dessen Abdruck auf die Urkunde zu setzen ist. Die Verwendung von Siegelmarken an Stelle dieses Abdrucks ist nicht zulässig. Dienstsiegel ist auch nicht gleichbedeutend mit Stempel, vgl. Art. 54 und RGes. § 182 Abs. 1 in Verbindung mit § 183 Abs. 2. Bei Ausfertigungen hat nur das Dienstsiegel Anwendung zu finden, für Beglaubigungen und bei Urkunden, die in Urschrift ausgehändigt werden können, ist neben dem Siegel auch der Stempel erlaubt. Vgl. die angegebenen Stellen und Art. 61, 54. — Auch bei Urschriften ist unter Umständen nur das Siegel verwendbar, vgl. Art. 63.

7. Die Form für die Beglaubigung einer Abschrift von Protokollen über Rechtsgeschäfte ist nicht zum Gegenstand einer besonderen Vorschrift in diesem Titel gemacht weil die Beglaubigung einer Abschrift nicht Beurkundung eines Rechtsgeschäfts ist. Im Uebrigen vgl. Art. 57.

Artikel 46.

Die Ausfertigung soll den Ort und den Tag der Ertheilung angeben und die Bezeichnung der Person enthalten, der sie ertheilt wird.

Auf der Urschrift soll vermerkt werden, wem und an welchem Tage Ausfertigungen ertheilt worden sind.

---

1. Die Vorschriften des Artikels entsprechen im Wesentlichen den Bestimmungen des bisherigen Rechts. Sie sind Ordnungsvorschriften, an deren Verletzung nicht die Folge der Nichtigkeit geknüpft ist, übereinstimmend mit den Vorschriften der Preuß. Not.O. (§§ 16, 41), aber abweichend von der Hann. Not.O. (§ 41).

2. Nach Art. 64 Abs. 2 sollen in gerichtlich und notariell aufgenommenen Urkunden Zusätze und Berichtigungen am Schlusse oder am Rande der Urkunde beigefügt werden. In Betreff dieser Zusätze und Berichtigungen verfügte die Hann. Not.O. § 41, daß sie bei der Ausfertigung gleich in den Kontext der Ausfertigung aufgenommen werden dürfen. Der Entwurf des Gesetzes — vgl. Begr. S. 37 — hält eine Hervorhebung dieser Befugniß im Gesetze nicht für nöthig. Das Verfahren ist also für zulässig zu erachten. Natürlich dürfen keine Bedenken gegen die Echtheit obwalten. Vgl. Art. 57 Note 2.

3. Der in Abs. 2 vorgesehene Vermerk war nach der Preuß. und der Hann. Not.O. auch auf die Ausfertigung selbst zu setzen. Das ist also nicht mehr erforderlich.

4. Es ist zwar jede Ausfertigung und jede Abschrift bezw. beglaubigte Abschrift als solche kenntlich zu machen; aber eine bestimmte Ausfertigungsformel, wie sie in der Preuß. Not.O. § 16 („Vorstehende in das Register unter Nr. . . . Jahr . . . eingetragene Verhandlung wird hiermit für N. N. ausgefertigt) und ähnlich in § 41 der Hann Not.O. für notarielle Ausfertigungen vorgeschrieben war, ist nicht für nöthig gehalten worden. Da aber, entsprechend den bisherigen Formvorschriften, nach Art. 95 auf jeder notariellen Ausfertigung oder Abschrift der Notar die Nummer angeben soll, unter der die Urschrift im Register eingetragen ist, so wird die alte Ausfertigungsformel als kurz und präcis in der Praxis wohl beibehalten werden. — Weitere Vorschriften über die äußere Form vgl. Art. 63 Abs. 2 und über den Ausfertigungsvermerk im Falle einer auszugsweisen Ausfertigung Art. 47.

Artikel 47.

Sol ein Protokoll auszugsweise ausgefertigt werden, so sind in die Ausfertigung außer solchen Theilen des Protokolls, welche die Beobachtung der Förmlichkeiten nachweisen, diejenigen Theile aufzunehmen, welche

den Gegenstand betreffen, auf den sich der Auszug beziehen soll. In dem Ausfertigungsvermerk ist der Gegenstand anzugeben und zu bezeugen, daß weitere den Gegenstand betreffende Bestimmungen in dem Protokolle nicht enthalten sind. Bei gerichtlichen Ausfertigungen hat der Richter den Umfang des Auszugs und den Inhalt des Ausfertigungsvermerkes anzuordnen und der Gerichtsschreiber in dem Ausfertigungsvermerke die Anordnung des Richters zu erwähnen.

---

1. Der Artikel ist eine Ausführungsbestimmung zu § 182 Abs. 2 RGes. (siehe oben Art. 45 Note 1), nach welcher die gerichtlichen Protokolle auch auszugsweise ausgefertigt werden können. Eine Bestimmung nach dieser Richtung bestand bislang nicht (vgl. Art. 45 Abs. 2 und Note 4).

2. Die neue Bestimmung beschränkt nicht die Ertheilung einer Ausfertigung im Auszuge auf bestimmte Fälle oder zu bestimmten Zwecken; von dem Zwecke wird daher der Richter die Ertheilung der Ausfertigung nicht abhängig machen dürfen, vorbehaltlich selbstverständlich, daß der Zweck ein erlaubter ist.

3. Der Zweck der Ausfertigung wird aber für den Inhalt des Auszugs, also der Anordnung, maßgebend sein müssen, wie auch nach § 58 GBO. ein Auszug aus der Schuldurkunde mit dem Hypothekenbrief verbunden werden kann, welcher sich nur auf die Hypothekenschuld bezieht. Dabei wird wiederum die Erwägung, ob mit der Vorlegung der Ausfertigung bei einer anderen Behörde oder sonstwo der Zweck auch wirklich erreicht wird, dem Antragsteller zu überlassen sein Keinenfalls werden durch die Vorschrift des Art. 47 die Bestimmungen über die Beweiskraft von Urkunden beeinflußt, da es sich hier nur um eine Verfahrensvorschrift handelt. Eine Behörde, welcher eine auszugsweise Ausfertigung vorgelegt wird, wird sonach nicht gehindert sein, zu verlangen, daß ihr die vollständige Urkunde vorgelegt wird, wenn sie dieselbe für erforderlich erachtet, z. B. zur richtigen Auslegung. Das gilt sowohl von dem Prozeßrichter, als auch von dem Richter der freiwilligen Gerichtsbarkeit. Vgl. CPO. §§ 415 ff., besonders § 418 Abs. 2, wonach der Beweis der Unrichtigkeit der bezeugten Thatsache zulässig ist, sofern, was nicht der Fall, die Landesgesetze diesen Beweis ausgeschlossen oder beschränkt haben.

4. Nicht der die Ausfertigungen unterzeichnende Gerichtsschreiber, sondern der Richter (der überhaupt über die Ertheilung von Ausfertigungen entscheidet, Art 51) soll die in Satz 3 vorgeschriebene Anordnung erlassen. Durch diese Vorschrift (vgl. übrigens dazu CPO. § 797 Abs. 2 oben Art. 43 Note 3) soll die Zuverlässigkeit der Auszüge festgestellt werden. — Eine Anregung in der Kom. d. Abg., die Parteien über den Umfang des Auszugs entscheiden und das Zeugniß, daß andere den Gegenstand betreffende Bestimmungen nicht in dem Protokoll enthalten seien, wegfallen zu lassen, wurde als zu bedenklich erachtet, indem mit solchen Ausfertigungen unschwer Täuschungen vorgenommen werden könnten; vgl. Kom.Ber. S. 40.

Bei dieser Gelegenheit waren aber Kommission und Regierungsvertreter darüber einig, daß ein Richter die Ertheilung einer Ausfertigung im Auszug ablehnen dürfe, wenn bei ihm in der angedeuteten Richtung oder sonstwelche Bedenken beständen. In § 182 Abs. 2 RGes. ist übrigens auch nur bestimmt, daß die Protokolle auszugsweise ausgefertigt werden können.

Artikel 48.

Anlagen des Protokolls sind, soweit sie nicht nach § 176 des Reichsgesetzes über die Angelegenheiten der freiwilligen Gerichtsbarkeit einen Theil des Protokolls selbst bilden, der Ausfertigung oder dem Auszug in beglaubigter Abschrift beizufügen; die Beifügung erfolgt nur auf Antrag.

---

1. Der § 176 RGes., der in seinem ersten Absatze die nothwendigen Bestandtheile des Protokolls aufführt, bestimmt in seinem Abs. 2:

Wird in der Erklärung (der Betheiligten) auf eine Schrift Bezug genommen, und diese dem Protokoll als Anlage beigefügt, so bildet sie einen Theil des Protokolls.

2. Derartige Anlagen, die als nothwendige Bestandtheile des Protokolls selbstverständlich auch Theile der Ausfertigung werden müssen, hat der Art. 48 nicht im Auge; es handelt sich vielmehr um Vollmachten und dergleichen Anlagen.

3. Ueber die sonstige äußere Behandlung dieser Anlagen vgl. noch Art. 63 Abs. 2.

Artikel 49.

Von den Protokollen können, sofern nicht in der Urkunde oder durch eine besondere Erklärung gegenüber dem Gericht oder dem Notar eine abweichende Bestimmung getroffen ist, eine Ausfertigung fordern:

1. **diejenigen, welche das Rechtsgeschäft im eigenen Namen vorgenommen haben oder in deren Namen das beurkundete Rechtsgeschäft von Anderen vorgenommen worden ist;**
2. **die Rechtsnachfolger der in Nr. 1 bezeichneten Personen.**

Die im Abs. 1 bezeichneten Personen sind auch berechtigt, eine einfache oder beglaubigte Abschrift zu verlangen und die Urschrift einzusehen.

Hat derjenige, welcher eine Ausfertigung fordert, sein Rechtsvorgänger oder sein Rechtsnachfolger schon eine Ausfertigung erhalten, so ist die Ertheilung einer weiteren Ausfertigung zu verweigern, wenn ihr rechtliche Bedenken entgegenstehen.

---

1. Die **Art. 49 bis 52** behandeln das Recht auf Ertheilung von Ausfertigungen, einfachen oder beglaubigten Abschriften, dem Recht, die Urschrift einzusehen oder ausgehändigt oder von ihrem Inhalt Mittheilung zu erhalten. — In den bisher geltenden verschiedenen Notariats-Ordnungen war eine genaue Vorschrift nicht gegeben, in der Allg. Ger.O. fehlte eine einschlägige Vorschrift ganz; vgl. Begr. S. 38, 39.

2. In Art. 49 wird bestimmt bezeichneten Personen ein Recht auf die Ertheilung einer Ausfertigung, einer einfachen oder einer beglaubigten Abschrift gegeben.

a) Was diese Personen anlangt, so fallen Bevollmächtigte an sich nicht darunter. Ob ein Bevollmächtigter berechtigt ist, für seinen Machtgeber die Ausfertigung in Empfang zu nehmen, hängt von dem Inhalt und der Auslegung der Vollmacht ab; die Begr. meint S. 39, in der Regel dürfe angenommen werden, daß sich die Vollmacht zum Abschluß eines Geschäfts auf die Empfangnahme der Ausfertigung erstrecke.

Der Hypothekenbrief ist nach § 60 GBO. dem Eigenthümer des belasteten Grundstücks, im Falle der nachträglichen Ertheilung dem Gläubiger auszuhändigen;

auf eine abweichende Bestimmung des Eigenthümers oder des Gläubigers findet die Vorschrift des § 29 Satz 1 GBO. entsprechende Anwendung, wonach dieselbe entweder vor dem Grundbuchamte zu Protokoll gegeben oder durch öffentliche oder öffentlich beglaubigte Urkunden nachgewiesen werden muß.

Daß im Uebrigen auf Antrag oder im Einverständnisse der Berechtigten Dritten eine Ausfertigung ertheilt werden darf (Hann. Not.O. § 19 Abs. 2), versteht sich von selbst; wieweit ohne Einwilligung vgl. Art. 52.

b) Das Recht erstreckt sich gleichmäßig auf alle genannten Gattungen von Schriftstücken, sofern es sich nur um eine erste Abschrift oder Ausfertigung handelt. Wegen wiederholter Ausfertigung, Abs. 2, vgl. Note 3.

Hier ist auch kein Unterschied zwischen gerichtlichen und notariellen Urkunden gemacht; dagegen vgl. in dieser Beziehung Art. 50.

Das Recht ist nicht abhängig von irgend einem anderen Nachweise, als dem der Zugehörigkeit zu dem unter Nr. 1 und 2 näher umschriebenen Personenkreise. Es ist also namentlich nicht, wie nach § 34 RGes. (vgl. Anhang), die Glaubhaftmachung eines berechtigten Interesses erforderlich; solche kann nur von anderen als den genannten Personen verlangt werden.

3. Die wiederholte Ausfertigung für dieselbe Partei ist in Abs. 3, wie es ähnlich auch schon in der Preuß. und der Hannov. Not.O. (§§ 17, 18 bezw. § 19) geschehen war, unter Beschränkungen gestellt. Die Einschränkung ist namentlich für solche Urkunden von Bedeutung, die eine Vollmacht enthalten, weil nach § 172 BGB. der Vollmachtsertheilung durch besondere Mittheilungen an einen Dritten es gleich steht, wenn der Vollmachtgeber dem Vertreter eine Vollmachtsurkunde ausgehändigt hat und der Vertreter sie dem Dritten vorlegt, die Vertretungsmacht auch bestehen bleibt, bis die Vollmachtsurkunde dem Vollmachtgeber zurückgegeben oder für kraftlos erklärt wird. — Vgl. ferner Art. 51.

In Betreff der Ertheilung weiterer vollstreckbarer Ausfertigungen von Urkunden im Sinne des § 794 Nr. 5 CPO. vgl. Art. 43 Note 3.

4. Soweit es sich um Einsicht in die Urkunden und um Abschriften derselben, also nicht um Ausfertigungen handelt, kommt noch neben den Art. 49 bis 52 der § 34 RGes. (siehe Anlage) zur Anwendung. Vgl. darüber Vorbemerkung zu diesem Titel.

Dieser § 34 RGes. findet gemäß § 1 RGes. nur insoweit Anwendung, als nicht ein Anderes bestimmt ist; außerdem wird dort dem gerichtlichen Ermessen anheimgestellt, ob es dem Verlangen stattgeben will oder nicht. Vgl. Art. 52.

Artikel 50.

Die Einsicht der notariellen Protokolle kann denjenigen gestattet werden, in deren Interesse die Urkunde errichtet worden ist, sowie den Rechtsnachfolgern dieser Personen. Das Gleiche gilt von der Ertheilung einer einfachen oder beglaubigten Abschrift.

---

1. Der Personenkreis, welcher Einsicht in die gerichtlichen Protokolle und Abschriften von ihnen soll erhalten können, ist mit den in Art. 49 Abs. 2 Genannten nicht erschöpft; denn der § 34 RGes. findet daneben Anwendung. Der § 34 RGes. spricht aber nur von Gerichtsakten. An einer entsprechenden Vorschrift für notarielle Akten und Urkunden fehlt es. Indem Art. 50 diese Vorschrift giebt,

faßt er sie insofern enger, als sie sich nur auf solche Personen bezieht, in deren Interesse die Urkunde errichtet ist, sowie auf die Rechtsnachfolger solcher Personen.

2. Es handelt sich hier nur um Urkunden über Rechtsgeschäfte; in Betreff der erweiterten Befugnisse in Beziehung auf andere Urkunden vgl. Art. 61.

Auf Testamente findet der Artikel überhaupt keine Anwendung; das ergiebt sich schon daraus, daß der Notar sie mit dem Dienstsiegel verschließen und dem Amtsgerichte zur besonderen amtlichen Verwahrung zu übergeben hat (BGB. § 2246; Ausf.Ges. z. BGB. Art. 81; vgl. oben Art. 42 Note 4). Die vom Gericht in amtliche Verwahrung genommenen Testamente sind auch, mögen sie vor dem Gericht oder vor einem Notar oder in privatschriftlicher Form errichtet sein, nicht zu den Gerichtsakten im Sinne des § 34 des RGes. zu rechnen. Das Gleiche gilt von Erbverträgen, sofern nicht die Parteien die besondere amtliche Verwahrung ausgeschlossen haben oder der Erbvertrag mit einem anderen Vertrag in derselben Urkunde verbunden ist (vgl. BGB. § 2277); liegt einer dieser Ausnahmefälle vor, so ist auf den notariellen Erbvertrag der Art. 50 und auf den gerichtlichen Erbvertrag der § 34 des RGes. anwendbar, doch wird von der durch diese Bestimmungen dem Notar und dem Gericht eingeräumten Befugniß bei Erbverträgen ein besonders vorsichtiger Gebrauch zu machen sein. Begr. S. 39.

3. Im Uebrigen ist für den Notar keine Verpflichtung und für die genannten Interessenten kein Recht ausgesprochen; der Notar hat vielmehr — entsprechend dem Richter nach § 34 RGes. — nach billigem Ermessen zu verfahren. Gegen seine Entscheidung findet Anrufung des Landgerichts nach Art. 51 statt.

Artikel 51.

Der Gerichtsschreiber soll Ausfertigungen oder Abschriften nur auf Anordnung des Gerichts ertheilen.

Weigert sich ein Notar, eine Ausfertigung oder Abschrift zu ertheilen oder die Einsicht der Urschrift zu gestatten, so entscheidet auf Antrag des Betheiligten eine Civilkammer des Landgerichts, in dessen Bezirke der Notar seinen Amtssitz hat.

---

1. Da die Entscheidung darüber, wer nach den gesetzlichen Bestimmungen von einer Urkunde eine Ausfertigung oder Abschrift verlangen kann, nicht immer ohne Weiteres aus der Urkunde selbst zu entnehmen ist, sondern in vielen Fällen eine Prüfung sonstiger rechtlicher oder thatsächlicher Verhältnisse voraussetzt, so ist die Selbständigkeit des Gerichtsschreibers in Bezug auf die Ertheilung von Ausfertigungen und Abschriften in der in **Abs. 1** näher bezeichneten Weise beschränkt. Vgl. dazu Art. 47 Satz 3 und Art. 43 Note 3.

Gegen die Entscheidung des Gerichts finden die Rechtsmittel der Beschwerde und der weiteren Beschwerde statt. Die Rechtsmittel stehen nicht, wie die Begr., S. 40, annimmt, unter den Art. 3ff. dieses Gesetzes, sondern denen der §§ 19 bis 30 RGes., da die allgemeinen Vorschriften des RGes. auch auf den zehnten Abschnitt über die Beurkundung von Rechtsgeschäften Anwendung finden. Vgl. Vorbemerkung zu diesem Abschnitte.

2. Zu **Abs. 2**. Die Anrufung des Landgerichts gegen die Weigerung des Notars ist als richtige Beschwerde aufzufassen (anders die Ansicht der Regierungs-

vertreter in der Kom. d. Abg., vgl. Kom.Ber. S. 42 und anscheinend auch die Begr. S. 40). Vgl. dazu Art. 23 Note 5, 6.

Artikel 52.

Die Rechte, welche Behörden oder Beamten sowie anderen als den in den Artikeln 49, 50 bezeichneten Personen in Bezug auf die Aushändigung oder Einsicht gerichtlicher oder notarieller Urkunden oder in Bezug auf die Mittheilung ihres Inhalts zustehen, werden durch die Vorschriften dieses Titels nicht berührt.

---

1. Neben den Rechten der in den voraufgehenden Art. 49, 50 bezw. dem § 34 RGes. genannten Personen sollen durch Art. 52 die Rechte anderer Personen, sowie die Rechte von Behörden und Beamten in Ansehung der gerichtlichen und notariellen Akten und Urkunden aufrecht erhalten werden. In dieser Beziehung ist schon zu Art. 49 Note 4 bemerkt, daß der § 34 RGes. neben den Art. 49, 50 Anwendung findet; derselbe hat jedoch nicht Ausfertigungen im Auge. Die Ergänzung in Bezug auf diese erfolgt hier.

2. Für den Artikel kommen nach der Begr. S. 40 insbesondere in Betracht das Recht des Nachlaßgerichts auf Uebersendung eines eröffneten Testaments oder Erbvertrags nebst einer beglaubigten Abschrift, während das eröffnende Gericht eine beglaubigte Abschrift zurückbehalten darf (BGB. §§ 2261, 2300), sowie das Recht desjenigen, welcher ein rechtliches Interesse glaubhaft macht, von einem eröffneten Testament oder Erbvertrag Einsicht zu nehmen sowie eine einfache Abschrift oder eine beglaubigte Abschrift davon oder von einzelnen Theilen zu verlangen (BGB. §§ 2264, 2300).

3. Desgleichen wird dort auf die Steuergesetze hingewiesen: Einkommensteuergesetz v. 24. Juni 1891 (GS. S. 175) § 35 Abs. 6; Gewerbesteuergesetz v. 24. Juni 1891 (GS. S. 205) § 25 Abs. 5; Ergänzungssteuergesetz v. 14. Juli 1893 (GS. S. 134) § 25 Abs. 5; Stempelsteuergesetz v. 31. Juli 1895 (GS. S. 413) § 31 Abs. 2.

4. Ferner kommt § 792 CPO. in Betracht, welcher lautet: Bedarf der Gläubiger zum Zwecke der Zwangsvollstreckung eines Erbscheins oder einer anderen Urkunde, die dem Schuldner auf Antrag von einer Behörde, einem Beamten oder einem Notar zu ertheilen ist, so kann er die Ertheilung an Stelle des Schuldners verlangen.

Dritter Titel.

Sonstige Urkunden.

Die Vorschriften des 3. Titels beziehen sich auf gerichtliche und notarielle Urkunden über Gegenstände, die nicht Rechtsgeschäfte sind. In dieser Beziehung hat das Reichsrecht der Landesgesetzgebung volle Freiheit gelassen, wie schon oben in der Vorbemerkung zu diesem Abschnitte bemerkt ist. Indessen finden sich auch in Bezug auf die hier in Rede stehende Beurkundungsthätigkeit vereinzelt in den Reichsgesetzen vorschriften, so insbesondere über die Beglaubigung von Unterschriften und Handzeichen, über die Form der Wechselproteste und über die Protokolle der Generalversammlungen einer Aktiengesellschaft oder einer Kommanditgesellschaft auf Aktien (RGes. § 183;

WO. Art. 87 ff.: HGB. § 259, § 320 Abs. 3). Demgemäß bestand hier die Aufgabe des Landesrechts darin, für die Durchführung der Reichsgesetze ebenso selbständig Bestimmungen zu treffen, wie für die seiner eigenen Gesetze. Daß hierbei die, wie eben erwähnt, in einzelnen Beziehungen bereits bestehenden reichsrechtlichen Bestimmungen von den neuen Vorschriften unberührt gelassen werden, erscheint selbstverständlich.

Die Zuständigkeit der Gerichte und Notare ist in dem ersten Titel geregelt, die Bestimmungen über Ausschließung und Ablehnung des Richters bezw. Notars ergeben sich aus Art. 1 bezw. 84, 85; im Uebrigen finden die Allgemeinen Vorschriften dieses Gesetzes auch hier Anwendung.

Als allgemeine Regel ist auch an dieser Stelle auf die Vorschrift des Art. 53 Satz 2 hinzuweisen, wonach die Bestimmungen des Titels nicht auf gerichtliche Urkunden sich beziehen, soweit die Beurkundung einen Theil eines anderen Verfahrens bildet.

Im Einzelnen folgen nach der allgemeinen Regel über das Anwendungsgebiet des Titels (Art. 53) Bestimmungen über die Form der Beurkundung (Art. 54 bis 56), Ausführungsvorschriften über Beglaubigungsvermerke von Unterschriften, Abschriften, Handzeichen, Zeitfeststellungen (Art. 57 bis 60), Verwahrung der Urschriften, Ertheilung von Ausfertigungen und Abschriften und Gestattung der Urkundeneinsicht (Art. 61) und Sondervorschriften für Wechselproteste (Art. 62).

Artikel 53.

Für notarielle Urkunden über andere Gegenstände als Rechtsgeschäfte gelten die Vorschriften der Artikel 54 bis 62. Die gleichen Vorschriften finden auf gerichtliche Urkunden der bezeichneten Art Anwendung, soweit nicht die Beurkundung einen Theil eines anderen Verfahrens bildet.

---

1. Der Art. 53 enthält die Regel für das Anwendungsgebiet der Vorschriften. Dasselbe ist in Satz 2 insoweit eingeschränkt, als die Vorschriften für gerichtliche Urkunden nur gelten sollen, soweit nicht die Beurkundung einen Theil eines anderen Verfahrens bildet; sie bleiben mithin auf das sogenannte „gerichtliche Notariat" beschränkt, dagegen kommen sie nicht zur Anwendung bei Beurkundungen, die lediglich bezwecken, innerhalb eines gerichtlichen Verfahrens das Ergebniß einer Verhandlung aktenkundig zu machen, wie z. B. in Vormundschaftssachen, Nachlaßsachen u. s. w. Hier genügt statt eines förmlichen Protokolls meist ein einfacher Aktenvermerk. Vgl. Begr. S. 40.

2. Ueber „andere Gegenstände als Rechtsgeschäfte" vgl. Art. 31 Note 2. Darunter ist dort auch aufgeführt (die Richtigkeit der dadurch sich geltend machenden Auffassung wird in Frage gestellt von Jastrow, § 168 Note 1): die Aufnahme eines Protokolls über die Versammlung der Mitglieder einer Handelsgesellschaft rc. oder eines Vereins. Für die gerichtliche oder notarielle Beurkundung der Beschlüsse der Generalversammlungen von Aktiengesellschaften und Kommanditgesellschaften auf Aktien sind in § 259, § 320 Abs. 3 HGB. Vorschriften über die Form des Protokolls gegeben, dessen es zur Gültigkeit der Beschlüsse bedarf; diese Vorschriften bleiben (vgl. Vorbemerkung) von den Bestimmungen dieses Titels unberührt. In Ansehung der Beschlüsse anderer Versammlungen, namentlich der Generalversammlungen eingetragener Genossenschaften und Vereine, sind entsprechende Vorschriften nicht gegeben.

Die Landesgesetzgebung wäre hier in der Lage, ergänzend einzugreifen. Eine Anregung in der Kom. d. Abg. in dieser Richtung wurde regierungsseitig mit dem Hinweis beantwortet, daß es die erwähnten Vereinigungen vollständig in der Hand hätten, durch statutarische Vorschriften, wie die Nothwendigkeit gerichtlicher oder notarieller Beurkundung ihrer Versammlungsbeschlüsse überhaupt, so auch die Form dieser Protokollirungen näher zu bestimmen; ein Bedürfniß für die Regelung läge somit nicht vor. Vgl. Kom.Ber. S. 42, 43. Vgl. auch Kom. d. Verf. z. RGes. § 168 Note 3.

Artikel 54.

Die Urkunde muß den Ort und den Tag der Verhandlung oder, falls sie nicht in der Form eines Protokolls aufgenommen wird, den Ort und den Tag der Ausstellung angeben und mit der Unterschrift des Richters oder des Notars versehen sein. Wird die Urkunde den Betheiligten in Urschrift ausgehändigt, so muß sie auch mit Siegel oder Stempel versehen sein.

1. Aus dem Wortlaute geht hervor, daß die Aufnahme eines Protokolls über die Verhandlung nicht immer erforderlich ist; vgl. dazu Art. 55, 56 und andererseits Art. 53 Note 2 und Vorbemerkung zu diesem Titel.

2. Unter Siegel oder Stempel ist nicht auch die Siegelmarke zu verstehen. Es handelt sich hier nur um die Verhandlung selbst, nicht um eine etwaige Ausfertigung (Art. 61), für welche nur das Dienstsiegel zur Anwendung gelangen darf. Vgl. Art. 45 Note 6.

Artikel 55.

Die Beurkundung soll, sofern nicht ein Anderes bestimmt ist, in der Form eines Protokolls erfolgen. Außer dem Richter oder dem Notar sollen auch die übrigen bei der Verhandlung mitwirkenden Personen das Protokoll unterzeichnen.

Inwieweit das Protokoll den Betheiligten behufs der Genehmigung vorzulesen oder ihnen zur Durchsicht vorzulegen und von ihnen zu unterschreiben ist, bleibt dem Ermessen des Richters oder des Notars überlassen.

1. Die *Regel* bildet die Aufnahme eines Protokolls auch bei Beurkundungen der hier in Rede stehenden Art, wie es auch bisher Rechtens war.

2. Ueber die *Form des Protokolls* ist hier nur *eine* positive Vorschrift gegeben, u. zw. die im Abs. 1 Satz 2. Sie ist nur instruktionell, ein Verstoß gegen sie also bedeutungslos. — Die anderweitig über die Protokoll*form* getroffenen Vorschriften werden dadurch, daß hier nichts weiter vorgesehen ist, nicht außer Kraft gesetzt; namentlich bleiben, wie schon erwähnt, die Vorschriften über die Protokollform bei Aufnahme von Generalversammlungsbeschlüssen nach § 259, § 320 Abs. 2 HGB. unberührt; vgl. Art. 53 Note 2.

Im Uebrigen ist dem Ermessen des beurkundenden Richters oder Notars alles überlassen. Ihnen steht es nach Abs. 2 also auch frei, ob sie das aufgenommene Protokoll überhaupt den Betheiligten vorlesen oder zur Durchsicht vorlegen und von ihnen unterschreiben lassen wollen. Vgl. Kom.Ber. S. 43.

Artikel 56.

Bei Zustellungen, bei der Beglaubigung von Abschriften, bei der Sicherstellung der Zeit, zu welcher eine Privaturkunde ausgestellt ist, bei Lebensbescheinigungen und bei sonstigen einfachen Zeugnissen bedarf es nicht der Aufnahme eines Protokolls.

---

1. Abgesehen von dem Hinweis auf sonstige einfache Zeugnisse entspricht der Artikel dem bisherigen Rechte (vgl. Hann. Not.O. § 32 Abs. 1; AGO. II. 3 § 27, III. 7 §§ 79, 80).

Was unter „einfachen Zeugnissen" zu verstehen ist, ist nicht gesagt. Darunter werden die Zeugnisse des Nachlaßgerichts über die Fortsetzung der Gütergemeinschaft (BGB. § 1507), über die Ernennung und den Umfang der Befugnisse des Testamentsvollstreckers (BGB. § 2368), die in den §§ 37, 38 GBO. vorgesehenen Zeugnisse über die Erbfolge und die Eintragungsbewilligung der Erben unter Umständen nicht fallen.

2. In den vorgesehenen Fällen setzt der beurkundende Beamte den erforderlichen Vermerk auf das Schriftstück und giebt letzteres alsdann an die Betheiligten ab. Ob er eine Aktennotiz oder Aehnliches zurückbehalten soll, ist instruktioneller Erwägung überlassen. Vgl. dazu Art. 61 Abs. 1 und Note 1 daselbst.

Artikel 57.

Die Beglaubigung einer Abschrift geschieht durch einen unter die Abschrift zu setzenden Vermerk, der die Uebereinstimmung mit der Hauptschrift bezeugt. In dem Vermerke soll ersichtlich gemacht werden, ob die Hauptschrift eine Urschrift, eine einfache oder beglaubigte Abschrift oder eine Ausfertigung ist; ist sie eine beglaubigte Abschrift oder eine Ausfertigung, so ist der Beglaubigungsvermerk oder der Ausfertigungsvermerk in die beglaubigte Abschrift mitaufzunehmen.

Durchstreichungen, Aenderungen, Einschaltungen, Radirungen oder andere Mängel einer von den Betheiligten vorgelegten Schrift sollen in dem Vermerk angegeben werden.

Soll ein Auszug aus einer Urkunde beglaubigt werden, so finden die Vorschriften des Artikel 47 Satz 1, 2 entsprechende Anwendung.

---

1. Die Beglaubigung einer Abschrift ist, auch wenn es sich um die Abschrift einer über ein Rechtsgeschäft aufgenommenen gerichtlichen oder notariellen Urkunde handelt, nicht die Beurkundung eines Rechtsgeschäfts; deshalb fehlt eine dem Art. 57 entsprechende Vorschrift in dem voraufgehenden Titel.

Aus dem zweiten Satze ergiebt sich, daß von einer beglaubigten Abschrift wieder eine beglaubigte Abschrift genommen werden kann und daß dann die Beglaubigungsvermerke aller voraufgehenden Abschriften immer zu wiederholen sind; entsprechendes gilt für die beglaubigten Abschriften von Ausfertigungen.

2. Der **Abs. 2** schließt sich dem § 27 II. 3 Allg. Ger.O. an. — Hier ist aber nur von Abschriften solcher Urkunden die Rede, die *bereits anderweitig fertiggestellt* sind und nur von Betheiligten behufs Abschriftsbeglaubigung vorgelegt werden, nicht also von solchen, welche das Gericht oder der Notar selbst aufgenommen hat. Für die ersteren, behufs deren Beglaubigung nach Art. 56 nicht vorher ein Protokoll aufgenommen zu werden braucht, bestimmt der Abs. 2, daß Zusätze ꝛc. in dem Beglaubigungsvermerk angegeben werden sollen. Für die letzteren ist in derselben Beziehung durch Art. 64 Abs. 2 gesorgt; für die beglaubigten Abschriften dieser gilt dasjenige, was von ihren Ausfertigungen in Note 2 zu Art. 46 gesagt ist.

3. Im Uebrigen bemerkt die Begr. S. 42, 43 zu diesem Artikel Folgendes:

„Die AGO. enthält in den §§ 28, 29 a. a. O. noch Vorschriften über beglaubigte Abschriften, welche die Stelle des Originals vertreten sollen, sowie über die Renovation von Urkunden. Diese Vorschriften können in Wegfall kommen. Bei gerichtlichen und notariellen Urkunden sind nach dem neuen Rechte die Ausfertigungen bestimmt, die Urschrift da, wo es auf die Vorlegung der Urschrift ankommt, zu vertreten (s. die Denkschrift zu § 178 des Entw. eines Gesetzes über die A. der freiw. Ger.). Was aber die Privaturkunden anlangt, so ist nach den allgemeinen Vorschriften über Willenserklärungen und Urkundenbeweis zu beurtheilen, welche Wirkung der beglaubigten Abschrift einer Privaturkunde zukommt, deren Unterschrift, wie die AGO. im § 28 voraussetzt, vor der Herstellung der Abschrift gehörig rekognoszirt worden ist. Das Urkundenrenovationsverfahren endlich hat schon jetzt neben den Vorschriften der CPO. über die Feststellungsklage kaum noch eine praktische Bedeutung.

Nicht anders als mit der Urkundenrenovation der AGO. verhält es sich mit dem gemeinrechtlichen Exemplifikationsverfahren (s. Wetzell, Gemeiner Civilprozeß § 24 Note 98b; Renaud, Gemeiner Civilprozeß S. 319, 320). Ebenso ist auch der Art. 203 des code de procédure civile außer Kraft zu setzen. Nach diesem Artikel soll, falls eine in der Verwahrung eines Notars oder eines sonstigen amtlichen Depositars befindliche Urschrift im Laufe eines Verifikationsverfahrens, d. h. eines die Echtheit einer Urkunde betreffenden Verfahrens, behufs der Schriftvergleichung dem Gerichte vorgelegt werden muß, der Depositar auf Kosten des Verifikationsklägers eine Ausfertigung oder Abschrift anfertigen. Die Ausfertigung oder Abschrift wird von dem Präsidenten des Gerichts verifizirt und vertritt die Urschrift so lange, bis diese in die Hände des Depositars zurückgelangt; insbesondere können auf Grund der zurückbehaltenen Ausfertigung oder Abschrift den Betheiligten Ausfertigungen ertheilt werden. In der hier fraglichen Beziehung das Gebiet des Rheinischen Rechtes anders zu behandeln als die übrigen Theile der Monarchie, liegt keine Veranlassung vor, andererseits wird aber auch davon abgesehen werden müssen, den im Artikel 203 des code de procédure aufgestellten Grundsatz auf die ganze Monarchie auszudehnen, da in den Gebieten des altpreußischen und des gemeinen Rechtes ein Bedürfniß zu einer solchen Vorschrift nicht hervorgetreten ist. Die Vorschrift würde sich zudem nicht auf den Fall des code de procédure beschränken lassen, sondern folgerichtig auf sonstige Fälle, in denen die Urschrift einer gerichtlichen oder notariellen Urkunde einer Behörde oder einem Beamten, z. B. einem Aufsichtsbeamten, herauszugeben ist, erstreckt werden müssen; eine dahingehende Bestimmung erscheint aber mit Rücksicht auf die Weitläufigkeiten und Kosten, zu denen sie führen würde, nicht angängig.

Mit dem § 28 Theil II Titel 3 der Allg. Ger.O. ist zugleich die Kabinetsorder v. 6. November 1834 (GS. S. 180), welche den § 28 in einzelnen Beziehungen abgeändert hat, aufzuheben (Art. 144 Nr. 9). Die Bestimmungen, welche die Kabinetsorder über die Abzweigung von Hypothekendokumenten enthält, sind schon jetzt veraltet (GBO. v. 5. Mai 1872 § 83). Künftig gilt für die Bildung von Theilhypothekenbriefen der § 61 der GBO. v. 24. März 1897." Vgl. dazu ferner Art. 144 Nr. 1, 2, 4.

Artikel 58.

Die Sicherstellung der Zeit, zu welcher eine Privaturkunde ausgestellt ist, geschieht durch einen unter die Urkunde zu setzenden Vermerk, in welchem der Richter oder der Notar bezeugt, wann ihm die Urkunde vorgelegt worden ist. Die Vorschriften des Artikel 57 Abs. 2 finden Anwendung.

---

1. Die Vorschriften über die Sicherstellung der Zeit, zu welcher eine Privaturkunde ausgestellt ist, sollen zum Ersatze der Rheinischen Bestimmungen über die Einregistrirung von Urkunden sowie des § 26 Nr. 7 und des § 32 Abs. 1 der Hann. Not.O. dienen (vgl. Ges. über die Einregistrirung in den Rheinprovinzen v. 23. April 1824, GS. S. 80). Die Bescheinigung des Richters oder Notars, daß ihm eine Urkunde zu einer bestimmten Zeit vorgelegt worden ist, kann für die Betheiligten in Fällen, in denen es auf das Alter der Urkunde und insbesondere auf die Zeit der Vornahme des beurkundeten Rechtsgeschäfts ankommt, von erheblicher Bedeutung sein; namentlich ermöglicht sie es dem Inhaber einer Privaturkunde, sich den Beweis ihres Alters auch dann zu sichern, wenn der Aussteller sich weigert, seine Unterschrift beglaubigen zu lassen, oder wenn eine solche Beglaubigung aus anderen Gründen, z. B. wegen Abwesenheit des Ausstellers, nicht herbeizuführen ist. Begr. S. 43. Wegen der Aufhebung vorgedachter Vorschriften vgl. Art. 144 Nr. 7.

2. Durch Bezugnahme des Artikels auf Art. 57 Abs. 2 ist festgestellt, daß der beurkundende Beamte jede Durchstreichung ꝛc. und insbesondere „andere Mängel" der Urkunde in dem Vermerke angeben muß. Das kann er nicht, ohne Kenntniß von dem Inhalte zu nehmen; er muß den ganzen Text der Urkunde feststellen; die Sicherstellung der Zeit ist denn auch nicht unter diejenigen Verrichtungen aufgenommen, bei deren Bethätigung der Beamte keine Kenntniß von dem Inhalte der Urkunde nehmen darf (Art. 60 Abs. 1).

Die Sicherstellung erfolgt, ohne daß es nöthig wäre, die Identität des Vorzeigers der Urkunde festzustellen.

Artikel 59.

Wird von dem Gerichtsschreiber eine Abschrift oder die Zeit, zu welcher eine Privaturkunde ihm vorgelegt worden ist, beglaubigt, so finden die Vorschriften der Artikel 54, 57, 58 und bei der Beglaubigung eines Auszugs auch die Vorschrift des Artikel 47 Satz 3 entsprechende Anwendung.

Ueber die Zuständigkeit der Gerichtsschreiber zu den im Artikel erwähnten Geschäftsverrichtungen siehe Art. 35, 36 und § 5 des Gesetzes, betr. die Dienstverhältnisse der Gerichtsschreiber, v. 3. März 1879 (unten Art. 131); über die Bedeutung der Vorschriften über die Sicherstellung der Zeit vgl. Art. 58.

Artikel 60.

Bei der Beglaubigung einer Unterschrift oder eines Handzeichens ist der Richter oder der Notar ohne Zustimmung der Betheiligten nicht befugt, von dem Inhalte der Urkunde Kenntniß zu nehmen.

Wenn der Notar den Entwurf einer Urkunde anfertigt und nach ihrer Vollziehung durch die Betheiligten die Unterschriften oder Handzeichen beglaubigt, so hat er eine beglaubigte Abschrift der Urkunde zu seinen Akten zurückzubehalten; diese Abschrift ist stempelfrei.

Werden von dem Richter oder dem Notar Wahrnehmungen gemacht, die geeignet sind, Zweifel an der unbeschränkten Geschäftsfähigkeit der Person zu begründen, deren Unterschrift oder Handzeichen beglaubigt werden soll, so soll dies in dem Beglaubigungsvermerke festgestellt werden.

---

1. **Abs.** 1 und 2 entsprechen dem bisherigen Rechte (Preuß. und Hann. Not.O. § 21 bezw. § 13; Gesetz, enthaltend Bestimmungen über das Notariat ꝛc., v. 15. Juli 1890 § 9 Abs. 2, 3 und Stempelsteuergesetz v. 31. Juli 1895, durch welches der Abs. 1 des § 9 des letzterwähnten Gesetzes vom 15. Juli 1890 aufgehoben und ersetzt ist).

2. Im Gegensatze zu der Thätigkeit des Urkundsbeamten bei der Feststellung der Zeit, zu der eine Privaturkunde ausgestellt ist (Art. 58), hat hier bei Beglaubigung einer Unterschrift oder eines Handzeichens der Beamte die Identität des Unterzeichners und dessen Geschäftsfähigkeit (Abs. 3) ohne Kenntniß und Feststellung des Textes der Urkunde (Abs. 1) vorzunehmen.

3. Zu **Abs.** 3 bemerkt die Begr. S. 44: In Abs. 3 ist bestimmt, daß der Richter oder der Notar, wenn er Wahrnehmungen macht, die geeignet sind, Zweifel an der unbeschränkten Geschäftsfähigkeit der Person zu begründen, deren Unterschrift oder Handzeichen beglaubigt werden soll, dies in dem Beglaubigungsvermerke festzustellen hat. Eine ähnliche Vorschrift enthält auch das Gesetz v. 15. Juli 1890, welches im § 8 Abs. 5 den Richter oder Notar, der eine Unterschrift oder ein Handzeichen beglaubigt, für die erforderliche Prüfung der Geschäftsfähigkeit verantwortlich macht. Ob der Urkundsbeamte hiernach das Vorhandensein der vollen Geschäftsfähigkeit zu prüfen hat oder ob es genügt, wenn er feststellt, daß der Aussteller der Urkunde die zu dem beurkundeten Geschäfte erforderliche Handlungsfähigkeit besitzt, ist nicht unbestritten. Vom Standpunkte der Gesetzgebung aus verdient aber die erstere Ansicht den Vorzug (vgl. auch Entscheidungen des Kammergerichts Bd. 14 S. 163); denn es ist, wie sich schon aus dem Abs. 1 des vorliegenden Artikels ergiebt, bei der Beglaubigung einer Unterschrift oder eines Handzeichens nicht Sache des Richters oder des Notars, zu prüfen, ob das beurkundete Rechtsgeschäft von einer beschränkt geschäftsfähigen Person mit voller Wirksamkeit vorgenommen werden kann.

4. Ueber die Ausführung der gerichtlichen oder notariellen Beglaubigung einer Unterschrift oder eines Handzeichens bestimmt § 183 RGes., daß sie nur erfolgen darf, wenn die Unterschrift oder das Handzeichen in Gegenwart des Richters oder Notars vollzogen oder anerkannt wird. Die Bestimmung des bisherigen Gesetzes (v. 15. Juli 1890 § 8 Abs. 3 Satz 2), daß der Beglaubigungsvermerk angeben muß, ob die Beglaubigung auf Grund der vor dem Beamten erfolgten Fertigung oder auf Grund der vor ihm erfolgten Anerkennung geschieht, ist durch Beschluß des Reichstags aus dem Entw. des RGes. entfernt.

Ferner bestimmt § 183 Abs. 2 RGes., daß die Beglaubigung durch einen unter die Unterschrift bezw. das Handzeichen zu setzenden Vermerk geschieht. Der Vermerk muß die Bezeichnung desjenigen, welcher die Unterschrift oder das Handzeichen vollzogen oder anerkannt hat, enthalten und den Ort und den Tag der Ausstellung angeben sowie mit Unterschrift und Siegel oder Stempel versehen sein.

Wegen Beifügung der Nummer des Notariatsregisters und der Gebührenberechnung (Gesetz v. 15. Juli 1890 § 8 Abs. 4 a. E.) ist auf Art. 95 und § 26 der Geb.O. für Not. v. 25. Juni 1895 zu verweisen.

Der Urkundsbeamte hat, was den Stempel im Falle des Abs. 1 anlangt, nur dafür zu sorgen, daß der Beglaubigungsstempel verwendet wird; etwaige weitergehende Pflichten diesem Beamten instruktionell aufzuerlegen, ist unangängig; Kom.Ber. S. 44.

Artikel 61.

Die Urschriften der im Artikel 53 bezeichneten Urkunden sind, falls die Beurkundung in der Form eines Protokolls erfolgt ist, in der Verwahrung des Gerichts oder des Notars zu belassen. Die Vorschriften des § 182 des Reichsgesetzes über die Angelegenheiten der freiwilligen Gerichtsbarkeit und der Artikel 43 bis 48 dieses Gesetzes finden entsprechende Anwendung.

Eine Ausfertigung können, sofern nicht in der Urkunde oder durch eine besondere Erklärung gegenüber dem Gericht oder dem Notar eine abweichende Bestimmung getroffen ist, diejenigen Personen fordern, auf deren Antrag die Urkunde aufgenommen worden ist. Wer eine Ausfertigung fordern kann, ist auch berechtigt, eine einfache oder beglaubigte Abschrift zu verlangen und die Urschrift einzusehen. Inwieweit anderen Personen eine einfache oder beglaubigte Abschrift zu ertheilen oder die Einsicht der Urschrift zu gestatten ist, bestimmt sich auch für notarielle Urkunden nach den Vorschriften des § 34 des Reichsgesetzes über die Angelegenheiten der freiwilligen Gerichtsbarkeit. Die Vorschrift des Artikel 52 findet entsprechende Anwendung.

1. Der **Abs. 1** stellt die gerichtlichen und notariellen Urkunden über andere Gegenstände als Rechtsgeschäfte in Ansehung der in den Art. 43 bis 48 behandelten Punkte vollständig gleich mit den Urkunden über Rechtsgeschäfte. Den Wortlaut des Art. 182 RGes. siehe Art. 45 Note 1.

In Abs. 1 Satz 1 handelt es sich aber nur um Urkunden, die in Form eines Protokolls aufgenommen sind. Es ist selbstverständlich, daß die Regel nicht Platz greifen kann, wenn die Urschrift den Betheiligten ausgehändigt wird, wie dies kraft besonderer Vorschrift in den Fällen des Art. 44, der nach Abs. 1 entsprechende Anwendung findet, geschehen darf. Die Regel ist aber sodann weiter außer Kraft gesetzt, Satz 2, für alle die Fälle, in denen ein Protokoll nicht aufgenommen ist. Damit gelangt zum Ausdrucke, daß in allen Fällen, in denen ein Protokoll nicht aufgenommen zu werden braucht — Art. 56 — die Aushändigung der Vorschrift an die Betheiligten erfolgen darf.

Eine weitere Ausnahme stellt Art. 62 auf.

2. Der **Abs.** 2 enthält Parallelbestimmungen zu den Art. 49 bis 52 betreffend das Recht auf Ertheilung von Ausfertigungen und Abschriften sowie auf Einsichtnahme. Die Berechtigung, eine Ausfertigung verlangen zu können, ist aber hier dahin eingeschränkt, daß nur diejenigen Personen sie haben sollen, auf deren Antrag die Urkunde aufgenommen ist. Es genügt also hier nicht, bei den fraglichen Beurkundungen selbst oder durch Bevollmächtigte Erklärungen abgegeben zu haben.

Wenn in dem vorletzten Satze nur für notarielle Urkunden eine Bestimmung gegeben worden ist, so hat dies darin seinen Grund, daß für gerichtliche Urkunden schon durch Art. 1 eine entsprechende vorhanden ist.

3. Dadurch, daß im Art. 62 der Art. 51 nicht erwähnt ist, ist nicht zu entnehmen, daß er inhaltlich nicht gilt.

Artikel 62.

Wechselproteste werden den Auftraggebern in Urschrift ausgehändigt. Die beglaubigten Abschriften der Wechselproteste für das Protestregister sind stempelfrei.

---

1. **Satz 1** ist aufgenommen, um Zweifel in Ansehung des Verfahrens abzuschneiden. Für die von den Gerichtsschreibern und den Gerichtsvollziehern aufgenommenen Wechselproteste ist in den Geschäftsordnungen (v. 14. Dezember 1896 § 45, v. 24. Juli 1879 § 112 Abs. 4) eine gleiche Vorschrift gegeben. Auch wird in der Begr., S. 45, bezeugt, daß von einem großen Theile der Notare schon gegenwärtig in der vorgesehenen Weise verfahren werde. Nach Reichsrecht erscheint es aber zweifelhaft, ob die Wechselproteste den Betheiligten unbedingt in Urschrift auszuhändigen sind, oder ob es dem Art. 90 der Wechselordnung auch entspricht, wenn dem Auftraggeber eine Ausfertigung ertheilt und das Wechselprotestregister aus den Urschriften gebildet wird.

2. **Satz 2** ist von der Kom. d. Abg. eingefügt worden — vgl. Kom.Ber. S. 44 —, weil nach bisherigem Rechte die in Rede stehenden Abschriften der Billigkeit entgegen stempelpflichtig seien; zwar seien sie durch Ministerialreskript vom Jahre 1888 für stempelfrei erklärt worden, allein diese Vergünstigung könne wieder zurückgenommen werden, weswegen eine gesetzliche Festlegung angemessen sei.

Vierter Titel.

Aeußere Form und Vernichtung der Urkunden.

Der 4. Titel befaßt sich mit der äußeren Form der Urkunden, worüber es im RGes. an Vorschriften vollständig fehlt. Die Bestimmungen beziehen sich auf alle Arten von gerichtlichen oder notariellen Urkunden, sowohl auf Urschriften, wie auf Ausfertigungen und Abschriften, auf Urkunden über Rechtsgeschäfte, wie auf solche über andere Gegenstände, soweit nicht im Einzelnen aus ihrem Wortlaute ein Anderes sich ergiebt. Sie sind instruktioneller Natur; ein Verstoß gegen sie führt die Nichtigkeit der Urkunde nicht herbei.

Dem Inhalte nach weichen die Vorschriften von dem bisher geltenden Rechte mehrfach ab; der bemerkbarste Unterschied zwischen dem alten und neuen Rechte besteht darin, daß die Vorschriften des neuen Rechts nur instruktionellen Charakter haben; eine größere Anzahl von positiven Vorschriften jenes sind daher in dieses gar nicht übernommen worden und müssen somit gemäß den Aufhebungsvorschriften in Art. 144 als beseitigt gelten.

Der Art. 64 giebt Vorschriften für die Fälle, in denen eine Urkunde aus mehreren Theilen besteht, während Art. 65 durch solche über die Schriftform Garantien für die Unanfechtbarkeit des Textes zu schaffen sucht; in Art. 66 wird Ermächtigung des Ministers zu Vorschriften über die Vernichtung der Urkunden vorgesehen.

Artikel 63.

Umfaßt die Urschrift einer von einem Notar aufgenommenen Urkunde allein oder mit den Anlagen mehrere Bogen, so sollen diese entweder mit fortlaufenden Zahlen versehen und von dem Notar einzeln unterschrieben oder durch Schnur und Siegel verbunden werden.

Umfaßt die Ausfertigung, die beglaubigte Abschrift oder die den Betheiligten auszuhändigende Urschrift einer unter die Vorschriften des zweiten oder dritten Titels fallenden gerichtlichen oder notariellen Urkunde allein oder mit ihren Anlagen mehrere Bogen, so sollen diese durch Schnur und Siegel verbunden werden.

---

1. Der Artikel schließt sich den Bestimmungen der Preuß. und Hann. Not.O. an (§ 16 Abs. 2 bezw. § 40, § 41 Abs. 2). Die Urschrift des Abs. 1 gilt nur für die Notare.

Bei Ausfertigungen, beglaubigten Abschriften oder Urschriften, soweit die letzteren ausgehändigt werden, ist immer eine Verbindung durch Schnur und Siegel nothwendig.

2. Die Vorschriften sind indes nur instruktioneller Art und konnten gegenüber dem RGes. nicht andere sein. Ihre Verletzung beraubt die Urkunde nicht ihrer Gültigkeit (anders Preuß. Not.O. § 16 Abs. 2, § 41).

3. Wegen des Siegels siehe Art. 45 Note 6.

Artikel 64.

Die von den Notaren ausgestellten Urkunden und die Eintragungen in die Register der Notare sowie die gerichtlichen Urkunden, auf welche die Vorschriften des zweiten oder dritten Titels Anwendung finden, sollen deutlich und ohne Abkürzungen geschrieben, es soll in ihnen nichts radirt oder sonst unleserlich gemacht werden.

Zusätze sollen am Schlusse oder am Rande beigefügt und im letzteren Falle von den mitwirkenden Personen besonders unterzeichnet werden. In entsprechender Weise sollen auch andere Aenderungen beurkundet werden. Auf Aenderungen geringfügiger Art finden diese Vorschriften keine Anwendung.

Wird eine Schrift nach § 176 Abs. 2 des Reichsgesetzes über die Angelegenheiten der freiwilligen Gerichtsbarkeit dem Protokoll als Anlage beigefügt, so bedarf es einer Unterzeichnung der in der eingereichten

Schrift sich findenden Aenderungen nicht, wenn aus dem Protokolle hervorgeht, daß die Aenderungen genehmigt worden sind.

---

1. In Folge Nichtaufnahme mancher Bestimmungen der bisherigen Gesetze sind die Formvorschriften bedeutend gemildert. Die in Art. 64 speciell aufgeführten Förmlichkeiten gehörten auch schon nach der Preuß. Not.O. (§§ 12, 40) nicht zu den wesentlichen.

2. Wenn im **Abs.** 2 gesagt ist, daß Zusätze am Schlusse der Urkunde nicht besonders unterzeichnet zu werden brauchten, so liegt der Ton auf dem Worte „besonders"; die Zusätze müssen eben am Schlusse vor der Unterschrift aufgenommen werden. Insoweit ist die Unterschrift zwingend, vgl. § 177 RGes.

Es bedarf für die Zusätze, die besonders zu unterzeichnen sind, nicht mehr der Unterschrift der Betheiligten, sondern nur mehr derjenigen der mitwirkenden Personen. Ueber diese beiden Gattungen und den Unterschied zwischen ihnen vgl. §§ 168, 170 bis 177 und Kom. d. Verf. z. RGes. § 174 Note 1, § 176 Note 2.

3. Den Wortlaut des § 176 Abs. 2 RGes. siehe oben Art. 48 Note 1.

4. Zur Erschwerung von Fälschungen und zur Vermeidung von Irrthümern war in den Notariatsordnungen angeordnet, daß in den notariellen Urkunden Summen und Zahlen, von bestimmten Ausnahmen abgesehen, mit Buchstaben geschrieben werden sollten (Rhein. Not.O. Art. 26; Preuß. Not.O. § 12; Hann. Not.O. § 35; Gesetz v. 15. Juli 1890 § 7); die Allg. Ger.O. dagegen enthält keine Anweisung in dieser Richtung. Hier ist eine solche in Parallele mit der CPO. auch nicht für erforderlich erachtet worden. Es soll der Sorgfalt der Urkundsperson überlassen bleiben, nach Lage des Einzelfalls zu entscheiden. Begr. S. 46.

5. In der Begr. S. 46 ist darauf hingewiesen, daß nach § 32 Hann. Not.O. der Notar das Protokoll regelmäßig selbst schreiben muß und nur mit Genehmigung des Justizministers einen — besonders zu beeidigenden — Schreiber zuziehen darf. Diese Bestimmung ist schon durch Gesetz v. 8. März 1880 aufgehoben. Diese Verpflichtung besteht also auch für die Zukunft nicht.

Mit der vorgedachten Vorschrift ist auch die aufgehoben worden, daß es den Notaren unbenommen sei, gedruckte Formulare zu den aufzunehmenden Protokollen zu verwenden. Aus der Aufhebung der alten Vorschrift und dem Umstand, daß nicht eine neue formulirt ist, ist nicht zu folgern, daß die Benutzung solcher Formulare ausgeschlossen sein soll.

Artikel 65.

Gerichtliche und notarielle Urkunden können nach Maßgabe der Anordnungen des Justizministers vernichtet werden.

Der Artikel ist von der Kom. d. Abg. eingestellt worden. Eine justizministerielle Anordnung ist bis jetzt noch nicht ergangen.

Die Ermächtigung bezieht sich nicht nur auf Urkunden, welche unter dem neuen Rechte entstehen werden, sondern auch auf solche, welche noch unter dem alten Rechte aufgenommen worden sind. Vgl. Kom.Ber. S. 45.

Fünfter Abschnitt.

Verfahren bei der freiwilligen gerichtlichen Versteigerung von Grundstücken.

1. Für das Verfahren bei der freiwilligen gerichtlichen Versteigerung von Grundstücken gelten zur Zeit in den verschiedenen Landestheilen eine Anzahl verschiedener Bestimmungen. Sie alle, namentlich auch die in §§ 66 ff. I. 52 der AGO. und in der Verordn., betr. das Verfahren bei freiwilligen Subhastationen v. 6. April 1839 (GS. S. 125) und der dazu ergangenen Instruktion v. 20. Mai 1839 (JMBl. S. 190) sowie auch der zweite Abschnitt des Gesetzes, betreffend das Theilungsverfahren und den gerichtlichen Verkauf von Immobilien im Geltungsbereich des Rheinischen Rechts, v. 22. Mai 1887, sollen durch den fünften Abschnitt ersetzt werden und sind daher auch in Art. 144 — vgl. daselbst Nr. 1, 10, 11, 12, 14, 20 — aufgehoben worden.

2. Es handelt sich in dem fünften Abschnitte nur um das Verfahren bei der freiwilligen gerichtlichen Versteigerung von Grundstücken. Es ist daher Folgendes zu beachten:

a) Die Vorschriften sind nur für Versteigerungen von Grundstücken gegeben. Für Versteigerungen von beweglichen Sachen gelten sie nicht, doch steht nichts im Wege, sie, soweit überhaupt möglich, entsprechend anzuwenden, wo es z. B. des Werths der Sachen wegen angezeigt erscheinen möchte, da irgendwelche Vorschriften, die das freie Ermessen der Betheiligten und der mitwirkenden Personen in dieser Beziehung einschränken, nicht bestehen.

b) Sie gelten nur für freiwillige Versteigerungen. Sie finden daher keine Anwendung auf die Versteigerung in den drei besonderen Fällen des dritten Abschnitts (§§ 172 bis 184) des Gesetzes über die Zwangsversteigerung und Zwangsverwaltung v. 24. März 1897, namentlich auch nicht auf den in den §§ 180 bis 184 daselbst geregelten Fall der Versteigerung zum Zwecke der Aufhebung einer Gemeinschaft. Indessen ist in Ansehung der letzteren festzuhalten, daß sie nur im Falle eines gegen einen Betheiligten erforderlich werdenden Zwanges nach den Vorschriften der §§ 180 bis 184 erfolgen muß. Sind die gemeinschaftlichen Eigenthümer eines Grundstücks einig, so können sie auch gemäß § 747 BGB. gemeinschaftlich im Wege freiwilliger Versteigerung über das Grundstück verfügen. Der § 753 BGB., gemäß welchem, wenn die Theilung eines Gegenstandes in Natur ausgeschlossen ist, die Aufhebung der Gemeinschaft durch Verkauf des gemeinschaftlichen Gegenstandes nach den Vorschriften über den Pfandverkauf, bei Grundstücken durch Zwangsversteigerung, und durch Theilung des Erlöses erfolgt, und zu dessen Ausführung die §§ 180 bis 184 vorgedachten Gesetzes gegeben sind, enthält dispositives Recht. Vgl. Art. 66 Note 3.

c) Die Vorschriften sind nur für gerichtliche Versteigerungen gegeben. Ob als gerichtliche Versteigerung nur eine solche angesehen werden kann, bei welcher ein Richter als beurkundender Beamter mitwirkt, ebenso wie unter gerichtlicher Beurkundung, nach der in den §§ 168 ff. RGes. angewandten Ausdrucksweise, nur die durch den Richter bewirkte zu verstehen ist, und ob demnach eine nach Art. 38 Abs. 3 von dem Gerichtsschreiber oder eine nach Art. 112 von einem der in Art. 111 bezeichneten Beamten oder von einem der nach Art. 122, 123 zu errichtenden Ortsgerichte im

Auftrage des Gerichts vorgenommene Versteigerung nicht als „gerichtliche" bezeichnet werden kann, darf dahingestellt bleiben. Was nämlich die Wirkung anlangt (vgl. unten bei Nr. 3), so sind in allen diesen Fällen, wie auch in dem Falle der Art. 32, 125, die genannten Beamten und Behörden auf Grund des Art. 142 Einf.Ges. z. BGB. (vgl. oben Vorbemerkung zum vierten Abschnitte) gesetzlich für zuständig erklärt, die in Rede stehenden Versteigerungen vorzunehmen und mit der in Art. 142 Einf.Ges. z. BGB. bezw. § 313 BGB. angegebenen Wirkung zu beurkunden; es wird also eine von einer öffentlichen Behörde bezw. einem mit öffentlichem Glauben versehenen Beamten innerhalb der Grenzen der Amtsbefugnisse aufgenommene, mit der gerichtlichen oder notariellen Urkunde gleichwerthige, öffentliche Urkunde (CPO. § 415) geschaffen. Uebrigens sind in Betreff des Verfahrens für die Ortsgerichte und die in Art. 125 genannten Beamten Ausführungsvorschriften nach Art. 126 zu erwarten; nur für die Gerichtsschreiber müssen die folgenden Vorschriften als maßgebend bezeichnet werden, da diese Beamten nur als Stellvertreter der Richter die Termine wahrnehmen. — Wegen des Einflusses auf die Kosten vgl. Art. 84 Nr. 15 Ausf.Ges. z. BGB. bezw. § 46 des Preuß. GKG.

Auch gelten die Vorschriften nicht für andere als gerichtliche Behörden, bezw. Personen, welche nach Art. 32 zuständig sind. Ebensowenig finden sie auf notarielle Versteigerungen Anwendung. Für Notare sind überhaupt Vorschriften in der in Frage stehenden Richtung für entbehrlich gehalten worden, weil ihnen das Gesetz (abgesehen von dem 2. Abschnitte des oben genannten Gesetzes v. 22. Mai 1887) auch bisher hierin freie Hand ließ.

3. Neben den Vorschriften dieses Abschnitts verdienen hier noch folgende Beachtung:

a) In Ansehung der sachlichen Zuständigkeit ist zu unterscheiden, ob durch die Versteigerung ein Vertrag im Sinne des § 313 BGB. zu Stande gebracht werden soll oder nicht. Nach § 313 BGB. bedarf eine Versteigerung nur dann der Beurkundung durch den Richter, den Notar oder eine der in den Art. 32, 38 Abs. 3, 112, 122, 123, 125 (vgl. Note 2c) erwähnten Personen oder Behörden, wenn der Versteigerer gebunden werden soll, das Eigenthum an dem versteigerten Grundstücke zu übertragen. Ist das auch wohl in der Regel der Zweck einer Versteigerung, so ist doch nicht ausgeschlossen, daß beide Theile, Versteigerer und Bieter, in Treu und Glauben auf eine derartige Beurkundung verzichten und die mangelnde Form durch nachfolgende Auflassung und Eintragung ins Grundbuch heilen wollen (BGB. § 313 Satz 2). Für eine Versteigerung ohne jene Bindung, wenngleich in dem Sinne, daß beide Theile sich gebunden fühlen werden, bedarf es aber gar keiner Beurkundung; zu deren Vornahme ist jede Privatperson für befugt zu erachten. Ueber die sachliche Zuständigkeit enthält sich der Abschnitt aber jeder Vorschrift.

Die örtliche Zuständigkeit ist in Art. 33 geordnet.

b) Auf die Beurkundung der gerichtlichen Versteigerung finden die Vorschriften des 10. Abschnitts des RGes. und daher mittelbar — vgl. Einleitung und Vorbemerkung zu Abschnitt IV Titel 1 — auch diejenigen des 1. Abschnitts desselben Gesetzes Anwendung. Insbesondere ist hier der § 181 RGes. hervorzuheben:

Bei der gerichtlichen (oder notariellen) Beurkundung von Versteigerungen gelten Bieter nicht als Betheiligte; ausgenommen sind solche Bieter, die an ihr Gebot gebunden bleiben. Entfernt sich ein solcher Bieter vor dem Schlusse der Verhandlung, so genügt an Stelle seiner Unterschrift die Angabe des Grundes, aus welchem sie unterblieben ist.

Ferner sind ergänzend die Vorschriften des 4. Abschnitts dieses Gesetzes in Betracht zu ziehen.

c) Mit der Beurkundung der Versteigerung kann die Auflassungserklärung verbunden werden. Die Auflassung muß nach § 925 BGB. bei gleichzeitiger Anwesenheit beider Theile vor dem Grundbuchamt erklärt werden. Nach Art. 143 Einf.Ges. z. BGB. kann die Landesgesetzgebung allerdings bestimmen, daß die Auflassung außer vor dem Grundbuchamt auch vor Gericht, vor einem Notar, vor einer anderen Behörde oder vor einem anderen Beamten erklärt werden kann, sowie weiter, daß es bei der Auflassung eines Grundstücks der gleichzeitigen Anwesenheit beider Theile nicht bedarf, wenn das Grundstück durch ein Gericht oder einen Notar versteigert worden ist und die Auflassung noch in dem Versteigerungstermine stattfindet. Allein von diesen Vorbehalten hat die preußische Gesetzgebung nur für Grundstücke, die im bisherigen Geltungsbereiche des Rheinischen Rechts belegen sind, in Art. 26 Ausf.Ges. z. BGB. Gebrauch gemacht; vgl. den Wortlaut dieses Art. 26 oben bei Art. 32 Note 1a. Im Uebrigen bilden gemäß Art. 1 Ausf.Ges. z. GBO. die Amtsgerichte die Grundbuchämter für die in ihrem Bezirke belegenen Grundstücke. Ein Amtsrichter, der eine Versteigerung von Grundstücken vornimmt, kann also, ausgenommen die Fälle des Art. 26 Ausf.Ges. z. BGB., die Auflassungserklärung im Anschlusse an eine Versteigerung nur bezüglich der in seinem Grundbuchamtsbezirke belegenen Grundstücke vornehmen, einerlei, ob er nach Art. 33 oder etwa, weil gemäß § 20 Ausf.Ges. z. GVG. (vgl. Art. 129 Nr. III) ein gemeinsamer Gerichtsstand bestellt worden war, auch noch für andere außerhalb des Bezirks liegende Grundstücke zur Abhaltung der Versteigerung zuständig war.

4. Nach der Uebergangsvorschrift des Art. 137 Abs. 1 soll, soweit nach den Uebergangsvorschriften anderer Gesetze die bisherigen Vorschriften noch künftig maßgebend sind, das Gleiche auch für die durch dieses Gesetz aufgehobenen oder abgeänderten Vorschriften gelten. Eine solche Vorschrift ist in § 189 RGes. getroffen, die ihrerseits die für das materielle Recht des BGB. in Art. 189 Einf.Ges. z. BGB. gegebene Vorschrift auf das Gebiet der freiwilligen Gerichtsbarkeit überträgt. Nach dieser Bestimmung des Art. 189 Einf.Ges. z. BGB. erfolgen der Erwerb und Verlust des Eigenthums, sowie die Begründung, Uebertragung, Belastung und Aufhebung eines anderen Rechtes an einem Grundstück oder eines Rechtes an einem solchen Rechte auch nach dem Inkrafttreten des BGB. nach den bisherigen Gesetzen, bis das Grundbuch als angelegt anzusehen ist. Sonach würde es in diesen Beziehungen auch, was die Vornahme von Versteigerungen anlangt, bei den bisherigen Zuständigkeits- und Verfahrensvorschriften sein Bewenden behalten. Indessen ist zur Behebung von Zweifeln in Art. 137 Abs. 3 bestimmt, daß die neuen Vorschriften über das Verfahren bei Aufnahme gerichtlicher oder notarieller Urkunden auch dann zur Anwendung kommen sollen, wenn für das beurkundete Rechtsverhältniß das bisherige Recht maßgebend bleibt. Das gilt denn auch für die gerichtliche Beurkundung von freiwilligen Versteigerungen. Im Uebrigen vgl. unten Art. 137.

5. Die Vorschriften des Abschnitts schließen sich im Wesentlichen an Bestimmungen des Gesetzes über die Zwangsversteigerung und die Zwangsverwaltung v. 24. März 1897 (ZwVG.) und des dazu gehörigen Preuß. Ausf.Ges. v. 23. September 1899 an.

6. Die Bestimmungen des Abschnitts sind, mit Ausnahme des Art. 66 Abs. 1 (vgl. Art. 66 Note 1) und der Art. 75, 76, subsidiärer Natur und kommen nur zur Anwendung, soweit die Betheiligten nicht ein Anderes bestimmen; dazu sind sie für den Richter nur instruktionell und nicht bindend, woraus allein, ganz abgesehen von dem § 200 Abs. 2 RGes. (vgl. oben Vorbemerkung zum 4. Abschnitte), sich schon ergiebt, daß ein Verstoß gegen sie keine Nichtigkeit zur Folge hat.

7. Der Abschnitt enthält zunächst eine allgemeine einleitende Vorschrift (Art. 66), sodann Bestimmungen über das Verfahren bis zu dem Versteigerungstermin, einschließlich derjenigen über das Recht zur Einsicht der das Grundstück betreffenden Urkunden (Art. 67 bis 71), ferner solche über das Verfahren im Versteigerungstermine selbst (Art. 72 bis 74), einen Vorbehalt in Bezug auf Versteigerung von Grundstücken gewisser juristischer Personen (Art. 75) und schließt mit besonderen Bestimmungen über Versteigerungen von Bergwerkseigenthum (Art. 76).

Artikel 66.

Wer die freiwillige gerichtliche Versteigerung eines Grundstücks beantragt, hat seine Befugniß zur Verfügung über das Grundstück dem Gerichte nachzuweisen.

Der Richter soll, soweit die Betheiligten nicht ein Anderes bestimmen, bei der Versteigerung nach den Vorschriften der Artikel 67 bis 74 verfahren.

---

1. Der **Abs. 1** ist neben Art. 75, 76 die einzige Bestimmung des Abschnitts mit zwingendem Charakter (vgl. Vorbemerkung unter 6). Er stimmt mit dem § 3 der Instruktion v. 20. Mai 1839 überein. Die Vorschrift erscheint selbstverständlich, wenn, was vorausgesetzt werden darf, die Beurkundung der Versteigerung den Zweck haben soll, wirksam, insbesondere für den Versteigerer und den Meistbietenden nach § 313 BGB. in Betreff der Verpflichtung zur Uebertragung des Eigenthums bindend zu werden. Daß der Nachweis bereits bei Stellung oder Einreichung des Antrags geführt werden muß, ist nicht nothwendig; es genügt, wenn er noch im Versteigerungstermine geführt wird; die Fassung des Abs. 1 zwingt nicht zu einer gegentheiligen Auslegung. Es wird hier auf das billige Ermessen des Richters ankommen.

Wie der Nachweis zu führen ist, ist nicht bemerkt. Es richtet sich das nach dem einzelnen Falle. Wird das Grundbuch bei dem Gerichte geführt, welches die Versteigerung vornehmen soll, so genügt eine Bezugnahme auf das Grundbuchblatt, auf welchem der Antragsteller eingetragen ist; ist der Antragsteller Erbe des eingetragenen Eigenthümers, so ist die Erbfolge durch Urkunden, (Erbschein, Testament), glaubhaft zu machen, sofern sie nicht bei dem Gericht offenkundig ist; vgl. ZwVG. § 17; wird das Grundbuch dort nicht geführt, so wird eine beglaubigte Abschrift des Grundbuchblatts, die ohnehin nach Art. 67 Abs. 2 beigebracht werden soll oder ein Zeugniß des Grundbuchamts über die Eintragung, vgl. Zw.VG. § 17, ausreichend sein. Ist das Grundbuch noch nicht angelegt, so ist ein anderweitiger Nachweis der Verfügungsbefugniß zu erbringen, wie durch Vorlegung der Erwerbsurkunde in dem Gebiete des Rheinischen Rechts oder durch Bezugnahme auf das Stockbuch bezw. beglaubigten Auszug aus demselben im Gebiete des vormaligen Herzogthums Nassau. — Besonderes gilt in Ansehung des Bergwerkseigenthums nach Art. 76.

2. Ueber die Form des Antrags ist nichts bestimmt; er kann vor Allem gemäß § 11 RGes. bei dem Gerichtsschreiber jedes Amtsgerichts gestellt werden.

3. Wird der Antrag durch einen Bevollmächtigten gestellt, so besagt zwar § 13 Satz 3 RGes., daß der Richter den Nachweis der Bevollmächtigung durch öffentlich beglaubigte Vollmacht verlangen könne; das Gericht kann sich aber nach der freien Stellung, die ihm in dieser Hinsicht nach dem RGes. zukommt (vgl. Kom. d. Verf. § 13 Note 3), auch ohne eine solche begnügen, zumal nach § 167 Abs. 2 BGB. die Vollmacht nicht der Form bedarf, welche für das Rechtsgeschäft bestimmt ist, auf die sich die Vollmacht bezieht. Soll mit der Beurkundung der Versteigerung, soweit möglich (vgl. Vorbemerkung Note 3c), eine Auflassung verbunden werden, so gelten hinsichtlich der Beibringung einer Vollmacht die Vorschriften der GBO., namentlich des § 30. Erfordert das Gericht eine Vollmacht, so wird bezüglich der Zeit, zu welcher sie beizubringen ist, das in Note 1 Abs. 1 Gesagte entsprechend gelten.

4. Das Gleiche darf auch gelten, wenn bei einer Versteigerung Mehrere betheiligt sind und nur Einer den Antrag gestellt hat. Zeigt es sich im Verlaufe der Vorbereitung der Versteigerung oder zu Beginn des Versteigerungstermins, daß nicht Alle mit der Versteigerung überhaupt einverstanden sind oder daß sich die Betheiligten nicht über die Art und die Bedingungen der Versteigerung einigen können, so muß die Versteigerung unterbleiben bis der Streit durch ein vollstreckbares Urtheil entschieden ist. Die AGO. I. 52. § 69 bestimmte, daß in einem solchen Falle nach denjenigen Anträgen zu verfahren sei, welche sich „den gesetzlichen Bestimmungen bei nothwendigen Subhastationen am meisten nähere". Eine derartige Vorschrift, sagt die Begr. S. 47, würde jedoch, da sie einen Eingriff in die materiellen Rechte der Betheiligten enthält, gegenüber der reichsgesetzlichen Regelung des bürgerlichen Rechts unzulässig sein. Auch ist die Vorschrift der AGO. schon jetzt ohne erhebliche praktische Bedeutung, da jeder Betheiligte den Antrag auf die Versteigerung zurückziehen und so das Verfahren verhindern kann. Die Aufhebung einer Gemeinschaft erfolgt nöthigenfalls im Wege der Zwangsversteigerung (BGB. § 753, Reichsgesetz v. 24. März 1897 §§ 180 bis 184), vgl. Note 2b der Vorbemerkung.

5. Der **Abs.** 2 bringt zum Ausdrucke, daß die Verfahrensvorschriften der folgenden Artikel nur insoweit Platz greifen, als die Betheiligten nicht ein Anderes bestimmen. Vgl. dazu Vorbemerkung Note 6. Zunächst kommt also der Wille der Betheiligten, dann die in den Art. 65 bis 74 ertheilte Instruktion in Betracht; erscheint die letztere dem Richter nicht angemessen, so entscheidet sein billiges Ermessen.

Der Wille der Betheiligten wird sich bereits im Antrage zu erkennen geben und es ist zu wünschen, daß, da die Vorschriften der Art. 65 bis 74 für manche Landestheile, namentlich die mit zersplittertem Grundbesitze, wenig passen, für das Ermessen des Richters und für die Aufnahme der Versteigerungsanträge Formen sich herausbilden, welche den Gewohnheiten der einzelnen Gegenden Rechnung tragen; auf den Ortsgebrauch ist direkt hingewiesen bei der Terminsveröffentlichung, vgl. Art. 69 Noten 2, 3.

Inwieweit die nach Art. 38, 112, 122, 123, 125 von anderen als richterlichen Beamten abzuhaltenden Versteigerungen an diese Formen gebunden sind, werden die nach Art. 126 zu erlassenden Ministerialverfügungen ergeben.

Artikel 67.

Der Versteigerungstermin soll erst bestimmt werden, nachdem ein das Grundstück betreffender neuester Auszug aus der Grundsteuermutterrolle und der Gebäudesteuerrolle beigebracht worden ist. In den Hohenzollernschen Landen tritt an die Stelle des Auszugs aus den Steuerrollen ein Auszug aus dem Besitz- und Steuerhefte des Schuldners. Wird das Grundbuch nicht bei dem Gerichte geführt, welches die Versteigerung vornimmt, so soll auch eine beglaubigte Abschrift des Grundbuchblatts beigebracht werden.

Der Zeitraum zwischen der Anberaumung des Termins und dem Termine soll, wenn nicht besondere Gründe vorliegen, nicht mehr als sechs Monate betragen. Zwischen der Bekanntmachung der Terminsbestimmung und dem Termine soll in der Regel ein Zeitraum von mindestens sechs Wochen liegen.

---

1. Die in **Abs. 1**, dessen beide ersten Sätze dem Art. 4 Ausf.Ges. z. Zw.VG. entsprechen, vorgeschriebene Beibringung von Auszügen aus der Grundsteuermutterrolle 2c. hat nicht den Zweck, den in Art. 66 Abs. 1 geforderten Nachweis zu liefern, soll vielmehr zur Aufklärung über Beschaffenheit, Lage, Zubehörungen, Lasten 2c. des zu versteigernden Grundstücks dienen. Mit ihnen soll der Richter nach Art. 72 verfahren. Sie sind es, welche etwaigen Interessenten nach Art. 71 zugänglich gemacht werden sollen. Vermöge der allgemeinen Klausel, daß es zunächst auf die Bestimmungen der Betheiligten ankommt, steht es diesen frei, auch noch andere auf das Grundstück bezügliche Nachweisungen, insbesondere Abschätzungen, einzureichen; für sie gilt das Gleiche. — Vgl. Art. 71, 72.

Kann nach Lage der Rollen ein Auszug nicht ertheilt werden, so hat es dabei sein Bewenden; Art. 4 Ausf.Ges. z. Zw.VG. fordert einen solchen Auszug auch nur, „soweit er nach Lage der Rollen ertheilt werden kann".

Neben der in Satz 3 angeordneten Vorlegung eines Grundbuchsauszugs ist in § 19 Abs. 1, § 36 Zw.VG. noch eine Mittheilung beglaubigter Abschriften der Urkunden vorgesehen, auf welche im Grundbuche Bezug genommen ist. Eine gleiche Anordnung erschien für freiwillige Versteigerungen nicht erforderlich.

2. Von **Abs. 2** stimmt Satz 1 mit § 36 Abs. 2 Zw.VG. überein. Dagegen fehlt es an einer dem Abs. 3 dieses § 36: „Der Termin kann nach dem Ermessen des Gerichts an der Gerichtsstelle oder an einem anderen Orte im Gerichtsbezirk abgehalten werden" entsprechenden Vorschrift. Der Satz gilt aber auch für freiwillige Versteigerungen; selbstverständlich ist wieder zunächst die Bestimmung der Betheiligten maßgebend. Ob das Eine oder das Andere zu wählen ist, wird sich nach den Gewohnheiten der einzelnen Landestheile und der Lage des Einzelfalls richten. Keinenfalls aber ist der Richter gezwungen, für seine Entscheidung noch besondere Gründe anzugeben, z. B. einem Monitum der Oberrechnungskammer gegenüber. Die Bildung einer solchen Ansicht unmöglich zu machen, ist mit ein Grund gewesen für die Formulierung des in Note 5 zu Art. 38 erwähnten Beschlusses der Kommission. — Das Gesagte gilt auch für die nach Abs. 3 dieses Art. 38 von dem Richter zu treffende Entscheidung.

Der Satz 2 paßt den Abs. 1 des § 43 Zw.VG. den für freiwillige Versteigerungen maßgebenden Rücksichten an. Unter „Bekanntmachung" der Terminsbestimmung ist hier nicht die in Art. 70 vorgesehene Mittheilung der Terminsbestimmung an den Antragsteller zu verstehen, sondern die in Art. 69 vorgeschriebene Veröffentlichung.

Artikel 68.

Die Terminsbestimmung soll enthalten:

1. die Bezeichnung des Grundstücks;
2. Zeit und Ort des Versteigerungstermins;
3. die Angabe, daß die Versteigerung eine freiwillige ist;
4. die Bezeichnung des eingetragenen Eigenthümers sowie die Angabe des Grundbuchblatts und der Größe des Grundstücks.

Sind vor der Bekanntmachung der Terminsbestimmung Versteigerungsbedingungen festgestellt, so soll in der Terminsbestimmung der Ort angegeben werden, wo die Versteigerungsbedingungen eingesehen werden können.

1. Der **Abs. 1** enthält Vorschriften, welche mit den für freiwillige Versteigerungen angezeigten Aenderungen dem § 37 Nr. 1, 2, 3, § 38 Zw.VG. entsprechen.

Die „Terminsbestimmung" wird durch die Vorschrift des Art. 68 zu einem Begriff mit bestimmtem Inhalt. Dieser Inhalt ist immer gemeint in Art. 69 Satz 1, Art. 70.

Was insbesondere die Bezeichnung des Grundstücks (Nr. 1) anlangt, so ist dieselbe in dem Sinne wesentlich und nur soweit erforderlich, als sie zur Unterscheidung des Gegenstandes nothwendig ist. Anders im Falle der Auflassung, in welchem in der Eintragungsbewilligung oder, wenn eine solche nicht erforderlich ist, in dem Eintragungsantrag das Grundstück übereinstimmend mit dem Grundbuch oder durch Hinweisung auf das Grundbuchblatt zu bezeichnen ist. Vgl. GBO. § 28. Letzteres ist demnach zu beachten, wenn mit der Versteigerung die Auflassung verbunden werden soll.

2. Im Gegensatze zu **Abs. 2** ging der § 8 der Instruktion v. 20. Mai 1839 davon aus, daß die Versteigerungsbedingungen schon vor dem Versteigerungstermine festgestellt und in die Subhastationspatente aufgenommen würden. Als geeigneter Ort, woselbst gegebenenfalls die Versteigerungsbedingungen eingesehen werden können, wird sich in der Regel die Amtsstube des Ortsgerichts, wo ein solches nach dem siebenten Abschnitte bestehen bleibt bezw. errichtet wird, ergeben.

3. Wegen des besonderen Inhalts der Terminsbestimmung bei Versteigerung von Bergwerkseigenthum, eines unbeweglichen Bergwerksantheils sowie einer selbständigen Kohlenabbau-Gerechtigkeit vgl. Art. 76.

Artikel 69.

Die Terminsbestimmung ist durch einmalige Einrückung in ein vom Gerichte zu bestimmendes Blatt öffentlich bekannt zu machen. Die Vorschriften des § 39 Abs. 2 und des § 40 des Gesetzes über die Zwangsversteigerung und die Zwangsverwaltung finden entsprechende Anwendung.

1. Der Artikel lautete nach der Regierungsvorlage: „Auf die Veröffentlichung der Terminsbestimmung finden die §§ 39, 40 des Gesetzes über die Zwangsversteigerung und die Zwangsverwaltung und der Artikel 5 des dazu gehörigen Ausführungsgesetzes entsprechende Anwendung." Ueber den Inhalt der Terminsbestimmung vgl. Art. 68 Note 1.

Der angezogene Art. 5 schreibt in Uebereinstimmung mit § 46 Nr. 2 des Preuß. Ges. über die Zwangsversteigerung in das unbewegliche Vermögen v. 13. Juli 1883 die öffentliche Bekanntmachung der Terminsbestimmung durch den Anzeiger des Amtsblatts vor. Die Kom. der Abg. (vgl. Kom.Ber. S. 46, 47) hat in Erwägung, daß das Amtsblatt nur ausnahmsweise von Jemanden gelesen wird und zur Vermeidung von Kosten, die Vorschrift zur jetzigen umgestaltet; natürlich bleibt es der Bestimmung des Antragstellers überlassen, ob er nicht doch eine Veröffentlichung durch das Amtsblatt wünscht.

Der Art. 5 war als Ausführungsvorschrift zu § 39 Abs. 1 Zw.VG. — die Terminsbestimmung muß durch einmalige Einrückung in das für Bekanntmachungen des Gerichts bestimmte Blatt öffentlich bekannt gemacht werden — gedacht (vgl. Denkschrift zum Entwurfe des Zw.VG. (Drucks. des Reichstags Session 1895/97 Nr. 607 S. 44 und Begründung zum Entw. des Ausf.Ges. z. ZwVG. Drucks. des Abg.H., Session 1899, Nr. 118 S. 17). In Folge seiner Ausmerzung mußte auch die Bezugnahme auf Abs. 1 des § 39 in Wegfall kommen.

2. Die Vorschriften des § 39 Abs. 2, § 40 Zw.VGes. lauten:

§ 39 Abs. 2. Hat das Grundstück nur einen geringen Werth, so kann das Gericht anordnen, dass die Einrückung unterbleibt; in diesem Falle muss die Bekanntmachung dadurch erfolgen, dass die Terminsbestimmung in der Gemeinde, in deren Bezirke das Grundstück belegen ist, an die für amtliche Bekanntmachungen bestimmte Stelle angeheftet wird.

§ 40. Die Terminsbestimmung soll an die Gerichtstafel angeheftet werden. Ist das Gericht nach § 2 Abs. 2 zum Vollstreckungsgerichte bestellt, so soll die Anheftung auch bei den übrigen Gerichten bewirkt werden.

Das Gericht ist befugt, noch andere und wiederholte Veröffentlichungen zu veranlassen; bei der Ausübung dieser Befugniss ist insbesondere auf den Ortsgebrauch Rücksicht zu nehmen.

3. Die entsprechende Anwendung von § 39 Abs. 2 und § 40 Abs. 1 Satz 2 führt dahin, daß, wenn das zu versteigernde Grundstück in verschiedenen Amtsbezirken bezw. Ortsgemarkungen (Katastergemeinden) liegt oder wenn mehrere Grundstücke, die in verschiedenen Amtsbezirken bezw. Ortsgemarkungen liegen, zusammen versteigert werden (vgl. Art. 33 Abs. 1), an den Tafeln der verschiedenen Gerichte bezw. Gemeinden die Bekanntmachungen anzuheften sind, — Alles soweit nicht die Bestimmungen der Betheiligten bezw. das Ermessen des Richters ein Anderes vorsehen.

Artikel 70.

Die Terminsbestimmung ist dem Antragsteller mitzutheilen.

---

1. Ueber „Terminsbestimmung" vgl. Art. 68 Note 1. Die Vorschrift kann als selbstverständlich gelten. Die Art der Bekanntmachung richtet sich nach § 16 Abs. 2, 3 RGes. Insbesondere kann die Bekanntmachung sofort bei Anbringung des Antrags zu Protokoll des Gerichtsschreibers auch wieder zu Protokoll erfolgen, wenn der Gerichtsschreiber des zuständigen Gerichts den Antrag entgegengenommen hat.

2. Das ALR. (I. 20 § 615) schrieb vor, daß der Bietungstermin auch den Vorkaufsberechtigten bekannt zu machen sei (vgl. Instruktion v. 20. Mai 1839 § 8 Abs. 2 a. E.). Die Vorschrift stand im Zusammenhange mit § 616 ALR. I. 20,

wonach sich der Vorkaufsberechtigte im Bietungstermin über die Ausübung seines Rechtes erklären mußte. Diese letztere Bestimmung ist in das BGB. nicht übernommen. Nach § 510 des letzteren hat vielmehr der Vorkaufsverpflichtete dem Vorkaufsberechtigten den Inhalt eines mit einem Dritten in Ansehung des Gegenstandes abgeschlossenen Kaufvertrags unverzüglich mitzutheilen; die Mittheilung des Verpflichteten wird durch die Mittheilung des Dritten ersetzt. Bei Grundstücken kann dann der Berechtigte das Vorkaufsrecht, soweit nicht eine andere Frist vereinbart ist, bis zum Ablaufe von zwei Monaten nach dem Empfange der Mittheilung ausüben. Danach erschien eine entsprechende Vorschrift nicht erforderlich. Vgl. Begr. S. 48.

Artikel 71.

Die Einsicht der Abschrift des Grundbuchblatts sowie der Auszüge aus den Steuerbüchern ist Jedem gestattet.

Das Gleiche gilt von anderen das Grundstück betreffenden Nachweisungen, welche ein Betheiligter einreicht, insbesondere von Abschätzungen.

Die Vorschrift, welche mit § 42 Zw.VG. übereinstimmt, ist trotz des anscheinend zwingenden Wortlauts instruktionell (vgl. Art. 66 Abs. 2) und enthält eine weitergehende Ermächtigung als § 34 RGes. Was in Abs. 1 von der Befugniß zur Einsichtnahme der Abschrift des Grundbuchblatts gesagt ist, muß auch von der Einsicht des Grundbuchblatts selbst gelten, wenn keine Abschrift des Blatts zu den Versteigerungsakten gebracht ist, sondern, weil das für die Versteigerung zuständige Gericht zugleich das Grundbuchamt ist, auf das Grundbuch Bezug genommen wurde. Insoweit liegt eine Abweichung von § 11 GBO. vor, wonach die Einsicht des Grundbuchs Jedem gestattet ist, der ein berechtigtes Interesse darlegt und das Gleiche von Urkunden gilt, auf die in dem Grundbuche zur Ergänzung Bezug genommen ist. Zu der Erweiterung ist die Landesjustizverwaltung, also auch die Landesgesetzgebung, gemäß § 93 GBO. ermächtigt. Die Einsichtgestattung hat sich gegebenenfalls auch auf solche Urkunden zu erstrecken.

Artikel 72.

In dem Versteigerungstermine werden nach dem Aufrufe der Sache die Versteigerungsbedingungen, sofern ihre Feststellung nicht schon vorher erfolgt ist, festgestellt und diese sowie die das Grundstück betreffenden Nachweisungen bekannt gemacht. Hierauf fordert das Gericht zur Abgabe von Geboten auf.

---

1. **Art 72 bis 74** regeln das Verfahren im Versteigerungstermine selbst. Mit sinngemäßer Aenderung giebt Art. 72 den § 66 Zw.VG. wieder.

2. Unter den bekannt zu machenden Nachweisen sind nicht bloß die in Art. 66 Abs. 1 gedachten, sondern auch die in Art. 67, 71 erwähnten verstanden.

3. Die im letzten Satze angeordnete erste Aufforderung zur Abgabe von Geboten ist die Aufforderung, welche nach Art. 74 zur Berechnung der Warteirist für die Schließung der Versteigerung maßgebend ist.

Artikel 73.

Hat ein Bieter durch Hinterlegung von Geld oder Werthpapieren Sicherheit zu leisten, so gilt in dem Verhältnisse zwischen den Betheiligten die Uebergabe an das Gericht als Hinterlegung.

---

1. Die Vorschrift findet sich entsprechend in § 69 Abs. 2 ZwVG. Ob überhaupt Sicherheitleistung gefordert werden soll, hängt lediglich von dem Willen des Versteigerers ab; desgleichen bejahendenfalls, in welcher Art die Sicherheit zu leisten ist. In beiden Beziehungen ist der Versteigerer nicht gehalten, die Bieter gleichmäßig zu behandeln. Das Verlangen nach Sicherheitsleistung muß zwar rechtzeitig gestellt werden; daß es aber, wie die Begr. meint (S. 48), von den Betheiligten in den Kaufbedingungen festzusetzen sei (Instruktion v. 20. Mai 1839 § 7 Abs. 2), kann nicht für zutreffend erachtet werden, vielmehr muß es immer noch als rechtzeitig gestellt gelten, wenn es vor dem Zuschlag — Art. 74 Abs. 2 — gestellt wird; denn der Versteigerer hat es in der Hand, durch Versagung des Zuschlags das Gebot hinfällig zu machen. Giebt doch die Begr. zu, daß sogar den Betheiligten die Entscheidung vorbehalten bleibe, ob ein Gebot ganz zurückzuweisen sei. Der § 156 BGB. bestimmt aber, daß bei einer Versteigerung der Vertrag erst durch den Zuschlag zu Stande kommt. Vgl. Art. 74 Note 2.

2. Soll die Sicherheitsleistung durch Hinterlegung von Geld oder Werthpapieren bewirkt werden, so soll die Uebergabe an das Gericht die Wirkung der Hinterlegung haben.

Nach dem BGB. (§ 232) kann, wer Sicherheit zu leisten hat, dies unter Anderem durch Hinterlegung von Geld oder Werthpapieren bewirken; desgleichen kann der Schuldner, wenn der Gläubiger im Verzuge der Annahme ist, Geld, Werthpapiere ꝛc. nach § 372 ff. BGB. bei einer dazu bestimmten öffentlichen Stelle für den Gläubiger hinterlegen. Im Uebrigen aber hat sich das BGB. näherer Bestimmungen über das Hinterlegungswesen enthalten, dasselbe der Landesgesetzgebung überlassend, indem in Art. 144 Einf.Ges. z. BGB. die landesgesetzlichen Vorschriften über die sachliche und örtliche Zuständigkeit der Hinterlegungsstellen ausdrücklich aufrecht erhalten sind. Damit erwuchs der Landesgesetzgebung die Aufgabe, Stellen zu schaffen, bei denen die reichsgesetzlich vorgesehenen Hinterlegungen ohne vorgängige gerichtliche Anordnung erfolgen können. Es steht ihr aber daneben auch noch frei, noch andere Behörden zu bezeichnen, die nur unter bestimmten, von der Behörde zu prüfenden thatsächlichen Voraussetzungen im Verhältnisse zwischen den Betheiligten als Hinterlegungsstellen dienen. Um nun zum deutlicheren Ausdrucke zu bringen, daß für das Verhältniß der Betheiligten unter einander die vorläufige Verwahrung eine Hinterlegung ist, die Amtsgerichte also Hinterlegungsstellen im Sinne der Reichsgesetze sind, als dies bisher in § 72 der Hinterlegungsordnung v. 14. März 1879 geschehen, hat in Art. 82 unter Nr. XV. des Ausf.Ges. z. BGB. dieser § 72 folgenden neuen Wortlaut erhalten: „Die vorläufige Verwahrung bei den Amtsgerichten gilt in dem Verhältnisse zwischen den Betheiligten als Hinterlegung"; vgl. Begr. zu dem Entw. des Ausf.Ges. z. BGB. S. 180 Nr. 11. Entsprechend hat denn hier Art. 73 der Uebergabe an das Gericht die gleiche Wirkung beigelegt.

Artikel 74.

Zwischen der Aufforderung zur Abgabe von Geboten und dem Zeitpunkt, in welchem bezüglich sämmtlicher zu versteigernder Grundstücke die Versteigerung geschlossen wird, soll mindestens eine Stunde liegen. Die Versteigerung soll so lange fortgesetzt werden, bis der Aufforderung des Gerichts ungeachtet ein Gebot nicht mehr abgegeben wird.

Das Gericht hat das letzte Gebot mittelst dreimaligen Aufrufs zu verkünden und den Antragsteller über den Zuschlag zu hören.

---

1. Die Vorschrift entspricht dem § 73 Zw.VG. Unter der Aufforderung zur Abgabe von Geboten ist die erste Aufforderung gemäß Art. 72 Satz 2 zu verstehen; vgl. daselbst Note 3.

2. Der Vertrag kommt bei der Versteigerung gemäß § 156 BGB. erst durch den Zuschlag zu Stande. Ein Gebot erlischt, wenn ein Uebergebot abgegeben oder die Versteigerung ohne Ertheilung des Zuschlags geschlossen wird. — Bei der Versteigerung mehrerer Grundstücke ist der Versteigerer befugt, für einzelne Grundstücke den Zuschlag zu ertheilen, für andere ihn zu versagen. — Unter Zuschlag ist nach BGB. nicht der letzte Aufruf des Meistgebots zu verstehen, sondern die Erklärung des Veräußerers, daß er dieses Meistgebot acceptire.

Artikel 75.

Unberührt bleiben die besonderen Vorschriften, welche bei der Versteigerung der Grundstücke gewisser juristischer Personen zu beobachten sind.

Der Vorbehalt des Art. 75 soll Zweifeln über die Tragweite der Bestimmungen in den übrigen Artikeln vorbeugen. Er findet namentlich auf die Vorschriften Anwendung, welche bei der Veräußerung von Grundstücken einer Gemeinde hinsichtlich der Nothwendigkeit einer Taxe, hinsichtlich der Art der Bekanntmachung des Versteigerungstermines sowie hinsichtlich der Frist zwischen der Bekanntmachung und dem Verkaufstermine gelten. So darf beispielsweise die freiwillige Veräußerung von Grundstücken der Städte in den sechs östlichen Provinzen der Monarchie, sofern nicht in besonderen Fällen die Regierung den freihändigen Verkauf gestattet, nur im Wege der Versteigerung auf Grund einer Taxe stattfinden; zur Gültigkeit der Versteigerung gehört 1) einmalige Bekanntmachung durch das Amtsblatt des Regierungsbezirkes und die für Bekanntmachungen des Magistrats üblichen öffentlichen Blätter, 2) eine Frist von sechs Wochen von der Bekanntmachung bis zum Versteigerungstermine und 3) Abhaltung des Termins durch eine Justiz- oder Magistratsperson. Nur mit Genehmigung der Stadtverordneten-Versammlung, welcher das Ergebniß der Versteigerung mitzutheilen ist, kann der Zuschlag ertheilt werden; auch ist die Genehmigung der Regierung erforderlich. Vgl. Städte-Ordnung für die sechs östlichen Provinzen der Preußischen Monarchie v. 30. Mai 1853 §§ 50, 51. Entsprechendes mit kleinen Abweichungen gilt für Westfalen (Städteordnung für Westfalen v. 19. März 1856 §§ 49, 50) und für die Rheinprovinz (Städteordnung für diese Provinz v. 15. Mai 1856 §§ 46, 47, Landgemeindeordnung für die Rheinprovinz v. 23. Juli 1845 § 95) und Aehnliches für die Stadt- und Landgemeinden der übrigen Theile der Monarchie; vgl. z. B. Landgemeinde-Ordnung für Westfalen v. 19. März 1856, § 50, für die sieben östlichen Provinzen v. 3. Juli 1891 §§ 114, 115, Städteordnung für den Regierungsbezirk Wiesbaden v. 8. Juni 1891 §§ 50, 51, Gemeindeverfassungsgesetz für die Stadt Frankfurt a. M. v. 25. März 1867.

Artikel 76.

Auf die freiwillige gerichtliche Versteigerung eines Bergwerkseigenthums, eines unbeweglichen Bergwerksantheils sowie einer selbständigen Kohlenabbau-Gerechtigkeit finden außer den Artikeln 33, 66 bis 75 dieses Gesetzes die Artikel 18, 20 des Ausführungsgesetzes zu dem Gesetz über die Zwangsversteigerung und die Zwangsverwaltung entsprechende Anwendung.

---

1. Nach Art. 67 Einf.Ges. z. BGB. bleiben die landesgesetzlichen Vorschriften, welche dem Bergrecht angehören, unberührt. Durch diesen Vorbehalt wird das Allgemeine Berggesetz v. 24. Juni 1865 auch in seinen privatrechtlichen Vorschriften an sich aufrecht erhalten. Mit Rücksicht auf die Einführung des neuen Reichsrechts hat das Ausf.Ges. z. BGB. jedoch einzelne Aenderungen für nothwendig oder doch angezeigt gehalten.

Nach dem Berggesetze (§ 50) gehört das durch die Verleihungsurkunde begründete Bergwerkseigenthum zu den unbeweglichen Sachen; auf dasselbe finden (§ 52 Abs. 1) hinsichtlich der Veräußerung, der Verpfändung und des Arrests, sowie der Privilegien des Rheinischen Rechts die allgemeinen gesetzlichen Vorschriften Anwendung, welche in dieser Beziehung für das Grundeigenthum gelten. Diese Bestimmungen werden durch den § 68 des Eigenthumserwerbsgesetzes v. 5. Mai 1872 ergänzt, demzufolge verliehene Bergwerke, unbewegliche Bergwerksantheile und die selbständigen Kohlen-Abbaugerechtigkeiten in den vormals Königlich Sächsischen Landestheilen mit gewissen Maßgaben den Vorschriften dieses Gesetzes unterliegen. An die Stelle der letzteren Vorschriften würden nach Art. 4 Einf.Ges. z. BGB. die „entsprechenden" Vorschriften des BGB. treten. Weil sich nun hiernach ein unübersichtlicher Rechtszustand ergeben würde, hat das Ausf.Ges. z. BGB. es vorgezogen, die erwähnten Bestimmungen des Berggesetzes durch neue dem Reichsrecht angepaßte Vorschriften zu ersetzen. Für die Fassung dieser Vorschriften sind die für das Erbbaurecht geltenden Bestimmungen des § 1017 BGB. zum Vorbilde genommen, da das Erbbaurecht die einzige reichsgesetzlich geordnete Berechtigung ist, welche, wie das Bergwerkseigenthum, im Sinne der bisherigen Rechtssprache zu den unbeweglichen Sachen gehört.

Demgemäß sind § 50, § 52 Abs. 1 des Berggesetzes und § 68 des Eigenthumserwerbsgesetzes durch Art. 37 Nr. I, Art. 38 § 5, Art. 39 Ausf.Ges. z. BGB. und Art. 21 ff. des Ausf.Ges. z. GBO. ersetzt worden. Namentlich ist an Stelle des bisherigen § 50 des Berggesetzes folgende Vorschrift getreten:

Das Bergwerkseigenthum wird durch die Verleihung begründet sowie durch Konsolidation, Theilung von Grubenfeldern oder Austausch von Feldestheilen erworben.

Für das Bergwerkseigenthum gelten die sich auf Grundstücke beziehenden Vorschriften des Bürgerlichen Gesetzbuchs, soweit nicht aus diesem Gesetze sich ein Anderes ergiebt.

Mit der gleichen Beschränkung finden die für den Erwerb des Eigenthums und die Ansprüche aus dem Eigenthum an Grundstücken geltenden Vorschriften auf das Bergwerkseigenthum entsprechende Anwendung.

Unter „den sich auf Grundstücke beziehenden Vorschriften" ist in dem vorgedachten neuen § 50 das Gleiche zu verstehen wie im § 1017 Abs. 1 BGB. Nicht gehören zu diesen Vorschriften die auf das Eigenthum an Grundstücken bezüglichen; wohl aber sind gemäß § 50 Abs. 3 die auf den Erwerb des Eigenthums und die Ansprüche aus dem Eigenthum an Grundstücken geltenden Bestimmungen anwendbar.

2. Ueber die sachliche Zuständigkeit zur Versteigerung ist hier ebensowenig, wie in dem fünften Abschnitt überhaupt etwas entschieden; vgl. Vorbemerkung Note 3a. Es sollen nur, wenn eine Versteigerung gerichtlich stattfindet, die namhaft gemachten Vorschriften entsprechende Anwendung finden. Von diesen lauten die Art. 18, 20 Ausf.Ges. z. ZwVG. wie folgt:

Art. 18. Dem Antrag auf Zwangsversteigerung oder Zwangsverwaltung ist eine oberbergamtlich, gerichtlich oder notariell beglaubigte Abschrift der Verleihungsurkunde des Bergwerkes oder, wenn der Antrag eine Kohlenabbau-Gerechtigkeit betrifft, eine in gleicher Art beglaubigte Abschrift des Aktes beizufügen, durch den die Gerechtigkeit vom Eigenthum an dem Grundstücke getrennt worden ist.

Art. 20. Ist ein Bergwerkseigenthum oder ein unbeweglicher Bergwerksantheil zu versteigern, so soll die Terminsbestimmung ausser dem Grundbuchblatte den Namen des Bergwerkes sowie die Mineralien, auf die das Bergwerkseigenthum verliehen ist, bezeichnen und im Falle der Versteigerung eines Bergwerksantheils auch die Zahl der Kuxe angeben, in welche das Bergwerk getheilt ist.

Ausserdem soll die Terminsbestimmung eine Angabe der Feldesgrösse, des Kreises, in welchem das Feld liegt, und der dem Werke zunächst gelegenen Stadt enthalten. Diese Vorschrift findet auf Kohlenabbau-Gerechtigkeiten entsprechende Anwendung.

Von diesen beiden Artikeln giebt Art. 18 den § 157 ZwVG. vom 13. Juli 1883 wieder; er ist entsprechend dem Art. 66 Abs. 1, den er in Bezug auf den Nachweis der Verfügungsbefugniß ergänzt, zwingend. Der Art. 20 dagegen, der dem § 160 desselben Gesetzes entspricht, ist eine bloße Ordnungsvorschrift. Für den Inhalt der Terminsbestimmung bei der Versteigerung eines der hier fraglichen Gegenstände des unbeweglichen Vermögens ergiebt sich die Nothwendigkeit einer Bezeichnung derselben in keinem weiteren Umfange, als bei der Versteigerung von Grundstücken. Wegen der Bezeichnung bei etwa mit der Versteigerung verbundener Auflassung vgl. Art. 68 Note 1.

Sechster Abschnitt.

Amtsstellung der Notare.

Der 6. Abschnitt hat die Amtsstellung der Notare zum Gegenstande. Im Wesentlichen diejenigen Vorschriften der geltenden Notariatsgesetze wiedergebend, welche sich nicht auf die Form der von den Notaren vorgenommenen Beurkundungen, sondern auf die amtliche Stellung der Notare beziehen, wird die Organisation des Notariats für den ganzen Umfang des Staatsgebiets einheitlich geregelt. Da auch, wie die Vorschriften des 4. Abschnitts dieses Gesetzes und diejenigen des Ausf.Ges. z. BGB. ergeben, die Zuständigkeit der Notare im ganzen Staatsgebiete, bis auf bestimmt an=

gegebene ganz vereinzelte Ausnahmen, gleichmäßig geordnet ist, so ist in Ansehung des Notariats nunmehr ein einheitlicher Zustand als hergestellt zu betrachten. Die Preußische Gesetzgebung hat auf dem Wege zu diesem Ziele viel Zeit verloren und viele Arbeit vergeudet (vgl. Weißler S. 43 bis 50), obgleich sie als die erste in Deutschland, unter Aufhebung der Reichsnotariatsordnung v. 1512 durch die Instruktion für Notarien v. 11. Juli 1771, deren Vorschriften dann im Wesentlichen in die AGO. III. 7 übergingen, seit mehr als einem Jahrhundert eigene Wege eingeschlagen hat. Noch bis in die neueste Zeit hinein waren die Zustände in Ansehung des Notariats in Preußen nicht minder unübersichtlich, ja noch unübersichtlicher als in dem übrigen Theile Deutschlands. Die Begründung des Entwurfs zu dem Gesetze, enthaltend Bestimmungen über das Notariat, v. 8. März 1880 (Drucks. des HH., Sitzungsperiode 1879/80 Nr. 55, soweit sie hier interessiren abgedruckt bei Sydow u. Hellweg S. X ff.) weist nach, daß damals im Bezirke des Oberlandesgerichts zu Cöln die Rhein. Not.O. v. 25. April 1822, in der Provinz Hannover die Hann. Not.O. v. 18. September 1853, in der Stadt Frankfurt a./M. die Notariatsordnung v. 1669, in dem vormals Bayerischen Theile der Provinz Hessen-Nassau die Bayerische Notariatsordnung galt; in den sogenannten alten Provinzen, mit Ausnahme von Neuvorpommern und Rügen und des Ostrheinischen Theils des Regierungsbez. Coblenz (Justizsenatsbezirk Ehrenbreitstein), wo, wie in allen übrigen Landestheilen, grundsätzlich noch die Reichsnotariatsordnung v. 1512 in Kraft stand, hatte die Preuß. Not.O. v. 15. Juli 1845 Geltung. Daneben aber ist noch in Betracht zu ziehen, daß, von mannigfachen Aenderungen, welche diese grundlegenden Gesetze im Einzelnen erfahren hatten, abgesehen, das Notariat in Hohenzollern nicht eingeführt war und in dem vormaligen Herzogthum Nassau, den vormals Großh. Hessischen und den Hessen-Homburgischen Gebietstheilen als erloschen galt. Die Verwirrung vollständig zu machen, wurden dann bei der Gerichtsorganisation von 1879 die Bezirke der einzelnen größeren und kleineren Gerichte ohne jegliche Rücksicht hierauf zusammengesetzt. Die Notare, welche für die Bezirke der Oberlandesgerichte ernannt wurden, waren daher oft genöthigt, wie die eben erwähnte Begründung sagt, „je nach dem Orte, an welchem sie gerade handeln, sich anderer Formen zu bedienen".

Das Gesetz v. 8. März 1880, sich selbst als das letzte Glied der Kette der zur Justizorganisation ergangenen Ausführungsgesetze bezeichnend, vereinfachte diesen Zustand bedeutend in der Art, daß seitdem in Preußen drei Rechtsgebiete in Bezug auf das Notariat zu unterscheiden waren (Jahrbuch der Preußischen Gerichtsverfassung, redigirt im Bureau des Justizministeriums 1898 S. 60 ff.): A. Der Geltungsbereich des Gesetzes über das Verfahren bei der Aufnahme von Notariatsinstrumenten vom 11. Juli 1845 (Preuß. Not.O.), umfassend die Oberlandesgerichtsbezirke Königsberg, Marienwerder, Berlin, Stettin, Posen, Breslau, Naumburg, Kiel, Hamm, Cassel, Frankfurt; B. der Geltungsbereich der Hann. Not.O. v. 18. September 1853, umfassend den Oberlandesgerichtsbezirk Celle; C. der Geltungsbereich der Verordnung und Taxordnung für die Notarien in den niederrheinischen Provinzen v. 25. April 1822, abgeändert durch Gesetz v. 13. April 1888 (Rhein. Not.O.), umfassend den Oberlandesgerichtsbezirk Cöln.

Eine weitere Ergänzung erhielten diese Gesetze durch das Gesetz, enthaltend Bestimmungen über das Notariat und die gerichtliche und notarielle Beglaubigung von Unterschriften und Handzeichen v. 15. Juli 1890, in welchem, neben Bestimmungen über den ausdrücklich hervorgehobenen Punkt, noch Vorschriften über Befähigung,

Geschäftsbezirk, Zuziehung von Instrumentszeugen und namentlich über Vertretung eines behinderten Notars enthalten sind.

Die Amtsstellung der Notare war nach der AGO. (III. 7 § 3 bezw. Anh. § 462) die der Staatsbeamten. Daran hat auch die folgende Gesetzgebung nichts geändert. Auf eine durchschlagende Bestimmung des Begriffs eines Staatsbeamten (vgl. Müller S. 76ff., 81 und die dort angeführten Entscheidungen) sowie darauf, ob der gefundene Begriff vollständig auf die Notare paßt oder nicht (vgl. Weißler S. 71 bis 80) kann es hierbei nicht ankommen. Es muß genügen, wenn das positive Recht des preußischen Staates die Notare als Staatsbeamte behandelt. Es ist darum nicht nöthig, daß das positive Recht die Notare, damit sie Beamte seien, auch mit allen Rechten der Beamten oder einer Behörde, z. B. der Zwangsgewalt, ausrüstet, ebensowenig wie die Notare dadurch den Amtscharakter einbüßen, daß sie in Bezug auf die Amtspflichten freier gestellt sind, als die übrigen Beamten. Auch wird diese ihre Eigenschaft in ihrem Wesen nicht dadurch geändert, daß ihre Thätigkeit im Dienste und auf Erfordern Privater eintritt; damit hört sie noch nicht auf, eine Thätigkeit im Dienste und unter Autorität des Staates und für staatliche Zwecke zu sein. Von Seiten des Staates betrachtet ist der Notar ein Organ der Rechtspflege, welches zu Zwecken der Rechtssicherheit angegangen werden kann. Diese doppelte Stellung, von denen die eine die andere nicht ausschließt, kann nach der einen oder anderen Richtung Schwierigkeiten in Bezug auf die Feststellung des Inhalts von Rechten und Pflichten mit sich bringen und sogar besondere gesetzliche Vorschriften erforderlich oder doch behufs Verhütung unrichtiger Auffassungen wünschenswerth machen, wie z. B. hinsichtlich der von dem Notar zu beobachtenden Verschwiegenheit (vgl. Art. 90), auch neben den Amtspflichten gegenüber dem Staate noch besondere specifische Amtspflichten gegenüber dem Publikum, welches die Dienste in Anspruch genommen hat, erzeugen. Das hat indessen das Notariat mit andern Staatsämtern gemein. Nach der Auffassung des preußischen Rechts sind die Notare unmittelbare Staatsbeamte und zählen zu den nichtrichterlichen höheren Justizbeamten. Auch dieser Abschnitt bestätigt diese Auffassung von Neuem.

Der Abschnitt gliedert sich wie folgt: Voraussetzung der Befähigung zum Notariatsamt (Art. 77), Ernennung (Art. 78), Amtssitz und Amtsbezirk (Art. 79, 80), Voraussetzungen des Beginns der Amtsthätigkeit (Art. 81), Nebenämter (Art. 82), Verpflichtung zur Amtsthätigkeit (Art. 83), Ausschließung, Ablehnung, Amtssprache (Art. 84 bis 86), Zuständigkeit (Art. 87, 88), Gewährleistung für beurkundete Geschäfte (Art. 89), Verschwiegenheit (Art. 90), Aufsicht und Disciplin (Art. 91 bis 94), Buch- und Registerführung (Art. 95, 96), Verwahrung der Akten, Vertretung in Fällen des Urlaubs, der Abwesenheit, der Krankheit (Art. 97 bis 101), Maßregeln nach dem Tode, dem Ausscheiden, der Amtsenthebung (Art. 102, 103).

Artikel 77.

Zur Bekleidung des Amtes eines Notars ist befähigt, wer in einem Deutschen Bundesstaate die Fähigkeit zum Richteramt erlangt hat.

---

1. Die Vorschrift stimmt mit dem § 1 des Gesetzes v. 15. Juli 1890 überein; nur heißt es dort nicht „des Amtes eines Notars", sondern „der Stelle eines Notars". Aus der jetzigen Bestimmung geht die Eigenschaft des Notars als Beamter hervor. Der Satz, daß die Notare Staatsbeamte seien, war zum Ausdrucke gelangt, im Anhang

§ 462 zu § 3 der AGO. III. 7, in Art. 1 der Rhein. Not.O. Im Uebrigen fehlte es an einem bestimmten Ausspruche darüber. Vgl. die Vorbemerkung.

2. Früher war, gemäß den §§ 1, 2 des Gesetzes über die juristischen Prüfungen und die Vorbereitung zum höheren Justizdienste v. 6. Mai 1869, die Voraussetzung für die Fähigkeit nur dann erfüllt, wenn die in Preußen vorgeschriebenen Prüfungen abgelegt waren.. Die Bestimmung des Artikels schließt sich an Art. 5 GVG., wo in den §§ 2 bis 5 die Vorschriften über die Erlangung der Fähigkeit zum Richteramt in einem Bundesstaate gegeben werden, an; nach diesem § 5 ist Jeder, der in einem Bundesstaate die Fähigkeit zum Richteramt erlangt hat, zu jedem Richteramt innerhalb des deutschen Reichs befähigt. Die Vorschrift des Artikels kann indessen selbstverständlich nur für Erlangung eines preußischen Notariats maßgebend sein.

Artikel 78.

Die Notare werden von dem Justizminister auf Lebenszeit ernannt. Die Ernennung eines Rechtsanwalts zum Notar kann für die Zeit erfolgen, während welcher er bei einem bestimmten Gerichte zur Rechtsanwaltschaft zugelassen ist.

---

1. Daß die Ernennung der Notare durch den Justizminister erfolgt, entspricht dem bisherigen Rechte (Verordnung v. 2. Januar 1849 § 36, Gesetz v. 8. März 1880 § 1; Rhein. Not.O. Art. 10; für die 1866 erworbenen Landestheile verschiedene Verordnungen). Die Ernennung ist erfolgt mit der Aushändigung der Bestallung.

2. Nach Art. 78 sollen der Regel nach die Notare auf Lebenszeit ernannt werden. Eine gleiche Bestimmung bestand bisher nur für das Gebiet der Rhein. Not.O., welche die Bestimmung in Art. 10 enthält. In den anderen Notariatsgesetzen findet sich eine solche Vorschrift nicht. Deßhalb wurde, wie die Begr., S. 50, bemerkt, außerhalb des Gebiets des Rheinischen Rechts thatsächlich in der Weise verfahren, daß die Ernennung eines Rechtsanwalts zum Notar nur für die Dauer seiner Zulassung zur Rechtsanwaltschaft bei einem bestimmten Gericht erfolgte. Nunmehr ist die Zulässigkeit dieses Verfahrens für den ganzen Umfang des Staatsgebiets, auch für den Rheinischen Bezirk, durch Abs. 2 gesetzlich festgelegt. Die Ernennung der Notare aus der Zahl der Rechtsanwälte war vorgesehen in § 30 der Verordnung v. 2. Januar 1849, der daneben aber für Städte mit mehr als 50000 Einwohnern die Anstellung besonderer Notare zuließ. Nicht ausdrücklich vorgeschrieben war diese Auswahl der Notare aus der Zahl der Rechtsanwälte für die Gebiete, in denen durch § 1 des Gesetzes v. 8. März 1880 das Notariat erst eingeführt wurde. Im Gebiete der Rhein. Not.O. war das Notariat von der Rechtsanwaltschaft grundsätzlich getrennt; erst das Gesetz vom 13. April 1888 ließ eine Verbindung beider an denjenigen Orten zu, an denen ein Bedürfniß dazu vorlag.

Nach Art. 78 muß die Ernennung auf Lebenszeit erfolgen, sofern der zu Ernennende nicht Rechtsanwalt ist.

3. Der Entwurf des Gesetzes enthielt einen Artikel folgenden Wortlauts:

„An Orten, die nicht mehr als fünfzigtausend Einwohner haben, sollen in der Regel nur Rechtsanwälte zu Notaren ernannt werden.

In dem Oberlandesgerichtsbezirke Cöln ist die Verbindung der Rechtsanwaltschaft und des Notariats nur an solchen Orten zulässig, an denen dazu ein Bedürfniß besteht.“

Der Artikel wurde aber bis auf die Bestimmung, daß in der Regel nur Rechtsanwälte zu Notaren ernannt werden sollten, von der Kom. d. Abg. gestrichen in der Absicht, einmal die Besonderheit des Rheinischen Gebiets zu beseitigen und sodann, um die Verbindung der Rechtsanwaltschaft und des Notariats überall, auch in den großen Städten, in erste Linie zu stellen. Der Antrag, den noch übriggebliebenen Satz auch zu streichen, da er keine Bedeutung mehr habe, insbesondere die Machtbefugniß des Justizministers in Ansehung der Notarernennung keine Schranke setze, wurde abgelehnt. Vgl. Kom.Ber. S. 47, 48. Im Plenum des Abg. aber ist dann auch dieser Satz gefallen; Stenogr. Bericht der Sitzung v. 3. Juli 1899 S. 2724.

4. In dem Falle, daß der Notar für die Zeit ernannt wird, während welcher er bei einem bestimmten Gerichte zur Rechtsanwaltschaft zugelassen ist (Abs. 2), erlischt das Amt des Notars von selbst, wenn der Notar in der betreffenden Rechtsanwaltsliste sich freiwillig löschen läßt oder wenn gegen ihn in seiner Eigenschaft als Rechtsanwalt im Disciplinarverfahren auf Ausschließung von der Rechtsanwaltschaft erkannt ist.

Wegen Beendigung des Amtes im Uebrigen vgl. Art. 102.

Artikel 79.

Jedem Notar wird bei seiner Ernennung ein Amtssitz angewiesen. Innerhalb des Amtssitzes hat er seine Geschäftsräume zu halten; mehrere Geschäftsstellen darf er nicht halten.

In Orten, die in mehrere Amtsgerichtsbezirke getheilt sind, wird dem Notar innerhalb des Ortes einer dieser Bezirke als Amtssitz angewiesen. Erfolgt die Theilung erst nach der Ernennung des Notars, so gilt innerhalb des Ortes derjenige Amtsgerichtsbezirk, in welchem der Notar seine Geschäftsräume hält, als Amtssitz; in diesem Falle ist der Notar befugt, innerhalb des Ortes den Amtssitz zu wechseln.

In Städten von mehr als hunderttausend Einwohnern kann dem Notar eine bestimmt begrenzte Gegend der Stadt als Amtssitz angewiesen werden.

---

1. Der Satz 1 und Abs. 3 wiederholen Vorschriften des bisherigen Rechts; die übrigen Theile des Artikels sind neu aufgenommen.

2. Der Amtssitz wird dem Notar bei seiner Ernennung angewiesen. Eine spätere willkürliche Veränderung ist daher weder Seitens des Notars noch der Anstellungsbehörde angängig, vorbehaltlich der aus der Bestimmung in Abs. 2 bezw. den Disciplinarvorschriften (Art. 94 Nr. 4) fließenden Befugnissen. Vgl. auch Weißler S. 159 bis 161.

3. Der Artikel spricht nur von dem Amtssitz und davon, daß der Notar innerhalb seines Amtssitzes seine Geschäftsstelle haben muß. Der Art. 3 der Rhein. Not. bestimmte, daß jeder Notar verpflichtet sei, an dem ihm in seiner Bestallung angewiesenen Orte zu wohnen. Im Uebertretungsfalle sollte er wie Einer, der sein Amt niedergelegt, behandelt werden können und es könne bei dem Justizminister von der Staatsanwaltschaft auf die Wiederbesetzung der Stelle angetragen werden. Auch das Gesetz v. 15. Juli 1890 (§§ 2, 3) und die Hann. Not.O. (§§ 1, 7) sehen vor, daß dem Notar ein Wohnsitz angewiesen werde und die letztere (§ 81) bestimmte,

daß außer in den Fällen der Dienstentsetzung oder Dienstentlassung die Befugniß zur Ausübung des Notariats erlösche, wenn der Notar seinen Wohnsitz eigenmächtig verändere oder denselben ohne Erlaubniß auf länger als sechs Monate verlasse.

In dem Sechsten Abschnitt ist von einem Wohnsitz nicht mehr die Rede. Will man einen Unterschied zwischen Wohnsitz und Amtssitz aufstellen und daraus etwa herleiten, daß der Notar nicht an seinem Amtssitze zu wohnen brauchte, so dürfte das nicht zutreffend sein. Aus der allgemeinen Stellung der Notare als Staatsbeamte (vgl. Vorbemerkung) geht die Befugniß der Anstellungsbehörde hervor, ihnen Residenzpflicht aufzuerlegen. Sie werden, wie bisher (vgl. § 15 der Allg. Verf. v. 28. Mai 1885, JMBl. S. 175, Sydow und Hellweg S. 24) eines Urlaubs bedürfen und der Art. 99 spricht, abgesehen von Urlaub, ausdrücklich von einer durch erhebliche Gründe gerechtfertigten „Abwesenheit". Unter Abwesenheit kann unter diesen Umständen nur von einer Abwesenheit von dem Amtssitze verstanden werden und somit wird angenommen werden müssen, daß unter Amtssitz zugleich auch der Wohnsitz zu verstehen ist.

4. Der **Satz 2 Abs. 1** ist von der Kommission des Abgeordnetenhauses eingefügt worden. Es steht diese Vorschrift dem nicht entgegen, daß der Notar außerhalb seines Amtssitzes z. B. an Gerichtstagen regelmäßige Geschäftstermine abhält. Vgl. Kom.Ber. S. 48.

5. Der **Abs. 2** enthält gegenüber dem bisherigen Recht eine Neuerung, welche sich an den Vorgang der CPO. (§§ 14, 15, 19, § 20 Abs. 2) anschließt.

Artikel 80.

Der Amtsbezirk eines Notars umfaßt den ganzen Oberlandesgerichtsbezirk, in welchem ihm der Amtssitz angewiesen ist.

---

1. Die Vorschrift galt seit dem Gesetze vom 15. Juli 1890 (§ 2) für das ganze Staatsgebiet. Nach Art. 4 der Rhein. Not.O. bezw. § 1 der Hann. Not.O. umfaßte der Amtsbezirk eines Notars nur den Landgerichtsbezirk bezw. den Bezirk des Obergerichts.

Die Vorschrift gilt mit der selbstverständlichen Einschränkung: soweit der Oberlandesgerichtsbezirk Preußisches Staatsgebiet ist (vgl. Weißler, S. 160), z. B. Oberlandesgerichtsbezirk Cassel, Celle, Cöln, Jena.

2. Die Hann. Not.O. (§ 24) bestimmte, daß Notariatshandlungen, welche ein Notar außerhalb des ihm angewiesenen Bezirks vornimmt, nichtig seien und in Art. 4 der Rhein. Not.O. hieß es, daß die Notare außerhalb ihres Amtsbezirks keine Amtshandlungen vornehmen dürfen, bei Strafe einer dreimonatlichen Suspension und der Absetzung im Wiederholungsfalle sowie, daß sie außerdem den Betheiligten für allen Schaden verantwortlich seien.

Diese Beschränkungen sind nach Art. 39 weggefallen; vgl. jedoch dort die Note a. E.

Artikel 81.

Der Notar hat, sofern er nicht schon bei seiner Ernennung Preußischer Staatsbeamter ist, vor dem Präsidenten des Landgerichts, in dessen Bezirk ihm der Amtssitz angewiesen ist, oder vor einem von diesem beauf-

tragten Richter den Diensteid zu leisten. Vor der Erfüllung dieser Verpflichtung soll er keine Amtshandlungen vornehmen.

Der Notar hat seine bei Amtshandlungen anzuwendende Unterschrift dem Landgerichtspräsidenten einzureichen.

---

1. Der Artikel enthält bisheriges Recht (Rhein. Not.O. Art. 11; Hann. Not.O. § 4 und für die im Jahre 1866 neu erworbenen Landestheile Verordnung v. 22. Januar 1867, GS. S. 132 und v. 6. Mai 1867, GS. S. 715).

2. Vorausgesetzt wird hier, daß der Notar nicht schon bei seiner Ernennung Staatsbeamter ist. Es wird damit deutlich die Eigenschaft des Notars als Staatsbeamten zum Ausdruck gebracht. Die einmal erfolgte Eidesleistung verpflichtet den Schwörenden auch für alle etwa später zu übertragenden Aemter (Verordnung v. 6. Mai 1867 § 2) und eine Verweisung auf den geleisteten Diensteid bei Einführung in ein neues Amt ist in Wegfall gekommen (Allg. Verf. v. 31. Dezember 1888, JMBl. von 1889 S. 7).

Der Notar muß aber, wenn er den Diensteid nicht noch einmal soll leisten müssen, bei seiner Ernennung noch Staatsbeamter sein z. B. Richter, Gerichtsassessor; ist er zur Zeit der Ernennung aus dem Beamtenverhältniß ausgeschieden gewesen, wie z. B. wenn er Rechtsanwalt ist, so bedarf es bei dem Wiedereintritt in das Beamtenverhältniß der wiederholten Beeidigung. So auch Sydow und Hellweg S. 65, 66 und die dort mitgetheilten Entscheidungen des Justizministers und Müller, S. 321, 322. Vgl. auch Bericht der Herrenhauskommission S. 7.

3. Der Diensteid lautet: „Ich N. N. schwöre zu Gott dem Allmächtigen und Allwissenden, daß Seiner Königlichen Majestät von Preußen, meinem Allergnädigsten Herrn, ich unterthänig, treu und gehorsam sein und alle mir vermöge meines Amtes obliegenden Pflichten nach meinem besten Wissen und Gewissen genau erfüllen, auch die Verfassung gewissenhaft beobachten will, so wahr mir Gott helfe u. s. w." — Dem Schwörenden bleibt es überlassen, den Eidesworten die seinem religiösen Bekenntnisse entsprechende Bekräftigungsformel, wie z. B. so wahr mir Gott helfe durch Jesum Christum zur ewigen Seligkeit (bei den Evangelischen) oder: so wahr mir Gott helfe und sein heiliges Evangelium (bei den Katholiken) und dgl., hinzuzufügen (Verordnung v. 22. Januar 1867 und v. 6. Mai 1867, GS. S. 132 und 715).

4. Nach **Abs. 1 Satz** 2 soll der Notar vor der Leistung des Diensteides keine Amtshandlungen vornehmen. Nimmt er solche doch vor, so sind sie nicht ungültig; die Rechte und Pflichten des Amtes sind unabhängig von dem Diensteid, sie werden schon vor der Ableistung des Eides begründet und beginnen mit der Ernennung. (Vgl. Müller S. 320 und die dort angeführte Allerh. Kabin.Order v. 11. August 1832, GS. S. 204). Die Ernennung ist erfolgt mit Aushändigung der Bestallung. — Ein Antrag in der Kommission des Abgeordnetenhauses, die Vorschrift dahin zu fassen, daß die Vornahme von Amtshandlungen vor Ableistung des Diensteides verboten sei und daß die trotzdem vorgenommenen Amtshandlungen also ungültig seien, wurde abgelehnt. Vgl. Kom.Ber. S. 50.

5. Der **Abs. 2** schließt sich an bestehende Vorschriften an (vgl. Rhein. Not.O. Art. 12; Hann. Not.O. § 6). Die Vorschrift ist aufgenommen, weil dem Landgerichtspräsidenten nach § 43 Ausf.Ges. z. GVG. die Beglaubigung amtlicher Unterschriften zum Zwecke der Legalisation im diplomatischen Wege obliegt. Vgl. Begr. S. 50. Wegen der gleichen Verpflichtung des Vertreters vgl. Art. 99 Abs. 2. —

Die hier auferlegte Pflicht trifft auch bei einer Versetzung rc. in einen anderen Landgerichtsbezirk zu.

Artikel 82.

Der Notar bedarf zur Uebernahme eines unbesoldeten Amtes in der Gemeindeverwaltung oder der Gemeindevertretung nicht der Genehmigung seiner Aufsichtsbehörde.

Das Gleiche gilt von der Uebernahme der Mitgliedschaft in dem Vorstand oder in dem Aufsichtsrath einer Versicherungsgesellschaft auf Gegenseitigkeit oder einer eingetragenen Genossenschaft oder in dem Aufsichtsrath einer Gesellschaft mit beschränkter Haftung.

---

1. Der Artikel fand sich nicht in der Regierungsvorlage. Die Begr. S. 50 bemerkte, daß es im Allgemeinen hinsichtlich der Uebernahme von Nebenämtern und Nebenbeschäftigungen durch die Notare (vgl. AGO. III. 7 § 10, Rhein. Not.O. Art. 5, Hann. Not.O. § 3, § 8 Abs. 1) bei den Vorschriften der Kabinetsorder v. 13. Juli 1839 (GS. S. 235), dem § 19 der Preuß. Gewerbeordnung v. 17. Januar 1845 (GS. S. 41), eingeführt in die 1866 neu erworbenen Landestheile durch Verordnung vom 23. September 1867, sowie bei den Bestimmungen des Gesetzes, betr. die Betheiligung der Staatsbeamten bei der Gründung und Verwaltung von Aktien-, Kommandit- und Bergwerks-Gesellschaften, v. 10. Juni 1874 (GS. S. 244) sein Bewenden behalten könne. Indessen hat die Kom. d. Abg. den Abs. 1 (vgl. Kom.Ber. S. 51) und das Plenum des Hauses den Abs. 2 (vgl. Stenogr. Bericht über die Sitzung v. 3. Juli 1899 S. 2725, 2726) eingestellt. Ein Antrag in der Kommission, den Notar von der Genehmigung der vorgesetzten Behörde zur Uebernahme von Nebenämtern und Nebenbeschäftigungen überhaupt für befreit zu erklären, wurde, nachdem er Widerspruch von der Regierungsseite erfahren, zurückgezogen; vgl. Kom.Ber. S. 50, 51.

2. Der **Abs. 1** verallgemeinert nur einen Satz, den die Städteordnung (Gesetz, betreffend die Verfassung und Verwaltung der Städte und Flecken) der Provinz Schleswig-Holstein v. 14. April 1869 in § 38 Abs. 3 bereits aussprach, der aber bis dahin im Uebrigen nicht galt.

3. Zu **Abs. 2.** Nach dem erwähnten Gesetze v. 10. Juni 1874 dürfen unmittelbare Staatsbeamte ohne Genehmigung des vorgesetzten Ressortministers nicht Mitglieder des Vorstandes, Aufsichts- oder Verwaltungsrathes von Aktien-, Kommandit- oder Bergwerksgesellschaften sein, und nicht in Komite's zur Gründung solcher Gesellschaften eintreten. Auf Notare findet das Gesetz keine Anwendung. — Im Anschluß daran wurde gegen den Antrag, eine gleiche Freiheit in Bezug auf die in Abs. 2 genannten Gesellschaften auszusprechen, Seitens der Staatsregierung kein Widerspruch erhoben (vgl. die oben angegebene Stelle des stenographischen Berichts). Dabei wurde aber festgestellt, daß es sich, ebenso wie in dem Gesetz von 1874, nur um die Mitgliedschaft in dem Vorstande oder Aufsichts- oder Verwaltungsrathe handelt, daß aber nicht damit ausgedrückt sein soll, der Notar könne auch ohne Genehmigung als Geschäftsführer in eine solche Gesellschaft eintreten.

4. Sonach stellt sich der Art. 82 im Verhältnisse zu den in Note 1 erwähnten Bestimmungen als Ausnahmsvorschrift dar, die strikte zu interpretiren ist. Als Nebenamt ist jede Thätigkeit neben dem Hauptamte zu betrachten, die sich als ein öffentliches

Amt im Reiche oder Staate, in der Kommunalverwaltung, im Dienste von Kirche und Schule oder einer sonstigen öffentlich-rechtlichen Korporation darstellt, insbesondere auch die Mitgliedschaft in verwaltenden (nicht bloß beschließenden) Körperschaften.

Als Nebenbeschäftigung wird jede, auch die unentgeltliche und auch die einmalige oder vorübergehende Thätigkeit angesehen, zu der ein Beamter sich gegenüber einer Reichsbehörde, einer anderen Staatsbehörde, einer Kommunal-, Kirchen- oder Schulbehörde, einer Korporation oder Gesellschaft oder auch einer Privatperson rechtswirksam verpflichtet.

Neben diesen Begriffsbestimmungen giebt eine Zusammenstellung der gesetzlichen Vorschriften und der allgemeinen Verwaltungsgrundsätze in Ansehung der Uebernahme von Nebenämtern und Nebenbeschäftigungen durch Justizbeamte das JMBl. von 1893 S. 3 (auch abgedruckt in dem Preußischen Terminkalender des Deckerschen Verlags).

5. Zur Uebernahme oder Fortführung einer Vormundschaft, Gegenvormundschaft, Pflegschaft oder Beistandschaft bedürfen die Notare nicht mehr der Genehmigung der vorgesetzten Behörde, Ausf.Ges. z. BGB., Art. 72.

Artikel 83.

Der Notar darf seine Dienste nicht ohne triftigen Grund verweigern. Nimmt er einen Auftrag nicht an, so ist er verpflichtet, die Ablehnung dem Auftraggeber unverzüglich anzuzeigen.

Hat Jemand nach § 14 des Reichsgesetzes über die Angelegenheiten der freiwilligen Gerichtsbarkeit oder nach Artikel 1 Satz 1 dieses Gesetzes Anspruch auf Bewilligung des Armenrechts, so hat ihm der Notar seine Dienste gebührenfrei zu gewähren.

---

1. Der **Abs. 1** giebt unter dem Zusatz „ohne triftigen Grund" eine Bestimmung des bisher geltenden Rechts wieder (vgl. Preuß. Not.O. § 1). Aus der Eigenschaft des Notars als Beamten, der zur Ausübung einer bestimmten Thätigkeit bestellt ist, ergiebt sich schon die Verpflichtung, alle in das Amt einschlagenden Verrichtungen vorzunehmen (vgl. auch Rhein. Not.O. Art. 1). Das Gesetz will nach der Begr. S. 51 durch die erwähnte Einschaltung dem Grundsatze eine mildere und richtigere Fassung geben.

2. Was die Dienstverweigerung anlangt, so ist zu unterscheiden, ob sie aus Gründen geschieht, welche in der Sache, der angetragenen Verrichtung, bezw. den Beziehungen des Notars zu der Sache oder den an derselben betheiligten Personen liegen, oder aus Gründen, welche die Angelegenheit selbst nicht berühren. Zu den Gründen erster Art gehören z. B. Bedenken, welche sich gegen die materielle Gültigkeit des zu beurkundenden Geschäftes richten (Art. 40, Art. 60 Abs. 3) oder die Unmöglichkeit, alle zu beachtenden Förmlichkeiten, wie Zuziehung eines zweiten Notars, Dolmetschers rc., erfüllen zu können (Art. 41, RGes. §§ 169, 178, 179); dahin gehört auch das dem Notar durch Art. 84 verliehene Recht, gemäß § 6 RGes. sich der Ausübung seines Amtes wegen Befangenheit enthalten oder wegen nichtgezahlten Vorschusses eine Dienstverrichtung ablehnen (Art. 22 Abs. 2) zu können. Dienstverweigerung aus derartigen Gründen ist sachlicher Natur; in Ansehung ihrer findet Beschwerde gemäß dem in den §§ 19 ff. RGes. bezw. Art. 3 ff. dieses Gesetzes geordneten Verfahren statt (vgl. Art. 40 Note 4). Anderer Meinung in Bezug auf das Selbst-

ablehnungsrecht Dorner § 6 Note 5 und Dronke § 6 Note 3; ersterer will eine Beschwerde im Aufsichtswege, letzterer gar keine Beschwerde zulassen. Weder das Eine noch das Andere erscheint mir zutreffend. Der Beamte ist verpflichtet, sein Amt auszuüben, das Publikum hat also ein Recht darauf, daß er seine Dienste nicht verweigre und dieses Recht wird beeinträchtigt, wenn die Weigerung ohne ausreichenden Grund erfolgt; vgl. BGB. § 663 (Note 3). Als ausreichender Grund ist für Richter und Notar (Art. 84) in § 6 RGes. Befangenheit anerkannt; es liegt also in der Ablehnung der Vornahme eines Amtsgeschäfts aus Befangenheit keine Verfehlung gegen das Amt, die im Aufsichtswege zu ahnden ist, vielmehr eine Sachentscheidung, die wie jede andere ihres Gleichen anfechtbar ist. Anders selbstverständlich, wenn der Beamte unter dem falschen Vorwande der Befangenheit eine Dienstverweigerung aus nicht mit der Sache zusammenhängenden Gründen verstecken wollte.

Hier in Art. 83 handelt es sich um Dienstverweigerung der zweiten Art, also aus Gründen persönlicher Natur, die mit dem Amtsgeschäfte in keinem inneren Zusammenhange stehen. Auch insoweit erkennt das Gesetz an, daß Umstände eintreten können, unter denen billiger Weise man von dem Notar eine Dienstverrichtung nicht verlangen, der Notar eine solche verweigern kann. Nach dem Gesetze reichen nur „triftige Gründe" aus. Was im Einzelnen als triftiger Grund anzusehen ist, fällt hier dem pflichtmäßigen Ermessen des Notars bezw. der Aufsichtsbehörde anheim. Solche Gründe können beispielsweise Krankheit, Geschäftsüberhäufung abgeben; Werner (S. 80) rechnet hierher auch Besorgniß augenscheinlicher Lebensgefahr und den Umstand, daß die Dienste ohne Dringlichkeit an einem Sonn- oder Feiertage geleistet werden müßten. Auch Abwesenheit gehört hierher; es darf aber der Notar nicht durch Wohnen außerhalb seines Amtssitzes (Art. 70 Note 3) oder durch längere Entfernung von seinem Amtssitze ohne Urlaub eine der Dienstverweigerung gleichkommende Unmöglichkeit, ihn in Anspruch zu nehmen, herbeiführen. Desgleichen darf der Notar nicht, wie die Begr. S. 51 zutreffend bemerkt, Niemanden willkürlich bevorzugen, des Einen Auftrag annehmen und den des Anderen wegen Geschäftsüberhäufung ablehnen.

3. Der **Satz 2 Abs. 1** entspricht der Vorschrift des § 30 der Rechtsanwaltsordnung v. 1. Juli 1878. Die dort beigefügte Bestimmung, daß der Rechtsanwalt bei einer Vernachlässigung der Verpflichtung der unverzüglichen Mittheilung den durch die Verzögerung erwachsenden Schaden zu ersetzen habe, ist nicht aufgenommen, angesichts der Vorschrift des § 663 BGB.: „Wer zur Besorgung gewisser Geschäfte öffentlich bestellt ist, oder sich öffentlich erboten hat, ist, wenn er einen auf solche Geschäfte gerichteten Auftrag nicht annimmt, verpflichtet, die Ablehnung dem Auftraggeber unverzüglich anzuzeigen. Das Gleiche gilt, wenn sich Jemand dem Auftraggeber gegenüber zur Besorgung gewisser Geschäfte erboten hat".

4. Der **Abs. 2** giebt eine Vorschrift der AGO. III. 7 § 25 Abs. 2 wieder. Den § 14 RGes. siehe in der Anlage. An Stelle des jetzigen Abs. 2, der nur redaktionell von dem der Regierungsvorlage abweicht, hatte die Kom. d. Abg. in der ersten Lesung des Entwurfs folgenden Absatz angenommen: „Hat Jemand nach § 14 des RGes. über die A. d. fr. Ger. oder nach Art. 1 Satz 1 dieses Gesetzes Anspruch auf Bewilligung des Armenrechts, so kann ihm auf Antrag von dem Amtsgericht ein Notar, der in dem Gerichtsbezirke seinen Amtssitz hat, zur gebührenfreien Gewährung seiner Dienste bestellt werden". In zweiter Lesung hat die Kommission die Regierungsvorlage, jedoch wie bemerkt mit formellen Aenderungen wiederhergestellt.

Kom.Ber. S. 51, 52. Aus der Gegenüberstellung beider Beschlüsse ergiebt sich, daß nach dem Wortlaute des Gesetzes (anders, wie im Civilprozeßverfahren, wo der Rechtsanwalt der armen Partei von dem Gerichte zugeordnet wird) der Notar selbst die Voraussetzungen des Armenrechts desjenigen, der seine Dienste in Anspruch nimmt, prüft und darüber entscheidet. — Gegen die Weigerung des Notars steht die Beschwerde offen. Vgl. Art. 22 Note 4 und Art. 134 zu VI.

Artikel 84.

Auf Amtshandlungen des Notars, die nicht die Beurkundung eines Rechtsgeschäfts zum Gegenstande haben, finden die Vorschriften, die in den §§ 6 bis 9 des Reichsgesetzes über die Angelegenheiten der freiwilligen Gerichtsbarkeit in Bezug auf die Ausschließung des Richters, in Bezug auf seine Befugniß, sich wegen Befangenheit der Ausübung seines Amtes zu enthalten, sowie in Bezug auf die Gerichtssprache und die Dolmetscher getroffen sind, entsprechende Anwendung.

Der Artikel schreibt vor, daß die im Einzelnen bezeichneten Vorschriften des RGes. — siehe dieselben in der Anlage — auf die Amtshandlungen des Notars entsprechende Anwendung finden sollen. Die Veranlassung ist in folgender Sachlage zu finden. In Bezug auf die angegebenen Punkte wird in dem RGes. zwischen der Beurkundungsthätigkeit, die sich auf Rechtsgeschäfte bezieht, auf der einen Seite und der gesammten übrigen Thätigkeit in A. d. fr. Ger. einschließlich derjenigen, welche sich auf die Beurkundung anderer Gegenstände als Rechtsgeschäfte bezieht, auf der anderen Seite unterschieden. Für den Richter sind nach beiden Richtungen hin Vorschriften getroffen, RGes. §§ 168ff., §§ 6 bis 9, für den Notar dagegen nur nach der ersteren. Für die letztere wird hier das Erforderliche vorgesehen und der Notar mit dem Richter in Ansehung der angegebenen Punkte gleichgestellt. Nicht für anwendbar sind erklärt die Vorschriften über die Sitzungspolizei und die Berathung und Abstimmung und die Bestimmung, daß die Ablehnung des Richters ausgeschlossen ist. Was den letzteren Punkt anlangt, so bemerkt die Begr., S. 51, daß diese Vorschrift über den Ausschluß des Ablehnungsrechts in Bezug auf den Richter im RGes. insoweit von Erheblichkeit sei, als sie etwaige entgegenstehende Vorschriften der Landesgesetze aufhebe und außer Zweifel stelle, daß die Vorschriften der CPO. keine entsprechende Anwendung fänden. Hier sei eine negative Bestimmung in Ansehung der Notare zu treffen entbehrlich. Danach wird man als Regel aufstellen müssen, daß die Ablehnung des Notars ebenso ausgeschlossen ist, wie die des Richters. Von diesem Standpunkt aus ist Art. 85 als Ausnahmefall aufzufassen. — Wegen Selbstablehnung des Notars aus Befangenheit vgl. Art. 83 Note 2.

Die besonderen Bestimmungen für Testamente und Erbverträge, BGB. § 2232ff. 2300, bleiben selbstverständlich unberührt außerdem bestehen; sie gelten ebenfalls gleichmäßig für Notar wie für Richter.

Artikel 85.

In einer Sache, in der mehrere Personen betheiligt sind, soll der Notar, der in dieser Sache für einen der Betheiligten als Prozeßbevollmächtigter thätig ist oder gewesen ist, keine Amtshandlungen vor-

nehmen, wenn einer der Betheiligten widerspricht. Der Notar soll den Betheiligten von einem solchen Widerspruchsgrund unverzüglich Mittheilung machen; der Widerspruch ist nur zulässig, wenn er unverzüglich nach der Mittheilung erfolgt.

---

1. Der Artikel behandelt einen Fall der Ausnahme von der am Schlusse der Note zu dem vorigen Artikel festgestellten Regel, daß eine Ablehnung des Notars ebensowenig statthaft sein soll, wie die eines Richters. Die Vorschrift ist dem Gesetz über die Vereinigung der Rechtsanwaltschaft und des Notariats im Geltungsbereiche des Rheinischen Rechtes v. 13. April 1888 entnommen (vgl. auch Preuß. NotO. § 6, Hann. Not.O. § 27 Nr. 3).

2. Die Vorschrift enthält ein regelrechtes Ablehnungsrecht unter gewissen Einschränkungen, bezieht sich aber auf den ganzen Umfang und auf alle Arten der Geschäftsthätigkeit des Notars. Sie ergänzt also auch die über die Beurkundung von Rechtsgeschäften in den §§ 170, 171 RGes. getroffenen Bestimmungen. Von Bedeutung ist sie namentlich für das Auseinandersetzungsverfahren, vgl. Art. 21 Note 6c. Auch kann sie, worauf die Begr. S. 52 beispielsweise aufmerksam macht, zur Anwendung kommen, wenn Jemand rechtskräftig verurtheilt ist, einen Vertrag notariell beurkunden zu lassen. Der Artikel wird auch schon vor der Verurtheilung von Bedeutung sein, wenn es sich bei der Ausführung des Anspruchs auf notarielle Beurkundung darum handelt, ob die Weigerung, die Beurkundung bei einem bestimmten Notar vorzunehmen, als im Rechte begründet anzusehen ist oder nicht. — Der umgekehrte Fall, daß ein Notar „in einer Sache, worin er ein Instrument aufgenommen, nachher einer der Parteien advocando nicht bedienet sein" könne (Instruktion für die Notarien v. 11. Juli 1771 § 5), ist in der Rechtsanwaltsordnung nicht vorgesehen.

3. Die Einschränkungen des Widerspruchsrechts bestehen in Folgendem:

a) es kann nur widersprochen werden, wenn der Notar für einen der Betheiligten als Prozeßbevollmächtigter in der Sache thätig ist oder gewesen ist. Ist das aber der Fall, dann gilt die Vorschrift auch für die Beurkundung des Vergleichs, den die Prozeßgegner über den Prozeßgegenstand außerhalb des Prozeßverfahrens abschließen.

Ein Notar, der Generalbevollmächtigter eines Betheiligten ist, kann daher wegen dieser Eigenschaft nicht abgelehnt werden, entgegen der bisherigen Vorschrift in § 6 der Preuß. Not.O.; die Denkschrift zum Entwurfe des RGes. stand bereits auf demselben Standpunkt. Begr. S. 52. Das ist aber mit der Maßgabe zu verstehen, daß der Generalbevollmächtigte nicht auch als Prozeßbevollmächtigter in derselben Sache, um die es sich handelt, thätig ist oder thätig gewesen ist.

b) Der Notar muß für einen der Betheiligten als Prozeßbevollmächtigter thätig sein oder gewesen sein. Da sich der Artikel auf jede Art von Geschäftsthätigkeit und nicht blos auf Beurkundungen durch den Notar bezieht, so ist die Bezeichnung Betheiligter auch nicht in dem beschränkten Sinne aufzufassen, den der § 168 RGes. damit verbindet. Danach gilt bei der Beurkundung von Rechtsgeschäften derjenige als Betheiligter, dessen Erklärung beurkundet werden soll. Hier ist das Wort in dem allgemeinen Sinne gebraucht; es ist derjenige darunter zu verstehen, der materiell an der Sache betheiligt ist. Vgl. Kom.Ber. S. 53 bis 55; Vgl. auch Art. 90 Note 3.

c) Der Widerspruch ist nur zulässig, wenn er unverzüglich nach Eingang der Mittheilung von dem bestehenden Widerspruchsgrund Seitens des Notars erfolgt.

4. Es ist nicht gesagt, bei wem der Widerspruch erhoben werden muß, bei dem Notar oder bei den anderen Betheiligten. Es genügt das erstere; denn der Notar ist dann nach Satz 1 verpflichtet, sich der Amtshandlung zu enthalten.

Artikel 86.

Wird bei einer Amtshandlung des Notars die Beeidigung eines Dolmetschers erforderlich, so erfolgt sie durch das Amtsgericht, in dessen Bezirke der Notar seinen Amtssitz hat oder die Thätigkeit des Dolmetschers stattfinden soll. In dringenden Fällen kann die Beeidigung auch durch den Notar erfolgen; die Beeidigung ist nicht deshalb unwirksam, weil der Fall nicht dringlich war.

---

1. In der Regierungsvorlage fand sich nur der erste Satz des Artikels, entsprechend dem bisherigen Rechte (AGO. II. 2 §§ 40, 41; Preuß. Not.O. § 28; Hann. Not.O. § 43 Abs. 3). Der Satz 2 ist von der Kom. d. Abg. eingestellt worden, um zu verhüten, daß etwa in dringenden Fällen, z. B. bei Testamentsaufnahmen außerhalb des Amtssitzes, die Verrichtung unmöglich gemacht werde. Zur Klarstellung, daß trotz eines Verstoßes gegen die Vorschrift Ungültigkeiten nicht eintreten, ist der letzte Halbsatz hinzugesetzt worden. Vgl. Kom.Ber. S. 56. — Eine ähnliche Vorschrift hat die Komission für den Fall der Aufnahme eines Testaments vor dem Gemeindevorsteher gemäß § 2249 BGB. vorgesehen; vgl. Ausf.Ges. z. BGB. Art. 80 Abs. 3. Der Fall der Dringlichkeit wird für die Zuständigkeit des Notars zur Beeidigung des Dolmetschers nicht erfordert im Theilungsverfahren; vgl. Art. 23 Note 6.

2. Aus der Fassung des Artikels geht hervor, daß es sich lediglich um eine Beeidigung behufs Zuziehung eines Dolmetschers in einem einzelnen Falle handelt. Der nach § 191 GVG. von dem Dolmetscher zu leistende Eid geht dahin, „daß er treu und gewissenhaft übertragen werde". — Ist der Dolmetscher für Uebertragungen der betreffenden Art im allgemeinen beeidigt, so genügt die Berufung auf den geleisteten Eid.

Artikel 87.

Die Notare sind zuständig, Siegelungen und Entsiegelungen im Auftrage des Gerichts oder des Konkursverwalters vorzunehmen.

---

1. Die Vorschrift des Artikels ist aus § 108 Ausf.Ges. z. GVG. hierher genommen; dort ist der § 108 gemäß Art. 130 Nr. I in Wegfall gebracht.

2. Die Siegelungen sind entweder freiwillige oder nothwendige, d. h. solche, die gegen den Willen der Betheiligten verhängt werden. Der in Note I erwähnte § 108 Ausf.Ges. z. GVG. machte ebensowenig wie Art. 87 diesen Unterschied. Nichtsdestoweniger darf mit Weißler S. 318, 319 angenommen werden, daß nach bisherigem Rechte für freiwillige Siegelungen keine Beschränkungen bestanden, weswegen in Ansehung ihrer die Notare auch ohne Auftrag für zuständig zu erachten waren. Eine Ausnahme machte das Rheinische Rechtsgebiet, wo die Siegelung ausnahmslos Sache des Gerichts war; Gesetz v. 16. Mai 1887 (GS. S. 135) Art. I, Weißler a. a. O.

Turnau, S. 204. Nach der AGO. (II. 5 § 20) war der Notar ohne gerichtlichen Auftrag zur Vornahme einer Nachlaßsiegelung befugt, wenn er entweder von dem Erblasser darum ersucht war oder wenn ein Erbe, ein Gläubiger oder ein anderer Interessent die Siegelung beantragte und sich kein Richter am Orte oder in der Nähe befand, so daß der Notar gewissermaßen als Vertreter des Gerichts handelte.

3. Nach allgemeinen Grundsätzen wird die in Note 2 erwähnte Unterscheidung von freiwilligen und nothwendigen Siegelungen trotz des Wortlauts des Art. 87 auch fernerhin beibehalten und angenommen werden können, daß für die ersteren der Notar auch ohne gerichtlichen Auftrag zuständig ist. Auf diesem Standpunkte steht auch die Begr. S. 52.

Was das Rheinische Rechtsgebiet (vgl. Note 2) anlangt, so ist der durch Gesetz v. 16. Mai 1887 Art. I abgeänderte § 28 Ausf.Ges. z. GVG. ebenso wie der § 108 desselben Gesetzes in Art. 130 Nr. 1 aufgehoben worden. In diesem Rechtsgebiete werden daher die Notare in Zukunft nicht anders gestellt sein, wie in den übrigen Landestheilen.

Auch die Vorschriften der AGO. (Note 2) kommen nach Art. 144 Nr. 1 in Wegfall. Die Vorschrift, daß der Notar auf Ersuchen des Erblassers die Siegelung des Nachlasses vornehmen könne, ist nicht vereinbar mit den Vorschriften des BGB. Die Begr. S. 52 bemerkt, daß die amtliche Nachlaßsicherung auf Ersuchen des Erblassers dem BGB. unbekannt sei; sei der Notar zum Testamentsvollstrecker ernannt, so könne er in dieser Eigenschaft den Nachlaß in Besitz nehmen und die zu seiner Sicherung erforderlichen Maßregeln ergreifen (vgl. BGB. §§ 2203 ff.). Auch könne der Notar, ohne Testamentsvollstrecker zu sein, im Einverständnisse mit den Betheiligten eine Siegelung vornehmen. Dazu ist noch zu bemerken, daß das BGB. auch das Verbot der Nachlaßsiegelung durch den Erblasser nicht aufgenommen, die Wirksamkeit eines solchen Verbots also nicht anerkannt hat. Die Anlegung von Siegeln und die Anfertigung eines Nachlaßverzeichnisses kommt nur in den Fällen in Frage, in welchen das Nachlaßgericht von Amtswegen für die Sicherung des Nachlasses zu sorgen hat. (BGB. § 1960, vgl. Art. 104 und oben Art. 19). Von dem Nachlaßgerichte wird in dieser Beziehung im Interesse der öffentlichen Ordnung vorgegangen. Motive zum Entwurfe des BGB. erste Lesung Bd. 5, S. 543. Hiernach darf der Wahrung der öffentlichen Ordnung durch Privatdisposition des Erblassers nicht entgegengetreten werden, auch nicht theilweise dadurch, daß von ihm um die Siegelung der Notar ersucht wird. — Die andere Vorschrift der AGO. hat aber nach der Begr. S. 52 keine praktische Bedeutung, weil es im Geltungsgebiete der Allg. Ger.O., abgesehen von den Vororten Berlins, die von Berlin aus leicht zu erreichen sind, nur an Orten, die zugleich Sitz eines Gerichts sind, Notare giebt.

4. Die Zuständigkeit, im Auftrage des Konkursverwalters Siegelungen vorzunehmen, ist mit Rücksicht auf § 122 der Konkursordnung ausgesprochen, wonach der Konkursverwalter zur Sicherung der zur Konkursmasse gehörigen Sachen durch eine zur Vornahme solcher Handlungen gesetzlich ermächtigte Person eine vollständige oder theilweise Siegelung vornehmen lassen kann. Es liegt also ein Fall freiwilliger Siegelung vor.

5. Was von den Siegelungen gilt, gilt entsprechend auch von den Entsiegelungen.

Artikel 88.

Die Vorschriften, nach denen die Notare noch zu anderen als den in diesem und in dem zweiten und vierten Abschnitte bezeichneten Geschäften zuständig sind, bleiben unberührt.

Die Begr. S. 52, 53 bemerkt hierzu, die Bestimmung sei aufgenommen zur Vermeidung der Ansicht, daß die Vorschriften des Gesetzes über die Zuständigkeit der Notare erschöpfend seien. Neben den hier den Notaren zugewiesenen Geschäften kämen beispielsweise noch in Betracht die bloße Anfertigung von Entwürfen (Geb.O. f. Not. § 9) und die Leitung der Generalversammlung einer Wassergenossenschaft (Gesetz, betr. die Bildung von Wassergenossenschaften, v. 1. April 1879, GS. S. 297, § 22).

Von den Zuständigkeitsvorschriften dieses Gesetzes kommen die Art. 31, 33 hauptsächlich in Betracht. — Wegen der vollstreckbaren Ausfertigungen nach §§ 794 Nr. 5, 797 CPO. vgl. Art. 43 Note 3.

Artikel 89.

Der Notar soll in Ansehung von Geschäften, die er beurkundet, keine Gewährleistung übernehmen.

Notare, die ihren Amtssitz in Ostfriesland und Harlingerland sowie im Regierungsbezirk Osnabrück haben, dürfen die Gewähr für die von ihnen auf Grund einer Versteigerung zu erhebenden Kauf- oder Pachtgelder übernehmen, falls es sich um Gegenstände handelt, die sich in diesen Landestheilen befinden.

1. Der Artikel enthielt nach der Regierungsvorlage nur den **Abs. 1.** Dazu bemerkte die Begr. S. 53: „Die Hann. Not.O. verbietet im § 8 Abs. 2 dem Notar die Uebernahme einer Bürgschaft oder Gewährleistung für Geschäfte, die er beurkunden soll. Die Rhein. und die Preuß. Not.O. enthalten eine solche Bestimmung nicht; da sie jedoch allgemein dem Notar die Aufnahme einer Verhandlung, bei der er betheiligt ist, untersagen und den Begriff des Betheiligten nicht auf die Personen beschränken, welche die zu beurkundende Erklärung abgeben, so wird auch für ihr Geltungsgebiet anzunehmen sein, daß der Notar nicht nur unfähig ist, seine eigene Gewährleistungserklärung zu beurkunden, sondern daß er auch mündlich keine Gewährleistung für Geschäfte, die er beurkundet, übernehmen darf. In dieser Beziehung tritt nach dem neuen Rechte gegenüber der Rhein. und der Preuß. Not.O. eine Aenderung ein, da künftig als Betheiligter im Sinne der Vorschriften, welche den Ausschluß des Notars von der Beurkundung eines Rechtsgeschäfts regeln, nur derjenige anzusehen ist, dessen Erklärung beurkundet werden soll (RGes. § 168; vgl. Hann. Not.O. § 27 Abs. 1 Nr. 2). Es bedarf deshalb, um dem Notar nicht nur die Beurkundung, sondern schlechthin die Uebernahme einer Gewährleistung zu verbieten, einer besonderen Bestimmung; diese ist im Art. 89 getroffen."

2. Das Verbot des **Abs. 1** hat, wie die Fassung ergiebt, eine Nichtigkeit der trotzdem übernommenen Gewährleistung nicht zur Folge. Begr. S. 53.

3. Der **Abs. 2** ist von der Kom. d. Abg. eingestellt worden. Der Inhalt der Vorschrift entspricht dem bisherigen Rechte (Versteigerungsordnung für Ostfriesland

und Harlingerland v. 16. Dezember 1854, Hann. GS. III. Abth. S. 245, Art. 31: Versteigerungsordnung für den Landdrosteibezirk Osnabrück vom 14. Juli 1838, Hann. Gesetzsamml. III. Abth. S. 149, Art. 25: Hann. Not.O. § 67 i. A.). Der Entwurf ging von der Annahme aus, daß keine ausreichende Veranlassung zur Aufnahme dieser Ausnahmsbestimmung vorliege, Begr. S. 53. Die Kommission indessen nahm die Vorschrift auf mit Rücksicht auf die den Notaren durch die in Art. 125 erwähnten beeidigten Auktionatoren in der hier in Rede stehenden Hinsicht erwachsende Konkurrenz, namentlich, wenn für diese Auktionatoren nicht ebenfalls ein entsprechendes Verbot aufgestellt wird. Kom.Ber. S. 56.

Die Ausnahmsvorschrift ist selbstverständlich eng auszulegen, so daß in anderen als den genannten Fällen die Regel des Abs. 1 eintritt.

Artikel 90.

Der Notar hat, soweit nicht das Gesetz ein Anderes bestimmt, über die Verhandlungen, bei denen er mitgewirkt hat, Verschwiegenheit zu beobachten, es sei denn, daß die in der Sache Betheiligten ihn von dieser Verpflichtung entbinden.

---

1. Sowohl die Preuß. wie die Rhein. und die Hann. Not.O. enthalten (in § 19 bezw. Art. 41 bezw. § 12) Vorschriften über die von den Notaren zu beobachtende Verschwiegenheit; diese Vorschriften weichen indessen in ihrer Tragweite von einander ab. — Die Regierungsvorlage hatte folgenden Artikel vorgeschlagen: „Der Notar darf, soweit nicht das Gesetz ein Anderes bestimmt, von den Verhandlungen, bei denen er mitgewirkt hat, ohne Zustimmung der Betheiligten Niemandem Kenntniß geben". Die Absicht des Entwurfes nach der Begr. S. 53 war, durch diese Fassung (ohne Zustimmung der Betheiligten) außer Zweifel zu stellen, „daß durch die Pflicht zur Verschwiegenheit nur das Interesse der Parteien gewahrt werden soll und es mithin im Civil- oder Strafprozesse zur Vernehmung eines Notars einer Genehmigung der Aufsichtsbehörde (CPO. § 376, StrPO. § 53) nicht bedarf. Bisher war die Frage bestritten. Nach der Vorschrift des Entwurfes unterliegt im Strafprozesse die Vernehmung eines Notars über den Gegenstand der vor ihm gepflogenen Verhandlungen überhaupt keiner Beschränkung, da die Strafprozeßordnung (§ 52) im Gegensatze zur Civilprozeßordnung (§ 383 Nr. 5) dem Notar das Recht zur Zeugnißverweigerung nicht giebt."

Die Kom. d. Abg. hat den Artikel der Regierungsvorlage in den jetzigen umgestaltet. Dabei waren indessen nur redaktionelle Wünsche maßgebend, wie der Bericht zwar ausdrücklich, aber ohne weiteren Aufschluß über die Bedeutung der geltend gemachten Gesichtspunkte bemerkt; die Absicht, eine sachliche Aenderung vorzunehmen, lag jedenfalls nicht vor. Kom.Ber. S. 57.

Trotzdem so die Absicht der beiden Faktoren, welche die Vorschrift gestalteten, übereinstimmt, erscheint doch die Unsicherheit nicht beseitigt. Die alte Streitfrage — vgl. dazu auch Sydow u. Hellweg S. 45, Werner S. 92, Siméon S. 42, Weißler S. 184 ff. — wird auch an die neue Fassung anknüpfen. Diese Fassung wird der Absicht nicht gerecht. Der Artikel stellt zwar fest, daß für die Notare durch gesetzliche Vorschrift in Betreff bestimmter Thatsachen die Verpflichtung zur Verschwiegenheit besteht und daß diese aufhören soll, wenn die in der Sache Betheiligten den Notar von der Verpflichtung zur Verschwiegenheit entbunden haben; er stellt das indessen nur fest „soweit nicht das Gesetz ein Anderes bestimmt". Das Gesetz — nicht „dieses" Gesetz — enthält aber wie bisher die Vorschriften des § 376 CPO. und des § 53 Str.PO., nach denen „öffentliche Beamte", auch wenn sie nicht mehr im Dienste sind, „über Umstände, auf welche sich ihre Pflicht zur Amtsverschwiegenheit bezieht", als Zeugen nur mit Genehmigung ihrer vorgesetzten Dienstbehörde oder der ihnen zuletzt vorgesetzt gewesenen Dienstbehörde vernommen werden dürfen. Daß zu den „öffentlichen Beamten" auch die Notare zu zählen sind, wird einem Zweifel nicht unterworfen sein (vgl. Vorbemerkung zu diesem Abschnitte); der Ausdruck „öffentliche Beamte" ist im weitesten Sinne zu verstehen (vgl. Wilmowsky u. Levy, Civilprozeßordnung, Bd. I § 341 Note 1; Loewe, Strafprozeßordnung, § 53 Note 1; Olshausen, Kommentar zum Strafgesetzbuche, § 31 Note 7). Es kann sich demnach nur noch fragen, ob die Verhandlungen, bei denen ein Notar mitwirkt, zu den Umständen zählen, auf welche sich seine Pflicht zur Amtsverschwiegenheit bezieht. Daß das nicht der Fall sein soll, geht aus der neuen Vorschrift nicht hervor. Die Frage ist eine reine Thatfrage, welche das Gericht nach seinem Ermessen zu beantworten hat, für das allerdings die Vorschriften der Dienstgesetze, die Auskunft der vorgesetzten Dienstbehörde des als Zeuge zu vernehmenden Beamten und dessen eigene Angabe maßgebend sind (vgl. Entscheidungen des Reichsgerichts in Strafsachen v. 18. November 1882, 30. November 1885, Bd. 7 S. 75; Bd. 13 S. 154; Müller S. 356, 357, Reincke, Civilprozeßordnung, Note zu § 341 (alt). Vgl. Allg. Verf. des Justizministers v. 24. Mai 1886, JMBl. S. 137). Die Verhandlungen von Privaten, bei denen der Notar mitgewirkt hat, sind zweifellos Privatgeheimnisse. Aber die darüber den Notaren auferlegte Pflicht zur Verschwiegenheit ist nicht eine bloße private Pflicht. Nicht das persönliche Vertrauen der den Notar angehenden Parteien verpflichtet ihn zur Verschwiegenheit, sondern das Amt und positive Gesetzesvorschrift. Soweit keines von beiden eingreift, trifft den Notar auch keine Verschwiegenheitspflicht. In Art. 90 ist, neben der Pflicht zur Amtsverschwiegenheit, eine Pflicht zur Privatverschwiegenheit aufgestellt. Eine Entbindung von der letzteren macht den Notar noch nicht von der ersteren frei; denn diese steht nicht unter dem Einflusse von Privatpersonen. Mit dieser Maßgabe ist das oben Bemerkte zu verstehen, daß die Verschwiegenheit aufhöre, wenn die in der Sache Betheiligten den Notar von der Verschwiegenheit entbunden hätten.

2. Eine ganz andere Frage ist, ob die ertheilte Genehmigung zur Vernehmung eines Notars als Zeugen über eine Verhandlung, bei der er mitgewirkt, verpflichte, sein Zeugniß abzulegen. In dieser Beziehung bemerken Sydow und Hellweg S. 45: „Die Notare haben über Verhandlungen, bei denen sie mitgewirkt haben, im Interesse der vor ihnen verhandelnden Personen Verschwiegenheit zu beobachten. Das Gesetz schützt hier (wie bei Aerzten, Hebammen, Apothekern, vgl. § 300 Str.GB.) Privatgeheimnisse. Deren Offenbarung kann auch nicht von der Genehmigung einer den Notaren vorgesetzten Behörde abhängig sein." Das erscheint mißverständlich. Die ertheilte Genehmigung legt dem Notar nicht die Verpflichtung auf, Zeugniß abzulegen; sie befreit ihn nur von der Fessel des Amtsgeheimnisses; sein Zeugnißverweigerungsrecht wird, soweit es besteht, davon gar nicht berührt und bleibt bestehen; es ist von der Genehmigung nicht „abhängig". —

Eine Berechtigung, das Zeugniß zu verweigern besteht aus Rücksichten des Amtes für den Notar im Civilprozesse gemäß den §§ 383, 385 CPO. Danach können das Zeugniß verweigern Personen, welchen kraft ihres Amtes, Standes oder Gewerbes Thatsachen anvertraut sind, deren Geheimhaltung durch die Natur derselben oder durch gesetzliche Vorschrift geboten ist, in Betreff der Thatsachen, auf welche die Verpflichtung zur Verschwiegenheit sich bezieht. Derartige Thatsachen sind gemäß Art. 90 Verhandlungen, bei denen die Notare mitgewirkt haben **und** welche ihnen, wie das in diesen Fällen nicht anders sein kann, kraft ihres Amtes anvertraut sind. Auch wenn ein Notar in einem solchen Falle sein Zeugniß nicht verweigert, so ist die Vernehmung nicht auf Thatsachen zu richten, in Ansehung welcher erhellt, daß ohne Verletzung der Verpflichtung zur Verschwiegenheit ein Zeugniß nicht abgelegt werden kann. Das Recht zur Verweigerung des Zeugnisses fällt weg, wenn die in der Sache Betheiligten den Notar von der Verpflichtung entbunden haben. Wegen der Verpflichtung der Notare, im Civilprozesse Urkunden vorzulegen und sich über die Echtheit von solchen auszulassen, vgl. CPO. §§ 432, 437.

Im Strafprozesse haben die Notare das gleiche Recht der Zeugnißverweigerung nicht und in Konsequenz davon auch nach §§ 96, 159 Str.PO. die Verpflichtung, Akten vorzulegen und Auskunft zu ertheilen.

3. Die Vorschrift des Artikels bezieht sich auf **Verhandlungen**, bei denen der Notar **mitgewirkt** hat, also nicht bloß auf Beurkundungen. Im Falle die Verhandlungen nicht zur Beurkundung führten, wie das z. B. in Theilungsverhandlungen, Vertragsverhandlungen vorkommen kann, so ist nichtsdestoweniger der Notar zur Verschwiegenheit verpflichtet.

Die Vorschrift bezieht sich nur auf Verhandlungen, bei denen der Notar **mitgewirkt** hat und zwar auf alle Verhandlungen dieser Art und auf jede Art der Mitwirkung, also auch auf solche Verhandlungen, bei welchen der Notar nicht als der beurkundende, sondern als zweiter Notar (vgl. RGes. §§ 169, 177) mitgewirkt hat.

4. Der Notar braucht Verschwiegenheit nicht zu beobachten, **wenn die in der Sache Betheiligten ihn von dieser Verpflichtung entbunden haben.** In Betreff des Begriffs „Betheiligter" vgl. Kom. d. Verf. z. RGes. § 6 Note 2a und § 168 Note 4. Bei der Beurkundung von Rechtsgeschäften ist nach § 168 RGes. derjenige als Betheiligter anzusehen, dessen Erklärung beurkundet werden soll, also bei Abgabe einer Erklärung durch Vertreter der Letztere und nicht der Vertretene, das **aber nur „im Sinne" der §§ 169 bis 182 RGes.**. Hier in Art. 90 handelt es sich aber nicht, wie in diesen Paragraphen, darum, durch eine technische Begriffsfeststellung die Gestaltung der Verfahrensvorschriften zu vereinfachen, sondern um eine allgemeine über das Verfahren der §§ 169 bis 182 RGes. hinausgehende Klarstellung von Rechten und Pflichten. Deshalb sind hier über jenen beschränkten Sinn hinaus auch bei Beurkundungen von Rechtsgeschäften nicht bloß die Vertreter, sondern auch die Vertretenen zu verstehen; das ergiebt sich auch aus den Worten „in der Sache"; denn in der Sache sind gerade die Geschäftsherren hauptsächlich und die Vertreter in geringerem Grade betheiligt.

Aus allgemeinen Gründen wird zu folgern sein, daß nur dann die Pflicht des Notars wegfällt, wenn ihn **alle** in der Sache Betheiligten davon entbinden; vgl. dazu Art. 44. A. M. Weißler S. 186 nach bisherigen Verhältnissen für zweiseitige Verhandlungen; es soll nicht immer die Zustimmung beider Parteien nöthig sein.

5. Abgesehen von den in Noten 1, 2 erörterten Fällen der Zeugnißablegung werden die Pflichten der Notare durch Art. 90 nicht berührt, „**soweit das Gesetz ein Anderes bestimmt**". In dieser Beziehung verweist die Begr. S. 53 hin auf:

a) die Pflichten gegenüber den Steuerbehörden — vgl. darüber Art. 52 Note 3;

b) die Berechtigungen derjenigen, welche nach § 34 RGes., Art. 23 ff. dieses Gesetzes Ansprüche haben.

Es sind weiter zu berücksichtigen:

c) diejenigen, welche aus den Art. 49 bis 52, 60, 61 dieses Gesetzes Berechtigungen herleiten können, sowie

d) die in Art. 92 bezeichneten Beamten.

6. Wenn auch noch — vgl. Weißler S. 186, Siméon S. 42 — auf die Anzeigepflicht in den Fällen des § 139 Str.GB. und § 13 des Gesetzes gegen den verbrecherischen und gemeingefährlichen Gebrauch von Sprengstoffen, v. 9. Juni 1884 (RGBl. S. 61) hingewiesen wird, so erscheint das nicht zutreffend; es stehen diese Pflichten in keiner Verbindung mit der Amtsverschwiegenheit oder der Verschwiegenheit, die den Notaren durch Art. 90 auferlegt ist; diese hat nur Thatsachen zum Gegenstande, welche den Notaren kraft ihres Amtes anvertraut worden sind. Jene Anzeigepflicht wird durch Art 90 natürlich nicht berührt.

7. Eine Verletzung der Verschwiegenheit macht disziplinarisch und nach näherer Vorschrift des § 300 Str.GB. auch strafrechtlich verantwortlich.

8. Als eine Verletzung der gebotenen Verschwiegenheit wird es nicht angesehen werden können, wenn der Notar seinen Gehülfen, z. B. behufs Fertigstellung der Entwürfe oder der Reinschrift, Kenntniß von den Verhandlungen giebt, desgleichen nicht, wenn er die ihm zur Ausbildung überwiesenen Referendare darüber unterrichtet. Weißler S. 187 ist der Ansicht, daß solches „als von den Parteien stillschweigend genehmigt" gelten muß. Das erscheint zutreffend. Dann tritt aber die volle Pflicht der Verschwiegenheit wieder ein, soweit die Betheiligten eine derartige Kenntnißgabe, sei es ausdrücklich im Allgemeinen, sei es durch besondere Verhaltungsvorschriften haben ausschließen wollen.

Was oben von der Zeugnißpflicht des Notars gesagt ist, gilt auch von der Zeugnißpflicht des Gehülfen, vgl. CPO. §§ 383, 385.

Artikel 91.

Das Recht der Aufsicht steht zu:

1. dem Justizminister hinsichtlich aller Notare;
2. dem Präsidenten des Oberlandesgerichts hinsichtlich der Notare des Oberlandesgerichtsbezirkes;
3. dem Präsidenten des Landgerichts hinsichtlich der Notare, welche ihren Amtssitz in dem Landgerichtsbezirke haben.

---

1. Die **Art. 91 bis 94** beziehen sich auf die Dienstaufsicht über die Notare und auf das Disziplinarverfahren: in Ansehung beider bestanden bislang Unterschiede zwischen dem Oberlandesgerichtsbezirke Cöln und den übrigen Landestheilen, in welch' letzteren die Gesetze v. 9. April 1879, betr. die Abänderung von Bestimmungen der Disziplinargesetze und v. 8. März 1880, enthaltend Bestimmungen über das Notariat bereits den Ausgleich herbeigeführt hatten. Durch die Vorschriften der Art. 91 bis 94 wird in den angegebenen Beziehungen nunmehr einheitliches Recht für die ganze Monarchie hergestellt.

2. Die Dienstaufsicht, mit welcher sich die Art. 91, 92 und die in Art. 93 für anwendbar erklärten Gesetzesstellen: §§ 23, 24 des Gesetzes v. 9. April 1879 und § 13 des Gesetzes v. 7. Mai 1851 befassen, ist ein Zweig der Justizverwaltung; sie bezweckt, die der Aufsicht unterstellten Beamten zur Erfüllung ihrer Pflichten anzuhalten.

a) Die Zuständigkeit in Ansehung der Dienstaufsicht regelt Art. 91 einheitlich. Bisher stand das Recht der Aufsicht im Bezirke des Oberlandesgerichts Cöln dem Justizminister und der Staatsanwaltschaft, in den übrigen Landestheilen dagegen nach § 7 des Gesetzes v. 8. März 1880 dem Justizminister und den Präsidenten der Oberlandesgerichte und der Landgerichte zu.

Aus der Nr. 3 ergiebt sich, daß dem Präsidenten des Landgerichts I in Berlin das Recht der Aufsicht über alle in Berlin ihren Amtssitz habenden Notare zusteht, ohne Unterschied, ob sie bei diesem oder bei dem Landgericht II als Rechtsanwälte zugelassen sind; Just.Min.Reskr. v. 20. Februar 1882 (vgl. Müller S. 73).

b) Der Inhalt des Aufsichtsrechts ergiebt sich zunächst aus den eben angeführten Gesetzesstellen, vor Allem aus § 23 des Gesetzes v. 9. April 1879, vgl. Art. 93 Note 1. Danach finden auf die Notare die für die richterlichen Beamten gegebenen Aufsichtsrechte Anwendung. Mahnungen ohne ein förmliches Disziplinarverfahren waren (vgl. Weißler S. 192, Werner S. 6) bisher nicht zulässig; nach § 23 a. a. O. kann nunmehr der Aufsichtsbeamte auch eine Rüge und eine Mahnung aussprechen. Dagegen ist es nicht angängig, von Notaren die Erledigung eines Amtsgeschäfts durch Ordnungsstrafen zu erzwingen, wie dies im Aufsichtswege nicht richterlichen Beamten gegenüber nach § 80 Ausf.Ges. z. GVG. geschehen kann. Zu dem Abs. 2 dieses § 80, nach welchem es den Disziplinargesetzen vorbehalten bleibt, ob und in welchem Umfange die obengedachte Befugniß auch gegenüber richterlichen Beamten zur Anwendung gelangen solle, bildet der § 23 des Gesetzes v. 9. April 1879 die Ausführungsvorschrift. Da hiernach die Erzwingung durch Ordnungsstrafe ausgeschlossen ist, bleibt, im Falle die geforderte Erledigung eines Amtsgeschäfts nicht erfolgt, nur das förmliche Disziplinarverfahren übrig.

In dem Aufsichtsrechte liegt auch das Recht, über Beschwerden, welche den Geschäftsbetrieb und Verzögerungen betreffen, zu entscheiden, § 85 Ausf.Ges. z. GVG., sowie das Recht, Revisionen vorzunehmen. Ueber Letzteres vgl. Art. 92.

c) Die Form für Mahnungen ergiebt § 13 des Gesetzes v. 7. Mai 1851.

3. Dem Notar, welcher sich durch die in Ausübung des Aufsichtsrechts ertheilte Rüge oder Mahnung verletzt fühlt, steht entweder nach § 85 Ausf.Ges. z. GVG. die Beschwerde zu oder nach § 23 des Gesetzes v. 9. April 1879 das Recht, die Einleitung der Disziplinaruntersuchung zu verlangen; der Gebrauch des einen Rechts schließt den des anderen aus, § 23 Abs. 4 a. a. O.

4. Ueber die Beurlaubung der Notare giebt das Gesetz keine Vorschriften; es ist der Regelung auf dem Verwaltungswege vorbehalten, inwiefern die Notare eines Urlaubs bedürfen und wer den Urlaub zu ertheilen hat (vgl. die Allg. Verf. v. 28. Mai 1885, JMBl. S. 175, S. 15). Begr. S. 54.

Artikel 92.

Die Notare sind verpflichtet, den Beamten, welchen das Recht der Aufsicht zusteht, sowie den von diesen beauftragten richterlichen Beamten auf Verlangen die Urkunden und Register zur Einsicht vorzulegen.

1. Die Vorschrift des Artikels ist aus der Preuß. Not.O. (§ 44; vgl. Hann. Not.O. § 77) übernommen; sie aufzunehmen empfahl sich, weil nach Art. 90 die Notare im Allgemeinen von den Verhandlungen, bei denen sie mitgewirkt haben, ohne Zustimmung der Betheiligten Niemandem Kenntniß geben dürfen. Begr. S. 54.

Dagegen ist nicht übernommen aus § 44 der Preuß. Not.O. die Vorschrift, daß die Obergerichte von Zeit zu Zeit die Geschäftsführung jedes in ihrem Departement angestellten Notars revidiren zu lassen hatten. Es wird aber das Recht der Aufsichtsbeamten, die Geschäftsführung nach Bedarf zu revidiren, als ein Ausfluß des Aufsichtsrechts bezeichnet und mithin auch ohne besondere Vorschrift als bestehend angesehen werden müssen; vgl. Müller S. 112 und die dort angeführte Cirkular-Verfügung v. 15. Mai 1885. Danach erscheinen alle Specialbestimmungen überflüssig, wie z. B. die Vorschrift des Rheinischen Rechts, daß der Amtsrichter vierteljährlich das Notariatsregister abzuschließen hat (Rhein. Not.O. Art. 45 bis 47) oder die Vorschrift der Hann. Not.O. (§ 77), nach welcher der Aufsichtsbeamte das Register bei der Revision mit seiner Namensunterschrift und dem Datum der genommenen Einsicht versehen soll. Auch ist es nicht erforderlich, gesetzlich zu bestimmen, daß mindestens einmal im Jahre eine Prüfung des Notariatsregisters zu erfolgen habe (Begr. S. 54). Ist die Aufsicht ein Theil der Justizverwaltung, dann können die näheren Vorschriften auf dem Verwaltungswege erlassen werden.

2. Aus der Fassung des Artikels geht hervor, daß die Aufsichtsbeamten berechtigt sind, sich bei der Erledigung der Revisionen der Geschäftsführung der Notare der Mitwirkung der ihnen unterstellten richterlichen Beamten zu bedienen, wie dies bisher nur in einem Reskript v. 7. November 1880 zum Ausdruck gelangt war (vgl. Müller S. 113). — Daß es ein richterlicher Beamter sein muß, den die Aufsichtsperson mit ihrer Vertretung bei der Revision beauftragt, ist von der Kom. d. Abg. beschlossen worden; vgl. Kom.Ber. S. 57.

Artikel 93.

Die Vorschriften des § 21 des Gesetzes, betreffend die Abänderung von Bestimmungen der Disziplinargesetze, vom 9. April 1879 (Gesetz-Samml. S. 345) werden auf den ganzen Umfang der Monarchie ausgedehnt.

Die Vorschriften des § 13 des Gesetzes, betreffend die Dienstvergehen der Richter ꝛc., vom 7. Mai 1851 (Gesetz-Samml. S. 218) und der §§ 23, 24 des Gesetzes, betreffend die Abänderung von Bestimmungen der Disziplinargesetze, finden bei der Aufsicht über die Notare entsprechende Anwendung.

---

1. Die in dem Artikel erwähnten Gesetzesstellen lauten:

a) §§ 21, 23, 24 des Gesetzes v. 9. April 1879:

§ 21. In dem Geltungsbereiche des Gesetzes vom 30. April 1847 über die Bildung eines Ehrenraths und im Kreise Herzogth. Lauenburg ist hinsichtlich der Notare der Disziplinarsenat des Oberlandesgerichts (§ 4) das zuständige Disziplinargericht erster Instanz. Auf das Disziplinarverfahren und die vorläufige Enthebung vom Amte finden mit den aus dem gegenwärtigen Gesetze sich ergebenden Abänderungen die Vorschriften des zweiten und dritten Abschnitts des Gesetzes vom 7. Mai 1851 Anwendung.

§ 23. Richterlichen Beamten gegenüber liegt in dem Recht der Aufsicht (§ 78 des Ausführungsgesetzes zum Deutschen Gerichtsverfassungsgesetze vom

24. April 1878) die Befugniss, die ordnungswidrige Ausführung eines Amtsgeschäfts zu rügen und zu dessen rechtzeitiger und sachgemässer Erledigung zu ermahnen.

Beantragt der richterliche Beamte die Einleitung der Disziplinaruntersuchung, weil ihm eine Ordnungswidrigkeit oder Säumniss in der Erledigung eines Amtsgeschäfts nicht zur Last falle, so ist diesem Antrage stattzugeben. In dem Endurtheil ist zugleich über die Aufrechterhaltung oder Aufhebung der im Aufsichtswege getroffenen Massregel zu erkennen.

Es kann in diesem Verfahren im Falle der Feststellung eines Diziplinarvergehens auch auf Disziplinarstrafe erkannt werden.

Hat der Beamte die Beschwerde auf Grund des § 85 des Ausführungsgesetzes zum Deutschen Gerichtsverfassungsgesetze eingelegt, so findet der Antrag auf Einleitung der Disziplinaruntersuchung nicht statt. Ebenso schliesst der Antrag auf Einleitung der Disziplinaruntersuchung die Beschwerde aus.

§ 24. Die Vorschriften des § 23 Abs. 2 und 3 finden entsprechende Anwendung, wenn auf Grund des § 13 des Gesetzes vom 7. Mai 1851 eine Mahnung erlassen ist.

b) § 13 des Gesetzes v. 7. Mai 1851:

Ein Richter, welchem ein geringes Dienstvergehen zur Last fällt, ist nach einer vorher von ihm erforderten Erklärung auf die Pflichten aufmerksam zu machen, welche ihm sein Amt auferlegt.

Den Beruf, diese Mahnung von Amtswegen oder auf den Antrag der Staatsanwaltschaft zu erlassen, hat der Präsident oder Direktor eines jeden Gerichts in Ansehung der übrigen Mitglieder desselben; der Dirigent einer Kreisgerichtsdeputation in Ansehung der Mitglieder dieser Deputation. In Ansehung der Einzelrichter steht er dem Präsidenten oder Direktor desjenigen Gerichts erster Instanz zu, in dessen Gerichtssprengel der Richter angestellt ist; in Ansehung aller Richter, insbesondere auch der Friedensrichter des Appellationsgerichts-Bezirks dem Ersten Präsidenten des Appellationsgerichts; in Ansehung der Ersten Präsidenten der Appellationsgerichte dem Ersten Präsidenten des obersten Gerichtshofes.

Die Mahnung geschieht zu Protokoll oder durch ein die Gründe enthaltendes Schreiben, von welchem die Urschrift aufbewahrt wird.

2. Durch die Ausdehnung der namhaft gemachten Gesetzesstellen wird die Gleichstellung sämmtlicher Landestheile in Ansehung der Aufsicht und des Disziplinarrechts herbeigeführt.

Was die Aufsicht anlangt, so galten die Vorschriften des § 23 des Gesetzes v. 9. April 1879 bisher nur für die Notare in den gemeinrechtlichen und den landesrechtlichen Gebietstheilen.

Auch das Disziplinarrecht für Notare ist, nachdem das Ges. v. 8. März 1880 § 8 die Besonderheiten des Hannoverschen Rechtes beseitigt hat, in den landrechtlichen und gemeinrechtlichen Landestheilen schon gegenwärtig einheitlich geordnet. Es finden hier, was den Begriff des Dienstvergehens und das Verhältniß des Disziplinarverfahrens zum Strafverfahren betrifft, auf die Notare die §§ 2 bis 7 des Disziplinargesetzes für nicht richterliche Beamte v. 21. Juli 1852 Anwendung (s. § 66 Abs. 1 des genannten Ges.). Für die Strafarten ist maßgebend der § 12 der Verordn. über die Bildung eines Ehrenraths unter den Justizkommissarien, Advokaten und Notarien v. 30. April 1847 (GS. S. 196), das Verfahren aber richtet sich nach dem § 21 des Gesetzes v. 9. April 1879, betr. die Abänderungen von Bestimmungen der Disziplinargesetze, und nach den dort in Bezug genommenen Vorschriften, nämlich des 2. Abschnitts (von dem Disziplinarverfahren §§ 17 bis 43) und des 3. Abschnitts (von der Amtssuspension §§ 44 ff.), des Disziplinargesetzes für Richter v. 7. Mai 1851; nach § 22 des Gesetzes v. 9. April 1879 erlischt ferner das Amt eines Notars, der zugleich Rechtsanwalt ist, von selbst, wenn gegen ihn auf Ausschließung von der Rechtsanwaltschaft erkannt wird. Der Rechtszustand in der Rheinprovinz stimmte hiermit insofern überein, als der erwähnte § 22 sowie nach § 66 des Disziplinargesetzes für nicht richterliche Beamte die §§ 2 bis 7 dieses Gesetzes auch auf die Rheinischen Notare Anwendung finden. Dagegen galten im Uebrigen für die Rheinprovinz besondere Bestimmungen, namentlich ist das zuständige Gericht nicht der Disziplinarsenat des Oberlandesgerichts, sondern das Landgericht (vgl. im Einzelnen Rhein. Not.O. Art. 4 Satz 2, Art. 15, Art. 24 Abs. 2, Art. 26 Abs. 3, Art. 32, Art. 40 Abs. 1, Art. 41, Art. 43 Abs. 2, Art. 44, Art. 45 Abs. 2, Art. 47, 49 bis 52; Disziplinargesetz für nicht richterliche Beamte §§ 48 bis 50, § 66 Abs. 1). Vgl. Begr. S. 54, 55.

Artikel 94.

Die Strafen, auf die das Disziplinargericht zu erkennen befugt ist, sind:

1. Warnung;
2. Verweis;
3. Geldstrafe bis zu dreitausend Mark, allein oder in Verbindung mit einem Verweise;
4. Verlust des Amtes oder Dienstentlassung; auf den Verlust des Amtes ist zu erkennen, wenn das Gericht den Verurtheilten nicht für unwürdig erachtet, an einem andern Orte wiederangestellt zu werden.

---

1. Der Art. 94 bezeichnet die Strafen, auf welche das Disziplinargericht zu erkennen befugt ist. In dieser Hinsicht galt bislang noch der § 12 der Verordn. v. 30. April 1847 über die Bildung eines Ehrenraths unter den Justizkommissarien, Advokaten und Notarien (vgl. Art. 93 Note 2), nach welchem die Strafen „Ermahnung oder Warnung, Verweis, Geldbußen bis zu 500 Thalern und Dienstentlassung“ waren.

Nach dem Entw. sollte im Anschlusse an § 63 der Rechtsanwaltsordnung an Stelle des vorgedachten § 12 eine Vorschrift treten, wonach dessen Strafensystem insoweit eine Aenderung erfuhr, als der Höchstbetrag der Geldstrafe auf dreitausend Mark erhöht und zugleich ausgesprochen wurde, daß Geldstrafe und Verweis verbunden werden könnten. Die Kom. d. Abg. hat aber den Artikel in den jetzigen umgestaltet; die Veränderung bezieht sich nur auf die Nr. 4.

2. Aus den Verhandlungen der Kom. d. Abg. — vgl. Kom.Ber. S. 57 — geht hervor, daß unter „Verlust des Amtes“ der Verlust der zeitigen Stelle und der Berechtigung, das Notariat für die Dauer des Verlustes bis zur eventuellen Wiederanstellung auszuüben, zu verstehen ist.

3. Ueber den Verlust des Amtes eines Notars, der zugleich Rechtsanwalt ist, falls auf Ausschließung von der Rechtsanwaltschaft erkannt wird, vgl. Art. 93 Note 2.

Ueber den Verlust des Amtes in Folge strafrechtlicher Verurtheilung vgl. Str.GB. §§ 31, 33, 34, 35, Gesetz v. 21. Juli 1852 §§ 66, 7.

Artikel 95.

Der Notar hat ein Register zu führen, in welches die aufgenommenen Verhandlungen, die angefertigten und beglaubigten Entwürfe und die Beglaubigungen von Unterschriften oder Handzeichen sowie die sonstigen Zeugnisse mit Ausnahme der Beglaubigung von Abschriften in ununterbrochener Reihenfolge unter fortlaufenden Nummern einzutragen sind. Das Register ist mit fortlaufenden Seitenzahlen zu versehen und die Zahl der Seiten von dem Amtsgericht, in dessen Bezirke der Notar seinen Amtssitz hat, zu beglaubigen. Die Eintragungen sollen in verschiedenen Spalten den Tag der Ausstellung und den Gegenstand der Urkunde sowie eine Bezeichnung der Betheiligten enthalten. Auf der Urschrift jeder Urkunde sowie auf jeder Ausfertigung oder Abschrift soll der Notar die Nummer angeben, unter der die Urschrift im Register eingetragen ist.

Die Vorschriften des Abs. 1 finden auf Wechselproteste keine Anwendung.

---

1. Der Artikel giebt die auf das Notariatsregister bezüglichen Bestimmungen des geltenden Rechts mit geringfügigen Aenderungen wieder (Gesetz v. 15. Juli 1890 §§ 10, 11; Rhein. Not.O. Art. 43; Preuß. Not.O. § 16 Abs. 1, § 36 Abs. 1, 3; Hann. Not.O. §§ 17, 18, § 41 Abs. 2). Auch daß einfache Beglaubigungen von Abschriften nicht in das Notariatsregister eingetragen zu werden brauchen, entspricht dem bisherigen Rechte; nur ist dies in dem Artikel besonders hervorgehoben.

2. Es ist in dem Artikel nicht mehr vorgeschrieben, daß jedes Blatt des Registers mit dem Handzuge des Richters zu versehen ist (JMBl. v. 1847 S. 306), sondern nur, daß der Amtsrichter die Zahl der Seiten zu beglaubigen hat. Diese Beglaubigung geschieht wie jede andere mit voller Unterschrift und Beidrückung des Amtssiegels.

3. Wegen der Form der Eintragung — Deutlichkeit, keine Abkürzungen, keine Rasuren ꝛc. — vgl. Art. 64.

4. Nach dem Wortlaute braucht der Notar nicht selbst die Eintragungen vorzunehmen, kann sich dazu vielmehr seiner Gehülfen bedienen; für die Richtigkeit und Vollständigkeit der Register aber bleibt er verantwortlich (JMBl. v. 1847 S. 306). Vgl. Kom.Ber. S. 58.

Bei der Bezeichnung der Betheiligten ist nicht erforderlich, daß sämmtliche Betheiligte aufgeführt werden.

5. Die Register gehören nicht zu denjenigen Schriftstücken, in welche nach Maßgabe der Art. 49, 50, Art. 61 Abs. 2 bezw. des § 34 RGes. Einsicht gewährt werden muß. Sie sind vielmehr zu Zwecken des inneren Dienstes eingeführt, deswegen kommt ihnen auch nicht die Eigenschaft der „Oeffentlichkeit" im Sinne des § 348 Str.GB. und keine Beweiskraft zu; vgl. Weißler S. 210, 211, 353,

woselbst darauf hingewiesen ist, daß das Reichsgericht in der Entscheidung in Strafsachen Bd. 1 S. 429 das Notariatsregister sowohl zweifellos für öffentlich, als auch öffentlich beweiskräftig bezeichnet.

6. Neben dem allgemeinen Register haben die Notare noch das Wechselprotestregister — vgl. Art. 62 der Wechselordnung — und das Verwahrungsbuch — vgl. Art. 96 — zu führen.

Artikel 96.

Die Notare haben nach Maßgabe der Anordnungen des Justizministers ein besonderes Verwahrungsbuch über die bei ihnen eingehenden fremden Gelder, geldwerthen Papiere und Kostbarkeiten zu führen.

Auch diese Vorschrift war bereits nach § 11 des Gesetzes v. 15. Juli 1890 geltendes Recht. Dazu war eine Allg. Verf. des Justizministers v. 20. November 1890 (JMBl. S. 329) ergangen. Die im Art. 96 dem Justizminister überlassenen Anordnungen sind noch nicht veröffentlicht.

Artikel 97.

Für die Zeit, während welcher ein Notar beurlaubt oder durch Krankheit oder sonst verhindert ist, seine Geschäfte wahrzunehmen, kann er die sein Amt betreffenden Akten (Urschriften, Register 2c.) einem anderen Notar im Bezirke desselben oder eines benachbarten Amtsgerichts in Verwahrung geben. Hiervon hat er dem Amtsgerichte seines Amtssitzes Mittheilung zu machen. Er kann diesem Amtsgericht auch die Verwahrung überlassen.

---

1. Die **Art. 97 bis 103** enthalten Bestimmungen über Maßnahmen für die Fälle, daß ein Notar seine Amtsgeschäfte wahrzunehmen verhindert ist oder aus dem Amte ausgeschieden, gestorben oder seines Amtes vorläufig enthoben ist, darunter speziell die Art. 97 bis 101 Vorschriften für die Zeit einer voraussichtlich vorübergehenden Nichtausübung des Amtes durch den Notar, Art. 102 für die Zeit nach dem Ausscheiden oder Ableben des Notars und Art. 103 für die Zeit einer vorläufigen Enthebung vom Amte.

2. Die Vorschriften der Art. 97 bis 101 über die Vertretung eines beurlaubten oder an der Wahrnehmung seiner Geschäfte verhinderten Notars entsprechen den Bestimmungen des § 13 Abs. 1, 2 und des § 14 des Gesetzes v. 15. Juli 1890. Jedoch sind einerseits weggelassen die besonderen Vorschriften, welche für den Oberlandesgerichtsbezirk Cöln galten und ihren Grund lediglich darin hatten, daß in diesem Bezirke nach dem bisher geltenden Rechte die Amtsgerichte nur innerhalb bestimmter Grenzen mit A. d. fr. Ger. befaßt waren und die Aufsicht über die Notare der Staatsanwaltschaft zustand. Andererseits ist die Vorschrift des gedachten § 14 Abs. 1 dahin erweitert, daß die Stellung eines Vertreters nicht bloß für die Zeit einer durch erhebliche Gründe gerechtfertigten Abwesenheit, sondern auch im Falle einer Krankheit oder anderweitigen Verhinderung (Art. 99 Abs. 1) erfolgen kann. Eine weitere sachliche Aenderung, welche gegenüber dem bisherigen Rechte des § 14 eingeführt ist, vgl. Art. 101 Abs. 2.

3. Daß der Notar eines Urlaubs bedarf, ist nirgends ausdrücklich vorgeschrieben; in dieser Beziehung war bis dahin § 15 der Allg. Verf. v. 28. Mai 1885, JMBl. S. 175, maßgebend, wonach die Notare im Geltungsbereiche der Preuß. Not.O. eines Urlaubs, abgesehen von Reisen innerhalb ihres Amtsbezirks, bedürfen, wenn ihre Abwesenheit von dem ihnen angewiesenen Wohnsitze den Zeitraum einer Woche überschreitet. Die Hann. Not.O., § 7, schreibt vor, daß kein Notar seinen Wohnort ohne Erlaubniß des Landgerichtspräsidenten auf länger als sechs Monate verlassen dürfe. Es dürfte eine Anordnung im Verwaltungswege zu ergehen haben.

4. Unter „sonstiger Verhinderung" ist nicht etwa eine vorläufige Amtsenthebung zu verstehen; für den Fall der letzteren giebt Art. 103 besondere Vorschriften.

5. Nach der Vorschrift des Artikels ist die Abgabe der Akten zur Verwahrung keine Nothwendigkeit, vgl. Art. 98. Die Abgabe hat nur den bei Art. 98 zur Sprache kommenden Zweck, Ausfertigungen aus den Akten zu ermöglichen. Es ist deshalb anzunehmen, daß der Notar auch nur einen Theil der Akten abgeben kann, denjenigen Theil, von dem er annimmt, daß er für den eben erwähnten Zweck erfordert werden dürfte. Andererseits besteht ein Zwang, die Akten eines anderen Notars zur Verwahrung anzunehmen, nicht; findet der Notar keinen anderen, der bereit ist, die Verwahrung zu übernehmen, so kann er die Akten dem Gericht übergeben. Er kann das letztere auch ohne vorherigen Versuch bei einem anderen Notar thun.

Ueberläßt der Notar nach Satz 3 dem Amtsgerichte seines Amtssitzes die Verwahrung, so hat dieses sich der Verwahrung zu unterziehen; die Verwahrung erfolgt nämlich nicht im Interesse des Notars, sondern derjenigen, welche etwa eine Ausfertigung oder Einsicht nöthig haben. So auch Werner S. 70 Note 8.

6. In den Fällen einer derartigen Verwahrung kommen für die Ertheilung von Ausfertigungen 2c. die Vorschriften der Art. 43, 61 zur Anwendung.

Artikel 98.

Hat ein Notar für die Zeit, während welcher er beurlaubt oder verhindert ist, seine Geschäfte wahrzunehmen, die Verwahrung seiner Akten in der im Artikel 97 bezeichneten Art nicht veranlaßt, so hat, falls ein Antrag auf Ertheilung einer Ausfertigung aus den Akten des Notars oder auf Ertheilung einer Abschrift oder auf Gewährung der Einsicht gestellt wird, das Amtsgericht, in dessen Bezirke der Notar seinen Amtssitz hat, die Dienstakten in Verwahrung zu nehmen, bis der Notar die Geschäfte wieder übernimmt.

---

1. Voraussetzung für das Vorgehen des Amtsgerichts ist der Eingang eines Antrags der im Artikel bezeichneten Art. Die Angehörigen des Notars bezw. dieser selbst können sich der Maßregel nicht widersetzen.

Auch hier wird, entsprechend der in Note 5 zu Art. 97 geäußerten Ansicht, anzunehmen sein, daß das Amtsgericht nur diejenigen Akten in Verwahrung zu nehmen braucht, die es zu dem beantragten Zwecke benöthigt.

2. Hat das Amtsgericht einmal Akten in Verwahrung genommen, so erscheint es selbstverständlich, daß es sie nicht anders als an den Notar selbst wieder herausgiebt.

3. Auch für das Amtsgericht kommen hinsichtlich der Form der Ausfertigungen die Art. 43, 61 in Betracht.

Artikel 99.

Der Justizminister kann einem Notar auf dessen Antrag für die Dauer einer Krankheit sowie für die Dauer einer durch erhebliche Gründe gerechtfertigten Abwesenheit oder anderweitigen Verhinderung einen Vertreter bestellen. Zum Vertreter darf nur bestellt werden, wer von dem Notar vorgeschlagen und zur Uebernahme der Vertretung bereit ist. Ist der Notar durch die Krankheit verhindert, den Antrag zu stellen oder einen Vertreter vorzuschlagen, so kann ein nach § 1910 des Bürgerlichen Gesetzbuchs bestellter Pfleger diese Handlungen für ihn vornehmen.

Der Vertreter muß zum Richteramte befähigt sein. Er hat vor dem Beginne der Vertretung seine bei den Notariatsverhandlungen anzuwendende Unterschrift dem Landgerichtspräsidenten einzureichen und, sofern er nicht schon Preußischer Staatsbeamter ist, vor dem Landgerichtspräsidenten oder einem beauftragten Richter den Diensteid zu leisten. Vor der Erfüllung dieser Verpflichtung soll er keine Amtshandlungen vornehmen. Ist er schon einmal als Vertreter eines Notars beeidigt worden, so genügt es, wenn er auf den früher geleisteten Eid verwiesen wird.

Die Bestellung des Vertreters kann jederzeit widerrufen werden.

---

1. Die **Art. 99 bis 101** befassen sich mit der Stellvertretung eines verhinderten Notars.

2. Der Artikel entspricht den beiden ersten Absätzen des § 14 des Gesetzes v. 15. Juli 1890 mit dem bereits in Note 2 zu Art. 97 erwähnten Unterschiede, daß auch Krankheit sowie eine „anderweitige Verhinderung" Grund und Veranlassung zur Bestellung eines Vertreters werden kann. Es wird nicht erfordert, daß der kranke Notar auch abwesend ist; bisher war bei Krankheit ohne Abwesenheit von dem Wohnorte die Bestellung einer Vertretung nur zu den Zwecken vorgesehen, welche in Art. 97, 98 erörtert sind.

3. Daß eine „anderweitige Verhinderung" ebenfalls genügen soll, eine Stellvertretung zu bewilligen, beruht auf einem Beschlusse der Kommission der Abg. Bei einer Krankheit, die zur Bestellung eines Vertreters führen kann, ist nur an die Krankheit des Notars selbst zu denken. Unter die „anderweitige Verhinderung" sollen aber nach den Verhandlungen in der Kommission auch Erkrankungen von Mitgliedern der Familie des Notars fallen und es sollen solche ausreichen können, einen Vertreter zu bestellen. Als sonstige Beispiele sind angegeben: Berufung in den Reichstag, den Landtag, den Provinziallandtag oder die Synode. Kom.Ber. S. 58 bis 60.

4. Der Abs. 2 Satz 2 ergiebt, daß die Bestellung eines gewissen Vertreters nur mit dem beiderseitigen Einverständnisse des Vertretenen und des Vertreters erfolgen kann.

5. Der § 1910 BGB. lautet:

Ein Volljähriger, der nicht unter Vormundschaft steht, kann einen Pfleger für seine Person und sein Vermögen erhalten, wenn er in Folge körperlicher Gebrechen, insbesondere weil er taub, blind oder stumm ist, seine Angelegenheiten nicht zu besorgen vermag.

Vermag ein Volljähriger, der nicht unter Vormundschaft steht, in Folge geistiger oder körperlicher Gebrechen einzelne seiner Angelegenheiten oder einen bestimmten Kreis seiner Angelegenheiten, insbesondere seine Vermögensangelegenheiten, nicht zu besorgen, so kann er für diese Angelegenheiten einen Pfleger erhalten.

Die Pflegschaft darf nur mit Einwilligung des Gebrechlichen angeordnet werden. es sei denn, dass eine Verständigung mit ihm nicht möglich ist.

6. Wegen Einreichung der Unterschrift des Vertreters bei dem Landgerichtspräsidenten vgl. Art. 81 Abs. 2 und Note 5.

7. Die Zulässigkeit eines Hinweises auf einen in gleicher Eigenschaft bereits einmal geleisteten Eid ist ebenfalls eine Neuerung gegenüber dem bisherigen Rechte. Nach der in der Kom. d. Abg. geäußerten Ansicht des Justizministers soll es nicht erforderlich sein, diesen Hinweis protokollarisch festzustellen; es soll vielmehr die Hinweisung auch schriftlich erfolgen können; Kom.Ber. S. 58. Es wird daher diese Hinweisung praktisch in die Mittheilung aufgenommen, in welcher die Genehmigung der Vertretung angezeigt wird.

8. Der Satz, daß der Vertreter vor der Ableistung des Diensteides keine Amtshandlungen vornehmen soll, ist von der Kom. d. Abg. eingefügt worden. Derselbe schließt sich dem Art. 31 Abs. 1 Satz 2 an und soll, wie dieser, verhüten, daß etwa vor Leistung des Diensteides vorgenommene Amtshandlungen des Vertreters als ungültig betrachtet werden. Die Regierungsvorlage ging davon aus, daß die Eidesleistung als Voraussetzung der Thätigkeit des Vertreters zu gelten habe, was bei Amtshandlungen, die vor ihr vorgenommen worden wären, im entgegengesetzten Sinne gewirkt hätte. Vgl. Kom.Ber. S. 59, 60.

9. Auch der **Abs. 3** ist von der Kom. d. Abg. eingefügt worden; vgl. Kom.-Ber. S. 59, 60. „Widerrufen" kann die Bestellung nur, wer sie angeordnet hat, also der Justizminister. Solange der Widerruf nicht erfolgt ist, ist der Vertreter in vollem Umfange zu der Vornahme von Amtsgeschäften befugt. — Nicht unter den hier gemeinten „Widerruf" fällt es, wenn die Vertretung für die Zeit „der Krankheit", „der Abwesenheit", „der Verhinderung" angeordnet ist und nun der Vertretene die Amtsgeschäfte wieder in vollem Umfange übernehmen will, nachdem seiner Meinung nach die Voraussetzung für die Bestellung der Vertretung weggefallen ist. Wann dem Vertretenen in diesen Fällen das Recht und die Pflicht zusteht, in das Amt wieder einzutreten ohne einen neuen Akt der Justizverwaltung über den Widerruf abwarten zu müssen, wird lediglich von der Fassung der die Vertretung veranlassenden Verfügung abhängig sein. Wenn in der Verfügung die Vertretung „für die Dauer der Krankheit" „und", wie in der Regel, „bis zum Wiedereintritt des Vertretenen" begrenzt wird, so wird durch Wiederaufnahme der Geschäfte durch den letzteren die Vertretung beendigt. Ist eine derartige Begrenzung nicht ausgesprochen, wie wenn die Vertretung etwa „bis auf Weiteres" angeordnet ist, so kann nicht, wie Weißler ganz allgemein behauptet (S. 165), der Notar jederzeit seine Geschäfte wieder übernehmen und so die Vertretung beenden; in einem solchen Falle muß er den widerrufenden Akt der Justizverwaltung abwarten. Damit erledigt sich auch die an die Wiederaufnahme der Geschäfte durch den Vertretenen sich knüpfende Streitfrage über die Gültigkeit der nachher von dem Vertreter noch vorgenommenen Akte; vgl. Art. 101 Note 1d und Weißler S. 164, 165.

10. Der Vertreter des Notars ist in dieser Eigenschaft als Beamter anzusehen, wie sich aus dem in Abs. 2 Satz 2 gebrauchten Ausdrucke: „sofern er nicht schon Preußischer Staatsbeamter ist", ergiebt. Auch für das bisherige Recht galt dieser Satz, wie das Kammergericht anerkannt hat (Beschluß des I. Civilsenats v. 31. Oktober 1898). Der Vertreter nimmt „in Bezug auf die Wahrnehmung der Notariatsgeschäfte" dieselbe amtliche Stellung ein wie der Notar. Begr. S. 57. Der Vertreter untersteht daher als solcher in Ansehung der Dienstgeschäfte auch derselben Aufsicht wie der vertretene Notar (Art. 91 ff.). In Bezug auf die Zuständigkeit in Disciplinarsachen dagegen wird für einen Vertreter, der, wie ein Gerichtsassessor, bereits Beamter ist, nichts geändert, wie Weißler S. 165 im Anschluß an einen Aufsatz: „Ueber die dienstrechtliche Stellung der preuß. Gerichts-Assessoren" von Jastrow (in dem Jahrbuch für Entscheidungen des Kammergerichts in Sachen der nichtstreitigen Gerichtsbarkeit) bemerkt. — Vgl. ferner Art. 101.

Artikel 100.

Der Anfang sowie die Beendigung der Vertretung ist im Notariatsregister von dem Notar oder dessen Vertreter zu vermerken; die Beendigung der Vertretung ist dem Landgerichtspräsidenten anzuzeigen.

Der Artikel entspricht dem § 14 Abs. 4 des Gesetzes v. 15. Juli 1890 und hat nur Bedeutung für den inneren Dienst. Vgl. Art. 95.

Artikel 101.

Der Vertreter versieht das Amt des Vertretenen unter dessen und seiner eigenen Verantwortlichkeit und auf dessen Kosten. Er hat seiner Unterschrift einen ihn als Vertreter kennzeichnenden Zusatz beizufügen und das Dienstsiegel des Vertretenen zu gebrauchen.

Der Vertreter soll, unbeschadet der aus seiner Person sich ergebenden Hinderungsgründe, auch insoweit keine Amtshandlungen vornehmen, als der von ihm vertretene Notar ausgeschlossen sein würde.

Die Amtshandlungen des Vertreters sind nicht deshalb ungültig, weil die für seine Bestellung nach Artikel 99 Abs. 1 erforderlichen Voraussetzungen zur Zeit der Bestellung nicht vorhanden waren oder später weggefallen sind.

Der Vertretene soll während der Dauer der Vertretung keine Amtshandlungen vornehmen.

---

1. Der Artikel entspricht den Absätzen 3, 5 des § 14 des Ges. v. 15. Juli 1890 und hat die dienstliche Stellung des Vertreters im Amte zum Gegenstande. Sie ist dieselbe, wie die des vertretenen Notars (vgl. Art. 99 Note 10). Mit der Uebertragung des Amtes auf den Notar wird demselben ein sachlicher und örtlicher amtlicher Wirkungskreis angewiesen und diesen hat der Vertreter für die angeordnete Vertretungsdauer vollständig selbständig zu verwalten. Daraus folgt:

a) daß der Vertreter unabhängig ist von den etwaigen Anweisungen des Vertretenen, soweit es sich um amtliche Angelegenheiten handelt. So auch Weißler S. 164.

b) daß der Vertreter für die Amtsführung allein verantwortlich ist und zwar civilrechtlich, strafrechtlich und disciplinarisch. Der Vertretene haftet aus den Amtshandlungen des Vertreters nur, weil und soweit dies in Abs. 1 ausdrücklich ausgesprochen ist; denn, wenn er auch durch sein Vorschlagsrecht eine Einwirkung auf die Bestellung des Vertreters hat, so hängt diese doch nicht von seiner Wahl allein ab; auch hat er nicht die Aufsicht über den Vertreter und nicht das Recht, ihm Anweisungen zu geben (vgl. unter a und Art. 99 Note 10). Die dort angeordnete Solidarhaft des Vertretenen, obgleich allgemein ausgesprochen, kann sich nach allgemeinen Grundsätzen nur auf die civilrechtliche Haftbarkeit beziehen; so auch für das bisherige Recht Werner S. 72, 73; Weißler S. 164. Auch handelt es sich hier nur um die Haftbarkeit Dritten gegenüber.

Der Unschuldige hat gegen den Schuldigen einen Regreßanspruch; so auch die Meinung der Regierungsvertreter in der Abgeordnetenkommission; Kom.Ber. S. 61. Die Verantwortlichkeit des Vertreters gegenüber dem Vertretenen soll sich gemäß der Ansicht Weißlers S. 164 nach den Grundsätzen des Vollmachtsvertrages regeln. Ich kann mich dem nicht anschließen. Der Vertretene hat zwar einerseits das Vorschlagsrecht und der Vertretene muß bereit sein, die Vertretung zu übernehmen (Art. 99 Abs. 1). Allein die Uebertragung der Funktionen erfolgt lediglich durch die Staatsgewalt und ist ein öffentlich rechtlicher Akt, wie die Uebertragung eines anderen Amtes auch; der Vertreter haftet daher auch dem Vertretenen gegenüber aus der Wahrnehmung dieser Funktionen nach den Grundsätzen der Beamtenhaftung. Daneben kann ein Privatvertrag bestehen und es wird das wohl meistens der Fall sein.

c) daß der Vertretene nicht die Befugniß hat, Amtshandlungen vorzunehmen. In § 14 Abs. 3 des Ges. v. 15. Juli 1890 war bestimmt, daß der Vertretene während der Dauer der Vertretung eigene Amtshandlungen nicht vornehmen dürfe, woraus der Schluß gerechtfertigt wäre, daß trotzdem vorgenommene Amtshandlungen ungültig wären; a. M. Jastrow nach Weißler S. 164 Note 8. Jedenfalls ist diese letztere Meinung für das jetzige Gesetz zutreffend, da der Abs. 4 nur eine Sollvorschrift ist.

d) daß die amtliche Stellung des Vertreters und die auf sie gegründete Gültigkeit der von dem Vertreter vorgenommenen Amtshandlungen nicht durch jede vereinzelte amtliche Handlung des Vertretenen berührt, die amtliche Stellung also nicht beendet und damit die Ungültigkeit der nachher noch von dem Vertreter vorgenommenen Akte mit herbeigeführt wird. — Ob die Wiederaufnahme der Geschäfte in vollem Umfange durch den vertretenen Notar nach Wegfall der die Vertretung veranlassenden Gründe die Vertretung beendet, ist eine gemäß dem in Note 9 zu Art. 99 Gesagten nach Lage des Einzelfalles zu beantwortende Frage. Als Grundsatz muß jedenfalls festgehalten werden, daß, wenn die Vertretung als beendet anzusehen ist, die von dem Vertreter etwa nachher noch vorgenommenen Amtshandlungen ebenso ungültig sind, wie die vor der Anordnung der Vertretung etwa von ihm vorgenommenen. Auch Jastrow hält gemäß der Angabe von Weißler S. 165 die nach Beendigung der Vertretung von dem Vertreter aufgenommenen Akte für ungültig. Weißler selbst muß dies als richtig zugeben meint aber, der Verwaltungsakt, durch den der Vertreter bestellt sei, wirke so lange fort, bis er widerrufen sei. In diese Zwangslage kommt er nur, weil er der Meinung ist, daß der Notar jederzeit selbständig seine Geschäfte übernehmen und damit die Befugniß des Vertreters aufheben könne (vgl. Art. 99 Note 9). Es ist eben die Frage, ob der Verwaltungsakt durch jederzeitiges willkürliches Eintreten des vertretenen Notars in den Dienst widerrufen wird oder nicht und das ist aus ihm selbst heraus zu erklären.

e) daß der Vertreter in demselben Maße von der Mitwirkung bei Amtshandlungen ausgeschlossen ist, wie wenn er das Amt für sich verwaltete (Abs. 2); vgl. dazu Note 3 b.

2. Als positive Vorschrift schützt dann noch **Abs. 3** die Gültigkeit der Handlungen des Vertreters. Der Absatz ist durch die Kom. d. Abg. eingefügt worden. Es soll verhütet werden, daß die Amtshandlungen eines Vertreters, der z. B. für die Dauer der Abwesenheit eines Notars bestellt ist, als ungültig angefochten werden, weil der Notar vorübergehend anwesend war. Auch soll dadurch die Gültigkeit der Amtshandlungen gewahrt werden, welche der Vertreter noch nach dem etwaigen Ausscheiden oder dem Tode des Notars ohne Kenntniß dieses Umstandes vorgenommen hat. Vgl. Kom.Ber. S. 59, 60.

3. Wenn auch der Vertreter nach dem unter 2 Gesagten das Amt selbständig und unter eigener Verantwortlichkeit führt, so ist es doch das Amt eines Anderen, das er nur auftragsweise verwaltet. Der Vertreter soll daher:

a) nach Abs. 1 Satz 2 seiner Unterschrift einen ihn als Vertreter kennzeichnenden Zusatz beifügen und das Dienstsiegel des Vertretenen beifügen m ü s s e n. Wo Unterschrift oder Unterschrift und Siegel wesentliche Förmlichkeiten sind (vgl. z. B. RGes. § 177: Unterschrift der bei Beurkundung eines Rechtsgeschäfts mitwirkenden Personen, sowie oben Art. 45, 54), da ist auch die hier vorgeschriebene Form wesentlich;

b) nach Abs. 2 auch insoweit keine Amtshandlungen vornehmen, als der von ihm vertretene Notar ausgeschlossen ist; vgl. Note 1e. Die Vorschrift hier ist nur eine Sollvorschrift und konnte es nur sein gegenüber den reichsgesetzlichen Vorschriften über die Ausschließung des Notars (BGB. §§ 2234 ff., RGes. §§ 169 ff., — oben Art. 84, 85). Ein Verstoß gegen sie ist daher gemäß RGes. § 200 Abs. 2 RGes. ohne Einfluß auf die Gültigkeit der Beurkundung.

Artikel 102.

Bei dem Ausscheiden oder dem Tode sowie bei der Versetzung eines Notars in einen anderen Amtsgerichtsbezirk hat das Amtsgericht, in dessen Bezirke der Notar seinen Amtssitz hatte, die das Amt des Notars betreffenden Papiere (Urschriften, Register ꝛc.) in Verwahrung zu nehmen. Dem Präsidenten des Landgerichts, in dessen Bezirke der Notar seinen Amtssitz hatte, ist hiervon Anzeige zu machen.

Bei dem Ausscheiden oder dem Tode eines Notars hat das im Abs. 1 bezeichnete Amtsgericht das Dienstsiegel des Notars zum Zwecke der Vernichtung an sich zu nehmen; dasselbe gilt von Dienstsiegeln, die in Folge einer Versetzung des Notars unbrauchbar geworden sind.

---

1. Der **Abs. 1** entspricht dem § 37 der Preuß. Not.O. (ähnlich auch die Hann. Not.O. §§ 59 bis 62); doch weicht das Gesetz von dem § 37 insoweit ab, als schon bei der Versetzung in einen anderen Amtsgerichtsbezirk und nicht erst wie bisher bei Versetzung in einen anderen Amtsbezirk (= Oberlandesgerichtsbezirk, Art. 80), auch nicht, wie die Regierungsvorlage wollte, bei Versetzung in einen anderen Landgerichtsbezirk, die Aufbewahrung der Akten bei Gericht eintreten soll. —

Die Aufbewahrung bei Gericht erfolgt, damit die Möglichkeit, Einsicht zu nehmen und Ausfertigungen zu ertheilen, gesichert wird, vgl. Art. 43.

Eine Uebergangsvorschrift für den Oberlandesgerichtsbezirk Cöln siehe Art. 143.

2. Auch der **Abs. 2** schließt sich an den § 37 der Preuß. Not.O. und den § 59 Hann. Not.O. an.

3. Wegen der Maßregeln beim Ausscheiden im Falle disziplinarischer Verurtheilung vgl. Art. 103 Note 2.

Artikel 103.

Wird ein Notar vom Amte vorläufig enthoben, so hat der Präsident des Landgerichts zu bestimmen, ob während der Dauer der Enthebung alle Papiere an das Amtsgericht abgegeben oder diesem nur das Register nebst dem Dienstsiegel ausgeliefert und die Urschriften, deren Einsichtnahme verlangt oder von denen eine Ausfertigung oder eine Abschrift gefordert wird, behufs der Gewährung der Einsicht oder behufs der Ertheilung der Ausfertigung oder der Abschrift vorgelegt werden sollen.

---

1. Auch der Art. 103 schließt sich dem bestehenden Rechte an (Preuß. Not.O. § 39; vgl. Hann. Not.O. § 64).

2. Anders wie bei der vorläufigen Enthebung vom Amte ist es zu halten, wenn gegen einen Notar gemäß Art. 94 Nr. 4 auf Verlust des Amtes mit der Möglichkeit einer Wiederanstellung erkannt worden ist. Durch das Disciplinarerkenntniß verliert der Notar sein Amt und erlangt ein Amt erst wieder durch Anstellung an einem anderen Orte. In einem solchen Falle ist es also gerade so zu halten, als sei der Notar ausgeschieden, also nach Art. 102. Vgl. Kom.Ber. S. 61.

Siebenter Abschnitt.

Besondere Gerichte. Mitwirkung der Gemeindebeamten in Angelegenheiten der freiwilligen Gerichtsbarkeit.

Die freiw. Ger. ist von dem GVG. nicht betroffen worden (vgl. Einf.Ges. z. GVG. § 2), soweit nicht bereits in der Einleitung darauf hingewiesen worden ist. Namentlich trifft der Vorbehalt der §§ 13, 14 GVG., daß als besondere Gerichte nur die reichsgesetzlich zugelassenen oder bestellten Gerichte thätig sein dürften, nicht die für das Gebiet der freiw. Gerichtsb. von Alters her bestehenden Einrichtungen. Auch das RGes. hat diese Behördenorganisation und die landesgesetzlich begründete Zuständigkeit dieser Behörden oder Einzelbeamten im Wesentlichen unberührt gelassen. Von diesen Einrichtungen sind im Laufe der Zeit, namentlich durch die Grundbuchgesetzgebung, viele in Wegfall gekommen. Als „besondere Gerichte" und als Einzelbeamte für gewisse A. d. fr. Ger. kamen bis zum Inkrafttreten dieses Gesetzes noch in Betracht (nach der Begr. S. 59 ff., vgl. auch Jahrbuch der Preuß. Gerichtsverfassung):

1. die Dorfgerichte im Geltungsbereiche des ALR. (Vgl. ALR. I. 5 §§ 172, 173; I. 12 §§ 93 bis 98; II. 1 § 83; II. 7 §§ 79, 80, 82 bis 86; AGO. II. 2 § 8; II. 5 §§ 19, 43; II. 6 Anh. § 437; Gesetz über die Abschätzung der Grundstücke von geringerem Werth v. 15. Juni 1840 (GS. S. 131); Gesetz, betr. die Vereinfachung des Taxverfahrens u. s. w., v. 4. Mai 1857 (GS. S. 445); Rev. Instr. für die Dorfgerichte v. 11. Mai 1854 nebst Zusatz v. 19. August 1854 (JMBl. S. 206, 234), zunächst nur bestimmt für die Bezirke der früheren Appellationsgerichte Halberstadt und Magdeburg und des früheren Kammergerichts, später auch in anderen Appellationsgerichtsbezirken eingeführt

und durch die betreffenden Amtsblätter veröffentlicht: Landgemeindeordnung für die sieben östlichen Provinzen v. 3. Juli 1891 [GS. S. 233] §§ 74 ff., 146).

2. die Feldgerichte und die Bürgermeister im Gebiete des vormaligen Herzogth. Nassau. (Vgl. Gemeindegesetz v. 26. Juli 1854 (VBl. des Herz. Nassau S. 166) §§ 20 ff., 23: Instr. für die Bürgermeister und Feldgerichte bez. deren Mitwirkung bei der Justizverw. v. 2. Januar 1863 (VBl. S. 23); Stockbuchgesetz sowie Gesetz über das Pfandrecht u. s. w. v. 15. Mai 1851 (VBl. S. 59, 66); Stockbuchinstruktion v. 31. Mai 1854 [VBl. S. 71].)

3. die Ortsgerichte, die Ortsgerichtsvorsteher und die Bürgermeister in den vormals Großh. Hessischen Gebietstheilen. (Vgl. Edikt, die Organisation der Ortsgerichte in den Provinzen Starkenburg und Oberhessen betr., v. 16. Oktober 1852 (RBl. S. 449); Instr. f. d. Großh. Ortsgerichte in den Provinzen Starkenburg und Oberhessen v. 26. Oktober 1852 (RBl. S. 465); Instr., betr. das Hypothekenwesen v. 1. Dezember 1861 (RBl. S. 517); Ges., betr. das Grundbuchwesen u. s. w. in dem Gebiete der vormals freien Stadt Frankfurt sowie den vormals Großh. Hessischen und Landgr. Hessischen Gebietstheilen der Prov. Hessen-Nassau, v. 19. August 1895 (GS. S. 481) §§ 16, 76 nebst Verf. des Justizministers v. 8. November 1895 [GS. S. 547].)

4. die Feldgerichte und die Bürgermeister in dem vormals Landgr. Hessischen Amtsbezirke Homburg. (Vgl. Instr. für die Schultheißen v. 9. Februar 1820 nebst Nachtrag v. 25. April 1832; V. v. 25. April 1832 (Archiv der Landgr. Hess. Gesetze und Verordnungen S. 99); Ges., die Einrichtung des Gemeindewesens betr., v. 9. Oktober 1849 (Arch. S. 477); Diäten- und Gebührenregulativ v. 3. Juni 1863 (Arch. S. 875); Ges., betr. das Grundbuchwesen u. s. w., v. 19. August 1895 § 16.)

5. die Feldgerichte und die Schultheißen (jetzt Bürgermeister — Landgemeindeordnung f. d. Prov. Hessen-Nassau v. 4. August 1897, GS. S. 301, §§ 59, 122) in den ehemals Frankfurter Dorfschaften. (Vgl. V., betr. die Bildung der Feldgerichte auf den Dorfschaften u. s. w., nebst Taxrolle v. 10. März 1825 (Ges.- u. Statuten-Samml. Bd. 4 S. 7, 15); Verordnungen über die gerichtl. Transskriptionen v. 30. März 1820 (a. a. O. Bd. 2 S. 209) und v. 10. März 1825 (a. a. O. Bd. 4 S. 28); Instr. des Amtsgerichts für die Schultheißen v. 15. Juni 1880; Ges. betr. das Grundbuchwesen u. s. w., v. 19. August 1895 § 16.)

6. die Ortsvorsteher in den Hohenzollernschen Landen, der Stadtschultheiß in Hechingen und der Bürgermeister und die Gemeinderäthe in Hohenzollern-Sigmaringen. (Vgl. Ges. über das Grundbuchwesen in den Hohenzollernschen Landen v. 31. Mai 1873 (GS. S. 301) § 10; s. ferner für Hechingen Stadtordnung v. 15. Januar 1835 § 35, Instr. für das Schultheißenamt v. 1. August 1848 (V. u. ABl. S. 287); für Sigmaringen die Allgemeine Stadtordnung v. 5. Juli 1810 (GS. Bd. 1 S. 61) § 18 A, Ges. über die Verf. und Verw. der Gemeinde v. 6. Juni 1840 (GS. Bd. 5 S. 241) § 38 Nr. 9.)

7. die Bürgermeister und die Ortsvorsteher, die Feldgerichte, die Schultheißen und die Schöffen im Bezirke des vormaligen Justizsenats zu Ehrenbreitstein. (Vgl. Gesetz über das Grundbuchwesen im Bezirke des Justizsenats zu Ehrenbreitstein v. 30. Mai 1873 (GS. S. 287) § 10, Ausf.Ges. z. GVG. § 14; Verf. des Justizministers v. 23. September 1879 (JMBl. S. 385), v. 4. Oktober 1883

(JMBl. S. 315) und die weiteren im Jahrb. der Preuß. Gerichtsverf. 1898 S. 109 Anm. 1 aufgeführten Verfügungen.)

8. die Rathmänner in der Landschaft Eiderstedt. (Allerh. Erlaß v. 14. Dezember 1868, Amtsbl. f. Schlesw.-Holstein 1869 Nr. 75.)

Die Zuständigkeit dieser besonderen Gerichte und Einzelbeamten ist sehr verschieden, namentlich ist der Rechtszustand in dem Oberlandesgerichtsbezirke Frankfurt ein sehr mannigfaltiger, unübersichtlicher und dabei unsicherer. Eine vollständige Neuregelung der Organisationen wird in den folgenden Vorschriften nicht vorgenommen; bei Regelung der Zuständigkeit schließen sich die letzteren soweit möglich an das bestehende Recht an, setzen aber die durch das neue bürgerliche Recht erforderlich gemachten Abweichungen fest und gleichen im Einklang mit dem bei den Bestimmungen über das Notariat maßgebend gewesenen Bestreben und in Verfolg eines der leitenden Gedanken des Gesetzes überhaupt (vgl. die Einleitung) die bestehenden Verschiedenheiten möglichst aus. Dabei ist für einen Theil des in Betracht kommenden Gebiets (Art. 111) eine Uebergangsstufe vorgesehen, die mit der durch Königliche Verordnung herbeizuführenden Neueinrichtung von Ortsgerichten (Art. 122, 123) ihr Ende erreicht. Nach Erlaß dieser Verordnung wird es im Staatsgebiete folgende besondere Gerichte bezw. Einzelbeamte geben, die neben den ordentlichen Gerichten in einzelnen in den Artikeln des Abschnitts näher bezeichneten A. d. fr. Ger. zuständig sind:

1. Die Dorfgerichte im Geltungsbereiche des Allg. Landrechts, d. h. in demjenigen Theile dieses Gebietes, in welchem sie zur Zeit bestehen, also nicht in den Provinzen Posen und Westfalen und nicht in den landrechtlichen Theilen der Rheinprovinz. Ihre Zuständigkeit ist in den Art. 104 bis 109 festgestellt. Ihre Organisation und dienstliche Stellung bleibt wie bisher mit der in Art. 110 bemerkten Maßgabe.
2. Die Gemeindevorstände in der Provinz Schleswig-Holstein mit der gleichen Zuständigkeit wie zu 1, Art. 118.
3. Die Ortsgerichte in dem Oberlandesgerichtsbezirke Frankfurt. Deren Zuständigkeit bestimmt sich nach Art. 104 bis 109, 112 bis 116 bezw. nach Königl. Verordnung gemäß Art. 124 Abs. 1, 3. Ihre Einrichtung und dienstliche Stellung wird die Königliche Verordnung bestimmen; vgl. Art. 122 bis 124.
4. Die Ortsgerichte in den vormals Großherzoglich Hessischen Gebietstheilen des Oberlandesgerichtsbezirks Cassel d. i. den Amtsgerichtsbezirken Battenberg, Biedenkopf, Gladenbach und Vöhl. Für sie gilt das unter 3 Gesagte.
5. Die beeidigten Auktionatoren in Ostfriesland, Harlingerland und dem Regierungsbezirk Osnabrück mit der in Art. 125 normirten Zuständigkeit. Ihre dienstliche Stellung, das von ihnen zu beobachtende Verfahren und die Höhe ihrer Gebühren wird von dem Justizminister und dem Minister für Handel und Gewerbe bestimmt, Art. 126 Abs. 2.
6. Eventuell die durch Königl. Verordnung zu bestimmenden Behörden zur Aufnahme von Taxen bezw. die auf Grund einer solchen Verordnung etwa anzustellenden Sachverständigen, Art. 119 Abs. 2, Art. 127. Das Verfahren und die Höhe der Gebühren wird hier von den zuständigen Ministern geregelt, Art. 127.

Eine anderweitige Zuständigkeit, als die in den beigefügten Gesetzesstellen festgelegte haben diese Gerichte und Beamten soweit es sich um A. d. fr. Ger. handelt (vgl. Art. 124 Abs. 1) nicht mehr; soweit sie bestand, ist sie in Art. 119 Abs. 1 beseitigt mit Ausnahme in Ansehung des Taxwesens, das neu geregelt werden soll (vgl. Art. 119 Abs. 2, 123 Abs. 2, 124 Abs. 1, 127) und mit dem aus Art. 119 Abs. 2 sich ergebenden Vorbehalt.

Das Verfahren wird — abgesehen von dem unter 5, 6 Bemerkten — durch Allgemeine Verfügung des Justizministers geregelt, Art. 126.

Die Vorschriften des Abschnitts sind so geordnet, daß zunächst die engere Zuständigkeit der Dorfgerichte des landrechtlichen Gebiets festgestellt worden ist, sodaß bei der später folgenden Regelung der weiteren Zuständigkeit für die im Oberlandesgerichtsbezirke Frankfurt in Aussicht genommenen Einrichtungen darauf Bezug genommen werden konnte. Deßhalb ist auch bei den Erläuterungen zu den erstgedachten Vorschriften der Zustand des letzterwähnten Bezirks mit berücksichtigt.

Im Einzelnen enthält der Abschnitt Folgendes: Regelung der Zuständigkeit der Dorfgerichte im landrechtlichen Gebiete (Art. 104 bis 109), Bestimmungen über die Besetzung und Aufsicht dieselben Gerichte betreffend (Art. 110), Ordnung der Zuständigdigkeit von Einzelbeamten in den Bezirken der Oberlandesgerichte Frankfurt und Cassel für eine Uebergangszeit (Art. 111 bis 117), Zuständigkeitsnorm für die Gemeindebeamten in Schleswig-Holstein (Art. 118), Aufhebungsvorschriften (Art. 119), Ermächtigung des Justizministers zum Erlasse von Aufsichtsvorschriften (Art. 120), Klarstellung des Rechts im vormaligen Kurfürstenthum Hessen (Art. 121), Ermächtigung zum Erlaß einer Königlichen Verordnung über Errichtung, Einrichtung, dienstliche Stellung und erweiterte Zuständigkeit von Ortsgerichten im Oberlandesgerichtsbezirke Frankfurt und für die ehemals Großherzoglich Hessischen Gebietstheile des Oberlandesgerichtsbezirks Cassel (Art. 122 bis 124), Anstellung und Zuständigkeit der beeideten Auktionatoren für Theile Hannovers (Art. 125), Ermächtigung zum Erlasse von Vorschriften über Verfahren, dienstliche Stellung und Gebühren (Art. 126), desgleichen in Bezug auf das Taxwesen (Art. 127).

Artikel 104.

Im Geltungsbereiche des Allgemeinen Landrechts ist für die im § 1960 des Bürgerlichen Gesetzbuchs vorgesehene Sicherung des Nachlasses außer den Amtsgerichten das Dorfgericht zuständig, in dessen Bezirke das Bedürfniß der Fürsorge hervortritt, es sei denn, daß sich am Sitze des Dorfgerichts ein Amtsgericht befindet.

Zum Zwecke der Sicherung kann das Dorfgericht insbesondere Siegel anlegen, Geld, Werthpapiere und Kostbarkeiten an sich nehmen und ein Nachlaßverzeichniß aufnehmen. Ein auf Grund dieser Vorschrift aufgenommenes Verzeichniß kann nicht nach § 2004 des Bürgerlichen Gesetzbuchs als Nachlaßinventar benutzt werden. Zur Bestellung eines Nachlaßpflegers ist das Dorfgericht nicht befugt.

---

1. Die **Art. 104 bis 110** befassen sich mit den Dorfgerichten im Geltungsbereiche des Allg. Landrechts. Davon regeln die Art. 104 bis 109 die Zuständigkeit und zwar wie bisher enger als diejenige der örtlichen Behörden und Beamten im Oberlandesgerichtsbezirke Frankfurt. Auf diese letzteren ist dann die hier bestimmte Zuständigkeit in Art. 111 übertragen. In den Erläuterungen ist daher, wie in der Vorbemerkung bereits gesagt, dieser letztere Bezirk mitberücksichtigt.

2. Die Uebertragung der Zuständigkeit nach Maßgabe der Art. 104 und 108 auf die Dorfgerichte neben den Amtsgerichten ist durch Art. 147 Einf.Ges. z. BGB. ermöglicht, wonach die landesgesetzlichen Vorschriften unberührt bleiben, welche für die den Nachlaßgerichten obliegenden Verrichtungen andere als gerichtliche Behörden zuständig sein lassen, soweit nicht der in § 2006 BGB. vorgeschriebene Offenbarungseid in Betracht kommt.

3. Die **Art. 104 bis 106** haben nur die im § 1960 BGB. vorgesehene Sicherung des Nachlasses zum Gegenstande. Dieser § 1960 lautet:

Bis zur Annahme der Erbschaft hat das Nachlassgericht für die Sicherung des Nachlasses zu sorgen, soweit ein Bedürfniss besteht. Das Gleiche gilt, wenn der Erbe unbekannt oder wenn ungewiss ist, ob er die Erbschaft angenommen hat.

Das Nachlassgericht kann insbesondere die Anlegung von Siegeln, die Hinterlegung von Geld, Werthpapieren und Kostbarkeiten, sowie die Aufnahme eines Nachlassverzeichnisses anordnen und für denjenigen, welcher Erbe wird, einen Pfleger (Nachlasspfleger) bestellen.

Die Vorschrift des § 1958 findet auf den Nachlasspfleger keine Anwendung.

4. Der Artikel setzt für seine Bestimmung das Bestehen von Dorfgerichten voraus; wo also solche nicht bestehen, wie in den Provinzen Posen und Westfalen und den landrechtlichen Theilen der Rheinprovinz, da kommen die Vorschriften des Artikels auch nicht zur Anwendung.

5. Die Zuständigkeit, welche Art. 104 den Dorfgerichten aufträgt ist örtlich entsprechend dem § 74 RGes. geregelt, wonach für die Sicherung des Nachlasses jedes Amtsgericht zuständig ist, in dessen Bezirke das Bedürfniß der Fürsorge hervortritt. Die Beschränkung, daß dann, wenn am Sitze des Dorfgerichts ein Amtsgericht sich befindet, die Zuständigkeit des Dorfgerichts nicht vorhanden sein soll, ist verallgemeinert für die anderen in Betracht kommenden Bezirke in Art. 117, 122, 123.

6. Die sachliche Zuständigkeit ist die gleiche wie die der Amtsgerichte, denn der Art. 104 Abs. 2 giebt nur beispielsweise an, welche Sicherungsmaßregeln das Dorfgericht treffen kann, ohne sie erschöpfen zu wollen. Es werden dort jedoch zwei Einschränkungen gemacht und zwar folgende:

a) Ein von dem Dorfgericht aufgenommenes Verzeichniß kann nicht nach § 2004 BGB. als Nachlaßinventar benutzt worden. Der § 2004 lautet:

Befindet sich bei dem Nachlassgerichte schon ein den Vorschriften der §§ 2002, 2003 entsprechendes Inventar, so genügt es, wenn der Erbe vor dem Ablaufe der Inventarfrist dem Nachlassgerichte gegenüber erklärt, dass das Inventar als von ihm eingereicht gelten soll.

Die Inventarerrichtung behufs Beschränkung der Haftung des Erben ist Sache des Erben (§ 1993 BGB.), der nach § 2002 BGB. zur Aufnahme des Inventars eine zuständige Behörde oder einen zuständigen Beamten oder Notar zuziehen muß oder aber nach § 2003 BGB. verlangen kann, daß das Nachlaßgericht entweder das Inventar selbst aufnimmt oder einer zuständigen Behörde oder einem zuständigen Beamten oder Notar überträgt. Das Inventar ist von der Behörde, dem Beamten oder dem Notar bei dem Nachlaßgericht einzureichen. Einem solchen Inventar soll also ein von dem Dorfgericht „auf Grund dieser Vorschrift" aufgenommenes Nachlaßverzeichniß nicht gleichstehen und der Erbe nicht darauf Bezug nehmen können. Dagegen wegen eines im Auftrage des Amtsgerichts aufgenommenen Inventars. Vgl. Art. 108.

b) Das Dorfgericht ist nicht zur Bestellung eines Nachlaßpflegers befugt.

7. Für die Dorfgerichte gelten gemäß § 194 RGes. die im ersten Abschnitte (Allgemeine Vorschriften) des RGes. für die Gerichte gegebenen Vorschriften, soweit es sich um reichsrechtliche A. d. fr. Ger. handelt, ebenfalls. Als gemeinschaftliches Gericht im Sinne des § 5 RGes. (vgl. Anlage) gilt dasjenige Gericht, welches das gemeinschaftliche obere Gericht für die Amtsgerichte ist, in deren Bezirke die Behörden ihren Sitz haben. Zwar kann durch Landesgesetz bestimmt werden, daß, wenn die Behörden in dem Bezirke desselben Amtsgerichts ihren Sitz haben, dieses als gemeinschaftliches oberes Gericht zuständig ist: allein eine derartige Vorschrift ist für Angelegenheiten, welche, wie die Nachlaßsachen, durch Reichsgesetz den Gerichten übertragen sind, nicht erlassen (vgl. § 20 Ausf.Ges. z. GVG. unten Art. 130 III). Ausgenommen von der Anwendung durch die Dorfgerichte sind die Vorschriften des § 8 RGes. über die Sitzungspolizei und über die Berathung und Abstimmung sowie die Vorschriften der §§ 6, 10, 11, des § 16 Abs. 2 und des § 31 RGes. — Im Uebrigen vgl. Art. 126.

8. Dadurch, daß gemäß Note 7 für die Dorfgerichte die Allgemeinen Vorschriften des RGes. mit der vermerkten Maßgabe zur Anwendung gelangen, wird nach § 194 Abs. 4 RGes. die Verpflichtung der gerichtlichen Behörden, gemäß § 2 RGes. Rechtshülfe zu leisten, nicht berührt. Nachdem die Allgemeinen Vorschriften des RGes. für anwendbar erklärt sind, würde das Ersuchen um Rechtshülfe (§ 2) nicht an die ordentlichen Gerichte, sondern ausschließlich an die anderen Behörden, also an die Ortsgerichte, zu richten und von diesen zu erledigen sein. Da jedoch die Behördenorganisation in den anderen Bundesstaaten nicht allgemein bekannt sein wird und nicht selten sachliche Gründe dafür sprechen werden, daß die Rechtshülfe von den Gerichten geleistet wird, so ist die vorgedachte Bestimmung in § 194 Abs. 4 RGes. getroffen worden. Indem dieser Abs. 4 die Rechtshülfepflicht der ordentlichen Gerichte bestehen läßt, sagt er nicht, daß die anderen Behörden, also die Dorfgerichte, etwa nicht verpflichtet sein sollten, auf direktes Ersuchen Rechtshülfe zu leisten, vielmehr soll damit zum Ausdruck gelangen, daß neben ihnen auch die Amtsgerichte hinsichtlich der den Dorfgerichten übertragenen Verrichtungen zur Rechtshülfeleistung verpflichtet seien. Vgl. Kom. d. Verf. z. RGes. § 194 Note 3, Dorner, § 194 Note 4. Im Falle, daß ein Amtsgericht um eine in das Gebiet der dorfgerichtlichen Zuständigkeit gehörige Verrichtung im Wege der Rechtshülfe ersucht werden sollte, steht ihm natürlich frei, sich der dorfgerichtlichen Beihülfe zu bedienen; vgl. Art. 38, 107, 116.

Artikel 105.

Das Dorfgericht soll von den Maßregeln, die es zur Sicherung des Nachlasses ergriffen hat, dem Amtsgericht, in dessen Bezirk es seinen Sitz hat, Mittheilung machen. Verfügungen von Todeswegen, die sich im Nachlasse befinden, sowie Geld, Werthpapiere oder Kostbarkeiten, die das Dorfgericht an sich genommen hat, hat es unverzüglich an das Amtsgericht abzuliefern.

In zweifelhaften Fällen hat das Dorfgericht, wenn es keine Sicherungsmaßregeln trifft, dem Amtsgerichte den Sachverhalt anzuzeigen.

---

1. Nach § 74 RGes. ist für die Sicherung eines Nachlasses jedes Amtsgericht zuständig, in dessen Bezirke das Bedürfniß der Fürsorge hervortritt. Durch die Vor-

schrift des Art. 105 in Verbindung mit Art. 104 wird also bewirkt, daß dieses an sich zunächst zuständige ordentliche Gericht von dem Falle eines mit größerer oder geringerer Bestimmtheit hervorgetretenen Bedürfnisses der Fürsorge unverzüglich Nachricht erhält und zwar einerlei ob das Dorfgericht selbst Sicherungsmaßregeln trifft (Abs. 1) oder nicht trifft (Abs. 2), um dann entweder selbständig oder ergänzend oder abändernd (vgl. Art. 106 Abs. 1) einzugreifen. Daß die Zuständigkeit des ordentlichen Gerichts neben dem Dorfgerichte nicht ausgeschlossen wird, ist schon bei Art. 104 bemerkt; ebensowenig wird durch das Vorgehen des Dorfgerichts die Verpflichtung des nach § 74 RGes. zuständigen Amtsgerichts zum selbständigen amtlichen Eingreifen berührt.

2. Berührt wird durch die Vorschrift des Artikels auch nicht die Verpflichtung der Ortspolizeibehörden, vgl. auch Art. 19.

3. Der **Abs. 1** schreibt ebensowenig wie Art. 104 vor, daß das Dorfgericht Verfügungen von Todeswegen, Geld, Werthpapiere und Kostbarkeiten an sich nehmen *soll*. Ob es solches für angebracht hält, steht, soweit nicht die nach Art. 126 zu erwartenden Verfahrensvorschriften bestimmte Anweisungen geben, in seinem Ermessen, das sich nach Lage des Einzelfalls richtet; die Regel dürfte es wohl sein, daß das Dorfgericht die genannten Gegenstände, vor Allem letztwillige Verfügungen, an sich nimmt, da sie von besonderer Wichtigkeit sind. Die Vorschrift schließt sich an bestehende Bestimmungen an (AGO. II 5 § 32; vgl. auch Nassauische Instr. v. 2. Januar 1863 Anlage G Nr. IV; Großherzogl. Hess. Instr. v. 26. October 1852 § 25, wonach dem Gericht Anzeige von dem Vorhandensein eines Testaments zu machen ist).

Soweit es sich um Testamente handelt, kann der Artikel als Ausführungsvorschrift zu §§ 2259 BGB. bezeichnet werden; dieser § 2259 schreibt vor, daß wer ein Testament, das nicht in amtliche Verwahrung gebracht ist, im Besitze hat, verpflichtet sei, es unverzüglich, nachdem er von dem Tode des Erblassers Kenntniß erlangt hat, an das Nachlaßgericht abzuliefern und daß ein Testament, das sich bei einer anderen Behörde als einem Gericht oder das sich bei einem Notar in amtlicher Verwahrung befindet, nach dem Tode des Erblassers an das Nachlaßgericht abzuliefern sei, daß auch das Nachlaßgericht, wenn es von dem Testamente Kenntniß erhält, die Ablieferung zu veranlassen habe. Entsprechendes gilt nach § 2300 BGB. für den Erbvertrag.

4. Durch **Abs.** 2 in Verbindung mit Art. 19 werden die Bestimmungen des Nassauischen und des Hessischen Rechtes ersetzt, welche die Bürgermeister und Ortsgerichtsvorsteher verpflichten, bei allen Todesfällen dem Amtsgericht einen Sterbebericht einzusenden (Nass. Instr. § 17, Hess. Instr. § 25).

Artikel 106.

Die Abänderung einer Anordnung des Dorfgerichts ist bei dem im Artikel 105 bezeichneten Amtsgerichte nachzusuchen. Das Amtsgericht ist auch berechtigt, eine Anordnung des Dorfgerichts, die es für ungerechtfertigt erachtet, von Amtswegen zu ändern.

Hat das Dorfgericht Siegel angelegt, so soll die Abnahme der Siegel in der Regel nur auf Anordnung des Amtsgerichts erfolgen.

---

1. Da nach dem § 194 RGes. die Allgemeinen Vorschriften des RGes. auch für das Verfahren der Dorfgerichte in Nachlaßsachen gelten (vgl. Art. 104 Note 7), so sind die *Dorfgerichte* auch nach § 18 RGes. *befugt*, *Anordnungen*, die sie

nachträglich für ungerechtfertigt erachten, zu ändern. Der Art. 106 ergänzt diesen Grundsatz dahin, daß auch das in Art. 105 bezeichnete Amtsgericht Anordnungen des Dorfgerichts, die es für ungerechtfertigt hält, von Amtswegen, also auch ohne Anrufen, abändern darf. Vgl. dazu Art. 105 Note 1.

2. Zu **Abs. 1.** Hält ein Betheiligter eine Maßregel des Dorfgerichts für ungerechtfertigt und geht weder das Dorfgericht noch das Amtsgericht in der in Note 1 bezeichneten Richtung vor, so soll dem Betheiligten gemäß Satz 1 nicht die an das Landgericht gehende Beschwerde im Sinne des § 19 RGes. zustehen, wie es die Regel erfordern würde, da, wie bereits in Note 1 bemerkt, für die Dorfgerichte die Allgemeinen Vorschriften des RGes. gelten; er soll vielmehr die Abänderung der Anordnung bei dem nach Art. 105 zuständigen Amtsgerichte nachzusuchen haben. Die Vorschrift gründet sich auf § 195 RGes., wonach, wenn gemäß landesgesetzlicher Bestimmung für die dem Nachlaßgericht obliegenden Verrichtungen andere Behörden als die Amtsgerichte zuständig sind, bestimmt werden kann, daß die Abänderung einer Entscheidung einer solchen Behörde bei dem Amtsgerichte nachzusuchen ist, in dessen Bezirke die Behörde ihren Sitz hat.

In dem Falle des Satzes 1 ist das Gesuch des Betheiligten nicht als Beschwerde zu betrachten; es finden jedoch auf das Verfahren die Vorschriften der §§ 20 bis 25 RGes. über die Beschwerde entsprechende Anwendung; erst gegen die Entscheidung des Amtsgerichts findet die Beschwerde statt, so daß gegen die dann erfolgende Entscheidung noch die weitere Beschwerde gegeben ist. Vgl. RGes. § 195 Abs. 1.

3. Die Vorschrift des **Abs.** 2 entspricht der Bestimmung in II. 5 § 37 AGO. und dem in den meisten Gebietstheilen des Oberlandesgerichtsbezirks Frankfurt geltenden Rechte; doch ist damit nur eine Regel ausgesprochen. Aus besonderen Gründen, die allerdings das Dorfgericht festzustellen hätte, ist auch dem Dorfgerichte nachgelassen, die von ihm angelegten Siegel auch wieder abzunehmen, so wenn z. B. unentbehrliche Gegenstände aus dem Verschlusse genommen werden sollen (vgl. Großh. Hess. Instr. v. 26. Oktober 1852 § 26 a. E.) oder wenn es sich um leicht verderbliche Sachen handelt.

Es ist selbstverständlich und ist auch zum Ausdruck gelangt („hat das Dorfgericht Siegel angelegt"), daß das Dorfgericht nur seine eigenen, nicht aber die etwa von dem Amtsgericht angelegten Siegel selbständig abnehmen darf; dazu vgl. Art. 107 Note 1.

Artikel 107.

Die Dorfgerichte können von den Amtsgerichten mit der Ausführung der auf Grund des § 1960 des Bürgerlichen Gesetzbuchs angeordneten Maßregeln beauftragt werden.

---

1. Hier handelt es sich im Gegensatz zu Art. 104 nicht um eine selbständige Zuständigkeit der Dorfgerichte, sondern um eine Befugniß der Amtsgerichte, sich der Dorfgerichte zu bedienen. Dazu bemerkt die Begr. S. 62, 63, daß nach den §§ 70, 74 Ausf.Ges. z. GVG. die Gerichtsschreiber und die Gerichtsvollzieher von dem Amtsgerichte mit der Vornahme einer Siegelung oder einer Entsiegelung beauftragt werden könnten, daß es indessen vielfach einfacher und angemessener sein dürfte, wenn die Dorfgerichte die von dem Amtsgerichte zur Sicherung eines Nachlasses angeordneten Maßregeln ausführten.

Aus dieser Bemerkung der Begr. geht hervor, was der Wortlaut des Art. 107 nicht ohne Weiteres ergiebt, daß unter „den auf Grund des § 1960 BGB. angeordneten Maßregeln" nicht die zur Sicherung erforderlichen Maßnahmen allein zu verstehen sind, sondern auch diejenigen, welche nach beendeter Sicherstellung zu erfolgen haben, wie z. B. die Entsiegelungen. — Andererseits wird die Beauftragung mit der Bestellung eines Pflegers, sowie der Hinterlegung von Geld, Werthpapieren und Kostbarkeiten, Verrichtungen, die nach Art. 104 nicht zur selbständigen Zuständigkeit der Dorfgerichte gehören, für zulässig erachtet werden müssen.

2. In Verbindung mit Art. 38 Abs. 2 wird das Amtsgericht mit jedwedem in Betracht kommenden Geschäfte ein Dorfgericht nur dann beauftragen dürfen, wenn es von Amtswegen zur Sicherstellung eines Nachlasses einschreitet. Ist dagegen das Amtsgericht von irgend einer betheiligten Seite z. B. einem Miterben oder dem Nachlaßgericht um die Vornahme von Sicherungsmaßregeln ersucht worden, so ist es in der Beauftragung in der in Art. 38 Abs. 2 — vgl. dort Note 3 — erwähnten Weise beschränkt. Vgl. Art. 108 Note 3, 4.

3. Den Wortlaut des § 1960 BGB. siehe bei Art. 104.

Artikel 108.

Die Dorfgerichte sind zuständig, im Auftrage des Amtsgerichts Vermögensverzeichnisse, insbesondere Nachlaßinventare, aufzunehmen.

Die Dorfgerichte sind zuständig, im Falle des § 20 des Gesetzes, betreffend das Anerbenrecht bei Renten- und Ansiedelungsgütern, vom 8. Juni 1896 (Gesetz-Samml. S. 124) im Auftrage der Generalkommission Nachlaßinventare aufzunehmen.

---

1. Die Vorschrift des Art. 108 beruht nicht wie die vorausgehenden auf dem Vorbehalt des Art. 147 Einf.Ges. z. BGB., sondern auf dem Umstand, daß da, wo das BGB. von einer „zuständigen Behörde" spricht, ohne sie näher zu bezeichnen, es die Befugniß und die Aufgabe der Landesgesetzgebung ist, diese Behörde zu benennen und die sachliche Zuständigkeit damit festzustellen.

2. Wegen der Bedeutung der Nachlaßinventare und ihre Aufnahme vgl. Art. 104 Note 6a. Außer die Nachlaßinventare betrifft der Art. 108 alle Arten von Vermögensverzeichnissen (vgl. BGB. §§ 1035, 1372, 1528, 1550, 1640, 1667, 1670, 1692, 1740, 1760, 1761, 1802, 2002, 2121).

3. Der § 43 II 5 der AGO. erklärt es für zulässig, daß der Richter die Dorfgerichte mit der Aufnahme von Inventaren über den Nachlaß gemeiner Leute auf dem Lande beauftragt; in den §§ 70, 74 Ausf.Ges. z. GVG. ist ferner dem Richter gestattet, Inventuren durch den Gerichtsschreiber oder den Gerichtsvollzieher ausführen zu lassen. Im Anschluß hieran ist die Vorschrift des Art. 108 erlassen. In den im Art. 111 bezeichneten Gebietstheilen haben zwar die dort bisher thätigen Behörden und Personen im Allgemeinen keine Befugniß zur Aufnahme von Vermögensverzeichnissen (vgl. jedoch für Hessen-Homburg den Nachtrag zu der Instr. für die Schultheißen v. 25. April 1832 zu § 11; s. ferner für den Bezirk des Justizsenats zu Ehrenbreitstein die Verfügungen v. 23. September 1879, JMBl. S. 385 § 2 und v. 4. Oktober 1883, JMBl. S. 315 § 2; ein Theil der in Betracht kommenden Gesetze kennt vielmehr eine derartige Mitwirkung überhaupt nicht (so die Gesetze in

Hohenzollern-Hechingen und Hohenzollern-Sigmaringen); nach anderen sind die gedachten Behörden und Beamten nur berufen, die Gerichte bei der Inventarisation als Hülfspersonen zu unterstützen (Nass. Instr. § 16, Großherzogl. Hess. Instr. § 27).

Die Ausdehnung ist für unbedenklich erachtet worden, sobald nur zum Ausdrucke gebracht wurde, was in Abs. 1 geschehen ist, daß der Auftrag des Gerichts eine wesentliche Voraussetzung der Befugniß des Dorfgerichts bildet, mithin ein ohne Auftrag aufgenommenes Verzeichniß nicht als durch eine zuständige Behörde aufgenommen anzusehen ist. Vgl. dazu die in Note 1 bezeichneten Paragraphen des BGB. Vgl. Begr. S. 63.

4. Auch hier gilt hinsichtlich der Befugniß der Amtsgerichte, den Auftrag gemäß Abs. 1 zu ertheilen, das in Note 2 zu Art. 107 Gesagte; indessen gehört zu denjenigen Geschäften, die das Amtsgericht, auch wenn es selbst um deren Vornahme ersucht worden ist, nach Art. 38 Abs. 2 auf die Dorfgerichte übertragen darf, die Aufnahme von Vermögensverzeichnissen. Darunter sind aber auch Nachlaßinventare begriffen.

5. Die Vorschrift des **Abs.** 2 entspricht (Begr. S. 63) der AGO., da die im § 43 Abs. 2 Th. II Tit. 5 dem „Gerichtshalter" beigelegte Befugniß auch den Generalkommissionen als Sondergerichten zukommt. Der im Artikel bezeichnete § 20 lautet, wie folgt:

In Ermangelung einer Einigung der Erben über die Art der Erbtheilung hat die Generalkommission auf Antrag eines Erben eine gütliche Vereinbarung der Betheiligten nach Massgabe dieses Gesetzes zu versuchen und hierbei auf die Erhaltung der Einheit und Leistungsfähigkeit des Anerbengutes hinzuwirken.

Hierbei ist für den Fall, dass die Uebernahme der Erbabfindungsrente (Absatz 5) seitens der Rentenbank nicht zu gewärtigen ist, auf Gewährung einer Kapitalabfindung an die Miterben insoweit Bedacht zu nehmen, als die Verhältnisse der Miterben solche erfordern und sie, unbeschadet der Leistungsfähigkeit des Anerbengutes, geschehen kann. Behufs Feststellung des Anrechnungswerthes haben der Anerbe und die Miterben je einen Sachverständigen zu wählen; diese bestimmen einen Obmann. Weigern sich die Betheiligten, einen Sachverständigen zu ernennen, oder kommt unter den Miterben eine Einigung über die Person des Sachverständigen oder unter den Sachverständigen eine Einigung über die Person des Obmannes nicht zu Stande, so wird der Sachverständige (Obmann) von der Generalkommission ernannt.

Nach Massgabe der vorstehenden Bestimmungen hat auch das Nachlassgericht bei der Nachlassregulirung zu verfahren.

Die Generalkommission hat von der Einleitung und von dem Ausgang des Einigungsverfahrens das Nachlassgericht sofort zu banachrichtigen. War vor dem Eingang einer Mittheilung von der Einleitung des Verfahrens durch die Generalkommission bereits die Nachlassregulirung beantragt, so hat das Nachlassgericht hiervon die Generalkommission sofort in Kenntniss zu setzen. Letztere hat alsdann das Einigungsverfahren einzustellen. Wird nach Eingang der Mittheilung der Generalkommission bei dem Nachlassgerichte die Nachlassregulirung beantragt, so hat die Generalkommission ebenfalls auf Ersuchen des Gerichts ihr Verfahren einzustellen.

Erfolgt eine Einigung nicht, so können die Miterben ihre Erbantheile von dem Betrage des Anrechnungswerthes, welcher nach Abzug des Voraus und des etwaigen Mehrbetrages der Erbschaftsschulden (§. 18 Absatz 3) übrig bleibt, nur in einer ihrerseits unkündbaren Geldrente (Erbabfindungsrente) beanspruchen. Sie können verlangen, dass diese Renten auf dem Anerbengute im Grundbuche eingetragen werden. Wenn jedoch die Erbantheile im Einzelnen den Betrag von 30 Mark oder in ihrer Gesammtheit den Betrag des jährlichen nachhaltigen Reinertrages nicht übersteigen, so kann von den Miterben Kapitalabfindung verlangt werden.

Artikel 109.

Die Dorfgerichte sind zuständig, freiwillige öffentliche Versteigerungen beweglicher Sachen sowie öffentliche Verpachtungen an den Meistbietenden vorzunehmen und zu beurkunden. Sie sollen diese Geschäfte nur im Auftrage des Amtsgerichts vornehmen; eines besonderen Auftrags für jedes einzelne Geschäft bedarf es nicht.

1. Den Dorfgerichten im Geltungsbereiche des ALR. ist bisher gesetzlich eine Befugniß, wie sie ihnen der Artikel beilegt, nicht verliehen gewesen, doch werden thatsächlich mitunter auch von diesen Dorfgerichten Versteigerungen beweglicher Sachen vorgenommen. Dagegen finden sich in verschiedenen der im Oberlandesgerichtsbezirke Frankfurt geltenden Partikularrechte Bestimmungen, wonach die dortigen Ortsbehörden (vgl. Art. 111), sei es im Auftrage des Gerichts, sei es ohne Auftrag zuständig sind, öffentliche Versteigerungen beweglicher Sachen sowie öffentliche Verpachtungen an den Meistbietenden vorzunehmen [vgl. Nass. Instr. § 15, Großh. Hessisches Edikt Art. 12 Abs. 1, Allg. Verf. v. 23. September 1879 (JMBl. S. 385) § 2 und v. 4. Oktober 1883 (JMBl. S. 315) § 2]. Im Interesse der Einheitlichkeit des Rechtes ist die Bestimmung auch für die erstgenannten Dorfgerichte getroffen worden. Vgl. Begr. S. 63, 64.

2. Für die Zuständigkeit ist ein allgemeiner oder ein besonderer Auftrag Seitens des Amtsgerichts, in dessen Bezirk das Dorfgericht seinen Sitz, hat Voraussetzung. Allerdings ist das nur Ordnungsvorschrift, so daß etwa ohne Auftrag vorgenommene Amtsgeschäfte der bezeichneten Art nicht ungültig sind.

Die Amtsgerichte haben auf Grund des Artikels die Möglichkeit, unter den in Betracht kommenden Dorfgerichten geeignete auszuwählen, denen sie einen allgemeinen Auftrag ertheilen und können die ungeeignet erscheinenden unberücksichtigt lassen. Der ertheilte Auftrag ist selbstverständlich jederzeit widerruflich und kann auch daher auf Zeit, z. B. für die Amtsdauer eines bestimmten Dorfgerichtsvorstehers (Schulzen), ertheilt werden.

Vgl. ferner Art. 38 Abs. 2.

Artikel 110.

Die Dorfgerichte sind gehörig besetzt, wenn neben dem Schulzen zwei Schöffen oder ein Schöffe und ein vereidigter Gerichtsschreiber mitwirken. Für die Aufnahme von Taxen bewendet es bei den bisherigen Vorschriften.

Den Amtsgerichten steht in den Angelegenheiten der freiwilligen

Gerichtsbarkeit hinsichtlich der Dorfgerichte ihres Bezirkes das Recht der Aufsicht zu.

---

1. Die Dorfgerichte im Gebiete des ALR. bestehen aus dem Schulzen als Gerichtsvorsteher, zwei Schöffen und — in der Provinz Schlesien und einem Theile der Provinz Sachsen — einem Gerichtsschreiber. Für die Auf- oder Annahme letztwilliger Verordnungen ist in Ermangelung eines Gerichtsschreibers ein Notar oder der Prediger des Orts als Protokollführer zuzuziehen. Nach der Begr. S. 64 führt diese Besetzung der Dorfgerichte mit vier Personen indessen in der Praxis vielfach zu Schwierigkeiten; daher die Erleichterung, welche der **Abs. 1** hinsichtlich der Besetzung der Dorfgerichte einführt. Diese Erleichterung bezieht sich nicht bloß auf die Verfassung der Dorfgerichte im Allgemeinen, sondern auch auf das Verfahren in einzelnen Geschäften, bei denen, wie bemerkt, bisher ein Dorfgerichtsschreiber zugezogen werden mußte. Das ist also in Zukunft nicht mehr erforderlich.

2. Bei der Aufnahme von Taxen genügt schon nach den bisherigen Vorschriften die Mitwirkung des Schulzen und zweier Schöffen; die eines Gerichtsschreibers dagegen ist entbehrlich, desgleichen bei der Aufnahme von Inventarien. Im Uebrigen soll es hinsichtlich des Taxwesens ohnehin bei den bestehenden Vorschriften bleiben; vgl. darüber auch Art. 119 Abs. 2, Art. 127.

3. **Zu Abs. 2.** Nach § 78 Abs. 1 Nr. 3 Ausf.Ges. z. GVG. stand das Recht der Aufsicht über die Dorfgerichte in A. d. fr. Ger. bisher in unterster Instanz nicht den Amtsgerichten zu, sondern den Landgerichtspräsidenten (vgl. Allg. Verf. des Justizministers v. 12. November 1881, JMBl. S. 266). In dem Rechte der Aufsicht liegt die Befugniß, die ordnungswidrige Ausführung eines Amtsgeschäftes zu rügen, über Beschwerden in Bezug auf den Geschäftsbetrieb zu entscheiden und gegenüber nicht richterlichen Beamten die Erledigung eines Amtsgeschäfts durch Ordnungsstrafen bis zum Gesammtbetrage von 100 Mark zu erzwingen. Gegenüber einer solchen Maßregel steht den Dorfgerichten nur das Recht der Beschwerde zu. Diese Aufsichtsrechte gehen nach Abs. 2 auf die Amtsgerichte über. Die Aufsichtsrechte erstrecken sich aber nur auf die gerichtlichen Geschäfte; die übrige Disziplinargewalt gebührt den Verwaltungsbehörden, da die Mitglieder der Dorfgerichte Gemeindebeamten sind. Vgl. Müller S. 52, 53, Allg. Verf. v. 16. Juni 1857 (JMBl. S. 230), v. 12. November 1881 (JMBl. S. 266) und Cirkularverfügung des Ministers des Innern v. 26. November 1881 (Min.Bl. für die innere Verw. 1882 S. 4). Vgl. auch Art. 120. Für die nach Art. 122, 123 zu errichtenden Ortsgerichte wird diese Frage durch die Königliche Verordnung zu regeln sein.

Im Uebrigen wird hinsichtlich der Verfassung und dienstlichen Stellung der Dorfgerichte durch diesen Abschnitt nichts geändert. Wegen Ordnung des Verfahrens sind dem Justizminister allgemeine Bestimmungen in Art. 126 vorbehalten. Für die Uebergangszeit vgl. Art. 139.

Artikel 111.

Die Vorschriften der Artikel 104 bis 109 finden entsprechende Anwendung auf die Ortsvorsteher in den Hohenzollernschen Landen, auf die Bürgermeister in dem vormals Landgräflich Hessischen Amtsbezirke Homburg und in den Gebieten des vormaligen Herzogthums Nassau sowie der vormals freien Stadt Frankfurt mit Ausnahme des Gebiets

der jetzigen Stadtgemeinde Frankfurt und auf die Ortsgerichtsvorsteher in den vormals Großherzoglich Hessischen Gebietstheilen.

---

1. Durch den Art. 111 werden die Bestimmungen der Art. 104 bis 109 auf den Oberlandesgerichtsbezirk Frankfurt mit Ausnahme des Bezirkes des ehemaligen Justizsenats zu Ehrenbreitstein, der vormals Kurhessischen Gebietstheile und des jetzigen Stadtbezirks Frankfurt a/Main, ferner auf die vormals Großherzoglich Hessischen Gebietstheile ausgedehnt. Wegen des Bezirks des Justizsenats zu Ehrenbreitstein vgl. Art. 123; in den beiden anderen ausgenommenen Bezirken findet auch gegenwärtig eine Mitwirkung der Ortsbehörden in den A. d. fr. Ger. nicht statt; in Betreff des Kurhessischen Theils vgl. Art. 122. Zum jetzigen Stadtbezirke Frankfurt a/Main gehört allerdings auch die früher zu den Frankfurter Dorfschaften gehörige Vorstadt Bornheim; aber für sie die Mitwirkung von Ortsbehörden aufrecht zu erhalten, ist kein Bedürfniß anerkannt worden; für die Zeit bis zur Anlegung des Grundbuchs vgl. die Uebergangsbestimmungen in Art. 139.

Wegen der Bedeutung der einzelnen Vorschriften in den Art. 104 bis 109, auch gegenüber dem bisherigen Rechte, vgl. bei den einzelnen Artikeln und in der Vorbemerkung zu diesem Abschnitte, sowie zu Art. 119, 122, 123.

2. Die Art. 111 bis 116 befassen sich mit der Zuständigkeit der in Art. 111 bezeichneten Beamten; sie gewähren diesen neben der in Art. 104 bis 109 normirten durch Art. 111 verliehenen eine in den Art. 112 bis 116 festgestellte weitergehende Zuständigkeit, eine Zuständigkeit, welche die in Wegfall kommenden Ortsbehörden (Art. 119) bisher schon zum großen Theile besaßen.

Artikel 112.

Die im Artikel 111 bezeichneten Beamten sind zuständig, im Auftrage des Gerichts freiwillige öffentliche Versteigerungen von Grundstücken vorzunehmen und zu beurkunden. Sie sollen hiermit nur auf Antrag der Betheiligten beauftragt werden.

---

1. Nach § 313 BGB. bedarf ein Vertrag, durch den sich der eine Theil verpflichtet, das Eigenthum an einem Grundstücke zu übertragen, der gerichtlichen oder notariellen Beurkundung; ein ohne Beobachtung dieser Form geschlossener Vertrag wird jedoch seinem ganzen Inhalte nach gültig, wenn die Auflassung und die Eintragung in das Grundbuch erfolgen. Der Art. 142 Einf.Ges. z. BGB. läßt indessen landesgesetzliche Vorschriften unberührt, welche in Ansehung der im Gebiete eines Bundesstaats liegenden Grundstücke bestimmen, daß für die Beurkundung des im § 313 BGB. bezeichneten Vertrags außer den Gerichten und Notaren auch andere Behörden und Beamten zuständig sind. Auf diesen Vorbehalt stützt sich die Vorschrift des Art. 112. — Sie entspricht dem in einem großen Theile des Frankfurter Oberlandesgerichtsbezirkes gegenwärtig geltenden Rechte (vgl. insbesondere Nass. Instr. v. 2. Januar 1863 § 15, Großh. Hess. Edikt v. 16. Oktober 1852 Art. 12 nebst Instruktion v. 26. Oktober 1852 § 24) und rechtfertigt sich durch die Rücksicht auf den zersplitterten kleinen Grundbesitz.

2. Die in Art. 111 bezeichneten Beamten sind nur zuständig, wenn ihnen ein Auftrag des ihnen vorgesetzten Gerichts zu Theil geworden ist.

Eine ohne solchen Auftrag erfolgte Beurkundung hat nicht die in Note 1 bemerkte Wirkung; sie steht nicht einer gerichtlichen oder notariellen gleich; vgl. ferner Note 4. — Was die Zuständigkeit zur Abhaltung von Grundstücksversteigerungen durch Jedermann anlangt, vgl. die Vorbemerkung zum Fünften Abschnitte.

Ein Antrag in der Kom. d. Abg., welcher ausgesprochen wissen wollte, daß in den Hohenzollernschen Landen ein Auftrag des Gerichts nicht erforderlich sei, wurde abgelehnt. Kom.Ber. S. 63.

3. Die Zuständigkeit der genannten Beamten ist nur vorhanden, wenn die Beurkundung bei einer öffentlichen Versteigerung erfolgt; für die Beurkundung eines Vertrags der in § 313 BGB. gedachten Art außerhalb einer öffentlichen Versteigerung von Grundstücken sind daher diese Beamten nicht zuständig; eine derartige Beurkundung hat nicht den in Note 2 bezeichneten Werth. Vgl. indessen Ausnahme Art. 12 § 3 Ausf.Ges. z. BGB. oben Art. 32 Note 1a.

4. Der Auftrag des Gerichts (Note 2) soll nur erfolgen, wenn die Betheiligten ihn beantragen. Sind mehrere Betheiligte vorhanden, so müssen alle Betheiligte den Antrag stellen.

Ergeht ein Antrag des Gerichts zur Vornahme einer Grundstücksversteigerung an einen der in Art. 111 bezeichneten Beamten ohne einen derartigen Antrag, so ist zwar der Auftrag instruktionswidrig, denn der Auftrag „soll" nur auf Antrag der Betheiligten ergehen, aber die dem Auftrag entsprechend abgehaltene Versteigerung und vorgenommene Beurkundung ist rechtswirksam.

5. In der Beurkundung ist praktischer Weise des Auftrags Erwähnung zu thun.

Artikel 113.

Die im Artikel 111 bezeichneten Beamten sind zuständig, auf Antrag eines Betheiligten die Theilung eines gemeinschaftlichen Vermögens, Verträge, durch welche Eltern ihr Vermögen den Kindern übergeben, sowie Eheverträge und Erbverträge vorzubereiten. Sie haben insbesondere, falls ein Betheiligter die Vermittelung einer Auseinandersetzung nach den §§ 86 bis 99 des Reichsgesetzes über die Angelegenheiten der freiwilligen Gerichtsbarkeit beantragen will, den Antrag aufzunehmen und dem zuständigen Amtsgerichte zu übersenden.

Die vorbereitende Thätigkeit, für welche die in Art. 111 genannten Beamten in Art. 113 für zuständig erklärt werden, war in den in Betracht kommenden Bezirken eine der hauptsächlichsten Verrichtungen der Ortsbehörden (vgl. Nassauisches Gemeindegesetz v. 26. Juli 1854 § 23 Abs. 3 nebst Instr. v. 2. Januar 1863 § 16 Abs. 1; Großh. Hess. Edikt v. 16. Oktober 1852 Art. 12 Abs. 2 nebst Instr. v. 26. Oktober 1852 § 20 Abs. 1, § 35; Landgräfl. Hess. Diäten- und Gebührenregulativ v. 3. Juni 1863 § 2 Nr. III; Frankfurter Verordnung, betr. die Bildung der Feldgerichte v. 10. März 1825 § 6 Abs. 1 Nr. 4, § 7 Abs. 1 Nr. 3; Hechinger Stadtordnung v. 15. Januar 1835 § 35; Sigmaringer Stadtordnung v. 5. Juli 1810 § 18 A nebst Gemeindeordnung v. 6. Juni 1840 § 38 Nr. 9.)

Wegen der Uebergabeverträge vgl. ferner Art. 116 Abs. 1.

Artikel 114.

Die im Artikel 111 bezeichneten Beamten sind zuständig, Gesindedienstverträge zu beurkunden sowie auf Antrag eines Betheiligten einseitige Willenserklärungen an Personen, die in ihrem Amtsbezirk ihren Wohnsitz haben, bekannt zu machen und die Bekanntmachung zu beurkunden.

---

1. Nach § 24 des Nassauischen Edikts, betr. die Dienstverhältnisse des Gesindes, v. 15. Mai 1819 und § 9 der Nassauischen Instr. für die Bürgermeister und Feldgerichte v. 2. Januar 1863 war bis dahin der Bürgermeister zuständig, Gesindedienstverträge zu beurkunden, wenn der Miether in der Gemeinde wohnt. Für die Städte ist diese Bestimmung zwar nicht von großem praktischen Werthe, da dort das Gesinde regelmäßig ohne schriftlichen Vertrag angenommen wird. Dagegen kommt auf dem Lande die Beurkundung von Dienstverträgen nicht selten vor. Mit Rücksicht hierauf erscheint es gerechtfertigt, die Vorschrift des Nassauischen Rechtes beizubehalten und sie auf die im Art. 111 bezeichneten Gebietstheile auszudehnen. Regelmäßig werden sich die Betheiligten an den Beamten des Ortes wenden, wo die Dienstherrschaft wohnt; es ist aber nicht erforderlich, gesetzlich nur diesen Beamten für zuständig zu erklären. Begr. S. 65, 66.

2. Nach dem Nassauischen Gemeindegesetze v. 26. Juli 1854 § 23 Abs. 3 und der Instr. v. 2. Januar 1863 §§ 6, 7 waren die Bürgermeister ferner zuständig, auf Antrag der Betheiligten einseitige Willenserklärungen über Privatrechtsverhältnisse, wie Kündigungen, Mahnungen, Zahlungsanerbieten, Angehörigen oder Einwohnern der Gemeinde bekannt zu machen und die Bekanntmachung zu beurkunden. Es empfiehlt sich, auch diese Vorschrift auf die im Art. 111 bezeichneten Gebietstheile zu erstrecken. Die Vorschriften der CPO. über die Ersatzzustellung finden auf diese Bekanntmachung durch die Ortsbehörden keine Anwendung, vielmehr hat die Mitwirkung der Ortsbehörde nur den Zweck, den Beweis zu liefern, daß die Willenserklärung dem Gegner zugegangen ist (BGB. § 130). Soweit durch besondere gesetzliche Vorschriften, wie für Wechselproteste, die Mitwirkung eines Gerichtsbeamten oder eines Notars vorgeschrieben ist, behält es dabei sein Bewenden. Auf Zustellungen, die im Auftrage des Gerichts erfolgen, beziehen sich die Vorschriften des Art. 114 überhaupt nicht, vielmehr sind für solche Zustellungen der § 16 des RGes. und der Art. 1 dieses Gesetzes maßgebend (vgl. hinsichtlich des geltenden Rechtes Ausf.Ges. z. CPO. § 1 Abs. 1). Begr. S. 66.

Vgl. oben Art. 31 Abs. 2 und die Note dazu.

Artikel 115.

Die im Artikel 111 bezeichneten Beamten sind zuständig, Unterschriften zu beglaubigen. Die Unterschrift einer Person, die in ihrem Amtsbezirke weder einen Wohnsitz noch den gewöhnlichen Aufenthalt hat, sollen sie nicht beglaubigen.

Die Beglaubigung darf nur erfolgen, wenn die Unterschrift in Gegenwart des beglaubigenden Beamten vollzogen oder anerkannt wird.

Die Beglaubigung geschieht durch einen unter die Unterschrift zu setzenden Vermerk. Der Vermerk muß die Bezeichnung desjenigen, welcher die Unterschrift vollzogen oder anerkannt hat, enthalten und den Ort und

den Tag der Ausstellung angeben sowie mit Unterschrift und Siegel oder Stempel versehen sein. Er soll außerdem die Angabe enthalten, daß die Vollziehung oder Anerkennung der Unterschrift in Gegenwart des beglaubigenden Beamten erfolgt ist.

---

1. Die Ortsbehörden der im Art. 111 bezeichneten Gebiete waren bisher in mehr oder weniger weitem Umfange zur Beglaubigung von Unterschriften befugt.

In dem vormaligen Herz. Nassau konnte der Bürgermeister nach § 23 Abs. 3 des Gemeindegesetzes v. 26. Juli 1854 und § 2 der Instr. v. 2. Januar 1863 Namensunterschriften von Mitgliedern der Gemeinde und von solchen Personen beglaubigen, welche die Konzession zum zeitweiligen Aufenthalt in der Gemeinde erwirkt haben, das Großh. Hessische Edikt v. 16. Oktober 1852 ermächtigte im Art. 12 den Ortsgerichtsvorsteher allgemein, Unterschriften Dritter zu beglaubigen, und für die Frankfurter Dorfschaften hatte die Praxis ein Beglaubigungsrecht der ersten Feldgeschworenen und der Schultheißen anerkannt. Nach § 10 Abs. 1 des Gesetzes über das Grundbuchwesen in den Hohenzollernschen Landen vom 31. Mai 1873 (GS. S. 301) genügt ferner bei schriftlichen zu einer Löschung erforderlichen Anträgen oder Willenserklärungen die Beglaubigung der Unterschriften durch einen Ortsvorsteher. Weiterhin bestimmt der § 16 des Gesetzes über das Grundbuchwesen in dem Gebiete der vormals freien Stadt Frankfurt sowie in den vormals Großherzoglich Hessischen und Landgr. Hessischen Gebietstheilen der Provinz Hessen-Nassau v. 19. August 1895 (GS. S. 481), daß zur Beglaubigung der Unterschriften von Anträgen und Urkunden oder Vollmachten, falls der Aussteller im Geltungsbereiche dieses Gesetzes an einem Orte wohnt, an welchem sich kein Amtsgericht befindet, der Bürgermeister (Schultheiß) des Wohnortes befugt ist. Inwieweit, abgesehen von der letzteren Vorschrift, in Hessen-Homburg die Bürgermeister oder Schultheißen das Recht haben, Unterschriften zu beglaubigen, mag hier dahingestellt bleiben. Begr. S. 66.

2. Der Art. 115 schließt sich dem § 16 des Ges. v. 19. August 1895 an, indem er dessen Vorschriften mit einigen Aenderungen auf Beglaubigungen, die nicht für den Grundbuchverkehr bestimmt sind, insbesondere auch auf die Beglaubigung einer Anmeldung zum Handelsregister, ausdehnt. Eine Abweichung von dem § 16 liegt namentlich darin, daß nach dem Artikel die Beschränkungen, denen die Beglaubigungsbefugniß der Ortsbehörden unterliegt, nur instruktioneller Natur sind, ferner darin, daß der Artikel in den vormals Großh. Hessischen Gebietstheilen die Beglaubigungsbefugnisse nicht den Bürgermeistern, sondern den Ortsgerichtsvorstehern beilegt. Das Amt des Ortsgerichtsvorstehers wird zwar regelmäßig von dem Bürgermeister bekleidet, doch kann die Staatsregierung für dasselbe nach Art. 3 des Edikts v. 16. Oktober 1852 in einzelnen Gemeinden einen besonderen Beamten auf Widerruf ernennen; geschieht dies, so wird es für angemessen zu erachten sein, daß auf ihn auch die Beglaubigungsbefugniß übergeht.

Für die Hohenzollernschen Lande stellt die Vorschrift des Art. 115, wie schon an anderer Stelle hervorgehoben worden ist, eine erhebliche Erweiterung der Beglaubigungsbefugniß der Ortsbehörden dar. Der Hohenzollernsche Kommunallandtag hat jedoch in seinen Sitzungen v. 9. und 10. Februar 1898 einen Beschluß gefaßt, durch welchen die Staatsregierung ersucht wird, eine Ausdehnung der den Hohenzollernschen Ortsvorstehern in Grundbuchsachen zustehenden Beglaubigungsbefugnisse nach dem Vorbilde des § 16 des Ges. v. 19. August 1895 herbeizuführen. Wenn der Artikel diesem Wunsche stattgiebt, so ist dafür namentlich auch die Rücksicht auf das Recht der Nachbarstaaten der Hohenzollernschen Lande maßgebend gewesen. Nach dem Art. 117 des Württemb. Entw. eines Ausf.Ges. z. BGB. sollen nämlich für die öffentliche Beglaubigung von Unterschriften in Uebereinstimmung mit dem geltenden Württ. Rechte die Ortsvorsteher und die Rathsschreiber zuständig sein. Ebenso ist nach § 22 des Badischen Gesetzentw. über das Grundbuchwesen und nach § 43 des Badischen Gesetzentw. über die freiw. Gerichtsb. und das Notariat der Bürgermeister am Wohnsitz oder gewöhnlichen Aufenthalte des Betheiligten befugt, die Unterschrift zu beglaubigen. Ausgenommen hiervon sind allerdings nach den Badischen Entwürfen Urkunden, die zum Gebrauch außerhalb des Großherzogthums bestimmt sind. Auch entzieht der angeführte § 43 den Ortsvorstehern die Befugniß zur Beglaubigung von Urkunden, die unmittelbar zum Gebrauche vor den ordentlichen Gerichten bestimmt sind; für Grundbuchsachen gilt indessen diese Beschränkung nach § 23 a. a. O. selbst dann nicht, wenn das Grundbuch von dem Amtsgerichte geführt wird. Begr. S. 67.

3. Die auf die Form der Unterschriftsbeglaubigung bezüglichen Bestimmungen des Art. 115 schließen sich dem § 183 des RGes. an. Jedoch ist, abweichend von den reichsgesetzlichen Vorschriften, aber in Uebereinstimmung mit dem § 16 des Ges. v. 19. August 1895, vorgeschrieben, daß der Beglaubigungsvermerk die Angabe enthalten soll, daß die Vollziehung oder Anerkennung der Unterschrift in Gegenwart des beglaubigenden Beamten erfolgt ist. Von dieser Bestimmung bei den Ortsbehörden abzusehen, wäre nicht zweckmäßig. Begr. S. 67.

4. Anträge, welche bezweckten, überall die Standesbeamten zur Beglaubigung von Unterschriften bezw. in demjenigen Theile der Monarchie, welcher durch die Art. 111 bis 116 nicht betroffen wird, die Vorsteher der Gemeinden und Gutsbezirke zur Beglaubigung von Unterschriften von den zu einer Löschung im Grundbuch erforderlichen Willenserklärungen oder Anträgen für zuständig zu erklären, wurden in der Kommission des Abgeordnetenhauses abgelehnt; vgl. Kom.Ber. S. 63, 64.

Artikel 116.

Die im Artikel 111 bezeichneten Beamten sind verpflichtet, die Gerichte bei der Beurkundung einer Theilung oder eines Uebergabevertrags sowie bei der Vermittelung einer Auseinandersetzung auf Ersuchen zu unterstützen.

Auch in anderen Angelegenheiten der freiwilligen Gerichtsbarkeit können sich die Gerichte ihrer Beihülfe bedienen, insbesondere die Ertheilung von Auskunft oder Zeugnissen über persönliche Verhältnisse und über Besitzverhältnisse sowie die Abgabe von Gutachten verlangen.

Die Art. 104 bis 109, 112, 113 und der schon in der Note zu Art. 113 erwähnte Satz 1 des Art. 116 geben zu erkennen, daß die im Art. 111 bezeichneten Beamten Hülfsbeamte der Gerichte sind. Die genannten Artikel enthalten in dieser Hinsicht Vorschriften für bestimmte Arten von Geschäften. Es empfiehlt sich aber, noch eine allgemeine Klausel hinzuzufügen, nach welcher sich die Gerichte der Beihülfe der Ortsbehörden auch in den nicht besonders aufgeführten A. d. fr. Ger.

bedienen können (vgl. Nassauische Instr. v. 2. Januar 1863 § 16 Abs. 1; Großh. Hess. Edikt v. 16. Oktober 1852 Art. 15, Instr. v. 26. Oktober 1852 § 34). Namentlich wird es zur sachgemäßen Förderung der Geschäfte beitragen, wenn das Gericht bei den ihm nach § 12 des RGes. obliegenden Ermittelungen ein besonderes Organ hat, an welches es sich zu seiner Unterstützung wenden kann. Auch eine Mitwirkung der Ortsbehörden bei den gerichtlichen Zustellungen kann in Frage kommen (RGes. § 16 Abs. 2 Satz 2; vgl. Nassauische Instr. § 1, Großh. Hess. Edikt Art. 9). Begr. S. 67, 68.

Artikel 117.

Die Vorschriften der Artikel 111 bis 116 gelten nicht für Orte, die Sitz eines Amtsgerichts sind.

Der Artikel verdankt seine Entstehung der Kom. d. Abg. und ist veranlaßt durch eine Eingabe des Nassauischen Städtetages. Es wurde angenommen, daß ein Bedürfniß nicht vorliege, an Orten, wo sich ein Amtsgericht befindet, die Gemeindeorgane in A. d. fr. Ger. in Anspruch zu nehmen, zumal Gerichtsschreiber und Gerichtsvollzieher zur Verfügung stehen. Vgl. Kom.Ber. S. 62.

Ob entsprechend dieser Vorschrift bei der in Art. 122 in Aussicht genommenen Neuorganisation der in den dort bezeichneten Gebietstheilen bisher bestandenen Ortsbehörden zu Ortsgerichten, Ortsgerichte an solchen Orten, an denen sich ein Amtsgericht befindet, nicht errichtet werden, entscheidet die zu erlassende Königl. Verordnung. An der Zulässigkeit der Errichtung von Ortsgerichten auch an solchen Orten dürfte nicht zu zweifeln sein. Entsprechendes gilt auch für den Bezirk des ehemaligen Justizsenats zu Ehrenbreitstein, vgl. Art. 123.

Artikel 118.

Die Vorschriften der Artikel 104 bis 106 finden entsprechende Anwendung auf die Gemeindevorstände (Bürgermeister, Dorfschaftsvorsteher, Bauerschaftsvorsteher, Gutsvorsteher) in Schleswig-Holstein.

Bisher waren nach dem Allerh. Erlasse v. 14. Dezember 1868 (Amtsbl. der Reg. zu Schleswig 1869 S. 30) in der Landschaft Eiderstedt neben den Gerichten die Rathmänner zur Nachlaßsiegelung befugt. Auch in den meisten übrigen Theilen Schleswig-Holsteins gab es bis zum Jahre 1882 außer dem ordentlichen Richter noch besondere Beamte, welche berufen waren, Maßregeln zur Sicherung eines Nachlasses zu ergreifen. Diese besonderen Beamten, die Gerichtsvögte, sind indessen seit dem Jahre 1882 abgeschafft. Thatsächlich haben sich aber außerhalb der Landschaft Eiderstedt in den entfernten Orten Schleswig-Holsteins die Gemeindevorstände in dringenden Fällen vielfach mit Maßregeln zur Nachlaßsicherung befaßt, indem sie die Schlüssel zu den Räumen und Behältnissen sowie die frei umher liegenden Werthsachen an sich genommen und dem Amtsgericht eingesendet oder Siegelungen vorgenommen und davon dem Amtsgericht Anzeige erstattet haben. Es erschien wünschenswerth, dieses Verfahren, welches eine rechtliche Grundlage nur in der den Ortsvorständen zustehenden Polizeigewalt fand, dadurch näher zu regeln, daß, wie in Art. 118

geschieht, den Ortsbehörden bezüglich der Nachlaßsicherung Funktionen der freiwilligen Gerichtsbarkeit übertragen werden. Die besonderen Bestimmungen über die Zuständigkeit der Rathmänner zur Nachlaßsiegelung können alsdann aufgehoben werden; vgl. Art. 119 Satz 1 und Note 1 b β daselbst. Begr. S. 68.

Artikel 119.

Die Vorschriften des bisherigen Rechtes, nach denen die Dorfgerichte im Geltungsbereiche des Allgemeinen Landrechts zu Geschäften der freiwilligen Gerichtsbarkeit befugt sind, sowie die Vorschriften des Allerhöchsten Erlasses vom 14. Dezember 1868 über die Zuständigkeit der Rathmänner in der Landschaft Eiderstedt werden aufgehoben. Das Gleiche gilt von den Vorschriften des bisherigen Rechtes, nach welchen in den Hohenzollernschen Landen, in dem vormaligen Herzogthume Nassau, in den vormals Großherzoglich Hessischen Gebietstheilen, in dem vormals Landgräflich Hessischen Amtsbezirke Homburg und in dem Gebiete der vormals freien Stadt Frankfurt Ortsbehörden (Ortsgerichte, Feldgerichte, Bürgermeister, Schultheißen, Schöffen ꝛc.) befugt sind, selbständig oder als gerichtliche Hülfsbeamte Geschäfte der freiwilligen Gerichtsbarkeit vorzunehmen.

Unberührt bleiben die Vorschriften über die Aufnahme von Taxen sowie die Vorschriften derjenigen Gesetze, deren Geltungsbereich sich nicht auf die im Abs. 1 Satz 2 bezeichneten Gebietstheile beschränkt, sondern sich über diese Gebietstheile hinaus erstreckt.

---

1. Aus der Fassung des **Abs. 1** geht hervor, daß die in Abs. 1 bezeichneten Behörden und Beamten nicht als solche beseitigt werden sollen, sondern nur, daß ihre Befugnisse auf dem Gebiete der freiwilligen Gerichtsbarkeit wegfallen sollen, soweit sie nicht in den Art. 104 bis 109, 111 bis 116, 118 von Neuem bestätigt worden sind.

a) Unberührt erhalten bleibt also die Zuständigkeit in anderen Angelegenheiten als solchen der freiwilligen Gerichtsbarkeit. Dazu gehört z. B. die den Ortsbehörden nach verschiedenen Gesetzen (vgl. Nassauisches Gemeindeges. v. 26. Juli 1854 § 22 nebst Instr. v. 2. Januar 1863 §§ 27 ff.; Landgr. Hessische Instr. für die Feldgerichtsschöffen v. 25. April 1832 §§ 12 ff.; Frankf. Verordn. v. 10. März 1825 § 6 Nr. 1) obliegende Aufsicht im Felde (Setzen von Grenzsteinen und dergl.), da diese Thätigkeit der Ortsbehörden im Sinne des Gesetzes nicht als zum Gebiete der freiw. Gerichtsb. gehörig anzusehen ist. Denn wenngleich nach Art. 31 die Mitwirkung bei Abmarkungen in den Kreis der gerichtlichen oder notariellen Beurkundungsthätigkeit fällt und die geltenden Partikularrechte diese Thätigkeit der Ortsbehörden nicht von den Geschäften der freiwilligen Gerichtsbarkeit trennen, so ist doch die in Frage stehende Thätigkeit ihrem Wesen nach als eine feldpolizeiliche anzusehen. Durch den Art. 119 wird auch nicht ausgeschlossen, daß die Ortsbehörden bei der Ausübung dieser feldpolizeilichen Thätigkeit Grenzstreitigkeiten schlichten (vgl. Landgräflich Hess. Instr. für die Feldgerichtsschöffen v. 25. April 1832 § 13). Vgl. Begr. S. 69, 70. — Wegen Uebertragung dieser Obliegenheiten auf die neu zu errichtenden Ortsgerichte siehe Art. 124.

b) In Fortfall kommt dagegen:

α) in dem landrechtlichen Gebiete die Zuständigkeit der Dorfgerichte, Verträge gemeiner Landleute, die nicht schreiben und lesen können und Ehegelöbnisse gemeiner Landleute, zu beurkunden, ferner bei Gefahr im Vorzuge Testamente und Kodizille auf- und anzunehmen sowie unter der gleichen Voraussetzung gerichtliche Verhandlungen, bei welchen es auf keine Rechtskenntnisse, sondern auf bloße Beglaubigung ankommt, vorzunehmen (ALR. I. 5 §§ 172, 173, I. 12 §§ 93 ff., II. 1 § 83, II. 7 §§ 82, 83; AGO. II. 2 § 8). Diese Zuständigkeit ist schon zum Theil durch andere u. zw. reichsgesetzliche Vorschriften aufgehoben z. B. die Beurkundung von Verträgen schreibens- und lesensunkundiger Leute durch § 129 BGB., welcher, ohne Vorbehalt für die Landesgesetzgebung, die öffentliche Beglaubigung von Handzeichen den ordentlichen Gerichten und Notaren zuweist. An Stelle der bisherigen Vorschriften über Nothtestamente treten die §§ 2249, 2250 BGB. und auf Grund des Art. 150 Einf.Ges. z. BGB. Art. 80 Ausf.Ges. z. BGB. Vgl. Begr. S. 64.

β) in der Landschaft Eiderstedt diejenige Zuständigkeit der Rathmänner welche denselben durch den Allerhöchsten Erlaß v. 14. Dezember 1868 übertragen war, soweit sie nicht in Art. 118 (vgl. Note daselbst) aufrecht erhalten ist. In Betracht kommen hier: die Befugniß, auf Bestellung von Vormündern und Kuratoren anzutragen und geeignete Personen vorzuschlagen; die vorläufige Fürsorge für das Vermögen Unmündiger, Abwesender und Geisteskranker, die vorläufige Prüfung der Vormundschaftsrechnungen und die Ueberwachung der Vormünder sowie die Abgabe eines Gutachtens über die Entlassung eines Vormundes; die Inventur und Taxation der gerichtlich zu regulirenden Massen, letztere unter Zuziehung der von den Amtsgerichten etwa besonders bestellten Taxatoren; die Vornahme gerichtlicher Versteigerungen von beweglichen Sachen und gerichtlicher öffentlicher Verpachtungen sowie die Theilnahme an Terminen zu gerichtlichen Grundstücksversteigerungen; die Abgabe von Gutachten über die Ausführung einer gerichtlichen Erbtheilung, über die Bedingungen für die von den Gerichten vorzunehmenden Verpachtungen und Veräußerungen von Grundstücken sowie über die Zweckmäßigkeit solcher Verpachtungen und Veräußerungen. Ein Theil der den Rathmännern hiernach obliegenden Geschäfte ist ihnen jedoch schon durch die Vormundschaftsordnung (§ 102) entzogen und, was die ihnen verbliebenen Geschäfte betrifft, so liegen keine ausreichenden Gründe vor, der Landschaft Eiderstedt auch für die Zukunft in Bezug auf die A. d. fr. Ger. eine Ausnahmestellung einzuräumen. Der Art. 119 hebt deshalb die Vorschriften des Allerh. Erlasses v. 14. Dezember 1868 über die Zuständigkeit der Rathmänner, auf; doch soll die Zuständigkeit zur Aufnahme von Taxen bis zu der in Aussicht genommenen neuen Regelung des Taxwesens (vgl. Art. 127 Abs. 1) den Rathmännern verbleiben. Begr. S. 68, 69.

γ) in den im Art. 111 bezeichneten Gebietstheilen (vgl. auch Art. 111 Note 1) die Befugniß zu Folgendem:

Nach § 24 des Nassauischen Edikts v. 15. Mai 1819 über die Dienstverhältnisse des Gesindes und der Handwerksgehülfen und nach § 9 der Instr. für die Bürgermeister und Feldgerichte v. 2. Januar 1863 ist der Bürgermeister zur Vornahme und Beurkundung eines Güteversuchs in Streitigkeiten zwischen Dienstherrschaft und Gesinde zuständig. Diese Bestimmungen sind mit Rücksicht auf die Vorschriften der Schiedsmannsordnung v. 29. März 1879 entbehrlich.

Den Bürgermeistern die Zuständigkeit zur Protokollirung von Viehhandelsgeschäften zu belassen, liegt angesichts der Vorschriften des BGB., nach welchen ein schriftlicher Vertrag nicht erforderlich ist, kein Grund vor (s. Nassauisches Instr. §§ 10 ff.; vgl. auch Großh. Hess. Edikt v. 16. Oktober 1852 Art. 12 Abs. 1, Landgr. Hess. Instr. für die Schultheißen v. 9. Februar 1820 § 15). Auch besteht kein Bedürfniß, die Bestimmung beizubehalten, daß der Bürgermeister befugt ist, auf Antrag von Privatpersonen Atteste zu ertheilen (Nass. Instr. § 2 Nr. 2).

Ebenso brauchen die in den Großh. Hessischen Gebietstheilen geltenden Vorschriften über Bescheinigungen und Attestationen nicht aufrecht erhalten zu werden (Instr. v. 26. Oktober 1852 §§ 2, 48). Die Zuständigkeit der Ortsgerichtsvorsteher zur Beurkundung von Eheverträgen (Edikt Art. 11) wird schon durch § 1434 des BGB. beseitigt (vgl. übrigens Art. 116). Auch die Befugniß des Ortsgerichts und des Ortsgerichtsvorstehers zur Beglaubigung von Abschriften (Instr. § 48 Nr. 1) kommt zweckmäßig in Wegfall. Ingleichen hat es keine Berechtigung, für die vormals Landgr. Hessischen Gebietstheile die Bestimmnng des Diäten- und Gebührenregulatis v. 3. Juni 1862 § 1 Nr. 6 fortbestehen zu lassen, wonach die Bürgermeister „zur Beglaubigung von Abschriften, Auszügen und anderen Urkunden“ befugt sind; daß die Ortsbehörden von den Urkunden, die sie innerhalb ihrer Zuständigkeit aufgenommen haben (vgl. Art. 114), beglaubigte Abschriften ertheilen können, bedarf keiner Hervorhebung im Gesetze.

Vereinzelt ist für Geschäfte, die das Gesetz den im Art. 111 bezeichneten Beamten zuweist, in dem bisher geltenden Recht eine Mitwirkung kollegialer Behörden vorgesehen. Insbesondere kommt nach dem Großh. Hessischen Edikt v. 16. Oktober 1852 und der Instr. v. 26. Oktober 1852 für Theilungen neben der Mitwirkung des Ortsgerichtsvorstehers auch eine Mitwirkung des Ortsgerichts in Frage; ferner bestimmt der § 38 Nr. 9 des Sigmaringer Gesetzes über die Verwaltung und Verfassung der Gemeinden v. 6. Juni 1840, daß der Bürgermeister mit zwei Gemeinderäthen die freiw. Gerichtsb. versieht, soweit sie früher dem Bürgermeister und Gemeinderathe zustand. Das Gesetz beseitigt die bestehenden Verschiedenheiten, indem es die in den Artikeln 104 bis 109, 112 bis 116 aufgeführten Geschäfte Einzelbeamten überträgt. Da die Thätigkeit der Ortsbehörden, abgesehen von der Nachlaßsicherung, der Vorbereitung der Theilung und der Unterschriftsbeglaubigung, einen Auftrag des Gerichts voraussetzt, so ist im Anschluß an das Nassauische Recht bis zur neuen Organisation der Ortsgerichte von einer Zuziehung mehrerer Personen abgesehen worden. Inwieweit demnächst bei den Ortsgerichten eine kollegialische Behandlung der Geschäfte stattfinden soll, wird bei Erlaß der Königl. Verordn. zu prüfen sein. Begr. S. 70, 71.

2. Der **Abs.** 2 hält kraft ausdrücklicher Vorschrift aufrecht:

a) für das ganze Staatsgebiet die Vorschriften über die Aufnahme von Taxen (vgl. AGO. II 6 §§ 1 bis 19, Gesetz v. 15. Juni 1840 (GS. S. 131), Gesetz v. 4. Mai 1857 (GS. S. 445). Wegen der Neuregelung des Taxwesens vgl. Art. 127 Abs. 1.

b) die Befugnisse, welche den Ortsbehörden in solchen Gesetzen beigelegt sind, welche nicht nur in einem der in Art. 111 bezeichneten Gebietstheile, sondern auch außerhalb dieser Gebietstheile gelten. Dieser Vorbehalt ist von Bedeutung für die Landgüterordnung des Regirungsbezirkes Cassel v. 1. Juli 1887 (GS. S. 315), die auch in dem zu dem Regirungsbezirke Cassel gehörigen vormals Großh. Hessischen

Gebiete von Böhl gilt, sowie für das Gesetz, betreffend das Anerbenrecht bei Renten- und Ansiedelungsgütern, v. 8. Juni 1896 (GS. S. 124), welches auch für die Hohenzollernschen Lande, das Gebiet der vormals freien Stadt Frankfurt und die vormals Großherzoglich Hessischen und Landgräflich Hessischen Gebietstheile erlassen ist, wenngleich es in dem Frankfurter und Hessischen Gebiet erst an einem durch Königliche Verordnung zu bestimmenden Tage in Kraft tritt (§ 41). Die Landgüterordnung für den Regierungsbezirk Cassel bestimmt im § 28, daß diejenigen, welche über das Landgut letztwillig verfügen können, in einem Testament oder in einer gerichtlich oder notariell oder vom Ortsvorstande beglaubigten Urkunde gewisse Anordnungen von Todeswegen treffen können, und eine ähnliche Vorschrift enthält der § 32 des Gesetzes v. 8. Juni 1896, der eine Beglaubigung durch den Amts-, Gemeinde- oder Gutsvorsteher für genügend erklärt. Vgl. Begr. S. 69.

3. Für die Uebergangszeit ist zu bemerken, daß die den Verkehr mit Grundstücken betreffenden Befugnisse der Ortsbehörden nach Maßgabe des Art. 189 Einf.Ges. z. BGB. und des Art. 139 Abs. 1, 2 des vorliegenden Gesetzes bis zur vollendeten Anlegung des Grundbuchs fortdauern; der Abs. 4 des Art. 139 giebt aber dem Justizminister die Befugniß, diese Geschäfte auf andere Behörden oder Beamte zu übertragen (vgl. § 76 des Gesetzes über das Grundbuchwesen u. s. w. v. 19. August 1895).

Artikel 120.

Der Justizminister ist befugt, über die Aufsicht, welcher die im Artikel 111 und im Artikel 119 Abs. 1 Satz 2 bezeichneten Behörden und Beamten in den Angelegenheiten der freiwilligen Gerichtsbarkeit unterliegen, Bestimmung zu treffen.

Das Recht der Aufsicht in dem im Artikel bezeichneten Gebiete wurde bislang, soweit es sich um die kollegialen Ortsbehörden handelt und soweit bis zum 1. Januar 1879 der Justizverwaltung ein Aufsichtsrecht zustand, nach § 78 Nr. 3 Ausf.Ges. z. GVG. in unterster Instanz von dem Präsidenten des Landgerichts ausgeübt. Das Gleiche gilt für die mit A. d. fr. Ger. befaßten Einzelbeamten, wenngleich der § 78 Nr. 3 des Ausf.Ges. z. GVG. auf sie vielleicht keine Anwendung findet. Thatsächlich wurde in den zum Oberlandesgerichtsbezirke Cassel gehörigen vormals Großh. Hessischen Gebietstheilen auch von den Amtsgerichten ein Aufsichtsrecht ausgeübt. Wo dagegen bis zum 1. Januar 1879 die Justizverwaltung ein Aufsichtsrecht über die Ortsbehörden oder die Ortsbeamten nicht hatte (wie in den Dorfschaften der vormals freien Stadt Frankfurt), standen ihr auch weiterhin keine Aufsichtsrechte zu.

In dem Artikel wird nun dem Justizminister die Befugniß ertheilt, die Aufsicht über die Ortsbehörden in Bezug auf die Geschäfte der freiwilligen Gerichtsbarkeit zu regeln. Diese Befugniß bezieht sich aber nur auf die Uebergangszeit bis zur etwaigen Neuerrichtung von Ortsgerichten gemäß Art. 122, 123; die Aufsicht über diese wird wie überhaupt deren Errichtung und Einrichtung durch Königl. Verordn. geregelt (vgl. Art. 122 Abs. 2, Art. 123). Von einer gesetzlichen Uebertragung der Dienstaufsicht auf die Amtsgerichte ist abgesehen, um die Möglichkeit zu wahren, die Ortsbehörden größerer Orte von der Dienstaufsicht der Amtsgerichte auszunehmen. Vgl. Begr. S. 71, 72.

Artikel 121.

In dem Gebiete des vormaligen Kurfürstenthums Hessen sind nur die Amtsgerichte zuständig, auf Grund des § 1960 des Bürgerlichen Gesetzbuchs für die Sicherung des Nachlasses zu sorgen.

---

1. Den Wortlaut des § 1960 BGB. siehe bei Art. 104.

2. Der Artikel 121 bezweckt lediglich eine Klarstellung des Rechtszustandes. Schon bisher wurde angenommen, daß die Vorschriften der Kurhessischen Partikulargesetze, wonach die Greben und Bürgermeister zu Maßnahmen behufs Sicherung des Nachlasses verpflichtet waren (Grebenordnung v. 6. November 1739 Art. IX § 1; Verordn., betr. die Gerichtsbarkeit in dem Großherzogthum Fulda, v. 28. Dezember 1816 (GS. S. 148 § 69), durch den § 102 der Vormundschaftsordnung v. 5. Juli 1875 aufgehoben sind. Begr. S. 72.

Die Befugnisse, die den Ortsbehörden als Organen der Polizeigewalt zustehen, werden durch den Artikel nicht berührt. Vgl. auch Art. 19 Note 4.

Artikel 122.

Durch Königliche Verordnung können in den im Artikel 119 Abs. 1 Satz 2 bezeichneten Gebietstheilen sowie in den vormals Kurhessischen Theilen des Oberlandesgerichtsbezirkes Frankfurt Ortsgerichte errichtet werden. Die Ortsgerichte sind für die in den Artikeln 104 bis 109, 112 bis 116 bezeichneten Angelegenheiten zuständig; die im Artikel 111 genannten Beamten verlieren mit der Errichtung der Ortsgerichte ihre Zuständigkeit für diese Angelegenheiten. Im vormaligen Herzogthume Nassau gehen auf die Ortsgerichte auch die im Artikel 12 § 3 des Ausführungsgesetzes zum Bürgerlichen Gesetzbuche bezeichneten Verrichtungen über.

Die Einrichtung sowie die dienstliche Stellung der Ortsgerichte wird durch Königliche Verordnung geregelt. Für Orte, in deren Nähe sich ein Amtsgericht befindet, kann die Zuständigkeit der im Artikel 111 genannten Beamten aufgehoben werden, ohne daß diese Orte in die Bezirke der neuen Ortsgerichte einbezogen werden.

---

1. Die **Art. 122, 123** bezwecken, die Möglichkeit zu schaffen, in dem Bezirke des Oberlandesgerichts Frankfurt einen einheitlichen Zustand in Ansehung der Ortsbehörden herbeizuführen an Stelle des zur Zeit bestehenden, der sehr unübersichtlich und unsicher ist, wie in der Vorbemerkung zu diesem Abschnitte bereits bemerkt ist. Es sollen zu diesem Zwecke Ortsgerichte errichtet werden u. zw. durch Königliche Verordnung, die auch zugleich über die innere Einrichtung und Verfassung, wie über die dienstliche Stellung befinden wird. Das Verfahren dieser Ortsgerichte dagegen wird eine Allgemeine Verfügung des Justizministers regeln (Art. 126). Die Zuständigkeit ist bereits hier durch Gesetz festgelegt.

Mit dieser Errichtung erreicht der durch Art. 111 ff. geschaffene Zwischenzustand sein Ende. Eine vollständige Einheitlichkeit wird aber immer noch nicht erzielt werden, auch wenn die Königliche Verordnung ergangen ist; vgl. Abs. 1 Satz 4 (Note 3) und Art. 124 Abs. 2.

2. Der Art. 122 befaßt sich mit dem gesammten Oberlandesgerichtsbezirk Frankfurt mit Ausnahme des in Art. 123 besonders behandelten ehemaligen Justizsenatsbezirks. Die vormals Kurhessischen Theile des Bezirks sind besonders hervorgehoben, weil sie in Art. 119 Abs. 1 Satz 1 nicht bezeichnet waren, indem in diesen Gebietstheilen zur Zeit eine Mitwirkung der Ortsbehörden in A. d. fr. Ger. nicht stattfindet.

3. Den Wortlaut des Art. 12 Ausf.Ges. z. BGB. siehe bei Art. 32 Note 1. Die hierin ausgesprochene Zuständigkeit wird künftig nur den Ortsgerichten im ehemaligen Herzogthume Nassau zukommen.

Artikel 123.

Durch Königliche Verordnung können für den Bezirk des vormaligen Justizsenats zu Ehrenbreitstein Ortsgerichte errichtet werden.

Die Ortsgerichte sind für die in den Artikeln 104 bis 109, 112 bis 116 bezeichneten Angelegenheiten zuständig. Mit der Errichtung der Ortsgerichte hören die Befugnisse auf, welche zu dieser Zeit in dem Bezirke des vormaligen Justizsenats zu Ehrenbreitstein den Feldgerichten, den Schultheißen, den Schöffen, den Bürgermeistern und den Ortsvorstehern in Angelegenheiten der freiwilligen Gerichtsbarkeit zustehen. Für Orte, an denen oder in deren Nähe sich ein Amtsgericht befindet, kann die Zuständigkeit dieser Beamten aufgehoben werden, ohne daß diese Orte in die Bezirke der neuen Ortsgerichte einbezogen werden. Die Vorschriften des Artikel 119 Abs. 2 finden entsprechende Anwendung.

---

1. Was den Bezirk des vormaligen Justizsenats zu Ehrenbreitstein betrifft, so war die Zuständigkeit der Ortsbehörden hier eine engere als im vormaligen Herz. Nassau, den vormals Großh. Hessischen Gebietstheilen u. s. w. Im Einzelnen ist Folgendes zu bemerken. Nach § 10 des Ges. über das Grundbuchwesen in dem Bezirke des Justizsenats zu Ehrenbreitstein v. 30. Mai 1873 (G.S. S. 287) können Löschungen im Grundbuche, falls der Schuldner im Besitze der Schuldurkunde ist, auch auf Grund einer vom Bürgermeister oder Ortsvorsteher beglaubigten Quittung oder Löschungsbewilligung des Gläubigers erfolgen; die hiernach den Bürgermeistern oder Ortsvorstehern zustehende Beglaubigungsbefugniß bleibt nach dem Ausf.Ges. zur Reichs-Grundbuchordnung Art. 33 Nr. 7 bis zum Inkrafttreten der Königl. Verordn. über die Errichtung der Ortsgerichte bestehen. In einem Theile des Justizsenats zu Ehrenbreitstein sind ferner für die A. d. fr. Ger. noch besondere Behörden oder Beamte vorhanden; in den Kreisen Altenkirchen und Wetzlar bestehen kollegialische Feldgerichte, in den Bürgermeistereien Daaden, Gebhardshain und Kirchen sind Schöffen und in einzelnen anderen Orten des Landgerichtsbezirkes Neuwied Schultheißen und Schöffen zu Hülfsbeamten des Amtsgerichts bestellt. Alle diese Behörden oder Beamten sind — mit Abweichungen im Einzelnen — zuständig, im Auftrage des Gerichts Taxen und Inventuren vorzunehmen, Loos- und Theilzettel anzufertigen sowie Siegelungen und Versteigerungen auszuführen; auf den öffentlichen Verkauf von Grundstücken an den Meistbietenden erstreckt sich aber ihre Zuständigkeit nicht (vgl.

Verf. des Justizministers v. 23. September 1879 (JMBl. S. 385), v. 4. Oktober 1883 (JMBl. S. 315) und die weiteren im Jahrbuche der Preuß. Gerichtsverfassung 1896 S. 109 Anm. 3 angegebenen Verfügungen). Vgl. Begr. S. 72, 73.

2. Nach der Regierungsvorlage war vorgesehen, daß die Königliche Verordnung die Zuständigkeit der zu errichtenden Ortsgerichte entsprechend dem bisherigen Zustande enger begrenzen könne, als sie für den übrigen Theil des Oberlandesgerichtsbezirks Frankfurt in Art. 122 festgelegt ist. Diese Ermächtigung ist in der Kom. d. Abg. gestrichen worden im Interesse der Rechtseinheit und weil bei den gleichen wirthschaftlichen Verhältnissen des ganzen Bezirks eine Besonderheit für einen einzelnen Theil nicht angemessen erschien. Vgl. Kom.Ber. S. 65.

3. Wenn im Schlußsatze des Abs. 2 nur der Art. 119 Abs. 2 ausdrücklich erwähnt ist, so ist damit nicht gesagt, daß nicht entsprechend dem Art. 122 Abs. 2 die Königl. Verordnung auch hier über die Einrichtung und dienstliche Stellung der Ortsgerichte soll befinden können.

Artikel 124.

Den Ortsgerichten (Artikel 122, 123) können durch Königliche Verordnung unter Aufhebung der geltenden Bestimmungen solche durch die Vorschriften dieses Abschnitts nicht betroffene Angelegenheiten übertragen werden, welche in dem einzelnen Rechtsgebiete den jetzt bestehenden Ortsbehörden obliegen.

Für Orte, die in die Bezirke der neuen Ortsgerichte nicht einbezogen werden, können die im Abs. 1 bezeichneten Angelegenheiten durch Königliche Verordnung in anderer Weise als im Wege der Uebertragung auf Ortsgerichte neu geregelt werden.

Mit dem Ortsgerichte kann unter Zustimmung des Kommunallandtags, im Bezirke des vormaligen Justizsenats zu Ehrenbreitstein unter Zustimmung des Provinziallandtags, durch Königliche Verordnung das Amt des Gemeindewaisenraths sowie das Amt des Schiedsmanns verbunden werden.

---

1. Der **Abs. 1** ist hauptsächlich aufgenommen worden, um zu ermöglichen, den Ortsgerichten des in Rede stehenden Bezirks neben der nach Art. 122, 123 festgestellten Zuständigkeit noch die Zuständigkeit zur Aufnahme von Taxen oder wenigstens zur Mitwirkung bei der Aufnahme von Taxen übertragen zu können. Durch die allgemeine Fassung ist diese Uebertragung auch dort ermöglicht, wo, wie in den Hohenzollernschen Landen, bisher eine Mitwirkung der Ortsbehörden bei Schätzungen nicht stattfindet. Vgl. dazu Art. 127.

Auch abgesehen von den Taxen, liegen den bisher zur Mitwirkung in den A. d. fr. Ger. berufenen kollegialen Ortsbehörden zum Teil Geschäfte ob, die von den Bestimmungen des Gesetzes nicht berührt werden, insbesondere deshalb, weil sie im Sinne des Gesetzes nicht zu den Geschäften der freiw. Gerichtsb. zu rechnen sind, nicht unter die Aufhebungsbestimmungen des Art. 119 Abs. 1 fallen. Hierher gehört beispielsweise die Pflicht der Feldgerichte zur Beaufsichtigung der Grenzen der Gemarkungen und Grundstücke, insbesondere die Sorge für das ordnungsmäßige Setzen von Grenzsteinen (vgl. oben Art. 119 Note 1a); weiterhin kommen in Betracht die Vorschriften der Nassauischen Feldfrevelordnung v. 19. Februar 1863 (VBl. S. 103), nach welchen der Bürgermeister und das Feldgericht zu bestimmen haben, wann die Weinberge geschlossen werden sollen, u. dergl. m. (§§ 17, 19 a. a. O.). Da auch diese Geschäfte bei der neuen Organisation der Ortsbehörden Berücksichtigung finden müssen, so sieht das Gesetz im Art. 124 Abs. 1 vor, daß den Ortsgerichten durch Königl. Verordn. solche von den Bestimmungen des Gesetzes nicht betroffene Angelegenheiten übertragen werden können, welche in dem einzelnen Rechtsgebiete den bisher bestehenden Ortsbehörden oblagen. Begr. S. 73.

2. Der **Abs.** 2 bezieht sich auf die Möglichkeit, daß in der nach Art. 122, 123 zu erlassenden Königlichen Verordnung an einzelnen Orten keine Ortsgerichte errichtet werden sollten (vgl. Note zu Art. 117).

3. Die in **Abs. 3** vorgesehene Verbindung des Amtes des Gemeindewaisenraths und des Schiedsmannes mit dem Ortsgerichte bezweckt, die Ortsgerichte in erhöhtem Maße lebensfähig zu machen; vgl. Begr. S. 74. Die Verbindung ist durchaus naturgemäß. In dem Bezirke des ehemaligen Justizsenats zu Ehrenbreitstein sowie in den Hohenzollernschen Landen fand bereits bis zum Inkrafttreten der Vormundschaftsordnung v. 5. Juli 1875 (vgl. daselbst § 92 Abs. 2) eine vormundschaftliche Thätigkeit der Ortsbehörden — der Voluntärgerichte und der Waisengerichte — statt.

4. Bei der neuen Regelung dieser Zuständigkeit durch Königliche Verordnung wird auch über das Verfahren in Angelegenheiten, welche nicht zur freiwilligen Gerichtsbarkeit gehören, Bestimmung zu treffen sein, während die Regelung des Verfahrens in A. d. fr. Ger. dem Justizminister nach Art. 126 Abs. 1 vorbehalten ist; vgl. daselbst Note 1.

Artikel 125.

In Ostfriesland und Harlingerland sowie im Regierungsbezirk Osnabrück können zur Vornahme und Beurkundung freiwilliger öffentlicher Versteigerungen besondere Beamte (beeidigte Auktionatoren) angestellt werden.

---

1. Zu diesem Artikel bemerkt die Begr. S. 74 bis 76 im Wesentlichen Folgendes:

„In Ostfriesland ist das Versteigerungswesen in hohem Maße ausgebildet und schon seit langer Zeit haben dort für die Ausmiener oder Auktionaren besondere gesetzliche Vorschriften bestanden. Gegenwärtig ist maßgebend die Versteigerungsordnung für Ostfriesland und Harlingerland v. 16. Dezember 1834 (Hannov. GS. Abth. III S. 245), die jedoch durch spätere Gesetze, insbesondere durch die Hannov. Gesetze v. 10. Januar 1840, 26. Juli 1841 und 27. September 1842 (GS. 1840 Abth. III S. 51, 1841 Abth. III S. 79, 1842 Abth. III S. 115), durch das Preuß. Gesetz v. 24. März 1897 (GS. S. 103) sowie durch die Gewerbeordnung und die CPO., in manchen Beziehungen abgeändert worden ist. Die auf Grund der Versteigerungsordnung angestellten Auktionatoren sind befugt, bewegliche und unbewegliche Sachen öffentlich zu versteigern, d. h., wie die Versteigerungsordnung ausdrücklich hervorhebt, sie an den Meistbietenden zu verkaufen, zu verpachten oder zu vermiethen. Sie werden auf „gesetzmäßige Wahrnehmung ihres Amtes und auf getreue Führung ihrer Versteigerungsprotokolle und Bücher beeidigt", haben eine Kaution zu leisten und müssen sich, wenn sie sich mit der Versteigerung unbeweglichen Eigenthums befassen wollen, einer Prüfung in Bezug auf die erforderlichen Rechtskenntnisse unterziehen. Sie standen bis zu dem Gesetze v. 24. März 1897 unter der Aufsicht der Gerichte, während jetzt die Ortspolizeibehörde die Aufsicht führt. Früher waren die auf Grund der Versteigerungsordnung angestellten Auktionatoren neben den Gerichten und den Notaren grundsätzlich ausschließlich berechtigt, Versteigerungen für Andere vorzunehmen; diese ausschließliche Befugniß steht ihnen gegenwärtig nicht mehr zu, doch ist sie ihnen thatsächlich in Ansehung des Verkaufes von Grundstücken auf Grund der Vorschrift des § 35 der Gewerbeordnung, wonach zur gewerbsmäßigen Versteigerung von Grundstücken eine Autorisation erforderlich ist, erhalten geblieben. Da die Ostfriesischen Auktionatoren, wenngleich sie einen beamtenähnlichen Charakter haben, gegenwärtig nicht als Beamte anzusehen sind, so würden sie, falls ihre Stellung keine neue Regelung erführe, den Voraussetzungen des Art. 142 des Einf.Ges. z. BGB. nicht genügen, die von ihnen über den Verkauf von unbeweglichen Sachen an den Meistbietenden aufgenommenen Protokolle mithin keine für die Parteien irgendwie verbindliche Kraft haben (BGB. § 313). Demgegenüber ist, damit der im Art. 142 des Einf.Ges. gegenüber dem § 313 des BGB. gemachte Vorbehalt zur Anwendung kommen kann, im Artikel 125 bestimmt, daß in Ostfriesland und Harlingerland zur Vornahme und Beurkundung öffentlicher Versteigerungen Auktionatoren mit Beamteneigenschaft angestellt werden können." Eine im Allgemeinen mit der vorgedachten Versteigerungsordnung übereinstimmende Regelung des Auktionatorenwesens besteht in dem Regierungsbezirk Osnabrück (Versteigerungsordnung v. 14. Juli 1838, Hannov. GS. Abth. III S. 149). Daher die gemeinschaftliche Regelung. Eine Abweichung besteht hinsichtlich des in Note 2 behandelten Punktes.

2. Nach der bisherigen Gesetzgebung haften die Auktionatoren in Ostfriesland und dem Harlingerland, falls sie nicht von dem Auftraggeber ausdrücklich davon entbunden werden, persönlich für den Eingang der Versteigerungsgelder; ihre Mitwirkung ermöglicht daher die Gewährung eines Personalkredits in Fällen, in denen ohne ihre Mitwirkung eine dingliche Sicherheit erforderlich sein würde. Mit Rücksicht auf diesen Umstand ist die Vorschrift in Art. 89 Abs. 2 erlassen; vgl. dort Note 3.

3. Der Artikel hat zu lebhaften Erörterungen sowohl in der Kommission als auch im Plenum des Abgeordnetenhauses, hier in zweiter und dritter Lesung, Veranlassung gegeben. Es handelte sich einerseits um die Beseitigung der Worte „sowie im Regierungsbezirke Osnabrück", weil hier die Einrichtung der beamteten Auktionatoren weder historisch begründet, noch wirthschaftlich ein Bedürfniß sei, andererseits um die Ausdehnung des Instituts auf einzelne andere Theile der Prov. Hannover, bzw. auf die ganze Provinz, ja auf das ganze Staatsgebiet. Schließlich ist die ursprüngliche Regierungsvorlage erhalten geblieben; nur ist das Wort „freiwilliger" (öffentlicher x.) eingefügt worden zur Klarstellung der Tragweite der Vorschrift. Vgl. Kom.Ber. S. 65 bis 68, stenogr. Bericht über die Sitzungen des Abgeordnetenhauses vom 1. und 3. Juli 1899 S. 2693 ff., 2726 ff.

4. Wegen der amtlichen Stellung der Auktionatoren vgl. Art. 126 Abs. 2 und Note 2 daselbst.

Artikel 126.

Der Justizminister kann über das Verfahren, welches die in diesem Abschnitte bezeichneten Behörden und Beamten in den Angelegenheiten der freiwilligen Gerichtsbarkeit zu beobachten haben, allgemeine Bestimmungen treffen.

Die Vorschriften über die dienstliche Stellung der im Artikel 125 bezeichneten beeidigten Auktionatoren, über das von ihnen zu beobachtende Verfahren sowie über die Höhe ihrer Gebühren werden von dem Justizminister und dem Minister für Handel und Gewerbe getroffen.

---

1. Wie in Note 4 zu Art. 124 bemerkt, werden bei der neuen Regelung der Zuständigkeit für die dort bezeichneten Angelegenheiten durch Königliche Verordnung auch neue Vorschriften über das Verfahren getroffen werden müssen. Hier wird in **Abs. 1** dem Justizminister die Befugniß eingeräumt, Verfahrensvorschriften in Ang. der freiw. Ger. zu treffen. Insoweit entspricht er dem § 138 des Preuß. GKG. in der Fassung v. 6. Oktober 1899 (GS. S. 203) und wird durch diesen ergänzt; in diesem § 138 ist vorgesehen, daß bezüglich der an Ortsbehörden (Ortsgerichte, Feldgerichte, Dorfgerichte, Bürgermeister, Schultheißen, Schöffen) für Handlungen der freiwilligen Gerichtsbarkeit oder für ihre Thätigkeit als gerichtliche Hülfsbeamte zu entrichtenden Gebühren es bei den bestehenden Vorschriften sein Bewenden behalte, der Justizminister jedoch ermächtigt sei, diese Gebühren anderweit zu bestimmen.

2. Zu **Abs. 2.** Daß den in Art. 125 bezeichneten Auktionatoren die Eigenschaft eines Beamten zuzusprechen erforderlich war, damit sie die ihnen zugedachte Aufgabe erfüllen könnten, ist in Note 1 zu Art. 125 schon bemerkt. Die nähere Regelung dieser ihrer Amtsstellung wird hier den betheiligten Ministern vorbehalten, wozu schon die Begr. S. 75 bemerkt, daß es nicht erforderlich ist, die Auktionatoren nun auch in allen einzelnen Beziehungen den für die sonstigen Beamten geltenden Bestimmungen zu unterwerfen. Auch eine Neuordnung des Verfahrens und der Gebühren ist vorgesehen mit Rücksicht darauf, daß die Versteigerungsordnung vom 16. Dezember 1834 zum Theil schon jetzt außer Geltung ist; diese sowie die Versteigerungsordnung für Osnabrück wird dann in Art. 144 Nr. 10 und 11 aufgehoben. — Gleichzeitig soll nach der Begr. S. 75 erwogen werden, ob es nicht mit Rücksicht auf Art. 55 Einf.Ges. z. BGB. erforderlich ist, die Bestimmungen über die gesetzliche Haftung der Auktionatoren für die Versteigerungsgelder durch eine Anordnung zu ersetzen, welche ihnen die Verpflichtung auferlegt, diese Haftung zu übernehmen.

Artikel 127.

Für die Landestheile, in welchen die Vorschriften der Allgemeinen Gerichtsordnung über die Aufnahme gerichtlicher Taxen nicht gelten, kann durch Königliche Verordnung die Aufnahme von Taxen einer Behörde übertragen, für die Abschätzung von Grundstücken auch bestimmt werden, daß sie durch staatlich anzustellende Sachverständige zu erfolgen hat. Das Verfahren sowie die Höhe der Gebühren ist von den zuständigen Ministern zu regeln.

Eine in Gemäßheit der Vorschriften des Abs. 1 aufgenommene Taxe steht einer gerichtlichen Taxe gleich.

Der Artikel ist von der Kommission des Abg. eingestellt worden, um Erleichterungen für die Aufnahme von Grundstückstaxen in solchen Gebietstheilen zu schaffen, wo Vorschriften über gerichtliche Taxen nicht bestehen. Kom.Ber. S. 69, 70.

Die Vorschriften der AGO. finden sich in Theil II Titel 6, der nach Art. 144 Nr. 1 nicht aufgehoben wird. — Die Neuordnung des Taxwesens im Uebrigen ist schon oben bei Art. 119 Abs. 2, 124 Abs. 1 berührt worden. Namentlich ist in Note 1 zu Art. 124 bemerkt worden, daß die Uebertragung der Zuständigkeit zur Aufnahme von Taxen auch auf die neu zu errichtenden Ortsgerichte erfolgen kann.

Weder die Königl. Verordnung, noch die ministerielle Verfügung ist bis jetzt ergangen.

Achter Abschnitt.

Schlußbestimmungen.

Der Inhalt des Abschnitts ist sehr mannigfaltig und läßt sich nicht unter eine gemeinsame sachliche Bezeichnung bringen. Im Einzelnen enthält er Folgendes: Eine Ermächtigung des Justizministers, Verfahrensvorschriften für die Aufnahme von Vermögensverzeichnissen und in Nachlaßsachen zu treffen (Art. 128), eine Aufhebung von Ausnahmevorschriften für das Gebiet des Rheinischen Rechts in Bezug auf Militärtestamente (Art. 129), eine Novelle zum Ausf.Ges. z. GVG. (Art. 130), neue Zuständigkeitsvorschrift für die Gerichtsschreibergehülfen (Art. 131), Aenderungen in Bezug auf Personenstandsangelegenheiten (Art. 132, 133), eine Novelle zur Geb.O. für Not. nebst Ermächtigung des Justizministers, den neuen Text der Geb.O. zu veröffentlichen (Art. 134, 135), Aufrechterhaltung der Vorbehalte der Art. 57, 58 Einf.-Ges. z. BGB. auch für die A. d. fr. Ger. (Art. 136, 137), Verweisungs- und Uebergangsvorschriften (Art. 138 bis 143), Aufhebung von gesetzlichen Bestimmungen (Art. 144), Zeitpunkt des Inkrafttretens (Art. 145).

Artikel 128.

Der Justizminister kann über das Verfahren bei der Aufnahme eines Vermögensverzeichnisses, insbesondere eines Nachlaßinventars, über das Verfahren bei der Sicherung eines Nachlasses sowie über das Verfahren bei einer aus einem anderen Anlaß erfolgenden Siegelung oder Entsiegelung allgemeine Bestimmungen treffen.

Die AGO. und der code de procédure schreiben in ausführlicher Weise vor, wie bei der Siegelung und Entsiegelung eines Nachlasses und bei der Aufnahme eines Nachlaßinventars zu verfahren ist (AGO. II. 5 §§ 22, 24 bis 42, 45 bis 56; code de procédure Art. 907 bis 944). Für die gemeinrechtlichen Gebiete bestehen entsprechende Vorschriften nicht. Das Gesetz sieht davon ab, selbst Grundsätze über das Verfahren festzustellen, hebt in Art. 144 Nr. 1, 2 die vorgedachten gesetzlichen Bestimmungen auf und ermächtigt den Justizminister, Verfahrensvorschriften für die bezeichneten Angelegenheiten zu erlassen. Dabei handelt es sich nicht bloß um die vorerwähnten Nachlaßinventare, sondern auch um sonstige Vermögensverzeichnisse (vgl. AGO. II. 5 § 53) sowie um Siegelungen, die aus einem anderen Anlasse, als der Sicherung eines Nachlasses, erfolgen z. B. im Falle der Konkurseröffnung (Konkurs-Ordnung § 122). Begr. S. 76.

Die Fälle, in denen nach dem BGB. Vermögensverzeichnisse bezw. Nachlaßinventare aufzustellen sind, vgl. oben bei Art. 31 Note 2. Ueberall ist vorgesehen, daß das Verzeichniß öffentlich beglaubigt werden muß, oder von einer zuständigen Behörde oder einem zuständigen Beamten oder Notar aufgenommen werden oder daß bei seiner Aufnahme eine von diesen Beamtenklassen zugezogen werden muß. Die Feststellung bestimmter Verfahrensvorschriften erscheint daher zur einheitlichen Durchführung des Rechtes erforderlich. — Vgl. auch Art. 38 Abs. 2, sowie Art. 104 Abs. 2 mit Art. 126.

Artikel 129.

In dem Gesetze, betreffend die Befugniß der Auditeure zur Aufnahme von Akten der freiwilligen Gerichtsbarkeit rc., vom 8. Juni 1860 (Gesetz-Samml. S. 240) werden der § 3 Abs. 2 und der § 11 Satz 2 gestrichen.

Nach § 3 Abs. 1 des Gesetzes, betr. die Befugniß der Auditeure zur Aufnahme von Akten der freiw. Gerichtsb. u. s. w., v. 8. Juni 1860 (GS. S. 240) in der Fassung des § 111 des Ausf.Ges. z. GVG. haben die Auditeure von Truppentheilen, die sich im Auslande befinden oder nach der Mobilmachung ihr Standquartier verlassen haben, die von ihnen aufgenommenen Urkunden dem Amtsgerichte zu übersenden, in dessen Bezirke der Truppentheil sein Standquartier hat; nach § 11 Satz 1 desselben Gesetzes sollen ferner privilegirte militärische Testamente bei dem ordentlichen persönlichen Gerichte des Testators zur Aufbewahrung und weiteren Veranlassung eingereicht werden. Beide Bestimmungen erlitten bisher eine Ausnahme mit Rücksicht auf die beschränkte Zuständigkeit, welche den Rheinischen Gerichten auf dem Gebiete der nicht streitigen Rechtspflege zukam. Liegt das Standquartier des Truppentheils im Bez. des Oberlandesgerichts zu Cöln, so wird die von dem Auditeur aufgenommene Verhandlung nicht dem im § 3 Abs. 1 bezeichneten Gerichte, sondern dem Amtsgericht in Wesel übersandt (§ 3 Abs. 2 a. a. O., § 111 des Ausf.Ges. z. GVG.); andererseits werden die privilegirten Testamente von Militärpersonen, die ihren allgemeinen Gerichtsstand im Gebiete des Rheinischen Rechtes haben, nicht bei Gericht, sondern nach Maßgabe der für holographische Testamente geltenden Vorschriften bei einem Notar hinterlegt (§ 11 Satz 2 a. a. O; vgl. code civil Art. 1007, Ausf.Ges. z. GVG. in der Fassung des Gesetzes v. 16. Mai 1887, GS. S. 135, § 28 Nr. 2). Da künftig die Rheinischen Amtsgerichte in Bezug auf die Zuständigkeit zur Aufnahme und Aufbewahrung von Urkunden den Amtsgerichten der übrigen Landestheile gleichstehen sollen (Art. 31; Ausf.Ges. z. BGB. Art. 81), so können die bezeichneten Ausnahmevorschriften nicht weiter aufrecht erhalten werden. Im Artikel 129 ist deshalb ihre Aufhebung ausgesprochen. Begr. S. 76, 77.

Artikel 130.

Das Ausführungsgesetz zum Deutschen Gerichtsverfassungsgesetze vom 24. April 1878 (Gesetz-Samml. S. 230) wird dahin geändert:

I. Die §§ 25, 28, 30 bis 32, 40, 51 bis 56, 69, der § 70 Abs. 2, der § 74 Abs. 2 und die §§ 75, 106 bis 109 fallen weg.

II. Der § 2 Abs. 3 erhält folgende Fassung:

Zur Urtheilsfällung, zur Beurkundung einer Verfügung von Todeswegen, zur Beurkundung eines Ehevertrags, zur Entscheidung über Durchsuchungen, Beschlagnahmen und Verhaftungen, sowie zu den Geschäften des Amtsrichters bei Bildung der Schöffengerichte und Schwurgerichte sind Referendare nicht befähigt.

III. Der § 20 erhält folgende Fassung:

In den durch Landesgesetz den ordentlichen Gerichten übertragenen Angelegenheiten erfolgt die Bestimmung des örtlich zuständigen Gerichts, soweit nicht die Vorschriften der Deutschen Prozeßordnungen Anwendung finden, durch das gemeinschaftliche obere Gericht, wenn Streit oder Ungewißheit darüber besteht, welches von mehreren Gerichten örtlich zuständig ist oder wenn ein gemeinschaftlicher Gerichtsstand zu bestellen ist. In Ermangelung eines gemeinschaftlichen oberen Gerichts erfolgt die Bestimmung durch den Justizminister.

Ist das zuständige Gericht in einem einzelnen Falle an der Ausübung des Richteramts rechtlich oder thatsächlich verhindert, so erfolgt die Bestimmung des örtlich zuständigen Gerichts durch das zunächst höhere Gericht, in Ermangelung eines solchen durch den Justizminister.

Eine Anfechtung der Entscheidung findet nicht statt.

Im Sinne der Vorschriften der Abs. 1, 2 gilt als das dem Landgericht im Instanzenzuge vorgeordnete Gericht das Oberlandesgericht, zu dessen Bezirke das Landgericht gehört.

IV. Der § 24 Abs. 3 erhält folgende Fassung:

Angelegenheiten, auf welche die bezeichneten Vorschriften der Deutschen Prozeßordnungen keine Anwendung finden, können, wenn die Vertretung nicht durch Richter desselben Amtsgerichts erfolgen kann, von dem Landgericht einem anderen Amtsgerichte zugewiesen werden.

V. Im § 39 Abs. 1 erhält die Nr. 4 folgende Fassung:

4. für die Ansprüche gegen den Landesfiskus in Betreff der Verpflichtung zur Entrichtung einer Erbschaftssteuer oder einer Stempelabgabe.

VI. Der § 43 erhält folgende Fassung:

Die gerichtliche Beglaubigung amtlicher Unterschriften zum Zwecke der Legalisation im diplomatischen Wege erfolgt durch den Präsidenten des Landgerichts; sie kann von dem Justizminister auch dem zur Führung der Aufsicht bei einem Amtsgerichte berufenen Richter übertragen werden.

VII. Der § 49 Nr. 2 erhält folgende Fassung:

2. die bisher zur Zuständigkeit des Kreisgerichts in Ratzeburg gehörigen Familienfideikommißsachen und die Lehnssachen in Schleswig;

VIII. Im § 57 fällt der Hinweis auf die §§ 24, 32, 51 weg.

IX. Im § 74 erhält der Abs. 1 folgenden Zusatz:

4. das thatsächliche Angebot einer Leistung zu beurkunden;
5. öffentliche Verpachtungen an den Meistbietenden im Auftrage des Gerichts vorzunehmen.

X. Als § 86 werden folgende Vorschriften eingestellt:

Sachverständige für gerichtliche Angelegenheiten im Allgemeinen zu beeidigen, ist Sache der Justizverwaltung. Das Gleiche gilt für die Ausstellung von Zeugnissen über das in Preußen geltende Recht.

XI. Der § 87 erhält folgenden Abs. 2:

Ueber Beschwerden anderer als gerichtlicher Behörden wegen einer vom Gerichte verweigerten Beistandsleistung entscheiden die Oberlandesgerichte; eine Anfechtung dieser Entscheidungen findet nicht statt.

In der Einleitung ist darauf hingewiesen worden, daß die Reichsjustizgesetze vom Ende der siebziger Jahre nur einen mittelbaren Einfluß auf das Verfahren in den A. d. fr. Ger. übten und es sind dort einige Bestimmungen, namentlich des Ausf.Ges. z. GVG., bezeichnet, welche derartige Angelegenheiten zum Gegenstande haben. Diese Bestimmungen werden nun in Folge anderweitiger Vorschriften, insbesondere des RGes., überflüssig und sind aufzuheben. Ein anderer Theil jener Vorschriften war den allgemeinen Zwecken dieses Gesetzes entsprechend nothwendigen Aenderungen zu unterziehen. Vgl. die Einleitung und Art. 1 Note 5 a. A. Jene Aufgabe erfüllt die Vorschrift unter I und diesem Zwecke dienen die Vorschriften unter II bis XI, soweit es sich um das Ausf.Ges. z. GVG. handelt.

Zu I. Die nachfolgenden Bemerkungen schließen sich im Wesentlichen der Begr. S. 77 ff. an.

1. Der § 25 Ausf.Ges., welcher unter Nr. 1 von der Führung der Handels- rc. Register handelt, ist entbehrlich in Folge der Vorschriften des RGes. §§ 125, 145, des Genossenschaftsgesetzes § 10 Abs. 2, des Gesetzes, betr. das Urheberrecht an Mustern und Modellen, v. 11. Januar 1876 § 9, des Binnenschiffahrtsgesetzes § 120 Abs. 1, des Gesetzes, betr. das Flaggenrecht der Kauffahrteischiffe, v. 22. Juni 1899 § 4. — Die bei Nr. 2 des § 25 in Betracht kommenden Vorschriften des Einf.Ges. z. HGB. v. 24. Juni 1861 sind überflüssig theils durch den Wegfall des Instituts der amtlichen Handelsmäkler, auf welche sie sich beziehen, theils weil anderweitige Bestimmungen getroffen sind; vgl. Börsengesetz v. 22. Juni 1896 §§ 30, 32; Bestimmungen des Ministers für Handel und Gewerbe über die Bestellung und Entlassung der Kursmakler v. 14. November 1896 (Deutscher Reichsanzeiger Nr. 275; Ausf.Ges. z. BGB. Art. 13; BGB. §§ 1558 ff.; Einf.Ges. z. HGB. v. 10. Mai 1897 Art. 4; RGes. § 149.

2. Der § 28 hat in Wegfall zu kommen, weil die darin gewahrten Besonderheiten des Rheinischen Rechts in Ansehung der Zuständigkeit der Rheinischen Amtsgerichte mit Einführung des neuen Rechts aufhören. Die einzige Neuregelung, der es bedarf, ist in Art. 133 vorgenommen. — Der im § 28 in Bezug genommene § 26 des Ausf.Ges. muß aufrecht erhalten bleiben, da er durch die reichsgesetzlichen Vorschriften über die freiw. Gerichtsb. und durch die Bestimmungen dieses Gesetzes nicht entbehrlich wird. Aus ihm ergiebt sich insbesondere die Zuständigkeit der Amtsgerichte für die Aufnahme von Taxen (AGO. II. 6); ebenso ergiebt sich aus § 26, daß die Amtsgerichte für die Entgegennahme von Erklärungen über den Austritt aus der Kirche oder aus einer Synagogengemeinde zuständig sind und daß nicht den Landgerichten, sondern den Amtsgerichten die Aufbewahrung der alten Kirchenbücher und Civilstandsregister sowie die Ertheilung von Attesten aus denselben obliegt (vgl. Gesetz v. 14. Mai 1873, GS. S. 207, § 1; Gesetz v. 28. Juli 1876, GS. S. 353, § 1; ALR. II. 11 §§ 501, 503, 504; Verordnung, betreffend die Geburten, Heirathen und Sterbefälle, deren bürgerliche Beglaubigung durch die Amtsgerichte erfolgen muß, v. 30. März 1847, GS. S. 125; Gesetz über die Verhältnisse der Juden v. 23. Juli 1847, GS. S. 263, §§ 8 ff.; Allg. Verf. des Justizministers, die Aufbewahrung der Duplikate der Kirchenbücher betr., v. 25. März 1850, JMBl. S. 103; Personenstandsgesetz v. 9. März 1874, GS. S. 95; R.Ges. v. 6. Februar 1875, Reichs-Gesetzbl. S. 23, § 73).

3. Der § 30 betreffend die Ermächtigung des Justizministers, die Führung der Schiffs-, Handels- &c. Register für die Bezirke mehrerer Amtsgerichte einem von ihnen zu übertragen, wird durch reichsgesetzliche Bestimmungen ersetzt; vgl. RGes. § 125 Abs. 2, Genossenschaftsgesetz § 10 Abs. 2, Musterschutzgesetz § 9 Abs. 1, Binnenschiffahrtsgesetz § 120 Abs. 2, Gesetz, betr. das Flaggenrecht der Kauffahrteischiffe, v. 22. Juni 1899 § 4 Abs. 2.

4. Die Bestimmungen des § 31, über die Beseitigung der Grundbuchämter, die Behandlung der Gesuche um Eintragung im Grundbuche finden ihren Platz in dem Ausf.Ges. z. GBO. und der § 32 über Besonderheiten des Schleswig-Holsteinschen Liegenschaftsrechts können gestrichen werden.

5. Der § 40 und die §§ 51 bis 56 über die Rechtsmittel werden durch die Rechtsmittelvorschriften der GBO. (§§ 71 ff.), des RGes. (§§ 19 ff.) und des vorliegenden Gesetzes (Art. 3 ff.) entbehrlich.

6. Der § 69 Abs. 1, wonach die zur Eintragung in das Handels- &c. Register vor dem Amtsgerichte zu erklärenden Anmeldungen vor dem Gerichtsschreiber erfolgen können, ist durch reichsgesetzliche Vorschriften ersetzt; vgl. RGes. §§ 127, 147; Musterschutzgesetz v. 11. Januar 1876 § 9 Abs. 1, Abs. 3 Satz 3; Bekanntm. des Reichskanzlers über die Führung des Musterregisters v. 29. Februar 1876, Reichs-Centralblatt S. 123, §§ 1, 5. — Der § 69 Abs. 2 ist zu streichen, da er Vorschriften des Rheinischen ehelichen Güterrechts und Erbrechts zum Gegenstande hat, die mit dem Inkrafttreten des BGB. ihre Geltung verlieren.

7. Die Bestimmungen des § 70 Abs. 2 und des § 74 Abs. 2, die sich auf Siegelungen und Entsiegelungen sowie auf die Aufnahme von Vermögensverzeichnissen im Geltungsbereiche des Rheinischen Rechtes beziehen, sind in Wegfall zu bringen wegen der Vorschriften des neuen Rechts; vgl. code civil Art. 914 Nr. 9, Art. 935, 943, 944 (vgl. Ausf.Ges. z. BGB. Art. 89 Nr. 2), BGB. §§ 2001 ff., oben Art. 31, 38.

8. Der § 75, der für den Bez. des Oberlandesgerichts zu Cöln die den Gerichtsvollziehern in anderen Gesetzen beigelegte Zuständigkeit zur Vermeidung von Zweifeln ausdrücklich aufrecht erhält, kann gestrichen werden, da die Vorschriften des code civil über das Zahlungsanerbieten, über den Einspruch gegen eine Ehe und über die gegen einen Hypothekenbewahrer im Falle der Verweigerung oder Verzögerung seiner Dienste aufzunehmende Urkunde außer Kraft treten (vgl. code civil Art. 66, 172, 176, 1258, 2199 f. Ausf.Ges. d. BGB. Art. 89 Nr. 2). Daß für die Mitwirkung des Gerichtsvollziehers in den nach dem Gesetze v. 19. Mai 1851 (GS. S. 383) zu behandelnden Gemeinheitstheilungen die bisherigen Vorschriften maßgebend bleiben (vgl. § 47 des angeführten Gesetzes), ergiebt sich aus dem § 30 des Ausf.-Ges. z. CPO. v. 24. März 1879 (GS. S. 281), welcher in dem Art. 1 Nr. VII des Gesetzes v. 22. September 1899 zur Ausführung des Reichsgesetzes, betr. Aenderungen der CPO. v. 17. Mai 1898 in veränderter Fassung aufrecht erhalten bleibt.

9. Der § 106 über die Verpflichtung der Gerichte zur Anzeige von Zuwiderhandlungen gegen die Stempelgesetze (Abs. 1) und über die Festsetzung von Stempelstrafen gegen Beamte im Aufsichtswege (Abs. 2) fällt unter die allgemeine Aufhebungsklausel des § 35 des Stempelsteuergesetzes v. 31. Juli 1895 und ist hier der besseren Uebersichtlichkeit wegen noch einmal als wegfallend bezeichnet. Dem positiven Inhalte nach ist der Abs. 1 des § 106 durch den § 30 und der Abs. 2 durch den § 19 des Stempelsteuergesetzes ersetzt.

10. Der § 107 Abs. 1 hält gegenüber den sonstigen Vorschriften des Gesetzes die der Landes-Centralbehörde nach § 84 des Personenstandsgesetzes übertragenen Befugnisse aufrecht. Der Absatz ist gegenstandslos geworden, weil die der Landes-Centralbehörde vorbehaltenen Befugnisse von dem RGes. in § 69 unmittelbar wahrgenommen werden und der § 84 des Personenstandsgesetzes nur insofern noch von Bedeutung ist, als es sich um die örtliche Zuständigkeit für die Aufbewahrung der Nebenregister handelt, (§ 14 des Personenstandsgesetzes und Bekanntmachung der Minister des Innern und der Justiz v. 1. Juli 1879, JMBl. S. 154 Cit. b). In dieser Beziehung aber ist der Landes-Centralbehörde durch eine jüngere reichsgesetzliche Vorschrift (vgl. RGes. § 197) die Befugniß von Neuem bestätigt; vgl. Art. 133.

Der Abs. 2 des § 107, der in dem Bez. des Appellationsgerichts zu Frankfurt a. M. den Gerichten die Aufsicht über die Amtsführung der Standesbeamten entzieht, ist neben der allgemeinen Vorschrift in § 154 Abs. 1 des Zuständigkeitsgesetzes v. 1. August 1883 (GS. S. 237) über die in Rede stehenden Aufsichtsrechte entbehrlich.

11. Wegen Aufhebung des § 108 vgl. oben Art. 87.

12. Der § 109, welcher für den Bezirk des Appellationsgerichts zu Frankfurt a. M. die Mitwirkung der Wechselnotare bei Führung der Handels- rc. Register aufhebt, hat neben den reichsgesetzlichen Vorschriften über die Registerführung keine Bedeutung mehr und verliert auch seine formelle Berechtigung, da die in Frage stehende Zuständigkeit auf dem Frankfurter Einf.Ges. zum HGB. v. 17. Oktober 1862 beruht und im Ausf.Ges. zum neuen HGB. alle in Preußen geltenden Einführungsgesetze zum Allgemeinen deutschen Handelsgesetzbuche ausdrücklich aufgehoben werden.

Zu II. Nach § 2 Ausf.Ges. z. GVG. können Referendare, die im Vorbereitungsdienste seit mindestens zwei Jahren beschäftigt sind, im Falle des Bedürfnisses durch die Justizverwaltung mit der zeitweiligen Wahrnehmung richterlicher Geschäfte bei den Amtsgerichten beauftragt werden; auch kann ihnen gemäß Abs. 2 nach näherer Anordnung der Justizverwaltung der Amtsrichter, dem sie zur Ausbildung überwiesen sind, die Erledigung einzelner richterlicher Geschäfte übertragen. Der Abs. 3 des § 2 dagegen bestimmt, daß zur Urtheilsfällung, zur Aufnahme letztwilliger Verfügungen, zur Entscheidung über Durchsuchungen, Beschlagnahmen und Verhaftungen, sowie zu den Geschäften des Amtsrichters bei Bildung der Schöffengerichte und Schwurgerichte Referendare nicht befähigt sind. Hiervon unterscheidet sich die neue Vorschrift dadurch, daß a) statt „zur Aufnahme letztwilliger Verfügungen" gesagt ist „zur Beurkundung einer Verfügung von Todeswegen", und daß b) „zur Beurkundung eines Ehevertrags" hinzugefügt ist. Die Aenderung unter a) hat ihren Grund in dem Umstande, daß es als zweifelhaft angesehen werden könnte, ob unter „letztwillige Verfügungen" auch die Erbverträge zu rechnen sein würden. Das BGB. versteht unter einer letztwilligen Verfügung immer nur die einseitige Verfügung von Todeswegen, das Testament (vgl. § 1937: „Der Erblasser kann durch einseitige Verfügung von Todeswegen (Testament, letztwillige Verfügung) den Erben bestimmen"; § 2278: „In einem Erbvertrage kann jeder der Vertragschließenden vertragsmäßige Verfügungen von Todeswegen treffen. — Andere Verfügungen als Erbeinsetzungen, Vermächtnisse und Auflagen können vertragsmäßig nicht getroffen werden"). Da es nun sachlich angemessen erscheint, daß Testamente und Erbverträge, für deren öffentliche Beurkundung nach dem BGB. (§ 2276 Abs. 1 Satz 2) dieselben Formen gelten, auch in der hier fraglichen Beziehung einander gleichstehen, so ist durch die neuere Fassung dies klargestellt. Die besondere Hervorhebung des Ehevertrags unter b) ist erfolgt, weil in Eheverträgen häufig vertragsmäßige Bestimmungen von Todeswegen enthalten sind. Vgl. Begr. S. 81.

In der Kom. d. Abg. war beantragt worden, die Referendare zwar zur Beurkundung eines Ehevertrags für befähigt zu erklären, dagegen nicht „zur Abnahme eines Eides und zur eidlichen Vernehmung von Zeugen" und „zur Anwendung von Gewalt". Der erste Theil des Antrags wurde zurückgezogen, der letzte abgelehnt. Dabei kam zur Sprache, die auf Grund des oben erwähnten Abs. 2 des § 2 Ausf.-Ges. z. GVG. erlassene Anordnung der Justizverwaltung, Allg. Verf. v. 9. Dezember 1879, bestimme, daß der Amtsrichter von der gesetzlichen Befugniß, die Erledigung einzelner richterlicher Geschäfte den zur Ausbildung überwiesenen Referendaren zu übertragen, nur hinsichtlich der Abhaltung von Terminen Gebrauch machen solle. Diese Anordnung solle in Kraft verbleiben. Grundsätzlich ist danach den Referendaren die Befähigung zu den mannigfachen Entscheidungen nicht genommen, welche nach dem BGB. dem Vormundschaftsrichter obliegen, während sie nach bisherigem Rechte im Prozeßwege ergehen mußten (z. B. in Bezug auf die Rechtsverhältnisse zwischen Ehegatten und zwischen Eltern und Kindern). Vgl. Kom.Ber. S. 71.

Zu III. Der § 20 des Ausf.Ges. z. GVG. lautet in seiner bisherigen Fassung:

In den durch dieses Gesetz den ordentlichen Gerichten übertragenen Angelegenheiten erfolgt die Bestimmung des örtlich zuständigen Gerichts durch das Oberlandesgericht:

1. wenn das an sich zuständige Gericht in einem einzelnen Falle an der Ausübung des Richteramts rechtlich oder thatsächlich verhindert ist;
2. wenn Streit oder Ungewissheit über die örtliche Zuständigkeit mehrerer Gerichte obwaltet;
3. wenn nach den bestehenden Vorschriften ein gemeinschaftlicher Gerichtsstand zu bestellen ist.

In den Fällen der Nr. 2, 3 erfolgt die Bestimmung durch den Justizminister, wenn die mehreren Gerichte den Bezirken verschiedener Oberlandesgerichte angehören oder wenn es sich um Angelegenheiten handelt, für welche die Oberlandesgerichte in erster Instanz zuständig sind.

Diese Vorschriften erleiden nach der neuen Fassung in einzelnen Beziehungen folgende Abänderungen:

a) Zunächst hat sich die Beschränkung der Vorschriften des § 20 auf die „durch dieses Gesetz" den ordentlichen Gerichten zugewiesenen Angelegenheiten als unzweckmäßig erwiesen, da sie dazu nöthigt, die Vorschriften jedesmal ausdrücklich für anwendbar zu erklären, wenn sie für die durch ein späteres Gesetz den Gerichten übertragenen Angelegenheiten Gültigkeit erlangen sollen (vgl. Hinterlegungsordn. v. 14. März 1879, GS. S. 249, § 90; Preuß. GKG. v. 25. Juni 1895, GS. S. 203, § 28). Es sollen deshalb die Bestimmungen des § 20 in allen „durch Landesgesetz" den ordentlichen Gerichten übertragenen Angelegenheiten Platz greifen, „soweit nicht die Vorschriften der Deutschen Prozeßordnungen Anwendung finden" (vgl. wegen dieses Vorbehalts Gesetz, betr. die Rheinschiffahrtsgerichte v. 8. März 1879, GS. S. 129, §§ 1, 7; Gesetz, betr. die Elbzollgerichte v. 9. März 1879, GS. S. 132, §§ 1, 5). Begr. S. 81, 82.

b) Die übrigen Aenderungen, die der § 20 erfährt, sind durch die Bestimmungen des RGes. veranlaßt.

α) Nach den §§ 1, 5 dieses Gesetzes hat in den durch Reichsgesetz den Gerichten übertragenen A. d. fr. Ger. falls Streit oder Ungewißheit darüber besteht, welches von mehreren Gerichten örtlich zuständig ist, das gemeinschaftliche obere Gericht über die Zuständigkeit zu entscheiden; die Bestimmung des zuständigen Gerichts erfolgt daher, wenn es sich um einen Streit zwischen Amtsgerichten handelt, die in demselben Landgerichtsbezirke liegen, nicht, wie nach § 20 Ausf.Ges., durch das Oberlandesgericht, sondern, entsprechend dem § 36 CPO., durch das Landgericht. Ebenso wird nach § 5 RGes., wenn das zuständige Gericht in einem einzelnen Falle an der Ausübung des Richteramts rechtlich oder thatsächlich verhindert ist, nicht von dem Oberlandesgerichte, sondern von dem zunächst höheren Gerichte das zuständige Gericht bestimmt. Dem entsprechend sind die Nr. 1 und 2 des § 20 abgeändert.

β) Die Nr. 1 des § 20 hat durch Abs. 1 Satz 2 der neuen Fassung eine Ergänzung dahin erfahren, daß, wie auch bei Nr. 2, in Ermangelung eines höheren Gerichts die Bestimmung des örtlich zuständigen Gerichts durch den Justizminister erfolgen soll.

γ) Zwar ist die Vorschrift des § 20 Nr. 3 beibehalten, jedoch mit der Maßgabe, daß auch hier die Bestimmung des zuständigen Gerichts nicht dem Oberlandesgerichte, sondern dem gemeinschaftlichen oberen Gericht übertragen ist. Die Vorschrift ist beispielsweise von Bedeutung für Grundbuchsachen und für die Eintragungen in die Landgüterrollen (Ausf.Ges. z. GBO. Art. 2, wonach, wenn ein Grundstück in den Bezirken mehrerer Grundbuchämter liegt, oder wenn mehrere in den Bezirken verschiedener Grundbuchämter belegenen Grundstücke zu einem Grundstücke vereinigt werden sollen, das zuständige Grundbuchamt nach § 20 Ausf.Ges. z. GVG. zu bestimmen ist; ferner Landgüterordnung für die Prov. Brandenburg v. 10. Juli 1883, GS. S. 111, § 2 Abs. 2, für die Prov. Schlesien v. 24. April 1884, GS. S. 121, § 2 Abs. 2 u. s. w.) — Eine entsprechende Vorschrift über die Zuständigkeit eines gemeinschaftlichen Gerichtsstands enthält der § 5 RGes. nicht.

δ) Neu ist der Abs. 3; er entspricht dem § 5 Abs. 2 RGes.

ε) Neu ist auch der Abs. 4. Durch diesen Abs. 4 in Verbindung mit Abs. 1 Satz 2 wird zugleich klargestellt, daß, wenn es sich um Gerichte verschiedener Oberlandesgerichtsbezirke handelt, in den Fällen des Abs. 1 und 2 die Entscheidung dem Justizminister anheimfällt. Dadurch wird eine Verschiedenheit in der Zuständigkeit herbeigeführt, je nachdem es sich um eine A. d. fr. Ger. handelt, welche durch Reichsgesetz, oder um eine solche, welche durch Landesgesetz den Gerichten übertragen ist. Im ersteren Falle ruht die Zuständigkeit für die Bestimmung des zuständigen Gerichts, wenn Streit oder Ungewißheit darüber besteht, welches von mehreren Gerichten örtlich zuständig ist, nach dem zu Art. 8 (vgl. daselbst Note 2, 3) Bemerkten bei dem Kammergericht, im letzteren Falle bei dem Justizminister. Eine Anregung in der Kom. d. Abg. die Gleichmäßigkeit herzustellen, fand Widerspruch.

Zu IV. Der § 24 Ausf.Ges. enthält Bestimmungen über die Vertretung der Amtsrichter, ausgenommen für die durch § 36 CPO. und § 15 StPO. besonders geordneten Fälle. Angelegenheiten, auf die diese eben bezeichneten gesetzlichen Bestimmungen keine Anwendung finden, können nach dem bisherigen § 24 Abs. 3 durch das Oberlandesgericht einem anderen Amtsgerichte zugewiesen werden. Wenn diese Befugniß nach der neuen Fassung dem Landgericht übertragen wird, so wird nicht bloß eine Uebereinstimmung mit den vorbezeichneten Gesetzesstellen, sondern auch mit dem unter Nr. III formulirten § 20 Ausf.Ges. und dem § 5 RGes. herbeigeführt.

Zu V. Nach § 39 Abs. 1 Nr. 4 des Ausf.Ges. sind die Landgerichte in bürgerlichen Rechtsstreitigkeiten ohne Rücksicht auf den Werth des Streitgegenstandes ausschließlich zuständig für die Ansprüche gegen den Landesfiskus in Betreff der Verpflichtung zur Entrichtung einer Erbschaftssteuer, eines Werthstempels oder eines nicht nach dem Betrage des Gegenstandes zu bemessenden Vertragsstempels. Die Vorschrift entspricht der früheren Gesetzgebung über die Zulässigkeit des Rechtswegs, indem sie alle Ansprüche den Landgerichten zuweist, wegen deren der § 11 des Gesetzes, betr. die Erweiterung des Rechtswegs, v. 24. Mai 1861 (GS. S. 242) und der § 40 des Erbschaftssteuergesetzes v. 30. Mai 1873 (GS. S. 329) eine gerichtliche Klage für statthaft erklären. Durch den § 26 des Stempelsteuergesetzes v. 31. Juli 1895 ist aber nunmehr der Rechtsweg in Bezug auf die Verpflichtung zur Entrichtung einer Stempelabgabe allgemein zugelassen, ohne daß gleichzeitig die Vorschrift des § 39 Nr. 4 des Ausf.Ges. z. GVG. eine Ergänzung erfahren hat. Hiernach erscheint es zweifelhaft, ob Ansprüche, die nicht einen Werth- oder Vertragsstempel, sondern eine Stempelabgabe anderer Art, z. B. einen Stempel für Ausfertigungen, für amtliche Zeugnisse, für die Verleihung des Bergwerkseigenthums, betreffen, ausschließlich vor die Landgerichte gehören und ob in Rechtsstreitigkeiten über die Verpflichtung zur Entrichtung solcher Stempelabgaben die Revision gemäß § 547 Nr. 2 (bisher § 509 Nr. 2) der CPO. ohne Rücksicht auf den Werth des Streitgegenstandes zulässig ist. Vom Standpunkte der Gesetzgebung aus läßt es sich jedenfalls nicht rechtfertigen, die Vorschrift des § 39 Nr. 4 auf Werth- und Vertragsstempel zu beschränken, vielmehr ist im Interesse einer gleichmäßigen Anwendung der Stempelgesetze ihre Ausdehnung auf alle Stempelabgaben geboten. Das Gesetz hat deshalb im Art. 128 Nr. V eine mit dem § 26 des Stempelsteuergesetzes übereinstimmende Fassung des § 39 Nr. 4 vorgesehen. Begr. S. 83.

Zu VI. Nach der bisherigen Fassung des § 43 Ausf.Ges. erfolgte die gerichtliche Beglaubigung amtlicher Unterschriften zum Zwecke der Legalisation im diplomatischen Wege nur durch den Landgerichtspräsidenten. Die neue Bestimmung ist im Interesse der Erleichterung des Geschäftsverkehrs und der Entlastung des Landgerichtspräsidenten geschaffen. Eine Verfügung des Justizministers, die übrigens allgemein oder auch nur für bestimmte Fälle für alle Amtsgerichte oder nur für einzelne derselben die Uebertragung auf den Aufsichtsrichter (bei dem Amtsgerichte I in Berlin auf den Amtsgerichtspräsidenten) vornehmen kann, ist bis jetzt noch nicht ergangen.

Zu VII. Die bisherige Bestimmung in § 49 Nr. 2 des Ausf.Ges. lautete: Zur Zuständigkeit der Oberlandesgerichte gehören ... „2) Die bisher zur Zuständigkeit des Kreisgerichts in Ratzeburg gehörenden Familienfideikommißsachen." Ueber die Ausdehnung auf die Zuständigkeit für die Lehnssachen in Schleswig enthält die Begr. (S. 84) Folgendes:

„Während für Hannover, Hessen und Nassau nach der Vereinigung dieser Gebiete mit Preußen die Zuständigkeit in Lehnssachen durch den Allerh. Erlaß v. 11. April 1868 (GS. S. 399) ausdrücklich geordnet worden ist, hat für das Herz. Schleswig, wo gleichfalls noch Lehen bestehen — nämlich die Lehnsgrafschaften Schackenburg und Reventlow=Sandberg —, nach der Vereinigung mit der Preuß. Monarchie eine solche Regelung der Zuständigkeit nicht stattgefunden und es ist infolgedessen zweifelhaft geworden, ob die Aufsicht über die beiden genannten Lehen den Verwaltungsbehörden oder den Gerichten zusteht. Thatsächlich ist bisher die Lehnsaufsicht von der Königl. Regierung in Schleswig ausgeübt worden, indem davon ausgegangen wurde, daß die Vorschriften des Allerh. Erlasses v. 11. April 1868, welcher die Lehnssachen den Verwaltungsbehörden überträgt, auf Schleswig entsprechende Anwendungen finden müßten. Die Ausdehnung jener Vorschriften auf Schleswig ist jedoch nicht unbedenklich, weil in Hannover, Kurhessen und Nassau auch vor ihrer Vereinigung mit Preußen das landesherrliche Lehnswesen zur Zuständigkeit der Verwaltungsbehörden gehörte, während der frühere Rechtszustand in Schleswig für die Zuständigkeit der Gerichte spricht. Die Revision des Ausf.Ges. z. GVG. bietet eine geeignete Gelegenheit, die Frage gesetzlich zu regeln. Aus Gründen der Zweckmäßigkeit entscheidet sich der Entwurf für die Zuständigkeit des Oberlandesgerichts. Da die beiden Schleswigschen Lehen mit Fideikommißgütern verbunden sind, so muß es für wünschenswerth erachtet werden, daß die Lehenssachen von derselben Behörde bearbeitet werden wie die Fideikommißsachen. Die Aufsicht über die mit den Lehen verbundenen Fideikommißgüter steht aber ebenso wie die Aufsicht über die sonstigen in Schleswig gelegenen Fideikommisse nach § 49 Nr. 1 des Ausf.Ges. z. GVG., § 25 Nr. VI der Verordn. v. 26. Juni 1867 (GS. S. 1073) und § 43 der Instr. für die Schleswigschen Landesdikasterien v. 15. Mai 1834 (Chronolog. Samml. der Verordn. für die Herzogthümer Schleswig und Holstein 1834 S. 302) dem Oberlandesgericht in Kiel zu. Diesem werden deshalb auch die Lehnssachen überwiesen werden müssen. Die Bestimmung steht übrigens auch mit dem Rechtszustande der älteren Provinzen in Einklang."

Zu VIII. Der bisherige § 57 Ausf.Ges. bestimmt, daß die in den §§ 20, 24, 29, 32, 49, 51, 87, 93, 94 den Oberlandesgerichten zugewiesenen Angelegenheiten von den Civilsenaten erledigt werden. Aus Nr. I oben ergiebt sich aber, daß die §§ 32, 51 wegfallen und nach Nr. IV tritt in § 24 Abs. 3 an die Stelle des Oberlandesgerichts das Landgericht. Vgl. auch RGes. § 30 (Anlage), oben Art. 6 Abs. 3, Ausf.Ges. z. GVG. § 42.

Zu IX. Der § 74 Ausf.Ges. erklärt die Gerichtsvollzieher für zuständig: 1) Wechselproteste aufzunehmen; 2) freiwillige Versteigerungen von Mobilien, von Früchten auf dem Halm und von Holz auf dem Stamme vorzunehmen; 3) Siege=

lungen, Entsiegelungen und Inventuren im Auftrage des Gerichts oder des Konkursverwalters vorzunehmen. Während der bisherige zweite Absatz wegfällt — vgl. oben Nr. I unter 7 —, soll durch die Nr. IX der erste Absatz erweitert werden.

a) Die Vorschrift unter der Nr. 4 schließt sich dem Rheinischen Rechte an (s. code civil Art. 1258, code de proc. Art. 812 ff. u. a. O., Ausf.Ges. z. Gerichtskostengesetz v. 10. März 1879 § 37) und hat die Vorschriften in §§ 249 ff. BGB. im Auge. Daß sich die Betheiligten behufs der Beurkundung des Anerbietens einer Zahlung auch an die Gerichte und Notare wenden können, ergiebt sich aus der allgemeinen Vorschrift des Art. 31. Inwieweit in einem solchen Falle die Gerichte befugt sind, die Ausführung der beantragten Beurkundung einem Gerichtsvollzieher zu übertragen, vgl. Art. 38 und die Noten dazu.

b) Die Nr. 5 ist von der Kommission des Abgeordnetenhauses eingefügt worden mit Rücksicht auf Verhältnisse des Rheinischen Rechtsgebiets, wo außer den Notaren keine Beamten zur Vornahme öffentlicher Verpachtungen vorhanden sind. Vgl. Kom.-Ber. S. 73.

Zu X. Der ursprüngliche § 86 Ausf.Ges. z. GVG. ist durch Gesetz v. 14. März 1885 über die Vertretung des Fiskus in bürgerlichen Rechtsstreitigkeiten der Justizverwaltung aufgehoben und ersetzt worden.

a) Der erste Satz der neuen Vorschrift ist zur Beseitigung von Bedenken über die Befugniß zu Beeidigungen der in Rede stehenden Art aufgenommen worden. Es handelt sich dabei nur um „allgemein beeidigte Sachverständige" (vgl. CPO. § 410 [bisher 375], StrPO. § 79, RGes. § 15), nicht aber um „öffentlich bestellte Sachverständige". Bei den ersteren fällt nur die jedesmalige Beeidigung weg, während für die letzteren vorgeschrieben ist, daß sie in erster Linie zugezogen werden sollen. Ueber die allgemeine Beeidigung bestanden bisher nur im Geltungsgebiete der AGO. und in Hannover Bestimmungen; nunmehr soll die Angelegenheit durch eine Allgemeine Verfügung geregelt werden, jedoch nur bezüglich der allgemeinen Beeidigung, da die Bestellung öffentlicher Sachverständiger nicht Sache der Justizverwaltung ist. Die Allg. Verf. ist noch nicht ergangen. Nach der neuen Vorschrift wird die Justizverwaltung in der Lage sein, den Gerichten, insbesondere den Amtsgerichten, im Aufsichtswege die allgemeine Beeidigung von Sachverständigen zu übertragen, sowie über die Auswahl der Sachverständigen nähere Anweisungen zu erlassen und auch zu bestimmen, auf welchen Bezirk sich die Wirkung der Beeidigung des Sachverständigen erstreckt. Vgl. Begr. S. 85. In der Kom. d. Abg. wurde ein Antrag, die erwähnten Befugnisse der Justizverwaltung näher ausdrücklich zu bezeichnen, auch vorzuschreiben, daß dem beeideten Sachverständigen eine Bestellung zu ertheilen sei, nach Bekämpfung Seitens der Vertretung der Justizverwaltung zurückgezogen; vgl. Kom.Ber. S. 72.

b) Der zweite Satz ist namentlich für den internationalen Rechtsverkehr von Bedeutung. Eine Verpflichtung zur Ertheilung solcher Zeugnisse soll durch die Vorschrift ebensowenig begründet werden, wie die Befugniß anderer Verwaltungen zur Ausstellung von Zeugnissen über die in ihren Geschäftsbereich fallenden Gesetze berührt werden soll. Vgl. Begr. S. 85.

Zu XI. Der bisherige § 87 Ausf.Ges. enthält die Vorschrift, daß die Gerichte in A. d. fr. Ger. unter entsprechender Anwendung der §§ 158 bis 160, 162, 164, 167 GVG. sich Rechtshülfe zu leisten haben. Diese Vorschrift bezieht sich aber nur auf die Verpflichtung der Gerichte des Preußischen Staates unter einander. Die

Beziehungen zu den Gerichten der übrigen Bundesstaaten regelten bisher die mit den einzelnen Bundesstaaten abgeschlossenen Staatsverträge; nunmehr ist in dieser Beziehung, soweit es sich um A. d. fr. Ger. handelt, welche durch Reichsgesetz den Gerichten übertragen sind, der § 2 RGes. maßgebend (vgl. Art. 1 Note 5a). Darüber, daß die Gerichte und Verwaltungsbehörden verpflichtet sind, einander Unterstützung zu leisten gelten die Vorschriften des § 38 der Verordnung v. 2. Januar 1849 (GS. S. 1), des § 36 der Verordnung v. 26. Juni 1867 (GS. S. 1073), des § 29 der Verordnung v. 26. Juni 1867 (GS. S. 1085) und des § 28 der Verordn. v. 26. Juni 1867 (GS. S. 1094). Dagegen fehlte es an einer Vorschrift des in dem neuen Abs. 2 zu § 87 Ausf.Ges. gegebenen Inhalts; diese schließt sich an die Vorschriften an, welche nach den angegebenen Bestimmungen des GVG. auch für die Rechtshülfe unter den Gerichten gelten. Vgl. Begr. S. 85.

Artikel 131.

Der § 5 des Gesetzes, betreffend die Dienstverhältnisse der Gerichtsschreiber, vom 3. März 1879 (Gesetz-Samml. S. 99) erhält folgende Fassung:

Die Gerichtsschreibergehülfen sind zur Wahrnehmung der Gerichtsschreibergeschäfte befähigt.

Zur Ertheilung von vollstreckbaren Ausfertigungen und von Zeugnissen, welche sich auf die Rechtskraft der Urtheile beziehen, zur Aufnahme eines Protokolls über Revisionsanträge und ihre Begründung in Strafsachen sowie über weitere Beschwerden in Angelegenheiten der freiwilligen Gerichtsbarkeit, zur Aufnahme von Wechselprotesten und Vermögensverzeichnissen, zur Vornahme von Siegelungen und Entsiegelungen, sowie zu den Geschäften, welche dem Gerichtsschreiber bei der Führung des Grundbuchs und des Schiffsregisters obliegen, sollen jedoch außer in den Fällen einer nothwendigen Aushülfe oder Vertretung nur solche Gerichtsschreibergehülfen verwendet werden, welche, abgesehen von der Erledigung der aktiven Dienstpflicht, die Vorbedingungen für die Anstellung als Gerichtsschreiber erfüllt haben. Das Gleiche gilt für die Entgegennahme von Anmeldungen zu dem Vereinsregister, Güterrechtsregister, Handelsregister, Genossenschaftsregister, Musterregister und Börsenregister.

Nach § 5 Abs. 1 des Ges. über die Dienstverhältnisse der Gerichtsschreiber v. 3. März 1879 (GS. S. 99) sind auch die Gerichtsschreibergehülfen zur Wahrnehmung der Gerichtsschreibergeschäfte befähigt. Von dieser Regel sind aber einzelne den Gerichtsschreibern obliegende Handlungen von besonderer Erheblichkeit ausgenommen, da nach dem Abs. 2 des § 5 zur Ertheilung von vollstreckbaren Ausfertigungen und von Zeugnissen, welche sich auf die Rechtskraft der Urtheile beziehen, zur Wahrnehmung der Geschäfte des Grundbuchführers, zur Entgegennahme von Anmeldungen zum Handelsregister, zum Genossenschaftsregister und zum Musterregister, zur Aufnahme von Wechselprotesten sowie zur Vornahme von Siegelungen, Entsiegelungen und Inventuren, ferner im Bezirke des Oberlandesgerichts Cöln zur Entgegennahme der Erklärungen über die Ausschlagung oder Annahme einer Gütergemeinschaft oder einer Erbschaft nur solche Gerichtsschreibergehülfen verwendet werden sollen, welche, abgesehen von der Erledigung der aktiven Dienstpflicht, die Vorbedingungen für die Anstellung als Gerichtsschreiber erfüllt haben (vgl. code civil Art. 784, 793, 1457, 1463, 1466; Ausf.Ges. zum GVG. § 69; Gesetz v. 16. Mai 1887, GS. S. 135, Art. I). Der Art. 131 bezweckt, diese Vorschriften den neuen gesetzlichen Bestimmungen anzupassen. Zum Theil handelt es sich dabei nur um Fassungsänderungen, die dadurch veranlaßt sind, daß der § 69 des Ausf.Ges. z. GVG., auf den der § 5 Bezug nimmt, künftig wegfällt (Art. 130 Nr. I) und daß den neuen Gesetzen die Bezeichnung „Grundbuchführer" fremd ist. Des Weiteren sind wegen der Bedeutung, welche den das Schiffspfandrecht betreffenden Eintragungen nach dem BGB. zukommt, den Geschäften des Grundbuchführers die Geschäfte des Gerichtsschreibers bei der Führung des Schiffsregisters gleichgestellt. Neben dem Handelsregister, Genossenschaftsregister und Musterregister hat ferner das Börsenregister Erwähnung gefunden. Die besonderen Vorschriften für den Oberlandesgerichtsbezirk Cöln fallen mit der Aufhebung des code civil weg. Begr. S. 86.

Die Worte: „zur Aufnahme eines Protokolls über Revisionsanträge . . . bis Beschwerden in Angelegenheiten der freiwilligen Gerichtsbarkeit" sowie: „außer in den Fällen einer nothwendigen Aushülfe und Vertretung" und endlich: „Vereinsregister, Güterrechtsregister" sind in der Kom. d. Abg. eingefügt worden. Aus der Fassung geht hervor, daß nur die Aufnahme der Anmeldungen zu den Registern den Gerichtsschreibergehülfen entzogen sein soll, nicht aber die Führung der Register selbst. Vgl. Kom.Ber. S. 73, 74.

Artikel 132.

Der § 154 Abs. 2 des Gesetzes über die Zuständigkeit der Verwaltungs- und Verwaltungsgerichtsbehörden vom 1. August 1883 (Gesetz-Samml. S. 237) wird aufgehoben.

Nach § 11 des Personenstandsgesetzes v. 6. Februar 1875 wird die Aufsicht über die Amtsführung der Standesbeamten von der unteren Verwaltungsbehörde geübt, insoweit die Landesgesetze nicht eine andere Aufsichtsbehörde bestimmen. Eine solche abweichende Bestimmung besteht für Preußen nur in Bezug auf den Bezirk des Oberlandesgerichtsbezirks Cöln, da hier nach Art. 53 des code civil, der durch § 154 Abs. 2 des Zuständigkeitsgesetzes v. 1. August 1883 aufrecht erhalten worden ist, der Staatsanwaltschaft die Aufsicht zusteht. In den übrigen Landestheilen wird dagegen die Aufsicht von den Verwaltungsbehörden geführt. Behufs Herstellung der Rechtseinheit in diesem Punkte erfolgt hier die Aufhebung des § 154 Abs. 2 des genannten Gesetzes; gleichzeitig wird in Art. 89 Nr. 2 Ausf.Ges. z. BGB. der Art. 53 des code civil aufgehoben.

Artikel 133.

In dem bisherigen Geltungsbereiche des Rheinischen Rechtes bleiben für die Geschäfte, die den Gerichten in Ansehung der bis zum 1. Januar 1876 geführten Standesregister obliegen, die Landgerichte zuständig. Der Justizminister kann jedoch anordnen, daß diese Geschäfte auf die Amtsgerichte übergehen.

Durch die Vorschrift wird in Ansehung der Aufbewahrung der Duplikate der älteren Rheinischen Civilstandsregister und in Ansehung der Ertheilung von Auszügen aus denselben — es handelt sich hier nur um die Standesregister bis zum 1. Januar 1876 — der gegenwärtige Rechtszustand erhalten (vgl. oben Art. 130 zu § 28 des Ausf.Ges. z. GVG. unter Nr. I, ferner code civil Art. 43 ff., Preuß. Personenstandsgesetz v. 9. März 1874 § 53, Reichs-Personenstandsgesetz v. 6. Februar 1875 § 73). Nach § 69 RGes. sind jedoch für die nach dem Reichs-Personenstandsgesetz dem Gericht erster Instanz obliegenden Verrichtungen die Amtsgerichte zuständig, während nach § 197 desselben Gesetzes durch die Landesjustiz**verwaltung** angeordnet werden kann, daß die im § 14 des genannten Personenstandsgesetzes vorgesehene Aufbewahrung des Nebenregisters bei den Landgerichten erfolgen soll. Macht die Preuß. Justizverwaltung von diesem Vorbehalt keinen Gebrauch, geht mithin auch in der Rheinprovinz die Verwahrung der unter der Herrschaft des Gesetzes v. 6. Februar 1875 geführten Nebenregister von den Landgerichten auf die Amtsgerichte über, dann wird auch der Gleichmäßigkeit wegen anzuordnen sein, daß dort auch die Amtsgerichte im Uebrigen an Stelle der Landgerichte zuständig werden. Dazu giebt der Artikel die Ermächtigung. — Vgl. Art. 142.

Die Anordnung ist noch nicht ergangen.

Artikel 134.

Die Gebührenordnung für Notare vom 25. Juni 1895 (Gesetz-Samml. S. 256) wird dahin geändert:

I. Der § 3 Abs. 1 erhält folgenden Zusatz:

Bei Versteigerungen werden die Gebühren für die Beurkundung des Zuschlags nur dann auf den Mindestbetrag erhöht, wenn die Summe dieser Gebühren in einem Versteigerungsverfahren 1 Mark 50 Pf. nicht erreicht.

II. Der § 5 erhält folgende Fassung:

Soweit die Notare für die Geschäfte zuständig sind, über welche der zweite Abschnitt des ersten Theiles, der § 65 Nr. 1 und der § 81 Abs. 2 des Preußischen Gerichtskostengesetzes Bestimmung treffen, erhalten sie die daselbst für die Thätigkeit des Richters festgesetzten Gebühren.

III. Der § 6 wird gestrichen.

IV. Im § 9 werden die Worte „Aufnahme", „aufgenommen" ersetzt durch die Worte „Beurkundung," „beurkundet".

V. Im § 10 werden die Worte „sowie für den Verkehr des Notars mit den Hypothekenbewahrern" gestrichen. Hinter dem Worte „Legalisationen" wird das Wort „sowie" eingeschaltet.

VI. Der § 11 erhält folgende Fassung:

Für die Vermittelung einer Auseinandersetzung, die dem Notar von dem Gericht oder von den Betheiligten übertragen ist, erhält er das Zweifache des im § 56 des Preußischen Gerichtskostengesetzes bestimmten Gebührensatzes B. Wird das Verfahren nicht durchgeführt oder beschränkt es sich auf die

Ermittelung oder Feststellung einer Masse, so ermäßigt sich die Gebühr auf die Hälfte.

Die Gebühren für die Beurkundung oder den Entwurf eines das Verfahren abschließenden Vertrags oder eines mit einem Dritten geschlossenen Vertrags sowie die Gebühren für Vermögensverzeichnisse, Schätzungen und Versteigerungen werden neben den im Abs. 1 bestimmten Gebühren besonders erhoben. Wird die Vermittelung der Auseinandersetzung dem Notar vom Gericht übertragen, so steht die Anfertigung des Auseinandersetzungsplans dem Entwurfe, die Beurkundung der Auseinandersetzung der Beurkundung eines das Verfahren abschließenden Vertrags gleich.

In Ansehung der Zahlungspflicht und der Verpflichtung zur Leistung von Vorschüssen finden, wenn die Vermittelung der Auseinandersetzung dem Notar von dem Gericht überwiesen ist, dieselben Vorschriften Anwendung, wie wenn die Vermittelung dem Notar von den Betheiligten übertragen wäre.

VII. Der § 18 erhält folgende Fassung:

Im Bezirke des Oberlandesgerichts zu Cöln erhält der Notar für die Vermittelung eines hypothekarischen Darlehens, wenn nicht eine geringere Vergütung vereinbart ist, bis zur Summe von 7500 Mark 1 Prozent der Darlehnssumme, von dem Mehrbetrage bis 30000 Mark $^1/_2$ Prozent und von dem Mehrbetrage darüber hinaus $^1/_4$ Prozent. Steht dem Notar die Vermittelungsgebühr zu, so kommt die Gebühr für die Verwahrung von Geld (§ 14) in Wegfall.

VIII. Der § 23 wird gestrichen.

IX. Im § 27 Abs. 4 Satz 2 werden hinter dem Worte „vorliegt“ die Worte „oder die Beschwerdesumme fünfzig Mark nicht übersteigt“ eingeschaltet. Im Abs. 3 wird das Wort „Wohnsitz“ durch das Wort „Amtssitz“ ersetzt.

X. Im § 28 Abs. 1 erhält die Nr. 3 folgende Fassung:

3. um eine von den Betheiligten dem Notar übertragene Vermittelung einer Auseinandersetzung;

XI. Der § 30 erhält folgende Fassung:

Diese Gebührenordnung tritt gleichzeitig mit dem Bürgerlichen Gesetzbuch in Kraft und findet auf alle zu diesem Zeitpunkte noch nicht beendigten Geschäfte, auch hinsichtlich der bereits geleisteten Arbeiten, Anwendung.

Im Bezirke des Oberlandesgerichts zu Cöln bleiben für die Ausfertigungen und beglaubigten Abschriften der vor dem 1. Oktober 1895 aufgenommenen Urkunden, für ein nach den bisherigen Vorschriften zu erledigendes gerichtliches Theilungsverfahren oder Gütertrennungsverfahren, sowie in Ansehung der dem Grundbuchrechte noch nicht unterliegenden Grundstücke für die Anzeige der Hypothekenbestellung an den Versicherer, für

Schuld- und Pfandverschreibungen, für die Anfertigung des Bordereau und für die Besorgung und Prüfung des Hypothekenauszugs die bisherigen Kostenvorschriften in Kraft.

Die in der Vorbemerkung zum sechsten Abschnitte erwähnte Mannigfaltigkeit und Unübersichtlichkeit auf dem Gebiete des Notariatswesens umfaßte bis zum Erlasse der Gebührenordnung v. 25. Juni 1895 (GS. S. 256) auch das notarielle Gebührenwesen. Erst dieses Gesetz brachte für den ganzen Umfang der Monarchie, mit geringen Ausnahmen für das Rheinische Rechtsgebiet, hinsichtlich der Gebühren und Auslagen der Notare gleichmäßige Vorschriften, wobei es sich namentlich durch die Vorschrift seines § 5, daß die Notare für Beurkundungen und Auseinandersetzungen die für die Thätigkeit des Richters festgesetzten Gebühren beziehen sollten, dem Preußischen Gerichtskostengesetze von demselben Tage anschloß. Die mannigfachen Aenderungen, welche das bürgerliche Recht und das Verfahren der freiwilligen Gerichtsbarkeit durch das BGB. erfahren, müssen auch eine Aenderung des Preußischen Gerichtskostengesetzes zur nothwendigen Folge haben und diese macht wieder eine Anpassung der Gebührenordnung für Notare nothwendig.

Zu I. Nach § 3 Geb.O. für Not. beträgt, soweit nicht in der Gebührenordnung ein Anderes bestimmt ist, der Mindestbetrag einer Gebühr 1,50 Mark; Pfennigbeträge, welche ohne Bruch nicht durch zehn theilbar sind, werden auf den nächst höheren durch zehn theilbaren Betrag abgerundet. Da bei Versteigerungen die Gebühr für die Beurkundung des Zuschlags für jeden Bieter besonders anzusetzen ist, so erreicht bei Anwendung der bisherigen Vorschrift jene Gebühr dann eine unverhältnißmäßige Höhe, wenn eine große Zahl von Parzellen zum Zwecke des Verkaufs oder der Verpachtung zu niedrigen Geboten versteigert werden, indem jeder dieser Gebührensätze mindestens 1,50 Mark beträgt. Der neue Absatz zu § 3 will hier damit helfen, daß die Vorschrift des § 3 nicht mehr auf die einzelnen Gebühren, welche bei Werthen bis zu 120 Mark 0,40 bezw. 0,70 und 1,20 Mark betragen, sondern nur auf die S u m m e dieser Gebühren angewendet werden soll.

Im Uebrigen war in der Kommission des Abgeordnetenhauses ein Antrag gestellt worden, die oben erwähnten Worte „soweit nicht in dieser Gebührenordnung ein Anderes bestimmt ist" durch die Worte „vorbehaltlich der Bestimmung in § 3 des Pr. GKG." zu ersetzen, mit der Begründung, das Kammergericht habe sich in einer Entscheidung vom Jahre 1895 dahin ausgesprochen, daß auch die Gebührensätze solcher Gesetze in Anwendung kämen, auf welche in der Geb.O. für Not. Bezug genommen sei. In Folge dessen habe das Kammergericht die zu ersetzenden Worte dahin ausgelegt, daß der Mindestbetrag auch weniger als 1,50 Mark ausmachen könne. Diese Auslegung sei irrig und zur Beseitigung derselben sei der Antrag gestellt, der Mindestbetrag könne wohl auf mehr, nie aber auf weniger als 1,50 Mark festgesetzt werden. Eine Erklärung eines Justizministerialvertreters ging dahin, daß allerdings auch die in der Geb.O. für Notare in Bezug genommenen Vorschriften des Pr. GKG. in Betracht kämen, daß aber § 5 der Geb.O. für Not. nur den 2. Abschnitt des I. Theiles des GKG. in Bezug nähme; deshalb seien nur die in diesem Abschnitte, nicht aber auch die im § 32 vorgeschriebenen Mindestbeträge auch für die Notare maßgebend. Diese Ansicht erscheint zutreffend. Vgl. Kom.Ber. S. 76.

Zu II. Die neue Fassung des § 5 unterscheidet sich von der bisherigen nur dadurch, daß der § 65 Nr. 1 des Pr. GKG. miterwähnt und daß der Abs. 2 weggefallen ist. Was den gedachten § 65 Nr. 1 anlangt, so bestimmt er die Gebühr für die Ertheilung eines Hypotheken- oder Grundschuldbriefs; da nun die Notare für die Herstellung eines Theilbriefs zuständig sind (vgl. GBO. § 61 Abs. 1), so war auch § 65 Nr. 1 für anwendbar zu erklären. Der bisherige Abs. 2 des § 5 bestimmte, daß, wenn eine Urkunde in verschiedenen Sprachen aufgenommen werden muß, die Gebühr um ein Viertheil erhöht wird; er kann hier wegfallen, weil er durch den Abs. 1 des neuen § 54a des Pr. GKG. (vgl. Ausf.Ges. z. BGB. Art. 86 Nr. XX) ersetzt wird. Der Notar kann die erhöhte Gebühr auch dann liquidiren, wenn er bei der Verhandlung in fremder Sprache einen Dolmetscher nicht zuzieht, weil er der fremden Sprache mächtig ist. Vgl. Kom.Ber. S. 74.

Zu III. Nach dem bisherigen § 6 erhält der Notar für die Beurkundung einer Auflassung die in § 43 Pr. GKG. bestimmte Gebühr; für die Beurkundung darf keine Gebühr erhoben werden, wenn sie in einem von dem Notar aufgenommenen Vertrage oder in einem von ihm geleiteten Versteigerungsverfahren erfolgt. Die Vorschrift wird durch die anderweitige Fassung des § 43 Pr. GKG. (vgl. Ausf.Ges. z. BGB. Art. 86 Nr. XIV) entbehrlich. Nach dieser Fassung ist eine besondere Gebühr nicht zu erheben, wenn gleichzeitig das zu Grunde liegende Rechtsgeschäft beurkundet wird. Hiermit wird auch der in § 6 besonders hervorgehobene Fall der Beurkundung in einem vom Notar geleiteten Versteigerungsverfahren getroffen.

Zu IV. Die Aenderung ist nur von redaktioneller Bedeutung; sie bezweckt lediglich eine Anpassung an den Sprachgebrauch der neuen Gesetze, insbesondere des RGes., welches die gesammte nicht streitige Gerichtsbarkeit als freiwillige Gerichtsbarkeit bezeichnet und nicht von der „Aufnahme eines Rechtsgeschäfts", sondern von der „Beurkundung eines Rechtsgeschäfts" spricht (vgl. RGes. §§ 167, 168).

Zu V. In § 10 konnte der Hinweis auf den Verkehr mit den Hypothekenbewahrern wegfallen, weil dieser Vekehr nur noch für eine kurze Uebergangszeit in Frage kommt.

Zu VI. Der bisherige § 11 lautet:

Wird dem Notare die Leitung einer Erbtheilung oder der Auseinandersetzung von Gütergemeinschaften oder sonstigen Gemeinschaften, oder der Auseinandersetzung geschiedener Eheleute übertragen, so erhält er, vorbehaltlich der in § 18 Ziffer 1 getroffenen Bestimmung, das Zweifache des in § 56 des Preussischen Gerichtskostengesetzes bestimmten Gebührensatzes. Wird das Verfahren nicht durchgeführt, oder beschränkt sich dasselbe auf die Ermittelung und Feststellung einer Masse, so ermässigt sich die Gebühr auf die Hälfte.

Die Gebühren für die Beurkundung oder den Entwurf eines das Verfahren abschliessenden Vertrages oder eines bei Gelegenheit desselben mit einem Dritten, insbesondere einem überlebenden Ehegatten geschlossenen Vertrages, sowie die Gebühren für Vermögensverzeichnisse, Schätzungen und Versteigerungen werden neben den in Absatz 1 bestimmten Gebühren besonders erhoben.

Durch die neue Fassung werden die Vorschriften über eine von den Betheiligten dem Notar übertragene Leitung einer Erbtheilung oder Auseinandersetzung auf den Fall, daß dem Notar die Vermittelung einer Auseinandersetzung nach Art. 21 dieses Gesetzes überwiesen wird, übertragen. — Vgl. ferner unter VII. — Zugleich wird durch die Fassung des Eingangs festgestellt, daß der Notar nicht schon dann eine Gebühr zu beanspruchen hat, wenn ihm die Vermittelung einer Auseinandersetzung übertragen, aber, ehe er eine Mühewaltung gehabt hat, wieder genommen wird.

Der Abs. 3 des § 11 ist von der Kommission des Abg. beschlossen. Es soll vor Allem dem Notar die Befugniß gegeben werden, einen angemessenen Vorschuß zur Deckung seiner Gebühren und baaren Auslagen zu fordern und, falls der Vorschuß nicht gezahlt wird, die Uebernahme der Vermittelung der Auseinandersetzung abzulehnen. Die Vorschriften des Art. 83 werden dadurch nicht berührt. Vgl. Art. 22 Note 4.

Zu VII. Nach § 18 Nr. 1 der bisherigen Fassung erhält der Notar für seine Thätigkeit im gerichtlichen Theilungsverfahren sowie im Gütertrennungsverfahren eine Stundengebühr. Diese Vorschrift ist durch die neue Fassung des § 11 (unter VI) ersetzt. — Die Vorschriften der Nr. 3 und 4 des § 18, betr. Grundstücke, die noch nicht unter dem Grundbuchrechte des BGB. stehen, behalten nur noch für eine kurze Uebergangszeit Bedeutung und sind daher, vorbehaltlich ihrer ferneren Anwendung für diese Zeit (vgl. § 30 Abs. 2 unten Nr. XI), aus dem Texte ausgeschieden. — Als dauernde Besonderheit der Gebührenvorschriften für Rheinische Notare verbleibt daher nur die Vorschrift der Nr. 2 des § 18 über die Vermittelung hypothekarischer Darlehen; diese giebt die neue Fassung unverändert wieder bis auf Aenderungen über die Höhe der einzelnen Gebühren, welche von der Kommission des Abgeordnetenhauses vorgenommen worden sind; vgl. Kom.Ber. S. 75, 76, 77. Die Vermittelungsgebühr ist nur verdient, wie beim Mäkler, wenn das Geschäft zu Stande kommt.

Zu VIII. Für den von den Dolmetscherauslagen handelnden bisherigen § 23 war in dem Entwurfe eine andere Fassung vorgeschlagen, welche eine völlige Gleichheit der Kosten beim Gericht und beim Notar in der in Frage stehenden Hinsicht herstellte. Der § 23 bildete eine Beschränkung der dem Notar nach § 20 zustehenden Befugniß, außer den Gebühren den Betrag des erforderlichen Stempels und die baaren Auslagen, soweit sie nothwendig waren, berechnen zu können; nach § 23 konnte der Notar die einem Dolmetscher gezahlte Entschädigung nur erstattet verlangen, wenn es sich um eine Sprache handelt, welche im Bezirke des Amtsgerichts, in dem der Notar seinen Wohnsitz hat, nicht gebräuchlich ist. Die Kom. d. Abg. hielt es für unbillig, daß der Notar diese Auslagen nicht sollte erstattet erlangen können auch wenn es sich um eine gebräuchliche fremde Sprache handelt und strich den § 23 Geb.O. für Not. Dadurch kommt der § 20 dieser Geb.O. wieder zur vollen Geltung und unter die dem Notar zu ersetzenden baaren Auslagen fällt auch die an den Dolmetscher gezahlte Entschädigung. Vgl. Begr. S. 88, Kom.Ber. S. 75, 76, 77, 78.

Zu IX. Der § 27 Geb.O. für Not. befaßt sich mit der gerichtlichen Festsetzung der Gebühren und Auslagen des Notars und speziell in Abs. 4 mit den Rechtsmitteln gegen diese Festsetzung. Es soll die sofortige Beschwerde nach Maßgabe der §§ 531 bis 538, 540 CPO. und gegen die Entscheidung des Landgerichts „auch dann, wenn ein neuer selbständiger Beschwerdegrund nicht vorliegt, die weitere Beschwerde" stattfinden, falls die Entscheidung auf einer Verletzung des Gesetzes beruht. Von den erwähnten Vorschriften der CPO., jetzt §§ 568 bis 575, 577, hat der dem § 531 entsprechende § 868 durch die Novelle v. 17. Mai 1898 einen Zusatz dahin erhalten, daß Beschwerdeentscheidungen der Landgerichte in Betreff der Prozeßkosten einer weiteren Beschwerde nur unterliegen, wenn die Beschwerdesumme 50 Mark übersteigt. Diese Einschränkung der weiteren Beschwerde ist zur Uebertragung auf Kosten der freiwilligen Gerichtsbarkeit nicht für geeignet befunden worden, weil sonst der Zweck der Sicherung einer gleichmäßigen Anwendung der Kostenvorschriften nicht erreicht wurde. Aus diesem Grunde ist in dem Ausf.Ges. z. BGB. Art. 86 Nr. IX für den § 26 des Pr. GKG. dieselbe Einschaltung vorgesehen, welche hier in dem entsprechenden § 27 der Geb.O. für Not. gemacht ist.

Zu X. Nach § 28 Abs. 1 Nr. 3 kann der Betrag der Vergütung des Notars abweichend von den Vorschriften der Geb.O. für Not. durch Vertrag festgesetzt werden, wenn es sich um die Leitung einer Erbtheilung oder sonstigen Auseinandersetzung mit Ausnahme des in § 18 Nr. 1 vorgesehenen Falles handelt. Da diese Nr. 1 des § 18 durch § 11 ersetzt ist, so ist hier eine Anpassung vorzunehmen. Durch die neue Fassung soll, wie bisher die Vereinbarungsfreiheit für den Fall ausgeschlossen werden, daß der Notar im Auftrage des Gerichts thätig ist.

Zu XI. Der Abs. 1 der neuen Fassung des § 30 trägt den neuen Verhältnissen Rechnung; der Abs. 2 enthält in seinem ersten Theile die bisher dort aufgeführten Vorschriften über Ausfertigungen und beglaubigte Abschriften, in seinem zweiten Theile dagegen die Aufrechterhaltung der bisher in § 18 unter Nr. 3, 4 (vgl. oben zu VII) gegebenen Vorschriften für die Uebergangszeit bis zur Durchführung der Grundbuchanlegung, Diese Vorschriften lauten:

Für den Geltungsbereich des Rheinischen Rechts kommen folgende besondere Bestimmungen zur Anwendung:

3. Der Notar erhält für die Anzeige einer Hypothekenbestellung an den Versicherer in Gemässheit des Gesetzes vom 17. Mai 1884, betreffend die Haftung der Versicherungsgelder für die Ansprüche der Inhaber von Privilegien und Hypotheken im Bezirke des ehemaligen Appellationsgerichtshofes zu Cöln (GS. S. 271) ein Zehntheil der vollen Gebühr, jedoch mindestens 1 Mark und höchstens 3 Mark.

4. Der Notar erhält, soweit Grundstücke, welche dem Grundbuchrechte nicht unterliegen, zum Pfande gestellt werden,

a) für Schuld- und Pfandverschreibungen, zusätzlich zu den ihm sonst zustehenden Gebühren, noch die volle Gebühr,
b) für die Anfertigung des Bordereau und dessen Besorgung zum Hypothekenamte fünf Zehntheile der vollen Gebühr, jedoch höchstens 5 Mark.
c) für die Besorgung und Prüfung des Hypothekenauszuges drei Zehntheile der vollen Gebühr, jedoch höchstens 5 Mark.

Die Gebühr unter c wird nicht erhoben, wenn der Notar die Gebühr für Verwahrung von Geldern oder für Vermittelung eines Darlehns bezieht.

Artikel 135.

Der Justizminister wird ermächtigt, den Text der Gebührenordnung für Notare, wie er sich aus den im Artikel 134 bestimmten Aenderungen ergiebt, unter fortlaufender Nummernfolge der Paragraphen und unter Herstellung einer einheitlichen Schreibweise durch die Gesetz-Sammlung in der Weise bekannt zu machen, daß die Verweisungen auf die Vorschriften der Civilprozeßordnung und des Preußischen Gerichtskostengesetzes durch Verweisungen auf die entsprechenden Vorschriften der durch den Reichskanzler und den Justizminister bekannt gemachten Texte ersetzt werden.

Die Bekanntmachung der neuen Fassung erscheint mit Rücksicht auf die erheblichen Aenderungen, welche die Gebührenordnung für Notare durch Art. 134 erfährt, erforderlich.

Die Worte des Artikels: „und unter Herstellung einer einheitlichen Schreibweise" rühren von der Kommission des Abgeordnetenhauses her; vgl. Kom.Ber. S. 78.

Die Bekanntmachung, die nach Art. 145 Abs. 2 sofort mit Verkündung dieses Gesetzes erfolgen konnte, hat noch nicht stattgefunden.

Artikel 136.

Die in den Artikeln 57, 58 des Einführungsgesetzes zum Bürgerlichen Gesetzbuche gemachten Vorbehalte gelten auch gegenüber den Vorschriften dieses Gesetzes.

---

1. Die Art. 57, 58 Einf.Ges. z. BGB. lauten:

Art. 57. In Ansehung der Landesherren und der Mitglieder der landesherrlichen Familien sowie der Mitglieder der Fürstlichen Familie Hohenzollern finden die Vorschriften des Bürgerlichen Gesetzbuchs nur insoweit Anwendung, als nicht besondere Vorschriften der Hausverfassungen oder der Landesgesetze abweichende Bestimmungen enthalten.

Das Gleiche gilt in Ansehung der Mitglieder des vormaligen Hannoverschen Königshauses, des vormaligen Kurhessischen und des vormaligen Herzoglich Nassauischen Fürstenhauses.

Art. 58. In Ansehung der Familienverhältnisse und der Güter derjenigen Häuser, welche vormals reichsständisch gewesen und seit 1806 mittelbar geworden sind oder welche diesen Häusern bezüglich der Familienverhältnisse und der Güter durch Beschluss der vormaligen deutschen Bundesversammlung oder vor dem Inkrafttreten des Bürgerlichen Gesetzbuchs durch Landesgesetz gleichgestellt worden sind, bleiben die Vorschriften der Landesgesetze und nach Massgabe der Landesgesetze die Vorschriften der Hausverfassungen unberührt.

Das Gleiche gilt zu Gunsten des vormaligen Reichsadels und derjenigen Familien des landsässigen Adels, welche vor dem Inkrafttreten des Bürgerlichen Gesetzbuchs dem vormaligen Reichsadel durch Landesgesetz gleichgestellt worden sind.

2. Den in diesen Artikeln 57, 58 gemachten Vorbehalt dehnt der § 189 RGes. auf die A. d. fr. Ger. aus, indem er vorschreibt, daß, soweit im Einf.Ges. z. BGB. zu Gunsten der Landesgesetze Vorbehalte gemacht sind, diese auch für die Vorschriften der Landesgesetze über diejenigen A. d. fr. Ger. gelten sollen, welche Gegenstand des RGes. sind und daß den Landesgesetzen nach Maßgabe der Art. 57, 58 Einf.Ges. z. BGB. die Hausverfassungen gleichstehen sollen (vgl. Einleitung und Art. 32 Note 1 b). In Folge dieser Vorschrift und des Art. 136 bleiben für die in den Artikeln 57, 58 bezeichneten Personen bezw. Familien die bestehenden Preußischen Vorschriften in A. d. fr. Ger. auch ferner in Geltung. Das sind folgende:

a) Nach Art. III des Gesetzes vom 26. April 1851, betreffend die Zusätze zu der Verordnung v. 2. Januar 1849 über die Aufhebung der Patrimonialgerichtsbarkeit und des eximirten Gerichtsstandes, sowie über die anderweitige Organisation der Gerichte (GS. S. 181) wird „rücksichtlich der nichtstreitigen Rechtsangelegenheiten der zur Königlichen Familie gehörigen Personen, namentlich in Betreff der

Testaments-Errichtungen, Nachlaß-Regulirungen, Familienschlüsse, Ehesachen, Vormundschafts- und ähnlichen Angelegenheiten durch die gegenwärtige Verordnung nichts geändert, vielmehr behält es in dieser Beziehung bei der Hausverfassung sein Bewenden. Eben dies gilt von den beiden Hohenzollernschen Fürstenhäusern". Daran ist durch spätere Gesetze nichts geändert, insbesondere nicht durch das GVG. (vgl. §§ 2, 5 daselbst) und die Vormundschaftsordnung v. 5. Juli 1875 (vgl. § 100 daselbst). Nach der Hausverfassung bildet das Ministerium des Königlichen Hauses für die Mitglieder der Königlichen Familie den ordentlichen Gerichtsstand in allen nicht streitigen Rechtssachen. Durch Allerh. Erlaß v. 14. August 1852, betreffend die Rechtsverhältnisse der Fürstlich Hohenzollernschen Häuser (GS. S. 771) wurde auch für die Mitglieder dieser Häuser an Stelle der vormaligen Fürstlichen Behörden das Ministerium des Königlichen Hauses als ordentlicher Gerichtsstand in den A. d. fr. Ger. eingeführt.

b) Durch die in Ausführung des Artikels XIV der deutschen Bundesakte v. 8. Juni 1815 erlassene Verordn. v. 21. Juni 1815 betr. die Verhältnisse der vormals unmittelbaren deutschen Reichsstände in den Preußischen Staaten (GS. S. 105) wurde den mit Namen genannten vormals unmittelbaren deutschen Reichsständen und dem ehemals unmittelbaren Reichsadel ein privilegirter Gerichtsstand bestätigt und durch Instruktion vom 30. Mai 1820 wegen Ausführung des Edikts v. 21. Juni 1815, die Verhältnisse der vormals unmittelbaren Reichsstände in der Preuß. Monarchie betr. (GS. S. 81), in § 19 über die Gerichtsbarkeit in nicht streitigen Sachen nähere Bestimmung getroffen. Im Zusammenhange mit den auch in der Verfassung zum Ausdrucke gelangenden Grundsätzen wurde sodann in § 9 der Verordn. v. 2. Januar 1849 über die Aufhebung der Privatgerichtsbarkeit und des eximirten Gerichtsstandes, sowie über die anderweitige Organisation der Gerichte (GS. S. 1) der eximirte und privilegirte Grichtsstand allgemein aufgehoben, durch Gesetz v. 10. Juni 1854, betr. die Deklaration der Verfassungsurkunde v. 31. Januar 1850 in Bezug auf die Rechte der mittelbar gewordenen deutschen Reichsfürsten und Grafen (GS. S. 363) jedoch wieder erklärt, daß die Bestimmungen der Verfassungsurkunde einer Wiederherstellung der Rechte durch Königliche Verordnung, sofern die Betheiligten sie nicht ausdrücklich durch rechtsbeständige Verträge aufgegeben hätten, nicht entgegenständen. Diese Verordnung erging unter dem 12. November 1855 (GS. S. 686, dazu Ausführungsverfügung vom 17. Dezember 1855, JMBl. S. 414); in deren § 4 war bestimmt, daß hinsichtlich des Gerichtsstandes in nicht streitigen Rechtsangelegenheiten der oben erwähnte § 19 der Instr. v. 30. Mai 1820 wieder maßgebend sein solle, ausgenommen die Vorschrift, welche den standesherrlichen Besitzungen die Eintragungen in das Hypothekenbuch des Oberlandesgerichts zusicherte, womit der eximirte Gerichtsstand in Bezug auf Grundstücke aufhörte. Die Aufsichts- und Beschwerdeinstanz bildet der Justizminister. Die spätere Gesetzgebung hat daran nichts mehr geändert; die Vormundschaftsordnung v. 5. Juli 1875 (§ 101) bestimmt, daß die nach dem bis dahin geltenden Privatfamilienrechte der Häupter und Mitglieder der früher reichsständigen Familien begründeten Rechte durch sie nicht berührt würden; das GVG. (§ 2) findet auf die nicht streitige Gerichtsbarkeit keine Anwendung und das Ausf.Ges. z. GVG. (§ 27) läßt den Gerichtsstand, der den hier in Rede stehenden Personen eingeräumt ist, unberührt. Die sachliche Zuständigkeit ist durch das Ausf.Ges. z. GVG. (§§ 41, 49) auf die Landgerichte bezw. Oberlandesgerichte übertragen; die Angelegenheiten werden dort von den Civilkammern bezw.

Civilsenaten (§§ 42, 57) erledigt. Außer diesen gesetzlichen Vorschriften kommen für die im Jahre 1866 erworbenen Landestheile besondere Verordnungen und für einzelne der fraglichen Familien Rezesse, welche auf Grund der Verordnung vom 12. November 1855 (GS. S. 688) geschlossen wurden, bezw. seit Erlaß des Gesetzes v. 15. März 1869 (GS. S. 490) einzelne Specialgesetze in Betracht; der erwähnte Rechtszustand wird dadurch überall bestätigt. Vgl. Turnau S. 201 ff.; Sydow, die Preuß. Ausführungsgesetze und Verordnungen zu den Reichs-Justizgesetzen, bei den §§ 27, 41, 42, 49, 57 Ausf.Ges. z. GVG.; Hodler, das partikuläre Civilrecht der Hohenzollernschen Lande, S. 94 ff. Es gilt demnach für die in Art. 58 Einf.Ges. z. BGB. bezeichneten Personen der § 19 der Instr. v. 30. Mai 1820 unter Berücksichtigung der erwähnten Abänderungen noch wie folgt:

Anlangend die Gerichtsbarkeit in nicht streitigen Sachen der Standesherren und der Mitglieder ihrer Familien, so ist

a) die obervormundschaftliche Behörde für einen Standesherrn und die ebenbürtigen Mitglieder seiner Familie dasjenige Oberlandesgericht, in dessen Bezirke die Standesherrschaft gelegen ist, und wenn ein Standesherr mehrere inländische Standesherrschaften besitzt, dasjenige, in dessen Bezirke der verstorbene Vater des zu Bevormundenden zugleich seinen Wohnsitz gewählt hatte (§ 15) ohne Rücksicht auf ausländischen Güterbesitz und etwaige Bevormundung.

Das vormundschaftliche Patent wird von dem Justizminister ausgefertigt und von Uns vollzogen. Die Grundsätze der Bevormundung, der vormundschaftlichen Verwaltung und der Aufsicht über diese, sind zuvörderst aus den noch bestehenden oder künftig unter Unserer Genehmigung zu errichtenden Familienverträgen, auch aus dem nachzuweisenden Familienherkommen, in deren Ermangelung aber aus den Landesgesetzen zu schöpfen.

Wo von Obrigkeitswegen die Ernennung eines Vormundes geschehen muss, erfolgt dieselbe von Uns unmittelbar auf den Antrag des Justizministers.

b) In Fällen einer Erbvertheilung unter Mitgliedern der standesherrlichen Familie, bleibt die Auseinandersetzung, so lange deshalb kein Rechtsstreit entsteht, dem Haupt der Familie vorbehalten. Die Versiegelung, wo solche nöthig ist, geschieht in der Standesherrschaft von ihrer nächsten Gerichtsbehörde, ausserhalb derselben von derjenigen des Orts, welche nach den Gesetzen dazu befugt ist. Die Entsiegelung und Inventur gehört überall vor diejenige Gerichtsbehörde, welche das Familienhaupt dazu erwählt.

c) In allen Gegenständen der freiwilligen Gerichtsbarkeit, in welchen die Landesgesetze die Wahl der gerichtlichen Behörde den Interessenten nicht überlassen, ist in Beziehung auf die Standesherren und deren Familien dasjenige Oberlandesgericht kompetent, vor welches die Sache nach den Landesgesetzen gehört.

Zu den unter c erwähnten Gegenständen, in welchen die Wahl der gerichtlichen Behörde den Interessenten nicht überlassen ist, gehört die Ausstellung des Erbscheins, die nach § 2353 BGB. durch das Nachlaßgericht erfolgt; vgl. Turnau S. 203.

3. Wegen Art. 57 Abs. 2 Einf.Ges. z. BGB. vgl. Art. 137.

Artikel 137.

Für die Geschäfte, die in Vormundschafts-, Nachlaß- und Theilungssachen der Mitglieder des vormaligen Hannoverschen Königshauses, des vormaligen Kurhessischen und des vormaligen Herzoglich Nassauischen Fürstenhauses den Gerichten obliegen, sind die Civilsenate der Oberlandesgerichte zuständig; die örtliche Zuständigkeit bestimmt sich nach den Vorschriften des Reichsgesetzes über die Angelegenheiten der freiwilligen Gerichtsbarkeit.

Wie im Eingang von Note 2 zu Art. 136 bemerkt, sind durch § 189 RGes. die Vorbehalte der Art. 57, 58 Einf.Ges. z. BGB. — den Wortlaut derselben vgl. Art. 136 Note 1 — auf die A. d. fr. Ger. ausgedehnt worden. Den in Abs. 2 dieses Art. 57 erwähnten Personen sind danach in gleicher Weise wie den dort in Abs. 1 aufgeführten die Sonderrechte gewahrt; das Gleiche ist in Ansehung der streitigen Gerichtsbarkeit durch Zusatz zu § 5 des Einf.Ges. d. GVG. (vgl. Art. II des Gesetzes, betreffend Aenderungen des Gerichtsverfassungsgesetzes und der Strafprozeßordnung, v. 17. Mai 1898, RGBl. S. 252) geschehen. Hier in Art. 137 ist die noch fehlende Zuständigkeit in Ansehung der A. d. fr. Ger. geregelt in Uebereinstimmung mit dem in Note 2b zu Art. 136 in Betreff der Standesherren Gesagten.

Für die Frage, inwieweit in den bezeichneten Angelegenheiten eine gerichtliche Mitwirkung stattfindet, sind zunächst die für das einzelne Haus geltenden besonderen Bestimmungen und in Ermangelung solcher die allgemeinen reichsgesetzlichen Normen maßgebend. Begr. S. 89.

Artikel 138.

Soweit in Gesetzen auf Vorschriften verwiesen ist, welche durch dieses Gesetz außer Kraft gesetzt werden, treten an deren Stelle die entsprechenden neuen Vorschriften.

Die Regel des Artikels schließt sich dem Art. 4 Einf.Ges. z. BGB., der nach § 185 Abs. 2 RGes. auch auf dieses letztere entsprechende Anwendung findet, an.

Vgl. Art. 144 zu Nr. 18.

Artikel 139.

Soweit nach den Uebergangsvorschriften anderer Gesetze die bisherigen Vorschriften noch künftig maßgebend sind, gilt das Gleiche auch für die durch dieses Gesetz aufgehobenen oder abgeänderten Vorschriften.

Bis zu dem Zeitpunkt, in welchem das Grundbuch als angelegt anzusehen ist, bleiben in den im Artikel 119 Abs. 1 Satz 2 bezeichneten Gebietstheilen die Vorschriften unberührt, welche die Mitwirkung der Ortsbehörden bei der Führung der öffentlichen Bücher über die Rechtsverhältnisse an Grundstücken, insbesondere die Zuständigkeit zur Beurkundung der darauf bezüglichen Rechtsgeschäfte, betreffen.

Die neuen Vorschriften über das Verfahren bei der Aufnahme gerichtlicher oder notarieller Urkunden kommen auch dann zur Anwendung, wenn für das beurkundete Rechtsverhältniß das bisherige Recht maßgebend bleibt. Das Gleiche gilt von der Vorschrift, wonach die Amtsgerichte und die Notare in Bezug auf die Zuständigkeit zur Aufnahme von Urkunden einander gleichstehen.

Soweit nach den Uebergangsvorschriften die Zuständigkeit von Ortsbehörden begründet bleibt, kann der Justizminister die Zuständigkeit auf andere Behörden oder Beamte übertragen. In diesem Falle findet die Vorschrift des Artikel 126 Abs. 1 entsprechende Anwendung; der Justizminister kann über die zu erhebenden Kosten Bestimmungen treffen.

---

1. Der Artikel enthält Uebergangsvorschriften u. zw. in Abs. 1 eine allgemeine Regel, in den folgenden Absätzen einzelne Specialbestimmungen. Nach Maßgabe dieser Uebergangsbestimmungen bleiben auch die in Art. 144 aufgehobenen gesetzlichen Vorschriften vorläufig für ältere Rechtsverhältnisse noch in Kraft.

2. **Zu Abs. 1.** Nach der Uebergangsbestimmung des § 189 RGes. gelten, soweit im Einf.Ges. z. BGB. zu Gunsten der Landesgesetze Vorbehalte gemacht sind, diese Vorbehalte auch für die Vorschriften der Landesgesetze über diejenigen A. d. fr. Ger., welche Gegenstand des RGes. sind. Zu diesen Vorbehalten gehören nicht bloß, wie an anderen Stellen (Einleitung, Art. 32 Note 1 b, Art. 136) bereits hervorgehoben ist, die Vorschriften des dritten Abschnitts des Einf.Ges. z. BGB. (Art. 55 ff.), sondern auch die Uebergangsvorschriften des vierten Abschnitts (Art. 153 ff.). Jenen Grundsatz des § 189 RGes. übernimmt der Art. 139 Abs. 1 den Vorschriften dieses Gesetzes gegenüber.

Nach der Begr. S. 90 ist diese Bestimmung namentlich für das Gebiet des Liegenschaftsrechts und des Erbrechts erforderlich. Aus ihr ergiebt sich, daß es in Bezug auf die Uebertragung des Eigenthums und die dingliche Belastung von Grundstücken, für welche das Grundbuch noch nicht als angelegt anzusehen ist, bei den bisherigen Zuständigkeitsvorschriften bewendet (vgl. Einf.Ges. z. BGB. Art. 189) und daß für die erbrechtlichen Verhältnisse, insbesondere für die Sicherung und Theilung eines Nachlasses, wenn der Erblasser vor dem 1. Januar 1900 gestorben ist, die im Art. 144 aufgehobenen Vorschriften der AGO., des code de procédure und des Rheinischen Theilungsgesetzes maßgebend bleiben (vgl. Einf.Ges. z. BGB. Art. 213).

3. Die Vorschrift des **Abs.** 2 hat ihren inneren Grund in dem Umstande, daß die Führung der öffentlichen Bücher über die Rechtsverhältnisse an Grundstücken nicht nur mit der Beurkundung der darauf bezüglichen dinglichen Rechtsgeschäfte, sondern auch mit der Beurkundung der zu Grunde liegenden obligatorischen Geschäfte in engstem Zusammenhange steht. Vgl. Begr. S. 90.

4. Der **Abs. 3 Satz** 1 soll Zweifeln vorbeugen, welche sich aus dem Grundsatze des Abs. 1 ergeben könnten.

Der **Satz** 2 ist mit Rücksicht auf die Rheinprovinz aufgenommen. Nach der Regel des Abs. 1 würden Zweifel darüber möglich sein, ob nach dem Inkrafttreten des BGB. in Ansehung solcher Grundstücke, welche noch nicht unter Grundbuchrecht stehen, für die Aufnahme der nach Rheinischem Rechte bei der Eigenthumsübertragung, Belastung oder Entlastung erforderlichen öffentlichen Urkunden neben den Notaren auch die Rheinischen Amtsgerichte zuständig wären (vgl. code civil Art. 2148, 2158, Gesetz über die Veräußerung und hypothekarische Belastung von Grundstücken u. s. w. v. 20. Mai 1885, GS. S. 139, § 1). Um Unzuträglichkeiten die aus der theilweisen

Beschränkung der Urkundsbefugniß der Amtsgerichte sich ergeben könnten, zu vermeiden, ist die Frage im bejahenden Sinne entschieden. Vgl. Begr. S. 90.

5. Was die in **Abs. 4 Satz 1** gedachte bisherige Zuständigkeit von Ortsbehörden in A. d. fr. Ger. anlangt, so ist im Allgemeinen der Zeitpunkt, in welchem sie aufgehoben wird, der erste Januar 1900. Die den Verkehr mit Grundstücken betreffenden Befugnisse der Ortsbehörden dauern aber nach Art. 189 Einf.Ges. z. BGB. und der vorgedachten Vorschriften in Abs. 1 und 2 bis zur vollendeten Anlegung des Grundbuchs fort; indessen ist hier dem Justizminister die Befugniß gegeben, diese Befugnisse auf andere Behörden oder Beamte — Art. 111, 122, 123 — zu übertragen. Die Uebertragung kann sich auch auf die Verwahrung der öffentlichen Bücher beziehen.

Der **Satz** 2, soweit er die Kosten betrifft, schließt sich dem § 76 Abs. 3 Satz 1 des Grundbuchgesetzes für Frankfurt v. 19. August 1895 an.

6. Keine Uebergangsvorschrift ist getroffen über die Form, in welcher nach dem Inkrafttreten des BGB. eine vor diesem Zeitpunkte aufgenommene gerichtliche oder notarielle Urkunde ausgefertigt wird. Die Ausfertigung hat, da es an besonderen Bestimmungen fehlt, nach den neuen Vorschriften zu erfolgen. „In Ansehung vollstreckbarer Ausfertigungen bewendet es selbstverständlich bei den Vorschriften der CPO. und den bei ihrer Einführung erlassenen Uebergangsbestimmungen (vgl. § 22 des Gesetzes, betr. die Uebergangsbestimmungen zur Deutschen CPO. u. s. w., v. 31. März 1879, GS. S. 332)". Begr. S. 91.

Artikel 140.

Für die Anfechtung einer Entscheidung, die vor dem Inkrafttreten des Bürgerlichen Gesetzbuchs erlassen ist, bleiben die bisherigen Vorschriften maßgebend; dies gilt auch dann, wenn nur die Entscheidung erster Instanz vor dem bezeichneten Zeitpunkt erfolgt ist.

Hierzu bemerkt die Begr. S. 91: „Für die zur Zeit des Inkrafttretens des BGB. schon anhängigen Beschwerden wird eine Ueberleitung in das neue Recht kaum in Frage kommen können. Aber auch für den Fall, daß in dem bezeichneten Zeitpunkte die Anfechtung noch nicht erfolgt, die Entscheidung erster Instanz jedoch schon erlassen ist, verdient die Anwendung des alten Rechtes den Vorzug; namentlich muß es mit Rücksicht auf die Betheiligten angemessen erscheinen, daß für die Frage, ob ein Rechtsmittel zulässig und ob es an eine Frist gebunden ist, wann die Frist abläuft und wer die Berechtigung hat, das Rechtsmittel einzulegen, die bisherigen Vorschriften bestehen bleiben. Die Vorschrift des Art. 139 Abs. 1 wird durch den Art. 140 nicht berührt; in einem Theilungsverfahren über eine im Gebiete des Rhein. Rechtes vor dem Inkrafttreten des BGB. eröffnete Erbschaft werden daher für die Beschwerde die bisherigen Vorschriften auch dann maßgebend sein, wenn die Entscheidung erster Instanz nach dem Inkrafttreten des BGB. ergangen ist.

Artikel 141.

Auf ein zur Zeit des Inkrafttretens des Bürgerlichen Gesetzbuchs anhängiges Verfahren nach den Artikeln 5, 6 des Einführungsgesetzes zum Handelsgesetzbuche vom 24. Juni 1861 (Gesetz-Samml. S. 449) finden die Vorschriften des § 135 Abs. 2 Satz 2 und des § 136 des Reichsgesetzes über die Angelegenheiten der freiwilligen Gerichtsbarkeit Anwendung. Im Uebrigen bleiben die bisherigen Vorschriften maßgebend.

Die Art. 5, 6 des Einf.Ges. z. HGB. v. 24. Juni 1861 enthalten die Bestimmungen über das Ordnungsverfahren zur Durchführung der Vorschriften über die Anmeldungen zur Eintragung in das Handelsregister, über die Zeichnung oder Einreichung der Zeichnung der Formen oder Unterschriften und über Unterlassung des unberechtigten Gebrauch einer Firma. Dieses Verfahren ist durch das RGes. im Allgemeinen in Uebereinstimmung mit diesen Vorschriften geordnet (vgl. RGes. §§ 125 ff; Einf.Ges. z. HGB. v. 24. Juni 1861 Art. 5, 6; Ausf.Ges. z. CPO. v. 24. März 1879 § 28). In Bezug auf das Vorgehen gegen den Gebrauch einer unzulässigen Firma waltet jedoch ein für den Gang des Verfahrens wesentlicher Unterschied ob. Nach Artikel 6 des Preuß. Einf.Ges. zum HGB. hat das Registergericht den Betheiligten ohne Bestimmung einer Frist unter Androhung einer Ordnungsstrafe aufzufordern, sich der unzulässigen Firma nicht mehr zu bedienen; erhält das Gericht glaubhafte Kenntniß davon, daß der Betheiligte dieser Verfügung nach ihrer Zustellung zuwidergehandelt hat, so wird er zur mündlichen Verhandlung vorgeladen und demnächst gegebenenfalls die Strafe festgesetzt. Dagegen wird nach § 140 des RGes. dem Betheiligten aufgegeben, sich des Gebrauchs der Firma zu enthalten oder binnen bestimmter Frist den Gebrauch der Firma mittelst Einspruchs gegen die Verfügung zu rechtfertigen; wenn der Betheiligte keinen Einspruch erhebt und dennoch der Verfügung zuwiderhandelt, so erfolgt, ohne daß es einer mündlichen Verhandlung bedarf, die Festsetzung der Ordnungsstrafe. Da es bei dieser Verschiedenheit nicht möglich ist, die schon anhängigen Sachen vollständig den neuen Vorschriften zu unterwerfen, so bestimmt der Entwurf, daß ein anhängiges Verfahren nach den Vorschriften des bisherigen Rechtes zu erledigen ist; nur die neuen Vorschriften des § 135 Abs. 2 Satz 2 und des § 136 des RGes., wonach das Gericht aus Billigkeitsgründen von der Festsetzung der verwirkten Strafe absehen, eine schon festgesetzte Strafe aufheben oder eine Strafermäßigung eintreten lassen kann, sollen auch auf ein schon vor dem Inkraftreten des BGB. eingeleitetes Verfahren Anwendung finden. Begr. S. 91, 92.

Artikel 142.

Die Berichtigung einer Eintragung in dem Standesregister erfolgt auch dann nach den Vorschriften des neuen Rechtes, wenn die Eintragung aus der Zeit vor dem 1. Januar 1876 herrührt.

Der Artikel ist durch die Kom. d. Abg. eingestellt worden. Durch die Vorschrift soll namentlich erreicht werden, daß bei den in Rede stehenden Eintragungen im Gebiete des Rheinischen Rechts der Staatsanwalt nicht mehr mitzuwirken hat. Kom.Ber. S. 78. — Vgl. Art. 133.

Artikel 143.

In dem Oberlandesgerichtsbezirke Cöln gelten für die bei dem Inkrafttreten dieses Gesetzes im Amte befindlichen Notare die Vorschriften des Artikel 102 Abs. 1 mit folgender Maßgabe:

Der aus dem Amte ausscheidende oder in einen anderen Amtsgerichtsbezirk versetzte Notar kann bis zum Ablaufe von drei Monaten nach dem Tage des Ausscheidens oder der Versetzung dem Amtsgerichte seines bisherigen Amtssitzes zur weiteren Aufbewahrung der Papiere einen Notar bezeichnen, der in dem Bezirke dieses Gerichts seinen Amtssitz hat. Die gleiche Befugniß steht im Falle des Todes eines Notars den Erben zu. Das Amtsgericht hat die Papiere dem ihm bezeichneten Notar zu übergeben.

Auf Grund der Vorschriften des vorigen Absatzes kann die Uebergabe der Papiere an einen anderen Notar nur einmal verlangt werden. Im Falle des Ausscheidens, der Versetzung oder des Todes des anderen Notars findet die Abgabe der diesem auf Grund der Vorschriften des vorigen Absatzes übergebenen Papiere an einen anderen Notar nicht statt.

Für den Oberlandesgerichtsbezirk Cöln gelten z. Z. in Betreff der Abgabe der Akten eines ausscheidenden, verstorbenen oder versetzten Notars die Vorschriften der Art. 53ff. der Rhein. Not.O. Dieselben weichen in vielfacher Beziehung von denjenigen ab, welche über diesen Punkt in den Art. 97, 98, 102, 103 gegeben sind. Namentlich kommt in Betracht, daß die Dienstpapiere nicht dem Amtsgerichte, sondern einem anderen Notar übergeben werden. Diese Uebergabe erfolgt im Falle des Ausscheidens oder des Todes des Notars nach einer im Rheinischen Notariat allgemein bestehenden Uebung in der Regel an den Nachfolger in der Stelle im Wege des Verkaufes. So haben auch die jetzt im Amte befindlichen Notare ihren Vorgängern größere oder geringere Summen bezahlt und in den Notariatsakten einen veräußerlichen Bestandtheil ihres Vermögens erblickt. Um nach dieser Richtung jede Härte zu vermeiden, ist durch den Artikel 143 den bei Inkraftbleiben dieses Gesetzes im Amte befindlichen Notaren des Oberlandesgerichtsbezirks Cöln bezw. deren Erben die Möglichkeit geschaffen, unter Bezeichnung eines bestimmten Notars eine einmalige Uebertragung vorzunehmen. Vgl. Begr. S. 58.

Artikel 144.

Die nachstehenden Vorschriften werden, soweit sie nicht schon in Folge Reichsgesetzes außer Kraft treten, unbeschadet der Uebergangsvorschriften, aufgehoben:

1. Theil 1 Titel 44 bis 46, 52, Theil 2 Titel 1 bis 5, Theil 3 Titel 7 der Allgemeinen Gerichtsordnung für die Preußischen Staaten, Theil 1 Titel 46 jedoch nur insoweit, als er sich nicht auf die Auseinandersetzung zwischen einem Lehns- oder Fideikommißfolger und den Allodialerben seines Vorbesitzers bezieht;
2. die Artikel 203, 812 bis 818, 839 bis 853, 855 bis 864, 907 bis 944, 986 bis 1002, 1040 des code de procédure civile, die Artikel 844, 845, 1040 jedoch nur für das Gebiet der freiwilligen Gerichtsbarkeit;
3. die Artikel 16 bis 19, 37 bis 46 des Französischen Dekrets über die Erhaltung und Verwaltung der Güter der Geistlichkeit vom 6. November 1813;

4. die Vorschriften des gemeinen Rechtes über die Exemplifikation oder Innovation von Urkunden;
5. die §§ 1 bis 8, 10 bis 31 der Hannoverschen Verordnung über das Verbot aller Privateide ꝛc. vom 28. Dezember 1821 (Hannov. Gesetz-Samml. 1822 Abth. I S. 43), die §§ 17 bis 20 und die §§ 28 bis 31 jedoch nur insoweit, als sie sich nicht auf Lehen oder Fideikommisse beziehen;
6. die Verordnung und Taxordnung für die Notarien in den Niederrheinischen Provinzen vom 25. April 1822 (Gesetz-Samml. S. 109) sowie der § 67 des Gesetzes, betreffend die Dienstvergehen der nicht richterlichen Beamten ꝛc., vom 21. Juli 1852 (Gesetz-Samml. S. 465);
7. die Vorschriften des Rheinischen Rechtes über die Einregistrirung von Urkunden;
8. für das Gebiet der vormals freien Stadt Frankfurt die sich auf die Rechtsmittel in Angelegenheiten der freiwilligen Gerichtsbarkeit beziehenden Vorschriften der Gerichtsordnung für das gemeinsame Oberappellationsgericht der vier freien Städte Deutschlands (Bekanntmachung vom 23. August 1831; Frankf. Gesetz- und Statuten-Samml. Bd. 4 S. 229, 231) und des Gesetzes über das Verfahren in bürgerlichen Rechtssachen vom 7. November 1848 (Gesetz- und Statuten-Samml. Bd. 8 S. 282) sowie der § 11 des Gesetzes über das Fiskalat vom 3. Dezember 1861 (Gesetz- und Statuten-Samml. Bd. 15 S. 79);
9. die Kabinetsorder über die Vidimation der Urkunden und die Abzweigung der Schulddokumente vom 6. November 1834 (Gesetz-Samml. S. 180);
10. die Versteigerungsordnung für Ostfriesland und Harlingerland vom 16. Dezember 1834 (Hannov. Gesetz-Samml. Abth. III S. 245) sowie die ergänzenden und abändernden Gesetze vom 10. Januar 1840 (Hannov. Gesetz-Samml. Abth. III S. 51), vom 26. Juli 1841 (Hannov. GesetzSamml. Abth. III S. 79), vom 27. Dezember 1842 (Hannov. Gesetz-Samml. Abth. III S. 115) und vom 24. März 1897 (Gesetz-Samml. S. 103);
11. Die Versteigerungsordnung für den Landdrosteibezirk Osnabrück vom 14. Juli 1838 (Hannov. Gesetz-Samml. Abth. III S. 149) mit Ausnahme des Artikel 3 Abs. 3, soweit er sich auf die Befugniß der Magistrate bezieht, Sachen der Stadt oder des Fleckens an den Meistbietenden zu verkaufen oder zu verpachten;
12. die Verordnung, betreffend das Verfahren bei freiwilligen Subhastationen, vom 6. April 1839 (Gesetz-Samml. S. 125);
13. die Kabinetsorder, betreffend Siegelanlage bei dem Ableben eines Beamten im Bezirke des Appellationsgerichts zu Cöln, vom 14. Juli 1843 (Gesetz-Samml. S. 321);
14. für das Jadegebiet die Oldenburgische Auktionator- und Vergantungsordnung vom 14. Mai 1844 (Oldenb. Gesetz-Samml. 1845 S. 278);

15. das Gesetz über das Verfahren bei Aufnahme von Notariatsinstrumenten vom 11. Juli 1845 (Gesetz-Samml. S. 487);
16. die §§ 457, 458 der Hannoverschen Bürgerlichen Prozeßordnung vom 8. November 1850 (Hannov. Gesetz-Samml. Abth. I S. 341);
17. die Hannoversche Notariatsordnung vom 18. September 1853 (Hannov. Gesetz-Samml. Abth. I S. 345);
18. die §§ 6 bis 8 und der § 11 Nr. 4 des Gesetzes, betreffend die Geschäftssprache der Behörden, Beamten und politischen Körperschaften des Staates, vom 28. August 1876 (Gesetz-Samml. S. 389), die §§ 6 bis 8 jedoch nur insoweit, als es sich um ihre Anwendung auf die ordentlichen Gerichte handelt;
19. das Gesetz, enthaltend Bestimmungen über das Notariat, vom 8. März 1880 (Gesetz-Samml. S. 177);
20. das Gesetz, betreffend das Theilungsverfahren und den gerichtlichen Verkauf von Immobilien im Geltungsbereiche des Rheinischen Rechtes, vom 22. Mai 1887 (Gesetz-Samml. S. 136) sowie der § 16 des Ausführungsgesetzes zur Deutschen Konkursordnung vom 6. März 1879 (Gesetz-Samml. S. 109);
21. das Gesetz, betreffend die Vereinigung der Rechtsanwaltschaft und des Notariats im Geltungsbereiche des Rheinischen Rechtes, vom 13. April 1888 (Gesetz-Samml. S. 72);
22. das Gesetz, enthaltend Bestimmungen über das Notariat und über die gerichtliche oder notarielle Beglaubigung von Unterschriften oder Handzeichen, vom 15. Juli 1890 (Gesetz-Samml. S. 229).

Wie zu Art. 139 Note 1 bereits bemerkt, bleiben die in Art. 144 aufgehobenen gesetzlichen Vorschriften nach Maßgabe der reichsgesetzlichen und landesgesetzlichen Uebergangsbestimmungen für ältere Rechtsverhältnisse noch in Kraft (vgl. auch Einf.-Ges. z. BGB. Abschnitt 4, RGes. § 189).

Zu den einzelnen Nummern sind nachfolgend im Wesentlichen die Bemerkungen der Begr. S. 92 bis 100 wiedergegeben, ausgenommen bei Nr. 3.

Zu 1. Der Titel 44 des I. Theiles der AGO. enthält neben rein prozeßrechtlichen Bestimmungen, die schon am 1. Oktober 1879 außer Kraft getreten sind, in den §§ 46 ff. besondere Vorschriften über die gerichtliche Rückgewähr des Pachtguts nach beendigter Pacht. Das Verfahren liegt auf der Grenze zwischen streitiger und freiwilliger Gerichtsbarkeit, es bezweckt einen gütlichen Ausgleich der Parteien, konnte aber früher unmittelbar in einen Prozeß übergeleitet werden (§ 53 a. a. O.). Seit dem Inkrafttreten der CPO. ist ein solcher Uebergang zum Prozesse nicht mehr möglich; ob auch im Uebrigen das Verfahren schon durch die CPO. seine Geltung verloren hat, mag dahingestellt bleiben. Jedenfalls liegt kein Bedürfniß vor, es noch weiter aufrecht zu erhalten. Das prozeßrechtliche Sühneverfahren ist im § 510 der CPO. (neuer Fassung) geregelt und andererseits bedarf es keiner besonderen Hervorhebung, daß auch der Richter der freiw. Ger. es als seine Aufgabe anzusehen hat, unter den Parteien zu vermitteln, wenn er um die Beurkundung einer Pachtrückgewähr, insbesondere um die Aufnahme eines Inventars, angegangen wird. Kommt es zum Prozesse, so werden unter Umständen die Vorschriften über das vorbereitende Verfahren in Rechnungssachen Anwendung finden können (CPO. §§ 348 bis 354).

Aehnlich wie mit dem Pachtrückgewährverfahren in Theil 1 Titel 44 der AGO. verhält es sich mit dem gerichtlichen Rechnungsabnahmeverfahren des 45. Titels. Auch im 46. Titel sind Vorschriften des Prozeßrechts und Bestimmungen über freiwillige Gerichtsbarkeit vereinigt. Der bezeichnete Titel regelt das Verfahren bei Nachlaßtheilungen und bei Auseinandersetzungen zwischen einem Lehns- oder Fideikommißfolger und den Allodialerben seines Vorbesitzers (§§ 2 ff., 26 ff.) sowie bei Auseinandersetzungen zwischen den Mitgliedern einer Handelsgesellschaft (§§ 34 ff.). Außerdem enthält er eine Bestimmung über Gemeinheitstheilungen (§ 33), die jedoch nur in einem Hinweis auf anderweitige Vorschriften besteht. Künftig werden für die Theilung zwischen Miterben die §§ 86 ff. des RGes. und die Art. 21 ff. des vorliegenden Gesetzes maßgebend sein. Andererseits sind neben den Bestimmungen des HGB. über die Liquidation, insbesondere über die gerichtliche Ernennung und Abberufung von Liquidatoren, und neben den Bestimmungen der CPO. über das Verfahren in Rechnungssachen weitere Vorschriften über die Auseinandersetzung zwischen den Theilhabern einer Handelsfirma nicht erforderlich. Der Titel 46 kann daher insoweit aufgehoben werden, als er sich nicht auf Lehns- und Fideikommißsachen bezieht. Dies ist im Artikel 144 Nr. 1 geschehen. Für die Auseinandersetzung zwischen dem Lehns- oder Fideikommißfolger und den Allodialerben verbleibt es bei dem geltenden Rechte (§§ 2 ff., 26 ff.).

Von dem Titel 52 Theil I der AGO. ist nur noch ein Theil der Vorschriften des zweiten Abschnitts über die freiw. Subhastation in Geltung. Da die freiwillige gerichtliche Versteigerung von Grundstücken in den Art. 66 ff. des Gesetzes eine neue Regelung erfahren hat, so ist der Titel 52 und mit ihm zugleich die ergänzende Verordn. v. 6. April 1839 (GS. S. 125) in das Verzeichniß der aufgehobenen Gesetze aufgenommen worden (vgl. Nr. 12).

Aus dem zweiten Theile der AGO. (Von dem gerichtlichen Verfahren in nicht streitigen Angelegenheiten) bleibt nur der sechste Titel in Kraft.

Die einleitenden Bemerkungen zum zweiten Theile haben nur eine theoretische Bedeutung. Das Gleiche gilt von den §§ 1, 2 des ersten Titels (Von den Handlungen der freiw. Gerichtsb. überhaupt und was dazu gehöre). Auch die übrigen §§ des ersten Titels können wegfallen. Denn die hier gegebene Zusammenstellung von Vorschriften über die Vollziehung eines Geschäfts vor dem Richter der Sache sowie über das Erforderniß der gerichtlichen oder notariellen Beurkundung ist durch das Reichsrecht zum großen Theile gegenstandslos geworden (vgl. Art. 89 Nr. 1 des Ausf.Ges. z. BGB.). Für die Landesgesetzgebung kommen nur noch Vorschriften über die Mitwirkung der Gerichte bei der Errichtung von Familienstiftungen und Fideikommissen sowie über die Mitwirkung der Gerichte bei Ehen zur linken Hand in Betracht (AGO. II. 1 § 6 Nr. 2. II. 7 Nr. 1; Einf.Ges. z. BGB. Art. 57, 58; Ausf.Ges. z. BGB. Art. 89 Nr. 1c). In dieser Beziehung ist aber an anderer Stelle das Erforderliche bestimmt (ALR. II. 4 §§ 29, 62; Ausf.Ges. z. BGB. Art. 1, 2; Gesetz, die Kompetenz der Gerichtsbehörden in Familienfideikommissen betr. v. 5. März 1855, GS. S. 175; ALR. II. 1 § 858). Ueber die Ertheilung der Ehelichkeitserklärung (AGO. II. 1 § 10) bedarf es keiner gesetzlichen Vorschriften; denn nach § 1723 des BGB. hat hierüber, soweit die Ehelichkeitserklärung nicht dem Reichskanzler zusteht, die Landesregierung zu bestimmen.

An die Stelle des zweiten und des dritten Titels (Von dem Verfahren bei Handlungen der freiw. Gerichtsb. überhaupt. Von dem Verfahren bei Aufnehmnug und Bestätigung der Verträge und anderer Verhandlungen unter Lebendigen) treten künftig die Vorschriften der §§ 167 ff. des RGes. und der Art. 31 ff. dieses Gesetzes. Auf die einzelnen Vorschriften der AGO. ist, soweit erforderlich, schon bei dem vierten und siebenten Abschnitte dieses Gesetzes näher eingegangen.

Der vierte Titel (Von dem Verfahren bei Aufnehmung der Testamente und anderer letztw. Verordnungen) wird durch die Vorschriften des BGB. und die dazu gehörigen Ausführungsbestimmungen ersetzt (vgl. BGB. §§ 2246, 2256, 2259 bis 2262, 2273, 2277; Ausf.Ges. zum BGB. Art. 72 bis 82). Ein Verbot der gerichtlichen Siegelung durch den Erblasser (AGO. II. 4 § 7) ist nach dem BGB. nicht zulässig (s. die Mot. z. Entw. I e. BGB. Bd. 5 S. 543).

Auch der fünfte Titel (Von dem Verfahren bei Siegelungen und Inventuren in Sterbefällen) fällt weg. Für die Frage, wann eine amtliche Nachlaßsicherung vorzunehmen und die ergriffenen Maßregeln wieder aufzuheben sind (§§ 4 ff., § 36), sind künftig, abgesehen von den Vorschriften der CPO. über Arrest und einstweilige Verfügungen (§§ 916 ff.), die Vorschriften des BGB. maßgebend (§§ 1846, 1915, 1960, 1961; vgl. Ausf.Ges. z. BGB. Art. 79). Daneben kommt für die Nachlaßsiegelung bei Beamten der Art. 20 dieses Gesetzes in Betracht. Was die Nr. 2 des § 4 Theil II Tit. 5 der Allg. GO. betrifft, wonach der Richter die Siegelung des Nachlasses von Amtswegen zu veranlassen hat, wenn die vermuthlichen nächsten Erben sämmtlich Ausländer sind, so liegt kein Bedürfniß vor, diese mit dem Abschoßrecht in Zusammenhang stehende Bestimmung aufrecht zu erhalten (vgl. die Kabinetsorder v. 11. April 1822, Gesetz-Samml. S. 181). Die Zuständigkeit für Siegelungen und Entsiegelungen sowie für die Aufnahme des Inventars (AGO. II. 5 §§ 14 ff., 24, 37, 43) ist theils reichsgesetzlich, theils im vorliegenden Gesetz und im Ausf.Ges. z. GVG. geregelt (BGB. § 2003, RGes. §§ 72 bis 74, oben Art. 31, 38, 80, 104 ff.; Ausf.Ges. z. GVG. §§ 70, 74). Die auf Militärpersonen bezüglichen §§ 17 und 44 sind schon durch den § 434 des Anhangs, der § 435 des Anhangs ist schon durch die Kabinetsorder v. 8. Januar 1841 (GS. S. 16) aufgehoben worden. Der § 18 Theil II Tit. 5 der AGO. bestimmt, daß nach dem Tode einer Militärperson, falls sich der Verstorbene im Felde oder auf Kommando an einem Orte befand, wo kein Kriegsgericht ist, der kommandirende Offizier für die Sicherung des Nachlasses zu sorgen hat, den der Verstorbene bei und um sich hat; ist auch kein kommandirender Offizier vorhanden, so sollen die Civilgerichte des Ortes zu dieser Obsorge verpflichtet sein. In Folge des § 434 des Anhangs hat der § 18 insofern eine Aenderung erfahren, als die Fürsorge des kommandirenden Offiziers nur eintritt, wenn sich der Verstorbene an einem Orte befand, der nicht Sitz eines Amtsgerichts ist. Nach dem Entwurfe soll der § 18 gänzlich gestrichen werden. Ein Bedürfniß zu besonderen Bestimmungen für Militärpersonen, die auf Kommando außerhalb des Sitzes eines Amtsgerichts sterben, liegt nicht vor; im Uebrigen aber wird bei der in Aussicht genommenen reichsgesetzlichen Regelung der Befugnisse, welche den richterlichen Militärjustizbeamten bezüglich der freiwilligen Gerichtsbarkeit zustehen, zu prüfen sein, ob besondere gesetzliche Vorschriften über die Sicherstellung des Nachlasses eines im Felde oder nach der Mobilmachung verstorbenen Angehörigen des aktiven Heeres zu treffen sind. Erforderlichenfalls werden auch im Instruktionswege Bestimmungen über die einstweilige Sicherung eines solchen Nachlasses erlassen werden können. An die Stelle des § 23 Theil II Tit. 5 der AGO. tritt künftig der Art. 19 dieses Gesetzes. Was schließlich die Art des Verfahrens bei der Nachlaßsicherung und bei der Aufnahme eines Inventars anlangt, so ist dem

Justizminister durch den Art. 126 ausdrücklich die Ermächtigung ertheilt, hierüber nähere Bestimmungen zu treffen.

Der sechste Titel des zweiten Theiles, der von dem Verfahren bei der Aufnahme gerichtlicher Taxen handelt, muß aufrecht erhalten bleiben.

Dagegen ist in Verbindung mit den neuen Vorschriften über das Notariat der siebente Titel des dritten Theiles der AGO. (Von dem Amte der Justizkommissarien und Notarien) aufzuheben. Zum großen Theil ist dieser Titel schon durch die veränderte Gerichtsverfassung und durch das Notariatsgesetz v. 11. Juli 1845 beseitigt. Im Uebrigen hat sein Inhalt in den Bemerkungen zum vierten und sechsten Abschnitte des Gesetzes die erforderliche Berücksichtigung gefunden.

Zu 2. Durch die Nr. 2 werden einzelne auf das Verfahren in A. d. fr. Ger. bezügliche Vorschriften des code de procédure civile ausdrücklich aufgehoben. Von einer gänzlichen Aufhebung des code de procédure muß schon deshalb Abstand genommen werden, weil die Bestimmungen desselben noch in den nach der Gemeinheitstheilungsordnung v. 19. Mai 1851 (GS. S. 371) zu behandelnden Theilungen insoweit Anwendung finden, als nicht das Gesetz, betreffend das Verfahren in den nach der Gemeinheitstheilungsordnung zu behandelnden Theilungen und Ablösungen in den Landestheilen des linken Rheinufers, v. 19. Mai 1851 (GS. S. 383), Abänderungen enthält (vgl. auch § 22 des Gesetzes, betr. die Zusammenlegung der Grundstücke im Geltungsbereiche des Rhein. Rechts, v. 24. Mai 1885, GS. S. 156). Auch sind für die Gerichte in dem Zeitraume, der seit der Einführung der CPO. verflossen ist, keine Schwierigkeiten dadurch entstanden, daß der code de procédure nicht förmlich außer Kraft gesetzt worden ist. Es wird daher auch bei der Aufhebung des code de procédure nicht weiter zu gehen sein, als es die neue Regelung der A. d. fr. Ger. mit sich bringt.

Was die aufzuhebenden Vorschriften im Einzelnen betrifft, so ist wegen des Art. 203 auf das oben zu Art. 57 Note 3 Bemerkte zu verweisen. Die Bestimmungen der Art. 812 bis 818 über das Verfahren bei einem Zahlungsanerbieten und bei Hinterlegungen sind im Wesentlichen schon durch die Vorschriften der CPO. und des BGB. erledigt. Die Bestimmungen des code de precédure über den Inhalt der ein Zahlungsanerbieten beurkundenden Protokolle für die Rheinprovinz aufrecht zu erhalten, liegt keine Veranlassung vor.

Die Artikel 839 bis 843 sowie die Artikel 846 bis 853 beziehen sich auf die Ertheilung von Ausfertigungen und Abschriften durch einen Notar oder einen anderen Depositar von Urkunden. Diese Vorschriften werden, soweit sie notarielle Urkunden betreffen, durch die neuen Vorschriften, insbesondere den Artikel 51 Abs. 2 dieses Gesetzes, ersetzt. Aber auch im Uebrigen können sie wegfallen, da sie schon gegenwärtig kaum noch eine praktische Bedeutung haben. Die Art. 844, 845, die das Verfahren bei der Ertheilung einer zweiten Ausfertigung einer Urkunde regeln, sind dagegen nur mit einer Einschränkung aufzuheben, da sie nach Art. 854 auch auf die Ertheilung einer zweiten Urtheilsausfertigung Anwendung finden, mithin für die Gemeinheitstheilungen auch künftig noch von Bedeutung sind.

Die Aufhebung der Art. 855 bis 858 ist eine Folge davon, daß das Verfahren zur Berichtigung der Standesregister nach § 186 des RGes. durch die Landesgesetzgebung nicht mehr in einer von den reichsgesetzlichen Vorschriften abweichenden Weise geregelt werden kann. Für die Berichtigung der vor dem Inkrafttreten des Personen standsgesetzes aufgenommenen Standesurkunden bleiben selbstverständlich die alten Vorschriften maßgebend.

Die Art. 859 bis 864, die sich auf das Verfahren bei der Einweisung in den Besitz der Güter eines Abwesenden und auf das Verfahren bei der Autorisation von Ehefrauen beziehen, werden durch das BGB. gegenstandslos. Das Gleiche gilt auch von den Bestimmungen der Art. 986 bis 1002 über die Rechtswohlthat des Inventars, über den Verzicht auf die Gütergemeinschaft oder auf die Erbschaft und über die Kuratel bei einem vakanten Nachlasse. Hinsichtlich des Verfahrens bei Siegelungen und Entsiegelungen sowie bei der Aufnahme eines Inventars (Art. 907 bis 944) genügt die dem Justizminister im Art. 126 dieses Gesetzes ertheilte Ermächtigung.

Der Art. 1040 des code de procédure bestimmt, daß alle zu den Amtsverrichtungen des Richters gehörenden Akte und Protokolle an dem Orte, wo der Richter seinen Sitz hat, zu vollziehen sind, ferner, daß der Richter immer den Gerichtsschreiber zuzuziehen und dieser die Urschriften aufzubewahren und die Ausfertigungen zu ertheilen hat. Inwieweit die Vorschriften des Art. 1040 für die A. d. fr. Ger. überhaupt Geltung beanspruchen können, mag dahingestellt bleiben; jedenfalls sind sie für diese Angelegenheiten zum Theil überflüssig, zum Theil unzweckmäßig; insbesondere paßt für sie das unbedingte Gebot der Zuziehung eines Gerichtsschreibers nicht. Das Ges. hebt deshalb den Art. 1040 für das Gebiet der nicht streitigen Rechtspflege ausdrücklich auf. Von einer gänzlichen Aufhebung des Art. ist mit Rücksicht auf das Gemeinheitstheilungsverfahren abzusehen.

Zu 3. Die Nr. 3 beruht auf einem Beschlusse der Kommission d. Abg. Auf Grund des Art. 16 ff. des genannten Dekrets v. 6. November 1813 bezw. des Art. 911 Nr. 3 des code de procédure hatte sich im Gebiete des Rheinischen Rechts die Praxis auszubilden begonnen, bei dem Tode eines katholischen Pfarrers Siegelungen behufs Sicherstellung des Pfarrvermögens vorzunehmen. Das Vorgehen entbehrte der Berechtigung, da in Folge des Gesetzes über die Vermögensverwaltung in den katholischen Kirchengemeinden v. 20. Juni 1875 die gesammten kirchlichen Vermögensangelegenheiten der Besorgung durch einen Kirchenvorstand und eine Gemeindevertretung unterstellt und die Kassenverwaltung und Rechnungsführung, unter Ausschluß des Pfarrers von dieser Stellung, einem Kirchenvorsteher bezw. Rendanten übertragen sind. Auch die Art. 37 bis 46, die über Siegelungen bei dem Ableben eines Bischofs handeln, sind nicht mehr berechtigt; sie sind durch die Bulle de salute animarum aufgehoben. Hier ist auch die formelle Beseitigung vorgesehen. Vgl. Kom.Ber. S. 79.

Zu 4. Wegen der Aufhebung der Vorschriften des gemeinen Rechtes über die Exemplifikation oder Innovation von Urkunden kann auf die Bemerkungen zu den Artikeln 57 bis 59 Bezug genommen werden.

Zu 5. Die Hannov. Verordn. über das Verbot aller Privateide und über die Formen, welche bei einzelnen Rechtsgeschäften an die Stelle der eidlichen Bestärkung treten sollen, v. 28. Dezember 1821 (Hannov. GS. 1822 Abth. I S. 43) kann größtentheils aufgehoben werden. Entbehrlich sind zunächst die Bestimmungen der §§ 1 bis 6 über die Privateide und die Abnahme eines Eides durch den Notar. Da das neue Recht den Eid als Bestätigungsmittel der Verträge nicht erwähnt, so braucht nicht mehr besonders hervorgehoben zu werden, daß ein verbotener Eid keine weitere Wirkung nach sich zieht als ein einfaches Versprechen. Es besteht auch kein Bedürfniß, die Bestimmungen, durch welche die Leistung oder die Abnahme eines verbotenen Eides unter Strafe gestellt wird, aufrecht zu erhalten, denn Privateide sind im heutigen

Verkehrsleben nicht mehr üblich und die Strafbestimmungen haben deshalb ihre praktische Bedeutung schon verloren. Der § 2 Nr. 2, welcher mit Rücksicht auf die besonderen Grundsätze des ausländischen Rechtes die Abnahme eines Eides durch den Notar für zulässig erklärt, wird durch den Art. 34 Abs. 1 ersetzt. Die im § 2 Nr. 1 gestatteten Privatlehnseide sind, wenngleich in Hannover noch einzelne Privatlehen bestehen, schon außer Uebung gekommen.

Von den Vorschriften der §§ 7 bis 12 über die gerichtliche Abnahme von Eiden wird der § 8 durch den Art. 34 Abs. 2 ersetzt. Die §§ 7, 10 bis 12 können ohne Ersatz gestrichen werden, weil das BGB. eine Bestärkung von Willenserklärungen durch einen gerichtlichen Eid nicht kennt und andererseits kein Bedürfniß besteht, allgemein die eidliche Bekräftigung einer Behauptung unter der Voraussetzung zuzulassen, daß die Parteien dies ihrem Vortheile angemessen finden und das Gericht die Abnahme des Eides für unbedenklich und der Sachlage entsprechend erachtet (vgl. RGes. § 15; oben Art. 1; BGB. § 2356). Dagegen ist der § 9 der Verordn. noch von praktischer Bedeutung, wie denn insbesondere die Hannov. Provinzialverwaltung Wege- und Landstraßenwärter, die nur in ihrem Tagelohne stehen, auf Grund des § 9 durch das Amtsgericht beeidigen läßt. Das Gesetz läßt deshab den § 9 unberührt.

Die Vorschriften der §§ 13 bis 15 und der §§ 21 bis 27 über die Interzessionen der Ehefrauen und über die Verzichte der Minderjährigen auf die Restitution sind schon durch die Gesetze v. 1. Dezember 1869 (GS. S. 1169) und v. 12. Juli 1875 (GS. S. 518) aufgehoben. Der § 16, welcher von dem Verzichte der Frau auf die ihr wegen ihres Eingebrachten zustehenden Hypotheken- oder Vorzugsrechte handelt, tritt nach Art. 55 des Einf.Ges. z. BGB. außer Kraft. Dagegen müssen die Bestimmungen der §§ 17 bis 20 über die Verzichte weiblicher oder minderjähriger Personen auf künftige Successionen insoweit aufrecht erhalten bleiben, als sie sich auf die Nachfolge in ein Lehen oder Fideikommiß beziehen; die besondere Erwähnung der Bauergüter in dem § 17 ist schon jetzt unpraktisch, weil der § 3 des Gesetzes über das Höferecht vom 2. Juni 1874 (GS. S. 186) bestimmt, daß auf die Beerbung der Eigenthümer von Bauernhöfen das sonst gültige Erbrecht Anwendung findet. Für die Frage des Erfordernisses der vormundschaftlichen und obervormundschaftlichen Genehmigung zu dem Verzicht eines Minderjährigen sind künftig an Stelle der im § 18 in Bezug genommenen Grundsätze des gemeinen Rechtes die entsprechenden Bestimmungen des BGB. maßgebend (vgl. BGB. § 107, § 2347 Abs. 1). In demselben Umfange wie die §§ 17 bis 20 müssen auch die in den §§ 28 bis 31 enthaltenen allgemeinen Vorschriften von der Aufhebung ausgenommen werden.

Zu 6 vgl. die Bemerkungen zum vierten bis sechsten Abschnitte, insbesondere wegen Aufhebung des § 67 des Disziplinargesetzes vom 21. Juli 1852 die Art. 91 bis 94.

Zu 7 vgl. oben Art. 58, insbesondere Note 1 dazu.

Zu 8. An Stelle der Vorschriften des Frankfurter und des Hannoverschen Rechtes über die Rechtsmittel in A. d. fr. Ger. treten die reichsgesetzlichen Bestimmungen und die Art. 3 ff. dieses Gesetzes.

Der mitaufgehobene § 11 des Frankfurter Gesetzes über das Fiskalat vom 3. Dezember 1861 (Frankf. Gesetz- und Statuten-Samml. Bd. 15 S. 79) bestimmt, daß das Fiskalat (jetzt das Amtsgericht) die Sterbeprotokolle unentgeltlich zu unterzeichnen, hierbei zu prüfen hat ob ein Versiegelungsfall vorliegt und die Versiegelung in den dazu geeigneten Fällen alsbald bewirken soll. Die praktische Bedeutung der auf die Unterzeichnung der Sterbeprotokolle bezüglichen Vorschrift liegt darin, daß die Beerdigungserlaubniß nicht vor dieser Unterzeichnung ertheilt wird und der zur Anzeige des Sterbefalls bei dem Standesbeamten Verpflichtete auch verpflichtet ist, dem Amtsgericht Anzeige zu erstatten. Diese Einrichtung braucht nicht aufrechterhalten zu werden. Während nach dem Fiskalatsgesetze (§ 12) die Siegelanlage die Regel bildet, ist im neuen Rechte die Verpflichtung zur amtlichen Nachlaßsiegelung eine engere (BGB. §§ 1960, 1961, 1846, 1915; Ausf.Ges. z. BGB. Art. 79); es besteht deshalb kein Bedürfniß mehr, daß das Gericht von allen Sterbefällen erfährt. Vgl. ferner Art. 19 Note 2, Art. 105.

Zu 9 vgl. das zu Nr. 4 Gesagte.

Zu 10 und 11. Wegen der Aufhebung der Ostfriesischen Versteigerungsordnung v. 16. Dezember 1834 und der abändernden und ergänzenden Gesetze sowie wegen der Aufhebung der Versteigerungsordnung für den Landdrosteibezirk Osnabrück v. 14. Juli 1838 kann im Allgemeinen auf die Bemerkungen zu Artikel 125 verwiesen werden. Hier ist nur noch Folgendes hervorzuheben:

Das in den Art. 2, 33 der Ostfries. Versteigerungsordnung erwähnte Aedilitium, d. h. die ausschließliche Berechtigung der Städte Emden und Norden, Immobilien, die innerhalb des Stadtgebiets liegen, im Wege des öffentlichen Meistgebots zu verkaufen, hat in Folge der Gewerbeordnung zu bestehen aufgehört. Amtsunterbediente, welche nach Art. 5, insbesondere auf den Ostfries. Inseln, freiwillige Versteigerungen beweglicher Sachen vornehmen dürfen, giebt es gegenwärtig nicht mehr.

Der Art. 18 der Ostfries. Versteigerungsordnung untersagt das Ausbieten von sog. Treckgeldern oder Belohnungen für das Auftreiben der zum Verkauf ausgesetzten Gegenstände, erklärt die darüber geschlossenen Verträge für nichtig und bestimmt, daß die gezahlten Treckgelder der Armenkasse verfallen. Entsprechende Vorschriften enthält auch die Osnabrücker Versteigerungsordnung (Art. 20), doch sollen nach ihr auch die versprochenen Treckgelder der Armenkasse verfallen sein. Es kann dahingestellt bleiben, inwieweit es gegenüber dem § 5 des Einf.Ges. zum StGB. und dem Art. 55 des Einf.Ges. zum BGB. möglich sein würde, diese Bestimmungen aufrecht zu erhalten. Denn eine ausreichende Veranlassung, für Ostfriesland und den Regierungsbezirk Osnabrück die in Frage stehenden Sondervorschriften beizubehalten, liegt nicht vor. Das Gleiche gilt von den Vorschriften der Versteigerungsordnungen, welche das unentgeltliche Ausschänken starker Getränke bei Versteigerungen unter Strafe stellen (Verst.O. für Ostfriesland Art. 19, für Osnabrück Art. 21), sofern diese Vorschriften nicht schon durch die Bekanntmachung v. 12. Mai 1841 (Hannov. GS. Abth. I S. 153), welche für das ganze Gebiet des vormaligen Königr. Hannover das Verabreichen von destillirten Getränken bei Versteigerungen mit Strafe bedroht, aufgehoben sind.

Zu 12. Die Verordnung v. 6. April 1839 ist durch die Art. 66 ff. gegenstandslos geworden; vgl. auch zu Nr. 1.

Zu 13. Die Bestimmungen der Kabinetsorder v. 14. Juli 1843 werden durch Art. 20 ersetzt.

Zu 14. Im Jadegebiet ist zur Zeit noch die Oldenburgische Auktionator- und Vergantungsordnung v. 14. Mai 1844 (Oldenb. Gesetz-Samml. 1845 S. 278) in formeller Geltung. Sie enthält Vorschriften über die Befugniß zu öffentlichen Versteigerungen beweglicher und unbeweglicher Sachen, über das dabei zu beobachtende Verfahren sowie über die Rechte und Pflichten der Auktionatoren. Durch die neuere

Gesetzgebung, insbesondere durch die Gewerbeordnung, ist sie zum Theil schon aufgehoben worden; soweit dies nicht der Fall ist, kann sie mit dem Inkrafttreten des BGB. außer Geltung gesetzt werden (vgl. Ausf.Ges. z. GVG. §§ 70, 74; oben Art. 31, 33, 38). Amtsauktionatoren, wie sie die Auktionator- und Vergantungsordnung vorsieht, giebt es im Jadegebiete nicht mehr; alle Anstellungsgesuche sind schon seit längerer Zeit wegen mangelnden Bedürfnisses abgewiesen worden.

Zu 15 vgl. die Bemerkungen zum vierten bis sechsten Abschnitte.

Zu 16. Die aufgehobenen §§ 457, 458 enthielten Vorschriften über Beschwerden; danach sollte in A. d. fr. Ger. die Erhebung der Beschwerde an eine Nothfrist von einem Monate gebunden sein. Dazu vgl. Art. 5, durch den diese Vorschriften ersetzt werden.

Zu 17 vgl. das zum vierten bis sechsten Abschnitte Gesagte.

Hier sind nur noch einige Bemerkungen zu dem § 10 der Hannov. Not.O. nachzutragen. Der § 10 bestimmt im Abs. 1, daß in allen Fällen, in denen die Genehmigung oder Bestätigung des zuständigen Gerichts zur Rechtsbeständigkeit einer Verhandlung erforderlich ist, die Genehmigung oder Bestätigung auf Grund einer öffentlichen Urkunde nachgesucht werden kann, vorbehaltlich der Befugniß des Gerichts, nöthigenfalls das Erscheinen der Partei zu verlangen; ein Gleiches soll nach Abs. 2 da gelten, wo die Rechtsbeständigkeit einer Verhandlung von ihrer Errichtung vor einer Verwaltungsbehörde oder von der Genehmigung einer Verwaltungsbehörde abhängig gemacht ist. Diese Vorschriften sind entbehrlich. Für die Verpflichtung der Betheiligten, vor Gericht persönlich zu erscheinen, sind in Zukunft der § 13 des RGes. und der Art. 1 dieses Gesetzes maßgebend. Gesuche an das Gericht können, falls sie nicht mündlich bei dem Richter selbst angebracht werden, vor dem Gerichtsschreiber zu Protokoll erklärt oder schriftlich bei dem Gericht eingereicht werden (s. RGes. § 11 nebst Denkschrift, Ausf.Ges. z. GVG. § 71); einer Beglaubigung bedarf die schriftliche Erklärung nur dann, wenn ihre Echtheit im einzelnen Falle zweifelhaft erscheinen sollte. Was den § 10 Abs. 2 der Hannov. NotO. betrifft, so hat er seine praktische Bedeutung verloren, seitdem die frühere Zuständigkeit der Verwaltungsbehörden hinsichtlich der sogenannten Höfekontrakte aufgehoben ist (Gesetz über das Grundbuchwesen in der Prov. Hannover v. 28. Mai 1873, GS. S. 253, § 8).

Zu 18. Die Vorschrift des § 11 Nr. 4 des Gesetzes über die Geschäftssprache der Behörden u. s. w. v. 28. August 1876, welche die älteren Bestimmungen über die Geschäftssprache der Notare aufrecht erhält, wird durch die neuen reichsgesetzlichen Vorschriften sowie durch die Artikel 1, 84 des Gesetzes entbehrlich (vgl. BGB. §§ 2244 f., § 2276 Abs. 1 Satz 2; RGes. §§ 8, 9, 175, 179, 180). Ebenso werden die §§ 6 bis 8 des genannten Gesetzes in ihrer Anwendung auf gerichtliche Handlungen durch die reichsgesetzlichen Vorschriften in Verbindung mit Artikel 1 des Gesetzes ersetzt. Soweit dagegen die §§ 6 bis 8 noch für andere Behörden gelten (Gesetz von 1876 § 9; vgl. aber auch Gesetz, betreffend das Verfahren in Auseinandersetzungssachen, v. 18. Februar 1880, GS. S. 63, § 102), müssen sie aufrecht erhalten werden; die unbedingte Aufhebung der §§ 6 bis 8 würde vermöge des im Art. 138 aufgestellten Grundsatzes zu dem nicht beabsichtigten Ergebnisse führen, daß auf die Verhandlungen der Standesbeamten bei Eheschließungen der § 179 des RGes. anwendbar wäre.

Zu 19. Vgl. die Abschnitte vier bis sechs.

Zu 20. Durch Nr. 20 wird das Gesetz, betr. das Theilungsverfahren und den gerichtlichen Verkauf von Immobilien im Geltungsbereiche des Rheinischen Rechtes,

v. 22. Mai 1887 (GS. S. 136) sowie der § 16 des Ausf.Gesetzes zur Konkursordnung v. 16. März 1879 (GS. S. 109) ausdrücklich aufgehoben. Für das Auseinandersetzungsverfahren gelten künftig die §§ 86 ff. des RGes. und die Artikel 21 ff. dieses Gesetzes; außerdem sind über die der Staatskasse zu zahlenden Kosten (Gesetz v. 22. Mai 1887 §§ 58 ff.) in der durch Art. 86 Ausf.Ges. z. BGB. geschaffenen Novelle zum Pr. GKG. Bestimmungen getroffen worden. Ein gerichtlicher Verkauf von Immobilien im Sinne der §§ 25 ff. des Gesetzes v. 22. Mai 1887 ist dem BGB. unbekannt; die Stelle eines solchen Verkaufs vertritt künftig die Zwangsversteigerung (RGes. v. 24. März 1897 §§ 172 ff.). Die Vorschriften über den gerichtlichen Verkauf von Immobilien nach erfolgtem Uebergebote (Gesetz v. 22. Mai 1887 §§ 43 ff.) werden mit der Fertigstellung des Grundbuchs gegenstandslos. Der § 16 des Ausf.-Ges. zur Konkursordnung bestimmt, daß im Bezirke des Appellationsgerichtshofs zu Cöln, falls die Veräußerung einer zur Konkursmasse gehörigen unbeweglichen Sache durch notarielle Versteigerung erfolgt, die Vorschriften des Gesetzes v. 18. April 1855 (GS. S. 521) Anwendung finden. Das Gesetz v. 18. April 1855 ist aber inzwischen durch das Gesetz v. 22. Mai 1887 ersetzt und mit der Aufhebung dieses Gesetzes verliert nunmehr der § 16 seinen Inhalt. Er ist deshalb gleichfalls aufzuheben. Einer entsprechenden neuen Vorschrift bedarf es nicht.

Zu 21 und 22 ist das zum vierten bis sechsten Abschnitte Gesagte zu vergleichen.

Artikel 145.

Dieses Gesetz tritt gleichzeitig mit dem Bürgerlichen Gesetzbuch in Kraft.

Die Vorschrift des Artikel 135 tritt mit der Verkündung in Kraft.

Urkundlich ꝛc.

Anlage.

RGes. über die Angelegenheiten der freiwilligen Gerichtsbarkeit. Vom 17. Mai 1898.

(In der Fassung der Bekanntm. v. 20. Mai 1898, RGBl. S. 771.)

1. Abschnitt. Allgemeine Vorschriften.

§ 1. Für diejenigen Angelegenheiten der freiwilligen Gerichtsbarkeit, welche durch Reichsgesetz den Gerichten übertragen sind, gelten, soweit nicht ein Anderes bestimmt ist, die nachstehenden allgemeinen Vorschriften.

§ 2. Die Gerichte haben sich Rechtshülfe zu leisten. Die §§ 158—169 des Gerichtsverfassungsgesetzes finden Anwendung.

§ 3. Soweit für die örtliche Zuständigkeit der Gerichte der Wohnsitz eines Betheiligten maßgebend ist, bestimmt sich für Deutsche, die das Recht der Exterritorialität genießen, sowie für Beamte des Reichs oder eines Bundesstaats, die im Ausland angestellt sind, der Wohnsitz nach den Vorschriften des § 15 der Civilprozeßordnung.

§ 4. Unter mehreren zuständigen Gerichten gebührt demjenigen der Vorzug, welches zuerst in der Sache thätig geworden ist.

§ 5. Besteht Streit oder Ungewißheit darüber, welches von mehreren Gerichten örtlich zuständig ist, so wird das zuständige Gericht durch das gemeinschaftliche obere Gericht bestimmt. Ist das zuständige Gericht in einem einzelnen Falle an der Ausübung des Richteramts rechtlich oder thatsächlich verhindert, so erfolgt die Bestimmung durch das ihm im Instanzenzuge vorgeordnete Gericht.

Eine Anfechtung der Entscheidung findet nicht statt.

§ 6. Ein Richter ist von der Ausübung des Richteramts kraft Gesetzes ausgeschlossen:

1. in Sachen, in denen er selbst betheiligt ist oder in denen er zu einem Betheiligten in dem Verhältniß eines Mitberechtigten oder Mitverpflichteten steht;
2. in Sachen seiner Ehefrau, auch wenn die Ehe nicht mehr besteht;
3. in Sachen einer Person, mit der er in gerader Linie oder im zweiten Grade der Seitenlinie verwandt oder verschwägert ist;
4. in Sachen, in denen er als Vertreter eines Betheiligten bestellt oder als gesetzlicher Vertreter eines solchen aufzutreten berechtigt ist.

Ein Richter kann sich der Ausübung seines Amtes wegen Befangenheit enthalten. Die Ablehnung eines Richters ist ausgeschlossen.

§ 7. Gerichtliche Handlungen sind nicht aus dem Grunde unwirksam, weil sie von einem örtlich unzuständigen Gericht oder von einem Richter vorgenommen sind, der von der Ausübung des Richteramts kraft Gesetzes ausgeschlossen ist.

§ 8. Auf das gerichtliche Verfahren finden die Vorschriften des Gerichtsverfassungsgesetzes über die Gerichtssprache, über die Sitzungspolizei und über die Be=

rathung und Abstimmung entsprechende Anwendung, die Vorschriften über die Gerichtssprache mit den sich aus dem § 9 ergebenden Abweichungen.

§ 9. Der Zuziehung eines Dolmetschers bedarf es nicht, wenn der Richter der Sprache, in der sich die betheiligten Personen erklären, mächtig ist; die Beeidigung des Dolmetschers ist nicht erforderlich, wenn die betheiligten Personen darauf verzichten. Auf den Dolmetscher finden die Vorschriften des § 6 entsprechende Anwendung.

§ 10. Auf das gerichtliche Verfahren sind die Gerichtsferien ohne Einfluß. Die Bearbeitung der Vormundschaftssachen und der Nachlaßsachen kann während der Ferien unterbleiben, soweit das Bedürfniß einer Beschleunigung nicht vorhanden ist.

§ 11. Anträge und Erklärungen können zum Protokolle des Gerichtsschreibers des zuständigen Gerichts oder des Gerichtsschreibers eines Amtsgerichts erfolgen.

§ 12. Das Gericht hat von Amtswegen die zur Feststellung der Thatsachen erforderlichen Ermittelungen zu veranstalten und die geeignet erscheinenden Beweise aufzunehmen.

§ 13. Die Betheiligten können mit Beiständen erscheinen. Sie können sich, soweit nicht das Gericht das persönliche Erscheinen anordnet, auch durch Bevollmächtigte vertreten lassen. Die Bevollmächtigten haben auf Anordnung des Gerichts oder auf Verlangen eines Betheiligten die Bevollmächtigung durch eine öffentlich beglaubigte Vollmacht nachzuweisen.

§ 14. Die Vorschriften der Civilprozeßordnung über das Armenrecht sowie die Vorschriften der §§ 34—36 der Rechtsanwaltsordnung finden entsprechende Anwendung.

§ 15. Die Vorschriften der Civilprozeßordnung über den Zeugenbeweis, über den Beweis durch Sachverständige und über das Verfahren bei der Abnahme von Eiden finden entsprechende Anwendung. Ueber die Beeidigung eines Zeugen oder Sachverständigen entscheidet jedoch, unbeschadet der §§ 393, 402 der Civilprozeßordnung, das Ermessen des Gerichts.

Behufs der Glaubhaftmachung einer thatsächlichen Behauptung kann ein Betheiligter zur Versicherung an Eidesstatt zugelassen werden.

§ 16. Gerichtliche Verfügungen werden mit der Bekanntmachung an denjenigen, für welchen sie ihrem Inhalte nach bestimmt sind, wirksam.

Die Bekanntmachung erfolgt, wenn mit ihr der Lauf einer Frist beginnt, durch Zustellung nach den für die Zustellung von Amtswegen geltenden Vorschriften der Civilprozeßordnung; durch die Landesjustizverwaltung kann jedoch für Zustellungen im Ausland eine einfachere Art der Zustellung angeordnet werden. In denjenigen Fällen, in welchen mit der Bekanntmachung nicht der Lauf einer Frist beginnt, soll in den Akten vermerkt werden, in welcher Weise, an welchem Orte und an welchem Tage die Bekanntmachung zur Ausführung gebracht ist; durch die Landesjustizverwaltung kann näher bestimmt werden, in welcher Weise in diesen Fällen die Bekanntmachung zur Ausführung gebracht werden soll.

Einem Anwesenden kann die Verfügung zu Protokoll bekannt gemacht werden. Auf Verlangen ist ihm eine Abschrift der Verfügung zu ertheilen.

§ 17. Für die Berechnung der Fristen gelten die Vorschriften des Bürgerlichen Gesetzbuchs.

Fällt das Ende der Frist auf einen Sonntag oder allgemeinen Feiertag, so endigt die Frist mit dem Ablaufe des nächstfolgenden Werktags.

§ 18. Erachtet das Gericht eine von ihm erlassene Verfügung nachträglich für ungerechtfertigt, so ist es berechtigt, sie zu ändern; soweit eine Verfügung nur auf Antrag erlassen werden kann und der Antrag zurückgewiesen worden ist, darf die Aenderung nur auf Antrag erfolgen.

Zu der Aenderung einer Verfügung, die der sofortigen Beschwerde unterliegt, ist das Gericht nicht befugt.

§ 19. Gegen die Verfügungen des Gerichts erster Instanz findet das Rechtsmittel der Beschwerde statt.

Ueber die Beschwerde entscheidet das Landgericht.

§ 20. Die Beschwerde steht Jedem zu, dessen Recht durch die Verfügung beeinträchtigt ist.

Soweit eine Verfügung nur auf Antrag erlassen werden kann und der Antrag zurückgewiesen worden ist, steht die Beschwerde nur dem Antragsteller zu.

§ 21. Die Beschwerde kann bei dem Gerichte, dessen Verfügung angefochten wird, oder bei dem Beschwerdegericht eingelegt werden.

Die Einlegung erfolgt durch Einreichung einer Beschwerdeschrift oder durch Erklärung zum Protokolle des Gerichtsschreibers desjenigen Gerichts, dessen Verfügung angefochten wird, oder des Gerichtsschreibers des Beschwerdegerichts.

§ 22. Die sofortige Beschwerde ist binnen einer Frist von zwei Wochen einzulegen. Die Frist beginnt mit dem Zeitpunkt, in welchem die Verfügung dem Beschwerdeführer bekannt gemacht worden ist.

Einem Beschwerdeführer, der ohne sein Verschulden verhindert war, die Frist einzuhalten, ist auf Antrag von dem Beschwerdegerichte die Wiedereinsetzung in den vorigen Stand zu ertheilen, wenn er die Beschwerde binnen zwei Wochen nach der Beseitigung des Hindernisses einlegt und die Thatsachen, welche die Wiedereinsetzung begründen, glaubhaft macht. Eine Versäumung der Frist, die in dem Verschulden eines Vertreters ihren Grund hat, wird als eine unverschuldete nicht angesehen. Gegen die Entscheidung über den Antrag findet die sofortige weitere Beschwerde statt. Nach dem Ablauf eines Jahres, von dem Ende der versäumten Frist an gerechnet, kann die Wiedereinsetzung nicht mehr beantragt werden.

§ 23. Die Beschwerde kann auf neue Thatsachen und Beweise gestützt werden.

§ 24. Die Beschwerde hat nur dann aufschiebende Wirkung, wenn sie gegen eine Verfügung gerichtet ist, durch die eine Strafe festgesetzt wird.

Das Gericht, dessen Verfügung angefochten wird, kann anordnen, daß die Vollziehung auszusetzen ist.

Das Beschwerdegericht kann vor der Entscheidung eine einstweilige Anordnung erlassen; es kann insbesondere anordnen, daß die Vollziehung der angefochtenen Verfügung auszusetzen ist.

§ 25. Die Entscheidung des Beschwerdegerichts ist mit Gründen zu versehen.

§ 26. Die Entscheidung des Beschwerdegerichts wird in den Fällen, in welchen die sofortige weitere Beschwerde stattfindet, erst mit der Rechtskraft wirksam. Das Beschwerdegericht kann jedoch die sofortige Wirksamkeit der Entscheidung anordnen.

§ 27. Gegen die Entscheidung des Beschwerdegerichts ist das Rechtsmittel der weiteren Beschwerde zulässig, wenn die Entscheidung auf einer Verletzung des Gesetzes beruht. Die Vorschriften der §§ 550, 551, 561, 563 der Civilprozeßordnung finden entsprechende Anwendung.

§ 28. Ueber die weitere Beschwerde entscheidet das Oberlandesgericht.

Will das Oberlandesgericht bei der Auslegung einer reichsgesetzlichen Vorschrift' welche eine der im § 1 bezeichneten Angelegenheiten betrifft, von der auf weitere Beschwerde ergangenen Entscheidung eines anderen Oberlandesgerichts, falls aber über die Rechtsfrage bereits eine Entscheidung des Reichsgerichts ergangen ist, von dieser abweichen, so hat es die weitere Beschwerde unter Begründung seiner Rechtsauffassung dem Reichsgerichte vorzulegen. Der Beschluß über die Vorlegung ist dem Beschwerdeführer bekannt zu machen.

In den Fällen des Abs. 2 entscheidet über die weitere Beschwerde das Reichsgericht.

§ 29. Die weitere Beschwerde kann bei dem Gericht erster Instanz, bei dem Landgericht oder bei dem Oberlandesgericht eingelegt werden. Erfolgt die Einlegung durch Einreichung einer Beschwerdeschrift, so muß diese von einem Rechtsanwalt unterzeichnet sein. Der Zuziehung eines Rechtsanwalts bedarf es nicht, wenn die Beschwerde von einer Behörde oder von einem Notar eingelegt wird, der in der Angelegenheit für den Beschwerdeführer einen Antrag bei dem Gericht erster Instanz gestellt hat.

Soweit eine Verfügung der sofortigen Beschwerde unterliegt, findet auch gegen die Entscheidung des Beschwerdegerichts die sofortige weitere Beschwerde statt.

Das Gericht erster Instanz und das Landgericht sind nicht befugt, der weiteren Beschwerde abzuhelfen.

Im Uebrigen finden die Vorschriften über die Beschwerde entsprechende Anwendung.

§ 30. Die Entscheidungen über Beschwerden erfolgen bei den Landgerichten durch eine Civilkammer, bei den Oberlandesgerichten und bei dem Reichsgerichte durch einen Civilsenat. Ist bei einem Landgericht eine Kammer für Handelssachen gebildet, so tritt für Handelssachen diese Kammer an die Stelle der Civilkammer.

Die Vorschriften des § 137 des Gerichtsverfassungsgesetzes finden entsprechende Anwendung.

§ 31. Zeugnisse über die Rechtskraft einer Verfügung sind von dem Gerichtsschreiber erster Instanz zu ertheilen.

§ 32. Ist eine Verfügung, durch die Jemand die Fähigkeit oder die Befugniß zur Vornahme eines Rechtsgeschäfts oder zur Entgegennahme einer Willenserklärung erlangt, ungerechtfertigt, so hat, sofern nicht die Verfügung wegen Mangels der sachlichen Zuständigkeit des Gerichts unwirksam ist, die Aufhebung der Verfügung auf die Wirksamkeit der inzwischen von ihm oder ihm gegenüber vorgenommenen Rechtsgeschäfte keinen Einfluß.

§ 33. Soll in den gesetzlich zugelassenen Fällen Jemand durch Ordnungsstrafen zur Befolgung einer gerichtlichen Anordnung angehalten werden, so muß der Festsetzung der Strafe eine Androhung vorausgehen. Die einzelne Strafe darf den Betrag von dreihundert Mark nicht übersteigen.

§ 34. Die Einsicht der Gerichtsakten kann Jedem insoweit gestattet werden, als er ein berechtigtes Interesse glaubhaft macht. Das Gleiche gilt von der Ertheilung einer Abschrift; die Abschrift ist auf Verlangen zu beglaubigen.

Sachregister.

Von den Zahlen bedeuten die größeren die Paragraphen, die kleineren die Anmerkungen.

Druck von Lippert & Co. in Naumburg a. S.

„Dieser vorzügliche Kommentar geht ganz besonders auf das bisherige Recht und die bisherige Rspr. ein, wobei natürlich abgethane Kontroversen auch nur kurz als erledigt bezeichnet sind. Die Grundgedanken des Gesetzes werden klar erörtert, ganz besonders aber wird auf eine Menge von Beispielen eingegangen, die meistens der bisherigen Praxis entnommen sind, auch werden vielfach gerichtliche Entscheidungen als auch künftig zutreffend oder als nicht zutreffend citirt. Der Verf. gibt eine erstaunliche Menge des Materials. Daß auch erörtert ist, was von einschlagenden sonstigen Vorschriften gilt, ist natürlich. Der geschichtliche Charakter des Kommentars ist besonders von Werth. Der Verf. bemerkt mit Recht, daß das BGB. ein ernstes Studium auf der Grundlage des gemeinen und preuß. Rechts verlange. Ich meine auch, daß der Kommentar besonders für den nichtpreuß. Juristen werthvoll ist. Denn sehr viele Sätze des BGB. sind rein oder modifizirt dem preuß. Landrecht entnommen und das preuß. Landrecht wird, wenn es in Preußen nicht mehr gilt, eine wissenschaftl. Bedeutung im ganzen Reiche bekommen. Die Erläuterungen folgen nicht ganz der Reihenfolge der Paragraphen; die Ueberschrift über der Seite läßt aber erkennen, welche Bestimmungen erläutert werden, so z. B. Seite 5: „I. Titel. Natürliche Personen §§ 1, 13—20". Man kann über den Werth dieser Methode verschiedener Ansicht sein. Jedenfalls hat sie das Gute, daß sie das handwerksmäßige Nachschlagen des Kommentars hindert und die Erläuterungen im Zusammenhange zu lesen zwingt. Ueberhaupt stellt der Verfasser hohe Anforderungen an den Leser: denn wenn auch alles klar und leicht verständlich geschrieben ist, so bedarf es doch einiger Mühe und Nachdenkens, um sich durch die gebotene Fülle des Materials hindurchzuarbeiten. Auf Einzelheiten möchte ich nicht eingehen, hervorheben will ich nur, daß der Verfasser S. 26 gegen die Motive und Planck annimmt, daß die Frage, ob der adlige Familienname durch Ehe, Geburt, Rechtsakt erworben werde, nach dem BGB. zu entscheiden sei. — Hoffentlich gestattet Arbeitslast und Gesundheit dem Verfasser, das sehr mühsame Werk bis zum 1. Januar 1900 zu Ende zu führen".

Oberlandesgerichtsrath H. Meyer (im „Recht").

„Der Verf. hat seinen Kommentar „dem Studium und der Praxis" gewidmet und es sich deshalb zur Aufgabe gestellt, die Rechtssätze des neuen bürgerlichen Rechts in ihrer Entwickelung aus dem Boden des gemeinen und preuß. Rechts darzustellen. Daß es für diese schwierige Aufgabe keinen berufeneren Schriftsteller gibt, als den Interpreten der Judikatur des vormaligen preuß. Obertribunals, braucht nicht besonders hervorgehoben zu werden. Die gewaltige Beherrschung des Stoffes und das reiche wissenschaftliche und praktische Material, welches die Kommentirung zu Tage gefördert hat, läßt auch keinen Zweifel darüber zu, daß das Werk als Hilfsmittel der Judikatur des BGB. an erster Stelle stehen wird. — Der Verf. hat auch dieses Mal an seinem bekannten Kommentirungssystem festgehalten, ganze Abschnitte und Titel zusammenhängend zu erläutern und durch alphabetische Zusammenstellung der Stichworte auf die Nummern der Erläuterung hinzuweisen Das Studium wird durch diese Art der Verbindung von System nnd Kommentar gewiß erleichtert und darauf kommt es im gegenwärtigen Zeitpunkte ja hauptsächlich an. Ob aber die Bedürfnisse der Praxis, welche außer der Uebersichtlichkeit auch eine schnelle Orientirung über jede Einzelbestimmung verlangen, nicht durch Kommentirung jedes einzelnen § unter gleichzeitiger Zusammenfassung des gemeinsamen Inhalts auf die Dauer mehr befriedigt werden, mag der Erwägung des Autors anheimgegeben werden. Auf den fast unschätzbaren Werth des Kommentars selbst ist dieser Umstand freilich nicht von Einfluß."

Rechtsanw. Perl (in den „Blättern f. Rechtspfl. im Bez. des Kammerger.").

Pandekten von Dr. **Heinrich Dernburg,** ord. Prof. des **Rechts** an der Universität Berlin. **Sechste,** verbesserte Auflage. I. Bd. 1. Abtheilung 1900. M. 7 gebdn. M. 8,75.

(Bd. I, allgem. Theil und Sachenrecht, wird im Jan. 1900 vollständig; die weiteren Bände erscheinen einige Monate nachher.)

Das Entmündigungsverfahren gegen Geisteskranke u. Geistesschwache, Verschwender und Trunksüchtige. Nach der Reichs-Civilprozeßordnung und dem Bürgerlichen Gesetzbuch für das Deutsche Reich bearbeitet von **Dr. P. Daude,** Geheimem Regierungsrath und Universitätsrichter der Königl. Friedrich-Wilhelms-Universität Berlin. 2. Auflage. 1899. Gut cartonirt M. 3,50.

Ehescheidungsrecht und Ehescheidungsprozeß einschließlich der Nichtigkeitserklärung der Ehe im Deutschen Reich. Von **J. Erler,** Oberlandesgerichtsrath. 2. völlig umgearbeitete Aufl. des gleichnamigen, preußisch-deutschrechtlichen Buches. 1900. Gut cartonnirt M. 5.—.

Das Deutsche Aktienrecht. Kommentar zu Buch 2, Abschnitt 3 und 4 des Handelsgesetzbuchs vom 10. Mai 1897. Von **Albert Pinner,** Rechtsanwalt am Landgericht Berlin I. 1899. Gut cartonnirt M. 8.

Das Reichsgesetz über die Angelegenheiten der freiwilligen Gerichtsbarkeit vom 17. Mai 1898 in der Fassung vom 20. Mai 1898. Mit Erläuterungen von **Georg Wellstein,** Oberlandesgerichtsrath, Mitglied des Reichstags. 1899. Gut cartonnirt M. 4.

Das Preuß. Gesetz über die freiwillige Gerichtsbarkeit vom 21 Septbr. 1899 mit Erläuterungen von **Georg Wellstein,** Mitglied des Abgeordnetenhauses. 1900. Gut cartonnirt M. 4,50.

Die Reichs-Grundbuchordnung vom 24. März 1897 mit Anmerkungen und Sachregister von **Willenbücher,** Oberlandesgerichtsrath. 1898. Cartonnirt M. 1,20.

Handelsgesetzbuch vom 10. Mai 1897 und Allgemeine Deutsche Wechselordnung nebst Einführungs- und Ergänzungsgesetzen (Ausgabe ohne Seerecht), erläutert durch die Rechtsprechung des Reichsgerichts und des vormaligen Reichs-Oberhandelsgerichts. Herausgegeben von **J. Basch**, Justizrath. 5. Auflage. 1899. Gebunden M. 2.

Das Strafgesetzbuch für das Deutsche Reich vom 15. Mai 1871. Mit den Entscheidungen des Reichsgerichts. Von **Dr. P. Daude**, Geh. Regierungsrath. 7. Aufl. 1900. Gebunden M. 3.50.

Vorarbeiten zur Erklärung heran und werden in scharfer, klarer Fassung bei erkennbarem Streben nach Kürze leitend und belehrend für das Verständniß des Gesetzes wirken." **Deutscher Reichs- u. Königl. Preuß. Staatsanzeiger.**

„Der Verfasser will mit diesen „kurzgefaßten Erläuterungen" dem Praktiker ein Hülfsmittel bieten, auch schon ehe die landesgesetzlichen Ausführungs- und Ergänzungsvorschriften vorhanden sind. Er giebt außerdem eine geschichtliche Orientirung über das Gesetz und ein alphabetisches Sachregister. Eine Durchsicht des Werkchens zeigt, daß der Verf. sein Ziel erreicht hat; seine Erläuterungen sind klar gefaßt und übersichtlich angeordnet. Zur Bequemlichkeit des Lesers sind die mitanzuwendenden Bestimmungen aus der CPO. u. s. w. in Anlagen mitabgedruckt.

Schneider im Centralbl. f. Rechtswissensch.

„Der Verfasser war Berichterstatter der Reichstagskommission zur Berathung des genannten Gesetzes. So begegnet uns denn auch auf jeder Seite die gründlichste Kenntniß aller einschlagenden Fragen. Jedem Abschnitt des Gesetzes geht eine skizzenhafte Angabe seines Inhaltes voraus, die Anmerkungen zu jedem Paragraphen führen die Bestimmungen des Bürgerlichen und Handels-Gesetzbuches an für welche die Vorschriften in Betracht kommen, stellen die Tragweite derselben fest, und erläutern den Zusammenhang mit den andern Paragraphen. Als Anhang sind diejenigen Bestimmungen anderer Gesetze abgedruckt, auf welche das vorliegende Reichsgesetz Bezug nimmt. Das Ganze ist eine gediegene und gründliche Bearbeitung des Rechtsstoffes." **Kölnische Volkszeitung.**

„Ein brauchbarer Kommentar, für den der Verfasser die Erfahrungen, die er als Berichterstatter der Reichstagskommission gesammelt hat, in vortrefflicher Weise verwerthet hat." **Kreuzzeitung.**

Die Civilprozeßordnung.

(Fassung vom 20. Mai 1898.)

Mit den Entscheidungen des Reichsgerichts und den einschlagenden reichsrechtlichen Bestimmungen.

Nebst

einem das Gerichtsverfassungsgesetz und die Kostengesetze enthaltenden Anhange.

Von

W. Peters,

weiland Landgerichtsrath.

Dritte, vermehrte Auflage,

besorgt

von

Elsner von Gronow,

Amtsrichter.

1899. 657 Seiten. Gebunden 4 Mark.

Lippert & Co. (G. Pätz'sche Buchdr.), Naumburg a. S.

FSC
www.fsc.org
MIX
Papier | Fördert
gute Waldnutzung
FSC® C083411